应用技能型院校“十四五”规划课证融通教材
根据全国会计专业技术初级资格考试大纲编写

经济法基础

（第三版）

李贺／主编

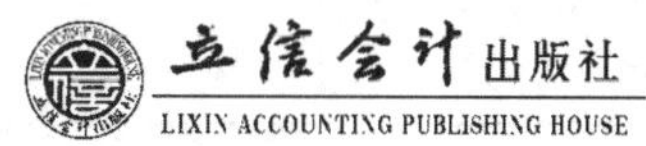

图书在版编目(CIP)数据

经济法基础 / 李贺主编. —3 版. —上海：立信会计出版社，2023.8(2025.8 重印)
ISBN 978-7-5429-7295-8

Ⅰ. ①经… Ⅱ. ①李… Ⅲ. ①经济法—中国—教材 Ⅳ. ①D922.29

中国国家版本馆 CIP 数据核字(2023)第 164176 号

策划编辑　王斯龙
责任编辑　王斯龙
美术编辑　吴博闻

经济法基础(第三版)

JINGJIFA JICHU

出版发行	立信会计出版社		
地　　址	上海市中山西路 2230 号	邮政编码	200235
电　　话	(021)64411389	传　　真	(021)64411325
网　　址	www.lixinaph.com	电子邮箱	lixinaph2019@126.com
网上书店	http://lixin.jd.com		http://lxkjcbs.tmall.com
经　　销	各地新华书店		
印　　刷	浙江临安曙光印务有限公司		
开　　本	787 毫米×1092 毫米	1/16	
印　　张	20.5		
字　　数	592 千字		
版　　次	2023 年 8 月第 3 版		
印　　次	2025 年 8 月第 4 次		
书　　号	ISBN 978-7-5429-7295-8/D		
定　　价	49.50 元		

如有印订差错，请与本社联系调换

第三版前言

变革融合是会计行业运用新技术、融入新时代、实现新突破的必由之路。科教兴国战略、人才强国战略、创新驱动发展战略是党的二十大报告中提出的需要长期坚持的国家重大战略，是事关现代化建设高质量发展的关键问题。为充分体现党的二十大精神，本次教材的修订工作更加注重课程思政元素挖掘，以《教育部关于印发〈高等学校课程思政建设指导纲要〉的通知》(教高〔2020〕3号)为指导依据，在介绍理论知识、会计实务和分析方法的同时，重点将会计职业道德、社会主义核心价值观、习近平新时代中国特色社会主义思想的主要内容融入课程教学全过程，实现"知识传授"和"价值观引领"的有机统一，培养合格的财经类人才。

《经济法基础》(第三版)把知识要素、技能要素和素质要素落实到具体内容中，兼顾"就业导向"和"生涯导向"，紧紧围绕我国"经济发展新常态"下应用技能型人才培养的目标，依照"原理先行、实务跟进、案例同步、应用到位"的原则，遵循"以读者为主题、以能力为本位、以职业实践为主线"的设计理念，坚持创新创业和改革的精神，体现新的课程体系、新的教学内容和教学方法，以提高学生整体素质。

根据培养高等教育和应用技能型院校人才的需要，本教材力求体现如下特色。

(1) 结构合理，体系规范。作为教科书，本教材在内容上特别注意吸收最新的经济法改革与实践，按理论与实务兼顾的原则设置教材内容。全书针对应用技能型院校的教学特点，将内容庞杂的基础知识系统地呈现出来，力求做到"必须、够用"原则，体系科学规范，内容简明实用。

(2) 与时俱进，紧跟动态。本教材根据最新的国家税务总局颁布的相关法律法规为基础，并及时按照增值税、消费税、企业所得税、个人所得税、关税、船舶吨税、资源税、城镇土地使用税、耕地占用税、土地增值税、房产税、车船税、契税、印花税、车辆购置税、环境保护税、烟叶税、城市维护建设税、教育费附加、支付结算管理办法、会计法(2024)、代理记账管理办法、会计人员专业技术继续教育等最新改革的进程和内容而编写，最新政策截至2025年7月底。

(3) 突出应用，实操技能。本教材从应用技能型院校的教学规律出发，与实际接轨，介绍了最新的支付结算法、税法、会计法、税收征收管理法、劳动法等最新发展和改革动态，在注重必要理论的同时，强调实际的应用；主要引导学生"学中做"和"做中学"，一边学理论，一边将理论知识加以应用，实现理论和实际应用一体化。

(4) 栏目丰富，形式生动。本教材栏目形式丰富多样，每个项目均设有"知识目标""技能目标""素质目标""思政引例""做中学""学中做""提示""注意""视频""应知考核"(单项选择题、多项选择题、判断题)、"应会考核"(不定项选择题)等栏目，并添加了二维码解析等，充分体现新时代互联网富媒体特色，教材的应知考核和应会考核，使学生对所学的内容达到学以致用的效果，丰富了教材内容与知识体系，也为教师教学和学生更好地掌握知识内容提供了首尾呼应、层层递进的可操作性教学方法。

(5) 课证融通，双证融合。本教材能满足读者对初级会计师考试中经济法基础知识学习的基本需要，为夯实学生可持续发展基础，鼓励院校学生在获得学历证书的同时，积极取得多类职业技能等级证书，拓展就业创业本领，缓解结构性就业矛盾，本教材与初级会计资格考试大纲相衔接，做到考证对接、课证融通。

(6) 职业素养，素质教育。为体现应用技能型教育的特色，我们力求在内容上有所突破，激发学生的学习兴趣和学习热情，设计适合学生了解、熟悉、掌握的考核要点，并配有初级会计师考试习题，以培养和提高学生在特定业务情境中分析问题、解决问题的能力，从而强化学生的职业道德素质。

(7) 课程资源，配套上网。为了配合课堂教学，编者精心设计和制作了教师课件 PPT、习题参考答案、课程教学大纲、学习指南与项目检测、配套习题、模拟试卷等实现网上运行，充分发挥网络课程资源的作用，探索课堂教学和网络教育有机结合的新途径。

本教材由李贺主编，赵昂、李虹、王玉春、李洪福、王海涛、武岩等 6 人负责全书教学资源包的制作。本教材适用于应用技能型教育层次的会计、审计、财务管理、资产评估、财政学、税务学、投资理财、国际经济与贸易等财经类专业学生使用，也可作为初级会计师考试的学习辅助教材。另本教材配有《初级会计实务》(第三版)教材。

本教材得到了出版单位的大力支持，以及参考文献中的作者的贡献，谨此一并表示衷心的感谢！本教材在编写过程中参阅了参考文献中的教材、著作、法律、法规、网站，由于编写时间仓促，加之编者水平有限，教材中难免存在一些不足之处，恳请专家、学者批评指正，以便我们不断地更新、改进与完善。为了做到与时俱进，本教材将不断地更新最新的政策调整，也将不断地进行改版。

编　　者

2025 年 7 月修订

目　录

项目一　总　　论

知识目标

了解:法律部门与法律体系;法律责任的概念。

熟悉:法和法律的概念;法的本质与特征;法律责任的种类。

掌握:法的分类;法的渊源;法律关系;法律事实;法律主体的分类;法律主体的资格。

技能目标

能够处理财经活动中的行为规范;能够从法律的视角审视行业活动中的教育与管理;能够重视法律的效用,从而提高守法、用法的自觉性。

素质目标

运用所学的总论知识研究相关案例,培养和提高学生在特定业务情境中分析问题与决策设计的能力;结合行业规范或标准,运用法律知识分析行为的善恶,强化学生的职业道德素质。

思政引例

正确理解法律概念和法律效力

思政元素

A外商与中国B公司合作创办一家中外合作经营企业,合作协议中有如下约定:该企业要遵守中国的法律、法规的要求;该企业生产用原材料由A外商在本国的C公司提供。该企业在经营过程中,合作双方因C公司提供的原材料不符合规定而发生争议的,中国B公司按中国法律规定,向履行地的当地人民法院提起诉讼。但A外商以自己不是中国人、C公司不在中国为由,拒绝按中国的法律审理该案。

思考:你知道法律的含义吗?如何理解法律的效力?

知识精讲

任务一　法 律 基 础

动漫视频

法的起源

一、法和法律

(一)法和法律的概念

1. 法的概念

法作为一种特殊的社会规范,是人类社会发展的产物。一般来说,法是由国家制定或认可,以权利和义务为主要内容,由国家强制力保证实施的社会行为规范及其相应的规范性文件的总称。

2. 法律的概念

法律一词可从狭义、广义两方面进行理解。狭义的法律专指全国人民代表大会及其常务委员会制定的法律。但在某些场合,“法”又和狭义的法律同义,如《中华人民共和国公司法》(以下简称《公司法》)、《中华人民共和国会计法》(以下简称《会计法》)等。广义的法律指法的整体,即“法”。就我国现行的法律而言,包括宪法、全国人民代表大会及其常务委员会制定的法律、国务院制定的行政法规、地方国家权力机关制定的地方性法规以及民族自治地方的人民代表大会制定的自治条例和单行条例等。

【注意】 在实践中,人们对法和法律的概念往往不作严格区分。因此,本书对此也不作严格区分。

(二)法的本质和特征

动漫视频

法的本质

1. 法的本质

法是统治阶级的国家意志的体现。法所体现的统治阶级的意志不是随心所欲、凭空产生的,而是由统治阶级的物质生活条件决定的,是社会客观需要的反映。它体现的是统治阶级的整体意志和根本利益,而不是统治阶级每个成员个人意志的简单相加。法体现的也不是一般的统治阶级意志,而是被奉为法律的统治阶级意志,即统治阶级的国家意志。

2. 法的特征

法作为一种特殊的行为规则和社会规范,不仅具有行为规则和社会规范的一般共性,还具有自己的特征。其特征主要体现在以下四个方面。

1)法是国家制定或认可的规范,具有国家意志性

统治阶级意志并不能直接形成法,它必须通过一定的组织和程序,即通过统治阶级的国家制定或认可,才能形成法。制定和认可是国家创制法的两种方式,也是统治阶级把自己的意志变为国家意志的两条途径。法是通过国家制定和发布的,但并不是国家发布的任何文件都是法。首先,法是国家发布的规范性文件;其次,法是按照法定的职权和方式制定和发布的,有确定的表现形式。也就是说,法需要通过特定的国家机关,按照特定的方式,表现为特定的法律文件形式才能成立。

2)法凭借国家强制力的保证而获得普遍遵守的效力,具有国家强制性

法是由国家强制力保障其实施的规范。法的强制性是由国家提供和保证的,因而与一般社会规范的强制性不同。其他社会规范虽然也有一定的强制性,如道德主要依靠社会舆论的强制,习惯受到习惯势力的强制,但这些强制都不同于国家的强制。国家强制力是以国家的强制机构(如军队、警察、法庭、监狱)为后盾,与国家制裁相联系,表现为对违法者采取国家强制措施。法是最具有强制力的规范。

3)法是确定人们在社会关系中权利和义务的行为规范,具有规范性

法是调节人们行为的一种社会规范,具有能为人们提供一个行为模式、标准的属性。法的主要内容是由规定权利、义务的条文构成的,通过规定人们的权利和义务来分配利益,从而影响人们的动机和行为,进而影响社会关系,实现统治阶级的意志和要求,维护社会秩序。

4)法是明确而普遍适用的规范,具有明确公开性和普遍约束性

法具有明确的内容,能使人们预知自己或他人一定行为的法律后果。法具有普遍适用性,凡是在国家权力管辖和法律调整的范围、期限内,对所有社会成员及其活动都普遍适用。

二、法的渊源和分类

动漫视频

法源

(一)法的渊源

法的形式,即法学上所谓的法的渊源,简称“法源”,是指法的具体的表现形态,即法是由何种国家机关,依照什么方式或程序创制出来的,并表现为何种形式、具有何种效力等级的规范性法律文件。在我国,法的形式主要有以下几种。

1. 我国法的主要渊源

(1)宪法。宪法由国家最高权力机关即全国人民代表大会制定,是国家的根本大法。宪法规定国家的基本制度和根本任务、公民的基本权利和义务,具有最高的法律效力,也具有最为严格的制定和修改程序。我国现行宪法是1982年12月4日第五届全国人民代表大会第五次会议通过的《中华人民共和国宪法》,全国人民代表大会于1988年、1993年、1999年、2004年、2018年先后五次以宪法修正案的形式对现行宪法作了修改和补充。

（2）法律。法律是由全国人民代表大会及其常务委员会经一定的立法程序制定颁布的规范性文件，如《中华人民共和国刑法》（以下简称《刑法》）、《会计法》《公司法》《中华人民共和国税收征收管理法》（以下简称《税收征管法》）等。法律通常规定和调整国家、社会和公民生活中某一方面带有根本性的社会关系或基本问题。其法律效力和地位仅次于宪法，是制定其他规范性文件的依据。

下列事项只能制定法律：①国家主权的事项；②各级人民代表大会、人民政府、人民法院和人民检察院的产生、组织和职权；③民族区域自治制度、特别行政区制度、基层群众自治制度；④犯罪和刑罚；⑤对公民政治权利的剥夺、限制人身自由的强制措施和处罚；⑥税种的设立、税率的确定和税收征收管理等税收基本制度；⑦对非国有财产的征收、征用；⑧民事基本制度；⑨基本经济制度以及财政、海关、金融和外贸的基本制度；⑩诉讼和仲裁制度；⑪必须由全国人民代表大会及其常务委员会制定法律的其他事项。

（3）行政法规。行政法规是由国家最高行政机关即国务院在法定职权范围内为实施宪法和法律制定、发布的规范性文件，通常冠以条例、办法、规定等名称，如国务院令第 287 号发布的《企业财务会计报告条例》。

（4）地方性法规、自治条例和单行条例。省、自治区、直辖市的人民代表大会及其常务委员会根据本行政区域的具体情况和实际需要，在不同宪法、法律、行政法规相抵触的前提下，可以制定地方性法规。设区的市、自治州的人民代表大会及其常务委员会根据本市的具体情况和实际需要，在不同宪法、法律、行政法规和本省、自治区的地方性法规相抵触的前提下，可以对城乡建设与管理、环境保护、历史文化保护等方面的事项制定地方性法规。经济特区所在地的省、市的人民代表大会及其常务委员会根据全国人民代表大会的授权决定，制定法规，在经济特区范围内实施。民族自治地方的人民代表大会有权依照当地民族的政治、经济和文化的特点，制定自治条例和单行条例。

（5）规章。国务院各部、委员会、中国人民银行、审计署和具有行政管理职能的直属机构根据法律和国务院的行政法规、决定、命令，在本部门的权限范围内制定规章。

（6）特别行政区的法。我国宪法规定，国家在必要时得设立特别的行政区。在特别行政区内实行的制度按照具体情况由全国人民代表大会以法律规定。

（7）国际条约。国际条约属于国际法而不属于国内法的范畴，但我国签订和加入的国际条约对于我国的国家机关、社会团体、企业、事业单位和公民也具有与国内法同样的约束力，因此此类国际条约也是我国法律的形式之一，如《国际民用航空公约》。

2. 法的效力范围

法的效力范围亦称法的生效范围，是指法在什么时间和什么空间对什么人有效。

1）法的时间效力

法的时间效力，是指法的效力的起始和终止的时限以及对其实施以前的事件和行为有无溯及力。

法规定生效期限的方式主要有两种：①明确规定一个具体生效时间；②规定具备何种条件后开始生效。

法的终止又称法的终止生效，是指使法的效力绝对消灭。具体来讲，大致有两种情况：①明示终止，即直接用语言文字表示法的终止时间，这种方法为现代国家所普遍采用；②默示终止，即不用明文规定该法终止生效的时间，而是在实践中贯彻“新法优于旧法”“后法优于前法”的原则，从而使旧法在事实上被废止。

我国法的终止方式主要有以下四种：①新法取代旧法，由新法明确规定旧法废止，这是通常做法；②有的法在完成一定的历史任务后不再适用；③由有权的国家机关发布专门的决议、决定，废除某些法律；④同一国家机关制定的法，虽然名称不同，在内容上旧法与新法发生冲突或相互抵触时，以新法为准，旧法中的有关条款自动终止效力。法的溯及力，也称法的溯及既往的效力，它是指新法对其生效前发生的行为和事件是否适用。如果不适用，就没有溯及力；如果适用，新法就有溯及力。我国法律采用的是从旧兼从轻原则，就是说原则上新法无溯及力，对行为人适用旧法，但新法对行为人的处罚较轻时则适用新法。《立法法》规定："法律、行政法规、地方性法规、自治条例和单行条例、规章不溯及既往，但为了更好地保护公民、法人和其他组织的权利和利益而作的特别规定除外。"

2）法的空间效力

法的空间效力，是指法在哪些空间范围或地域范围内发生效力。法的空间效力与国家主权直接相关，法直接体现国家主权，它适用于该国主权所及一切领域，包括领陆、领水及其领土和领空；也包括延伸意义的领土，如驻外使馆；还包括在境外的飞行器和停泊在境外的船舶。当然，由于法的制定机关和内容不同，其效力范围也有区别，一般分为域内效力与域外效力两个方面。以我国为例，其域内效力大致有如下两种情况：①在全国范围内有效；②在我国局部地区有效。在域外效力方面，我国在互相尊重领土主权的基础上，本着保护本国利益和公民权益的精神和原则，也规定了某些法律或某些法律条款具有域外效力。

3）法的对人效力

法的对人效力，亦称法的对象效力，是指法适用于哪些人或法适用主体的范围。我国法律对人效力采用的是结合主义原则，即以属地主义为主，但又结合属人主义与保护主义的一项原则。属人主义原则，是根据自然人的国籍来确定法的适用范围。按照这一原则，凡是本国人，不论在国内还是在国外，一律受本国法的约束。属地主义原则，是根据领土来确定法的适用范围。按照这一原则，凡属一国管辖范围的一切人，不管是本国人，还是外国人，都受该国法的约束。保护主义原则，是从保护本国利益出发来确定法的适用范围。其含义是，只要损害了本国利益，不论侵犯者在何地域或是何国国籍、一律受本国法律约束。

根据我国有关法律规定，法的对人效力主要包括两个方面。①对中国公民的效力。凡是中华人民共和国的公民，在中国领域内一律适用中国法律，平等地享有法律权利和承担法律义务。中国公民在国外的，仍然受中国法律的保护，也有遵守中国法律的义务。但由于各国法律规定不同，这就必然涉及中国法律与居住国法律之间的关系问题。总的原则是既要维护中国主权，也要尊重他国主权。也就是说，中国公民也要遵守居住国的法律。发生冲突时，应根据有关国际条约、惯例和两国签订的有关协定予以解决。②对外国人的效力。我国法律既保护外国人的合法权益，又依法查处其违法犯罪行为。这实际上是国家主权在法律领域的体现。凡在中国领域内的外国人均应遵守中国法律。但在刑事领域，对有外交特权和豁免权的外国人犯罪需要追究刑事责任的，通过外交途径解决。

【提示】 对于外国人的人身权利、财产权利、受教育权利和其他合法权利，我国法律均予以保护。

【注意】 外国人不能享有我国公民的某些权利或承担我国公民的某些义务，如选举权、担任公职和服兵役等。

3. 法的效力冲突及其解决方式

法的效力等级，亦称效力位阶，是指在一国法的体系中因制定法的国家机关地位不同而形成的法在效力上的等级差别。这种效力等级的形成同该国立法体制有直接关系。制定法的国家机关地位越高，其制定的法的效力等级就越高。法的效力冲突是指在适用法律的过程中，一国法律内部对同一问题作出不同规定从而产生的冲突。

1）解决法的效力冲突的一般原则

(1) 根本法优于普通法。在成文宪法国家,宪法是国家根本法,具有最高法律效力,普通法必须以宪法为依据,不得同宪法相抵触。这是国家法制统一的必然要求。

(2) 上位法优于下位法。不同位阶的法之间发生冲突,遵循上位法优于下位法的原则,适用上位法。在我国,法律的效力高于行政法规、地方性法规、规章。行政法规的效力高于地方性法规、规章。地方性法规的效力高于本级和下级地方政府规章。

(3) 新法优于旧法。同一国家机关在不同时期颁布的法产生冲突时,遵循新法优于旧法的原则。

(4) 特别法优于一般法。这一原则的适用是有条件的,这就是要求必须是同一国家机关制定的法,并包括以下两种情况:①在适用对象上,对特定主体和特定事项的法,优于对一般主体和一般事项的法;②在适用空间上,对特定时间和特定区域的法,优于平时和一般地区的法。

2) 解决法的效力冲突的特殊方式

如果法的效力冲突不能按照一般原则予以解决,只能采取特殊方式。以我国为例,依据《立法法》的有关规定,出现下列情况可由有权的国家机关予以裁决:①法律之间对同一事项的新的一般规定与旧的特别规定不一致,不能确定如何适用时,由全国人民代表大会常务委员会裁决。行政法规之间对同一事项的新的一般规定与旧的特别规定不一致,不能确定如何适用时,由国务院裁决。②地方性法规、规章之间不一致时,由有关机关依照规定的权限作出裁决:同一机关制定的新的一般规定与旧的特别规定不一致时,由制定机关裁决;地方性法规与部门规章之间对同一事项的规定不一致,不能确定如何适用时,由国务院提出意见,国务院认为应当适用地方性法规的,应当决定在该地方适用地方性法规的规定;认为应当适用部门规章的,应当提请全国人民代表大会常务委员会裁决。③部门规章之间、部门规章与地方政府规章之间对同一事项的规定不一致时,由国务院裁决。根据授权制定的法规与法律规定不一致,不能确定如何适用时,由全国人民代表大会常务委员会裁决。

(二) 法的分类

根据不同的标准,可以对法做不同的分类。

1. 根据法的创制方式和发布形式的不同,分为成文法和不成文法

成文法,是指有立法权的国家机关,依照法定程序所制定的具有条文形式的规范性文件。不成文法,是指国家机关认可的、不具有条文形式的习惯。有的观点认为判例法也是不成文法。

【提示】 我国是成文法国家,在没有明确法律依据时,习惯和判例中的内容不可能成为法律。

2. 根据法的内容、效力和制定程序的不同,分为根本法和普通法

根本法就是宪法,它规定国家制度和社会制度的基本原则,具有最高的法律效力,是普通法立法的依据。因此,它的制定和修改通常需要经过比普通法更为严格的程序。普通法泛指宪法以外的所有法律,它根据宪法确认的原则就某个方面或某些方面的问题作出具体规定,其效力低于宪法。

3. 根据法的内容的不同,分为实体法和程序法

实体法,是指从实际内容上规定主体的权利和义务的法律,如民法、刑法、公司法、行政法等。程序法,是指为了保障实体权利和义务的实现而制定的关于程序方面的法律,如刑事诉讼法、民事诉讼法、行政诉讼法等。

4. 根据法的空间效力、时间效力或对人的效力的不同,分为一般法和特别法

一般法,是指在一国领域内对一般公民、法人、组织和一般事项都普遍适用,而且在它被废除前始终有效的法律，如宪法、民法、刑法、民事诉讼法、刑事诉讼法等。特别法，是指只在一国的特定地域内或只对特定主体或在特定时期内或对特定事项有效的法律。一般法与特别法的划分是相对的。如公司法相对于民法典是特别法，相对于各具体企业法就是一般法。

5. 根据法的主体、调整对象和渊源的不同，分为国际法和国内法

国际法的主体主要是国家，调整的对象主要是国家间的相互关系，渊源主要是国际条约和各国公认的国际惯例，实施则以国家单独或集体的强制措施为保证。国内法的主体主要是该国的公民和社会组织，调整对象是一国内部的社会关系，渊源主要是制定国立法机关颁布的规范性文件，实施则以该国的强制力加以保证。

6. 根据法的运用目的不同，分为公法和私法

这种划分方法，始于古罗马法学家，在法学界中得到广泛应用。但划分公法和私法的标准却不统一。比较普遍的看法是以法律运用的目的为划分的依据，即凡是以保护私人利益为目的的法律为私法，如民法、商法，凡以保护公共利益为目的的法律为公法，如宪法、行政法、刑法、诉讼法。也有看法是以法律所调整的社会关系的状况为划分的依据，即凡是调整国家与国家之间关系的法律，国家与公民、国家和法人之间的权力与服从关系的法律，就是公法；凡是调整国家与公民或法人之间的民事、经济关系，即调整平等主体之间的关系的法律，就是私法。

三、法律部门与法律体系

（一）法律部门和法律体系的概念

法律部门又称部门法，是指根据一定的标准和原则所划定的同类法律规范的总称。法律部门划分的标准首先是法律调整的对象，即法律调整的社会关系。例如，调整行政主体与行政相对人之间行政管理关系的法律规范的总和，即构成行政法法律部门。其次是法律调整的方法。例如，民法和刑法都调整财产关系和人身关系，但民法是以自行调节为主要方式，而刑法是以强制干预为主要调整方式；民法要求对损害予以财产赔偿，而刑法则对犯罪人处以严厉的人身惩罚。

（二）我国现行的法律部门与法律体系

一个国家现行的法律规范分类组合为若干法律部门，由这些法律部门组成的具有内在联系的、互相协调的统一整体即为法律体系。我国现行的法律体系大体可以划分为以下七个主要的法律部门。

1. 宪法及宪法相关法法律部门

宪法是国家的根本法，宪法相关法是与宪法相配套、直接保障宪法实施和国家政权运作等方面的法律规范的总和，主要包括四个方面的法律：①有关国家机构的产生、组织、职权和基本工作制度的法律；②有关民族区域自治制度、特别行政区制度、基层群众自治制度的法律；③有关维护国家主权、领土完整和国家安全的法律；④有关保障公民基本政治权利的法律。

2. 民法、商法法律部门

民法、商法是规范民事、商事活动的法律规范的总和，所调整的是自然人、法人和其他组织之间以平等地位发生的各种法律关系（称为横向关系）。民法调整的是自然人、法人和其他组织等平等主体之间的财产关系以及人身关系。商法可以看作民法中的一个特殊部分，是在民法基本原则的基础上适应现代商事活动的需要逐渐发展起来的，是调整平等主体之间的商事关系或商事行为的法律，主要包括公司、破产、证券、期货、保险、票据、海商等方面的法律。

3. 行政法法律部门

行政法是规范国家行政管理活动的法律规范的总和，包括有关行政管理主体、行政行为、行政程序、行政监督以及国家公务员制度等方面的法律规范。行政法调整的是行政机关与行政管理相对人(公民、法人和其他组织)之间因行政管理活动而发生的法律关系(称为纵向关系)。在这种管理与被管理的纵向法律关系中,行政机关与行政管理相对人的地位是不平等的,行政行为由行政机关单方面依法作出,不需要双方平等协商。如《中华人民共和国行政许可法》《中华人民共和国行政处罚法》。

4. 经济法法律部门

经济法是调整国家从社会整体利益出发对市场经济活动实行干预、管理、调控所产生的社会经济关系的法律规范的总和。经济法是在国家干预市场经济活动过程中逐渐发展起来的一个法律门类,与行政法、民法和商法的联系很密切。在同一个经济法中往往包括两种不同性质的法律规范,既有调整纵向法律关系的,也有调整横向法律关系的,因而具有相对的独立性。如财政法律关系、会计法律关系、税收法律关系等。

5. 劳动法和社会法法律部门

劳动法是调整劳动关系以及与劳动关系有密切联系的其他社会关系的法律关系的总称,如《中华人民共和国劳动法》《中华人民共和国劳动合同法》。社会法是调整有关劳动关系、社会保障和社会福利关系的法律规范的总和。社会法是在国家干预社会生活过程中逐渐发展起来的一个法律门类,所调整的是政府与社会之间、社会不同部门之间的法律关系。如《中华人民共和国未成年人保护法》。

6. 刑法法律部门

刑法是规范犯罪、刑事责任和刑事处罚的法律规范的总和。刑法是一个传统的法律门类,与其他门类相比,具有所调整的社会关系最广泛和强制性最严厉两个显著特点。

7. 诉讼与非诉讼程序法法律部门

诉讼与非诉讼程序法是调整因诉讼活动和非诉讼活动而产生的社会关系的法律规范的总和。我国的诉讼制度分为刑事诉讼、民事诉讼、行政诉讼三种。解决经济纠纷,除通过诉讼"打官司"外,还可以通过仲裁这种非诉讼的途径。非诉讼程序法主要有《中华人民共和国人民调解法》《中华人民共和国仲裁法》(以下简称《仲裁法》)、《中华人民共和国公证法》等。

四、法律关系

(一) 法律关系的概念

法律关系是法律规范在调整人们的行为过程中所形成的一种特殊的社会关系,即法律上的权利与义务关系。或者说,法律关系是指被法律规范所调整的权利与义务关系。社会关系是多种多样的,因而调整它的法律规范也是多种多样的。如调整平等主体之间的财产关系和人身(非财产)关系而形成的法律关系,称为民事法律关系或民商法律关系;调整行政管理关系而形成的法律关系,称为行政法律关系;调整因国家对经济活动的管理而产生的社会经济关系,称为经济法律关系。

(二) 法律关系的构成要素

法律关系由法律关系的主体、法律关系的内容和法律关系的客体三个要素构成。

1. 法律关系的主体

动漫视频

法律关系主体

法律关系主体,是指参加法律关系,依法享有权利和承担义务的当事人。法律关系主体的数目因法律关系的具体情况而定,但任何一个法律关系至少要有两个主体,因为最少要有两个主体,才能在它们之间形成以权利和义务为内容的法律关系。

2. 法律关系的内容

法律关系的内容是指法律关系主体所享有的权利和承担的义务。

(1) 法律权利,是指法律关系主体依法享有的权益,表现为权利享有者依照法律规定有权自主决定作出或者不作出某种行为、要求他人作出或者不作出某种行为和一旦被侵犯，有权请求国家予以法律保护。依法享有权利的主体称为权利主体或权利人，如财产所有权人可以自主占有、使用其财产以获得收益；债权人有权请求债务人偿还债务。

学中做

（2）法律义务，是指法律关系主体依照法律规定所担负的、必须作出某种行为或者不得作出某种行为的负担或约束。依法承担义务的主体称为义务主体或义务人。义务主体必须作出某种行为，是指以积极的作为方式去履行义务，称为积极义务，如缴纳税款、履行兵役等。义务主体不得作出某种行为，是指以消极的不作为方式去履行义务，称为消极义务，如不得毁坏公共财物，不得侵害他人生命健康权等。

3. 法律关系的客体

动漫视频

法律关系客体

1）法律关系客体的概念

法律关系客体，是指法律关系主体的权利和义务所指向的对象。客体是确立权利与义务关系性质和具体内容的依据，也是确定权利行使与否和义务是否履行的客观标准。

2）法律关系客体的内容和范围

法律关系客体的内容和范围是由法律规定的。法律关系客体应当具备的特征是：能为人类所控制并对人类有价值。在不同的国家与不同的历史时期，法律关系客体的具体内容及范围不同，并且随着经济、科技的发展，不断出现新的法律关系客体，如数据、网络虚拟财产。一般认为，法律关系的客体主要包括物、人身和人格、智力成果、行为和信息、数据网络虚拟财产。

（1）物。物是指能满足人们的需要，具有一定的稀缺性，并能为人们现实支配和控制的各种物质资源。物可以是自然物，如土地、矿藏、水流、森林；也可以是人造物，如建筑、机器、各种产品等；还可以是财产物品的一般价值表现形式——货币及有价证券。物既可以是有体物，也可以是无体物。有体物既可以是固定形态的，也可以是没有固定形态的，如天然气、电力等。无体物，如权利、数据信息等，依照相关法律的规定，也都可以作为物权客体。

（2）人身和人格。人身和人格分别代表着人的物质形态和精神利益，是人之为人的两个不可或缺的要素。一方面，人身和人格是生命权、身体权、健康权、姓名权、肖像权、名誉权、荣誉权、隐私权、婚姻自主权等人身权指向的客体。另一方面，人身和人格又是禁止非法拘禁他人、禁止对犯罪嫌疑人刑讯逼供、禁止侮辱或诽谤他人、禁止卖身为奴、禁止卖淫等法律义务所指向的客体。以人身和人格作为法律关系客体的范围，法律有严格的限制。人的整体只能是法律关系的主体，不能作为法律关系的客体。而人的部分是可以作为客体的“物”，如当人的头发、血液、骨髓、精子和其他器官从身体中分离出去，成为与身体相分的外部之物时，在某些情况下也可视为法律上的“物”。

（3）智力成果。智力成果也称精神产品或精神财富，包括知识产品和荣誉产品。知识产品也称智力成果，是指人们通过脑力劳动创造的能够带来经济价值的精神财富，如作品、发明、实用新型、外观设计和商标等。智力成果是一种精神形态的客体，是一种思想或者技术方案，不是物，但通常有物质载体，如书籍、图册、录像、录音等。荣誉产品，是指人们在各种社会活动中所取得的物化或非物化的荣誉价值，如荣誉称号、奖章、奖品等。荣誉产品是荣誉权的法律关系客体。

（4）行为（行为结果）。行为，作为法律关系的客体不是指人们的一切行为，而是指法律关系的主体为达到特定目的所进行的作为（积极行为）或不作为（消极行为），是人的有意识的活动，如生产经营行为、经济管理行为、完成一定工作的行为和提供一定劳务的行为等。行为是行为过程与其结果的统一。

（5）信息、数据、网络虚拟财产。作为法律关系客体的信息，是指有价值的情报或资讯，如矿产情报、产业情报、国家机密、商业秘密、个人隐私等。随着信息时代的到来,特别是互联网的扩展和数码存储技术的发展,信息在法律关系客体中的地位愈加重要。

五、法律事实

动漫视频

法律事件

任何法律关系的发生、变更或消灭,都要有法律事实的存在。

法律事实,是指由法律规范所确定的,能够产生法律后果,即能够直接引起法律关系发生、变更或消灭的情况。法律规范和法律主体只是法律关系产生的抽象的、一般的前提,并不能直接引起法律关系的变化;法律事实则是法律关系产生的具体条件,只有当法律规范规定的法律事实发生时,才会引起法律关系的发生、变更或消灭。法律事实是法律关系发生、变更或者消灭的直接原因。按照是否以当事人的意志为转移,法律事实可以划分为两大类:法律事件和法律行为。

(一) 法律事件

法律事件是指不以当事人的主观意志为转移的,能够引起法律关系发生、变更或消灭的法定情况或者现象。

事件可以是自然现象,如地震、洪水、台风、森林大火等不因人的因素而造成的自然灾害;也可以是某些社会现象,如爆发战争、重大政策的改变等。虽然这些社会现象属人的行为引起,但其出现在特定法律关系中,不以当事人的意志为转移时也构成法律事实。自然灾害可引起保险赔偿关系的发生或合同关系的解除;人的出生可引起抚养关系、户籍管理关系的发生;人的死亡可引起抚养关系、婚姻关系、劳动合同关系的消灭,继承关系的发生;重大社会变迁与社会革命可引起整个社会关系状况的全面变革,进而导致国家法律关系的变化。由自然现象引起的事实又称绝对事件,由社会现象引起的事实又称相对事件。它们的出现都是不以人们(当事人)的意志为转移的,具有不可抗力的特征。

(二) 法律行为

法律行为,是指以法律关系主体意志为转移,能够引起法律后果,即引起法律关系发生、变更或消灭的人们的有意识的活动。它是引起法律关系发生、变更或消灭的最普遍的法律事实。其对应的是"非法律行为",即不受法律调整、不发生法律效力、不产生法律后果的行为,简言之,即不具有法律意义的行为。根据不同的标准,可以对法律行为做不同的分类。

(1) 合法行为与违法行为。这是根据行为是否符合法律规范的要求,即行为的法律性质所作的分类。合法行为,是指行为人所实施的具有一定的法律意义、与法律规范要求相符合的行为;违法行为,是指行为人所实施的违反法律规范的要求、应承担不利的法律后果的行为。

(2) 积极行为(作为)与消极行为(不作为)。这是根据行为的表现形式不同,对法律行为所作的分类。积极行为又称作为,是指以积极、主动作用于客体的形式表现的、具有法律意义的行为;消极行为又称不作为,是指以消极的、抑制的形式表现的、具有法律意义的行为。

(3) 意思表示行为与非表示行为。这是根据行为是否通过意思表示所做的分类。意思表示行为又称表示行为,是指行为人基于意思表示作出的具有法律意义的行为;非表示行为,是指非经行为者意思表示而是基于某种事实状态即具有法律效果的行为,如拾得遗失物、发现埋藏物等。

(4) 单方行为与多方行为。这是根据主体意思表示的形式所作的分类。单方行为,是指由法律主体一方的意思表示即可成立的法律行为,如遗嘱、行政命令等;多方行为,是指由两个或两个以上的多方法律主体意思表示一致而成立的法律行为,如合同行为等。

(5) 要式行为与非要式行为。这是根据行为是否需要特定形式或实质要件所作的分类。要式行为，是指必须具备某种特定形式或程序才能成立的法律行为；非要式行为，是指无须特定形式或程序即能成立的法律行为。

（6）自主行为与代理行为。这是根据主体实际参与行为的状态所作的分类。自主行为，是指法律主体在没有其他主体参与的情况下，以自己的名义独立从事的法律行为；代理行为，是指法律主体根据法律授权或其他主体的委托而以被代理人的名义所从事的法律行为。

任务二　法律主体

一、法律主体的概念和分类

法律主体，也称法律关系主体，是指参加法律关系，依法享有权利和承担义务的当事人。什么人或者组织可以成为法律主体，是由一国法律规定和确认的。

根据我国法律规定，能够参与法律关系的主体包括以下四类。

（一）自然人

动漫视频

法律主体

1. 自然人的概念

自然人，是指具有生命的个体的人，即生物学上的人，是基于出生而取得主体资格的人。既包括中国公民，也包括居住在中国境内或在境内活动的外国公民和无国籍人。公民是各国法律关系的基本主体之一，是指具有一国国籍的自然人。

2. 自然人的出生时间和死亡时间

自然人的出生时间和死亡时间，以出生证明、死亡证明记载的时间为准；没有出生证明、死亡证明的，以户籍登记或者其他有效身份登记记载的时间为准。有其他证据足以推翻以上记载时间的，以该证据证明的时间为准。

【提示】 自然人在出生之前也可以成为特殊法律关系的主体。例如《民法典》规定：涉及遗产继承、接受赠与等胎儿利益保护的，胎儿视为具有民事权利能力。但是，胎儿娩出时为死体的，其民事权利能力自始不存在。

3. 自然人的住所

自然人以户籍登记或者其他有效身份登记记载的居所为住所。经常居所与住所不一致的，经常居所视为住所。

（二）法人

1. 法人制度概述

法人制度是指法律赋予符合条件的团体以法律人格，使团体的人格与成员的人格独立开来，从而使这些团体成为独立的民事主体。法人制度，是近现代民法制度中重要的法律制度。在当代社会，法人不仅是民法上的主体，也是社会经济建设、科学研究、教育以及文化传承等众多的公共事业发展和维护职能的主要承担者，也成为各类法律关系中的重要主体。

1）法人的概念与成立

法人是具有民事权利能力和民事行为能力，依法独立享有民事权利和承担民事义务的组织。法人应当依法成立，应当有自己的名称、组织机构、住所、财产或者经费。法人的名称是法人独立于其成员的人格标志，是法人参与法律活动时得以区别于其他法人的特定化标志。法人的组织机构亦称法人的机关，法人机关依法律、条例、章程规定而产生，其对内管理法人事务，对外代表法人从事民事活动。法人作为法律关系主体要独立参与法律活动，就必须产生出自己的团体意思，并能将自己的团体意思付诸实施。而这一切只有通过法人的各种健全的组织机构才能完成。法人的组织机构主要有议事机关、执行机关、代表机关、监督机关。法人以其主要办事机构所在地为住所。依法需要办理法人登记的，应当将主要办事机构所在地登记为住所。法人的财产或者经费是法人作为法律关系主体，参与法律活动、享受法律权利和承担法律义务的物质基础，也是其承担法律责任的物质保障。法人以其全部财产独立承担民事责任。

2）法人的分类

法人分为营利法人、非营利法人和特别法人。法律所指营利，是指积极的营利并将其所得利益分配给其成员。营利是指法人为其成员营利，仅法人本身营利，如果不将所获得利益分配给成员，而是作为自身积累，则不属于营利法人。例如基金会等组织，虽然有投资保值增值的盈利，但没有股东出资人，也不可能分配利润，则属于非营利法人。

3）法人的法定代表人

依照法律或者法人章程的规定，代表法人从事民事活动的负责人，为法人的法定代表人。法定代表人以法人名义从事的民事活动，其法律后果由法人承受。法人章程或者法人权力机构对法定代表人代表权的限制，不得对抗善意相对人。

法定代表人因执行职务造成他人损害的，由法人承担民事责任。法人承担民事责任后，依照法律或者法人章程的规定，可以向有过错的法定代表人追偿。

4）法人设立中的责任承担

设立人为设立法人从事的民事活动，其法律后果由法人承受；法人未成立的，其法律后果由设立人承受，设立人为两人以上的，享有连带债权，承担连带债务。设立人为设立法人以自己的名义从事民事活动产生的民事责任，第三人有权选择请求法人或者设立人承担。

5）法人的合并和分立

法人合并的，其权利和义务由合并后的法人享有和承担。法人分立的，其权利和义务由分立后的法人享有连带债权，承担连带债务，但是债权人和债务人另有约定的除外。

6）法人解散和终止

法人解散是指由于法人章程或者法律规定的事由出现，致使法人不能继续存在，从而停止积极活动，开始整理财产关系的程序。《民法典》规定出现下列情形之一的，法人解散：①法人章程规定的存续期间届满或者法人章程规定的其他解散事由出现；②法人的权力机构决议解散；③因法人合并或者分立需要解散；④法人依法被吊销营业执照、登记证书，被责令关闭或者被撤销；⑤法律规定的其他情形。

法人终止是指法人资格的丧失。法人终止虽然产生与自然人死亡相同的法律效果。但其终止更具备社会属性，需要特定事由，并通过特定法律程序来推动。有下列原因之一并依法完成清算、注销登记的，法人终止：①法人解散；②法人被宣告破产；③法律规定的其他原因。该规定明确将法人终止和法人解散区分开来，将法人解散作为法人终止的原因之一。

法人终止，法律、行政法规规定须经有关机关批准的，依照其规定。例如，保险公司因分立、合并需要解散，或者股东会、股东大会决议解散，或者公司章程规定的解散事由出现，经国务院保险监督管理机构批准后解散。经营有人寿保险业务的保险公司，除因分立、合并或者被依法撤销外，不得解散。

7）法人的清算

法人解散的，除合并或者分立的情形外，清算义务人应当及时组成清算组进行清算。法人的董事、理事等执行机构或者决策机构的成员为清算义务人。法律、行政法规另有规定的，依照其规定。清算义务人未及时履行清算义务，造成损害的，应当承担民事责任；主管机关或者利害关系人可以申请人民法院指定有关人员组成清算组进行清算。

【注意】 清算期间法人存续，但是不得从事与清算无关的活动。法人清算后的剩余财产，按照法人章程的规定或者法人权力机构的决议处理。法律另有规定的，依照其规定。

清算结束并完成法人注销登记时，法人终止；依法不需要办理法人登记的，清算结束时，法人终止。法人被宣告破产的，依法进行破产清算并完成法人注销登记时，法人终止。

8）法人的分支机构

法人可以依法设立分支机构。法律，行政法规规定分支机构应当登记的，依照其规定。分支机构以自己的名义从事民事活动，产生的民事责任由法人承担，也可以先以该分支机构管理的财产承担，不足以承担的，由法人承担。

2. 营利法人

营利法人是指以取得利润并分配给股东等出资人为目的成立的法人。营利法人包括公司制营利法人和非公司制营利法人。公司制营利法人主要是有限责任公司、股份有限公司。非公司制营利法人主要是没有采用公司制的全民所有制企业、集体所有制企业等。

【注意】 营利法人经依法登记成立，依法设立的营利法人，由登记机关发给营利法人营业执照。营业执照签发日期为营利法人的成立日期。营利法人从事经营活动，应当遵守商业道德，维护交易安全，接受政府和社会的监督，承担社会责任。

1）营利法人的组织机构

设立营利法人应当依法制定法人章程。营利法人应当设权力机构。权力机构行使修改法人章程，选举或者更换执行机构、监督机构成员，以及法人章程规定的其他职权。营利法人应当设执行机构。执行机构行使召集权力机构会议，决定法人的经营计划和投资方案，决定法人内部管理机构的设置，以及法人章程规定的其他职权。执行机构为董事会或者执行董事的，董事长、执行董事或者经理按照法人章程的规定担任法定代表人；未设董事会或者执行董事的，法人章程规定的主要负责人为其执行机构和法定代表人。

【提示】 营利法人设监事会或者监事等监督机构的，监督机构依法行使检查法人财务，监督执行机构成员、高级管理人员执行法人职务的行为，以及法人章程规定的其他职权。

2）营利法人的出资人

营利法人的出资人不得滥用出资人权利损害法人或者其他出资人的利益。滥用出资人权利造成法人或者其他出资人损失的，应当依法承担民事责任。

【提示】 营利法人的出资人不得滥用法人独立地位和出资人有限责任损害法人债权人的利益；滥用法人独立地位和出资人有限责任，逃避债务，严重损害法人债权人的利益的，应当对法人债务承担连带责任。

营利法人的控股出资人、实际控制人、董事、监事、高级管理人员不得利用其关联关系损害法人的利益；利用关联关系造成法人损失的，应当承担赔偿责任。

【注意】 营利法人的权力机构、执行机构作出决议的会议召集程序、表决方式违反法律、行政法规、法人章程，或者决议内容违反法人章程的，营利法人的出资人可以请求人民法院撤销该决议。但是，营利法人依据该决议与善意相对人形成的民事法律关系不受影响。

3. 非营利法人

非营利法人是指为公益目的或者其他非营利目的成立，不向出资人、设立人或者会员分配所取得利润的法人。非营利法人包括事业单位、社会团体、基金会、社会服务机构等。

（1）事业单位。事业单位是指国家为了社会公益目的、由国家机关举办或者其他组织利用国有资产举办的，从事教育、科技、文化、卫生等活动的社会服务组织。具备法人条件，为适应经济社会发展需要，提供公益服务设立的事业单位，经依法登记成立，取得事业单位法人资格；依法不需要办理法人登记的，从成立之日起，具有事业单位法人资格。

（2）社会团体。社会团体是指中国公民自愿组成，为实现会员共同意愿，按照其章程开展活动的非营利性社会组织。国家机关以外的组织可以作为单位会员加入社会团体。具备法人条件，基于会员共同意愿，为公益目的或者会员共同利益等非营利目的设立的社会团体，经依法登记成立，取得社会团体法人资格；依法不需要办理法人登记的，从成立之日起，具有社会团体法人资格。

(3) 捐助法人和宗教活动场所法人。①捐助法人，是指具备法人条件，为公益目的以捐助财产设立的基金会、社会服务机构等组织。基金会，是指利用自然人、法人或者其他组织捐赠的财产，以从事公益事业为目的，按照规定成立的非营利性法人。社会服务机构通常是以"助人自助"为宗旨，由受过专门训练的社会工作者，作为职业的服务人员和志愿者组成，为特定的有需要的服务对象提供专业服务的人群组织。②宗教活动场所法人是指取得捐助法人资格的宗教活动场所，如寺院、宫观、清真寺、教堂等。信教公民的集体宗教活动，一般应当在经登记的宗教活动场所内进行。

4. 特别法人

由于实践中有些法人的设立依据、目的、职能和责任最终承担等方面均与营利法人和非营利法人存在较大差别，所以立法中单列了一类法人即特别法人，主要包括机关法人、农村集体经济组织法人、城镇农村的合作经济组织法人、基层群众性自治组织法人。

(1) 机关法人。机关法人，是指依据宪法、法律法规或政府的行政命令而设立、享有公权力的、以从事履行公共管理职能为主的各级国家机关。其成立目的、成立程序和运行程序、消灭程序等与其他法人组织存在明显差别。有独立经费的机关和承担行政职能的法定机构从成立之日起，具有机关法人资格，可以从事为履行职能所需要的民事活动。因为机关法人存续过程中，会偶尔涉及民事法律关系，因此，民法上将其作为有民事主体资格的法人对待，以便于民事诉讼。

【注意】 机关法人被撤销的，法人终止，其民事权利和义务由继任的机关法人享有和承担；没有继任的机关法人的，由作出撤销决定的机关法人享有和承担。

(2) 农村集体经济组织。农村集体经济组织具有鲜明的中国特色。农村集体经济组织，是指利用农村集体的土地或其他财产，从事农业经营等活动的组织。其以维护集体成员权益、实现共同富裕为宗旨，坚持集体所有，合作经营，民主管理，实行各尽所能、按劳分配、共享收益的原则。农村集体经济组织依法取得法人资格。农村集体经济组织实行家庭承包经营为基础，统分结合的双层经营体制。参加农村集体经济组织的劳动者，有权在法律规定的范围内经营自留地、自留山、家庭副业和饲养自留畜。

(3) 城镇农村的合作经济组织。合作经济组织法人又称为合作社法人，是指劳动者在互助基础上，自筹资金共同经营、共同劳动并分享收益的经济组织。其成员退社自由，对合作社的债务一般承担有限责任。合作社在法律上享有法人资格。城镇中的手工业、工业、建筑业、运输业、商业、服务业等行业的各种形式的合作经济，都是社会主义劳动群众集体所有制经济。城镇农村的合作经济组织对内具有共益性或者互益性，对外也可以从事经营活动。城镇农村的合作经济组织依法取得法人资格。农民专业合作社是在农村家庭承包经营基础上，同类农产品的生产经营者或者同类农业生产经营服务的提供者、利用者，自愿联合民主管理的互助性经济组织。

(4) 基层群众性自治组织。居民委员会、村民委员会具有基层群众性自治组织法人资格，可以从事为履行职能所需要的民事活动。居民委员会是居民自我管理、自我教育、自我服务的基层群众性自治组织。不设区的市、市辖区的人民政府或者其派出机关对居民委员会的工作给予指导、支持和帮助。居民委员会协助不设区的市、市辖区的人民政府或者其派出机关开展工作。村民委员会是村民自我管理、自我教育、自我服务的基层群众性自治组织，实行民主选举、民主决策、民主管理、民主监督。村民委员会办理本村的公共事务和公益事业，调解民间纠纷，协助维护社会治安，向人民政府反映村民的意见、要求和提出建议。村民委员会向村民会议、村民代表会议负责并报告工作。未设立村集体经济组织的，村民委员会可以依法代行村集体经济组织的职能。

(三) 非法人组织

1. 非法人组织的概念

非法人组织是指不具有法人资格,但是能够依法以自己的名义从事民事活动的组织。非法人组织包括个人独资企业、合伙企业、不具有法人资格的专业服务机构等。非法人组织应当依照法律的规定登记。设立非法人组织,法律、行政法规规定须经有关机关批准的,依照其规定。

非法人组织的财产不足以清偿债务的,其出资人或者设立人承担无限责任。法律另有规定的,依照其规定。例如,合伙人的出资、以合伙企业名义取得的收益和依法取得的其他财产均为合伙企业的财产,在承担债务时,先以合伙企业的财产承担责任,只有在合伙企业财产不足以承担责任时,才由各合伙人承担无限连带责任。

动漫视频

非法人组织

2. 非法人组织的代表

非法人组织可以确定一人或者数人代表该组织从事民事活动。

3. 非法人组织的解散

有下列情形之一的,非法人组织解散:①章程规定的存续期间届满或者章程规定的其他解散事由出现;②出资人或者设立人决定解散;③法律规定的其他情形。

(四) 国家

在特殊情况下,国家可以作为一个整体成为法律主体。如在国内,国家是国家财产所有权唯一和统一的主体;在国际上,国家作为主权者,是国际公法关系的主体,也可以成为对外贸易关系中的债权人或债务人。

二、法律主体资格

法律主体资格包括权利能力和行为能力两个方面。

(一) 权利能力

权利能力,是指法律主体能够参加某种法律关系,依法享有一定权利和承担一定义务的法律资格。或者说,权利能力就是自然人或组织能够成为法律主体的资格。它是任何自然人或组织参加法律关系的前提条件。

1. 自然人的权利能力

自然人从出生时起到死亡时止,具有民事权利能力,依法享有民事权利,承担民事义务。自然人的民事权利能力一律平等。

2. 法人的权利能力

法人权利能力的范围由法人成立的宗旨和业务范围决定,自法人成立时产生,至法人终止时消灭。

(二) 行为能力

行为能力,是指法律主体能够通过自己的行为实际取得权利和履行义务的能力。法人的行为能力和权利能力是一致的,同时产生、同时消灭。而自然人的行为能力不同于其权利能力,具有行为能力必须首先具有权利能力,但具有权利能力并不必然具有行为能力。

【提示】 确定自然人有无行为能力,一看能否认识自己行为的性质、意义和后果;二看能否控制自己的行为并对自己的行为负责。

1. 自然人的民事行为能力

我国法律将自然人按其民事行为能力划分为三类:

(1) 完全民事行为能力人。完全民事行为能力人,是指达到法定年龄、智力健全、能够对自己行为负完全责任的自然人。18周岁以上的自然人是成年人,不满18周岁的自然人为未成年人。成年人为完全民事行为能力人,可以独立实施民事法律行为。

【注意】 16周岁以上的未成年人,以自己的劳动收入为主要生活来源的,视为完全民事行为能力人。

(2) 限制民事行为能力人。限制民事行为能力人,是指行为能力受到一定的限制,只有部分行为能力的自然人。8周岁以上的未成年人,不能完全辨认自己行为的成年人为限制民事行为能力人,实施民事法律行为由其法定代理人代理或者经其法定代理人同意、追认;但是,可以独立实施纯获利益的民事法律行为或者与其年龄、智力、精神健康状况相适应的民事法律行为除外。

(3) 无民事行为能力人。无民事行为能力人,是指完全不能以自己的行为行使权利、履行义务的自然人。不满8周岁的未成年人、8周岁以上的不能辨认自己行为的未成年人,以及不能辨认自己行为的成年人为无民事行为能力人。

【注意】 无民事行为能力人,由其法定代理人代理实施民事法律行为。

【提示】 无民事行为能力人、限制民事行为能力人的监护人是其法定代理人。

2. 自然人的刑事责任能力

刑事责任能力是指行为人构成犯罪和承担刑事责任所必须具备的刑法意义上辨认和控制自己行为的能力。不具备刑事责任能力者即使实施了危害社会的行为,也不能成为犯罪主体,不能被追究刑事责任;刑事责任能力减弱者,其刑事责任相应地适当减轻。对于一般自然人来说,只要达到一定的年龄,生理和智力发育正常,就具有了相应的辨认和控制自己行为的能力,从而具有刑事责任能力。但有的人因患病等原因会丧失或减弱刑事责任能力。

(1) 已满16周岁的人犯罪,应当负刑事责任。

(2) 已满14周岁不满16周岁的人,犯故意杀人、故意伤害致人重伤或者死亡、强奸、抢劫、贩卖毒品、放火、爆炸、投放危险物质罪的,应当负刑事责任。

(3) 已满12周岁不满14周岁的人,犯故意杀人、故意伤害罪,致人死亡或者以特别残忍手段致人重伤造成严重残疾,情节恶劣,经最高人民检察院核准追诉的,应当负刑事责任。

(4) 已满12周岁不满18周岁的人犯罪,应当从轻或者减轻处罚。因不满16周岁不予刑事处罚的,责令其父母或者其他监护人加以管教;在必要的时候,依法进行专门矫治教育。

(5) 已满75周岁的人故意犯罪的,可以从轻或者减轻处罚;过失犯罪的,应当从轻或者减轻处罚。

(6) 精神病人在不能辨认或者不能控制自己行为的时候造成危害结果,经法定程序鉴定确认的,不负刑事责任,但是应当责令他的家属或者监护人严加看管和治疗;在必要的时候,由政府强制治疗。间歇性的精神病人在精神正常的时候犯罪,应当负刑事责任。尚未完全丧失辨认或者控制自己行为能力的精神病人犯罪的,应当负刑事责任,但是可以从轻或者减轻处罚。

(7) 醉酒的人犯罪,应当负刑事责任。

(8) 又聋又哑的人或者盲人犯罪,可以从轻、减轻或者免除处罚。

任务三 法 律 责 任

一、法律责任的概念

法律责任这一概念可以从正反两个方面理解,即积极意义(正面)的法律责任与消极意义(反面)的法律责任。积极意义上的法律责任,是指所有组织和个人都有遵守法律的义务,即将法律责任与法律义务含义等同,也称广义的法律责任。现行立法所用的法律责任是一种消极意义上的法律责任,是指法律关系主体由于违反法定的义务而应承担的不利的法律后果,也称狭义的法律责任。

二、法律责任的种类

根据我国法律的有关规定,可将法律责任分为民事责任、行政责任和刑事责任三种,也有人将民事责任和行政责任中的经济内容部分称为经济责任。

(一)民事责任

民事责任,是指民事主体违反了约定或法定的义务所应承担的不利民事法律后果。根据《民法典》的规定,承担民事责任的主要形式有以下十一种:

(1)停止侵害。这种责任形式适用于侵权行为正在进行或仍在延续中,受害人可依法要求侵害人立即停止其侵害行为。

(2)排除妨碍。不法行为人实施的侵害行为使受害人无法行使或不能正常行使自己的财产权利、人身权利的,受害人有权请求排除妨碍。

(3)消除危险。行为人的行为对他人人身和财产安全造成威胁,或存在着侵害他人人身或者财产的可能,他人有权要求行为人采取有效措施消除危险。

(4)返还财产。不法行为人非法占有财产,权利人有权要求其返还。

(5)恢复原状。这是指恢复权利被侵害前的原有状态。

(6)修理、重作、更换。这是指将被损害的财产通过修理、重新制作或者更换损坏的部分,使财产恢复到原有正常状态。

(7)继续履行。这是指行为人不履行或者不当履行合同义务,另一方合同当事人有权要求违反合同义务的行为人承担继续履行合同义务的责任。

(8)赔偿损失。这是指行为人因违反合同或者侵权行为而给他人造成损害,应以其财产赔偿受害人所受的损失。

(9)支付违约金。这是指行为人因违反合同规定的义务,而应按照合同的规定,向权利人支付一定数额的货币作为违约的惩罚或补偿。

(10)消除影响,恢复名誉。这是指行为人因其侵害了公民或者法人的人格、名誉而应承担的,在影响所及的范围内消除不良后果,将受害人的名誉恢复到未受侵害时的状态。

(11)赔礼道歉。这是指违法行为人向受害人公开认错、表示歉意的责任形式,既可由加害人向受害人口头表示,也可以由加害人以写道歉书的形式进行。

以上承担民事责任的方式,可以单独适用,也可以合并适用。

(二)行政责任

行政责任,是指违反法律法规规定的单位和个人所应承受的由国家行政机关或国家授权单位对其依行政程序所给予的制裁。行政责任包括行政处罚和行政处分。

1. 行政处罚

行政处罚是指行政机关依法对违反行政管理秩序的公民、法人或者其他组织,以减损权益或者增加义务的方式予以惩戒的行为。行政处罚分为人身自由罚(行政拘留)、行为罚(责令停产停业、吊销或暂扣许可证和执照)、财产罚(罚款、没收财物)和声誉罚(警告)等多种形式。根据《行政处罚法》的规定,行政处罚的具体种类有:

(1)警告、通报批评,是行政主体对违法者实施的一种书面形式的谴责和告诫。

(2)罚款,是指行政主体强制违法相对方承担金钱给付义务的处罚形式。

(3)没收违法所得、没收非法财物,是由行政主体实施的将行政违法行为人的违法收入、物品或者其他非法占有的财物收归国家所有的处罚形式。

(4)暂扣许可证件、降低资质等级、吊销许可证件。这是禁止行政违法行为人从事某种特许权利或降低资格的处罚,行政主体依法暂扣或收回行政违法行为人已获得的从事某种活动的权利或资格的证书，降低其资质等级。吊销许可证件是对行政违法行为人从事某种活动或者其享有的某种资格的彻底取消；而暂扣许可证件，则是中止行政违法行为人从事某项活动的资格，待行为人改正以后或经过一定期限后再发还。

(5) 限制开展生产经营活动，责令停产停业、责令关闭、限制从业。责令停产停业，是限制行政违法行为人从事生产、经营活动的处罚形式。一般常附有限期整顿的要求，如果受罚人在限期内纠正了违法行为，则可恢复生产、营业。责令关闭，即命令、禁止行政违法行为人继续经营的行政处罚。限制从业，即因违反行政法律、法规规定和行业规定而限制行政违法行为人不得再从事此行业的行政处罚。

(6) 行政拘留，是对违反治安管理的人，依法在短期内限制其人身自由的处罚。

(7) 法律、行政法规规定的其他行政处罚。

2. 行政处分

行政处分，是指对违反法律规定的国家机关工作人员或被授权、委托的执法人员所实施的内部制裁措施。

根据《中华人民共和国公务员法》，对因违法违纪应当承担纪律责任的公务员给予的行政处分种类有：警告、记过、记大过、降级、撤职、开除六类。

做中学 1-1

下列法律责任形式中，属于民事责任形式的是(　　)。(2024 年)

A. 暂扣许可证件　　B. 拘役　　C. 继续履行　　D. 没收非法财物

(三) 刑事责任

刑事责任，是指触犯刑法的犯罪人所应承受的由国家审判机关(法院)依照刑事法律给予的制裁后果，即刑罚。刑罚是法律责任中最严厉的责任形式，分为主刑和附加刑两类。

1. 主刑

主刑是对犯罪分子适用的主要刑罚方法，包括：

(1) 管制，是对犯罪分子不实行关押，但是限制其一定的自由，交由公安机关管束和监督的刑罚方法。期限为 3 个月以上 2 年以下。

(2) 拘役，是剥夺犯罪分子短期的人身自由的刑罚方法，由公安机关就近执行的刑罚方法。期限为 1 个月以上 6 个月以下。

(3) 有期徒刑，是剥夺犯罪分子一定期限的人身自由，实行劳动改造的刑罚方法。期限为 6 个月以上 15 年以下。

(4) 无期徒刑，是剥夺犯罪分子终身自由，实行劳动改造的刑罚方法。

(5) 死刑，是剥夺犯罪分子生命的刑罚方法。死刑只适用于罪行极其严重的犯罪分子。对于应当判处死刑的犯罪分子，如果不是必须立即执行的，可以判处死刑，同时宣告缓期 2 年执行。

2. 附加刑

附加刑是补充、辅助主刑适用的刑罚方法。附加刑可以附加于主刑之后作为主刑的补充，同主刑一起适用，也可以独立适用。附加刑包括：

(1) 罚金，是强制犯罪分子或者犯罪的单位向国家缴纳一定数额金钱的刑罚方法。

(2) 剥夺政治权利，是剥夺犯罪分子参加国家管理和政治活动权利的刑罚方法。剥夺的具体政治权利包括：选举权和被选举权；言论、出版、集会、结社、游行、示威自由的权利；担任国家机关职务的权利；担任国有公司或企业、事业单位和人民团体领导职务的权利。

(3) 没收财产，是没收犯罪分子个人所有财产的一部分或者全部，强制无偿地收归国有的刑罚方法。

(4) 驱逐出境，是强迫犯罪的外国人离开中国国(边)境的刑罚方法。

3. 数罪并罚

判决宣告前一人犯数罪的，除判处死刑和无期徒刑的以外，应当在总和刑期以下、数刑中最高刑期以上，酌情决定执行的刑罚，但是管制最高不能超过3年，拘役最高不能超过1年，有期徒刑总和刑期不满35年的，最高不能超过20年；总和刑期在35年以上的，最高不能超过25年。数罪中有判处附加刑的，附加刑仍须执行，其中，附加刑种类相同的，合并执行；种类不同的，分别执行。

应知考核

一、单项选择题

1. 甲公司因生产的奶制品所含食品添加剂严重超标，被市场监督管理局责令停产停业。甲公司承担的该项法律责任属于(　　)。(2020年)

A. 刑事责任　　B. 行政处分　　C. 民事责任　　D. 行政处罚

2. 下列主体中，属于非法人组织的是(　　)。(2022年)

A. 合伙企业　　B. 有限责任公司　　C. 基金会　　D. 农村集体经济组织

3. 根据授权制定的法规与法律规定不一致时，由特定机关解决，该机关是(　　)。(2023年)

A. 全国人民代表大会　　B. 全国人民代表大会常务委员会

C. 最高人民法院　　D. 国务院

4. 根据法的空间效力、时间效力或对人的效力可以将法分为(　　)。(2021年)

A. 根本法和普通法　　B. 实体法和程序法

C. 一般法和特别法　　D. 国际法和国内法

5. 下列各项中，属于法律行为的是(　　)。(2018年)

A. 流星陨落　　B. 签发支票　　C. 火山爆发　　D. 台风登陆

6. 下列各项中，属于刑事责任中主刑的是(　　)。(2023年)

A. 管制　　B. 赔偿损失　　C. 没收财产　　D. 罚金

7. 下列法律事实中，属于法律事件的是(　　)。(2020年)

A. 赠与房屋　　B. 书立遗嘱　　C. 火山喷发　　D. 登记结婚

8. 下列法律责任形式中，属于行政处罚的是(　　)。(2021年)

A. 没收违法所得　　B. 记过　　C. 管制　　D. 返还财产

9. 下列各项中，属于法律事件的是(　　)。(2021年)

A. 疫情暴发　　B. 核酸检查　　C. 戴口罩　　D. 疫苗出口

10. 下列视为完全民事行为能力人的是(　　)。(2024年)

A. 在上幼儿园的9周岁的甲　　B. 不能辨认自己行为的23周岁的乙

C. 在上书法班的14周岁的丙　　D. 以打工收入为主要生活来源的17周岁的丁

二、多项选择题

1. 下列犯罪主体中，刑事处罚可以从轻的有(　　)。(2022年)

A. 又聋又哑的人　　B. 尚未完全丧失辨认自己行为能力的精神病人

C. 醉酒的人　　D. 故意犯罪的已满75周岁的人

2. 下列关于自然人行为能力的表述中，正确的有(　　)。(2018年)

A. 14周岁的李某，以自己的劳动收入为主要生活来源，视为完全民事行为能力人

B. 7周岁的王某，不能完全辨认自己的行为，是限制民事行为能力人

C. 18周岁的周某，能够完全辨认自己的行为，是完全民事行为能力人

D. 20周岁的赵某，完全不能辨认自己的行为，是无民事行为能力人

3. 下列各项中，属于法律关系的客体的有（　　）。（2018 年）

A. 有价证券　B. 库存商品　C. 提供劳务行为　D. 智力成果

4. 非物质财富可以成为法律关系的客体，下列各项中，属于非物质财富的有（　　）。（2017 年）

A. 著作　B. 嘉奖表彰　C. 发明　D. 荣誉称号

5. 下列行政责任形式中，属于行政处罚的有（　　）。（2017 年）

A. 撤职　B. 行政拘留　C. 没收非法财物　D. 开除

6. 下列关于自然人民事行为能力的说法中正确的有（　　）。（2020 年）

A. 年满 18 周岁的自然人是完全民事行为能力人

B. 不能辨认自己行为的成年人是限制民事行为能力人

C. 8 周岁以下的自然人是无民事行为能力人

D. 16 周岁以上的未成年人但以自己的劳动收入为主要生活来源的自然人是完全民事行为能力人

7. 法律行为根据行为是否通过意思表示作出分为意思表示行为和非意思表示行为，下列属于非意思表示行为的有（　　）。

A. 订立遗嘱　B. 行政命令　C. 拾得遗失物　D. 发现埋藏物

8. 引起法律关系产生、变更和消灭的下列法律事实中，属于法律事件的有（　　）。（2024 年）

A. 拾得遗失物　B. 人的出生　C. 台风登陆　D. 缴纳税款

9. 根据民事法律制度的规定，下列关于自然人民事行为能力的表述中，正确的有（　　）。（2023 年）

A. 不能辨认自己行为的成年人为无民事行为能力人

B. 自然人的民事行为能力与民事权利能力同时产生

C. 限制民事行为能力人可以独立实施纯获利益的民事法律行为

D. 16 周岁以上的未成年人，以自己的劳动收入为主要生活来源的，视为完全民事行为能力人

10. 下列自然人中，属于限制民事行为能力人的有（　　）。（2019 年）

A. 范某，20 周岁，有精神障碍，不能辨认自己的行为

B. 孙某，7 周岁，不能辨认自己的行为

C. 周某，15 周岁，系体操队专业运动员

D. 杨某，13 周岁，系大学少年班在校大学生

三、判断题

1. 国务院制定和发布的规范性文件都是法律。（2018 年）（　　）

2. 法人被宣告破产的，进行破产清算并完成法人注销登记时，法人终止。（　　）

3. 小张认为，在我国，最高人民法院所作的判决书，也是法的形式之一，此观点正确。（　　）

4. 凡是调整国家与自然人或法人之间的民事、经济关系，即调整平等主体之间的关系的法律，就是公法。（　　）

5.《企业财务会计报告条例》属于地方性法规。（　　）

6. 拾得遗失物属于法律事件。（2021 年）（　　）

7. 法人分为营利法人、非营利法人和特别法人。（　　）

8. 法人被宣告破产的，依法进行破产清算并完成法人注销登记时，法人终止。（　　）

9. 管制是对人身自由进行限制的刑事处罚。（2021 年）（　　）

10. 有期徒刑，是剥夺犯罪分子终身自由，实行劳动改造的刑罚方法。（　　）

应会考核

（1）张某有祖传的玉雕一尊，委托德龙拍卖公司进行拍卖，最终被一家文化公司以 140 万元的价格买到。

（2）某省人大常务委员会认为一项法律的个别条款在适用上存在某些困难，并认为有必要对该条款作出法律解释。

（3）林某，系某小学二年级学生，尚未满 8 周岁。一天放学回家路上遇到某公司业务员赵某向其推销一种名为“学习效率机”的低配置电脑，开价 5 800 元。林某信其言，用自己积攒的“压岁钱”1 000 元交付了

定金，并在分期付款合同上签了字。事后林某父母知晓此事，以“行为人对行为内容有重大误解”为由要求赵某撤销合同并退款。

(4) 甲京剧团与乙剧院签订合同演出某传统剧目一场，合同约定京剧团主要演员曾某、廖某、潘某出演剧中主要角色，剧院支付人民币1万元。演出当日，曾某在异地演出未能及时赶回，潘某生病在家，没有参加当天的演出，致使大部分观众退票，剧院实际损失1.5万元。后剧院向法院起诉京剧团，要求赔偿损失。

要求：根据上述(1)~(4)的资料，分析回答下列小题。

1. 结合(1)进行分析，下列表述正确的是(　　)。

A. 这个事件中只有一种法律关系

B. 在拍卖过程中，拍卖公司和竞拍者的关系属于隶属性的法律关系

C. 在该案件涉及的法律关系中，法律关系的主体既有自然人也有法人

D. 在本案中，导致拍卖成交的客观情况是法律事件

2. 结合(2)，根据我国宪法和立法法规定，该省人大常委会正确的做法是(　　)。

A. 对该条款直接作出法律解释

B. 提请全国人民代表大会常务委员会就该条款作出法律解释

C. 提请最高人民法院就该条款作出司法解释

D. 提请全国人民代表大会就该条款作出法律解释

3. 结合(3)，下列理解正确的是(　　)。

A. 从法律角度看，林某表达的意思都是无效的

B. 林某不能辨别自己行为的性质，所以不享有人身自由

C. 林某父母要求撤销合同所持的理由是一种法律事实

D. 根据行为能力的原理，林某父母所持理由在本案中不成立

4. 结合(4)，下列意见中(　　)为正确的。

A. 在这一事例中，法律关系主体仅为甲京剧团与乙剧院

B. 京剧团与剧院的法律关系为保护性法律关系

C. 京剧团与剧院的法律权利和法律义务都不是绝对的

D. 在这一事例中，法律权利和法律义务针对的主体是不特定的

项目二 会计法律制度

知识目标

了解:会计法律制度的概念;《会计法》的适用范围;会计机构的规定。

熟悉:会计工作管理体制;代理记账的规定;会计工作交接的规定;违反国家统一会计制度的法律责任;伪造、变造会计资料以及编制虚假财务会计报告的法律责任;隐匿或者故意销毁会计资料的法律责任;授意、指使、强令会计机构及人员从事会计违法行为的法律责任;单位负责人打击报复会计人员的法律责任;财政部门及有关行政部门工作人员职务违法的法律责任。

掌握:会计核算的法律规定;会计档案管理的规定;会计监督的规定;会计岗位设置的规定;会计人员的规定。

技能目标

能够填制和审核原始凭证和记账凭证;能够依法建账;能够按照财务会计报告的编制要求编制会计报表;能够按照会计工作交接的程序做好会计交接工作。

素质目标

运用所学的会计法律制度知识研究相关案例,培养和提高学生在特定业务情境中分析问题与决策设计的能力;结合行业规范或标准,运用会计法律知识分析行为的善恶,强化学生的职业道德素质。

思政引例

正确理解《会计法》

思政元素

某上市公司财务部经理在组织会计人员学习会计法规知识的讨论会上说:"《会计法》是从事财务会计工作的根本规范,我们一定要认真学习贯彻好《会计法》。此外,只要认真执行会计行政法规和《企业会计准则》,坚持会计人员职业道德,就能把会计服务企业、服务经济的工作做好。"

思考:这位上市公司财务部经理的话是否正确。

知识精讲

任务一 会计法律制度概述

一、会计法律制度的概念

会计法律制度,是指国家权力机关和行政机关制定的调整会计关系的法律规范的总称,包括会计法律、会计行政法规、会计规章等。它是调整会计关系的法律规范。

会计机构和会计人员在办理会计事务的过程中,以及国家在管理会计工作的过程中发生的经济关系称为会计关系。例如,供销关系、债权债务关系、信贷关系、分配关系、税款征纳关系、管理与被管理关系等各种经济关系,就需要用会计法律制度来规范。

二、《会计法》的适用范围

国家机关、社会团体、公司、企业、事业单位和其他组织(以下统称单位)办理会计事务必须依照《会计法》的规定。国家实行统一的会计制度。国家统一的会计制度是指国务院财政部门根据

《会计法》制定的关于会计核算、会计监督、会计机构和会计人员以及会计工作管理的制度。

三、会计工作管理体制

(一) 会计工作的行政管理

会计工作管理体制，是指会计工作的管理制度和管理方法，具体包括会计工作管理组织形式、管理权限划分、管理机构设置等内容。根据我国《会计法》第七条的规定，国务院财政部门主管全国的会计工作；县级以上地方各级人民政府财政部门管理本行政区域内的会计工作。可见，财政部门是我国会计工作的主管机关。

(二) 单位内部的会计工作管理

单位负责人对本单位的会计工作和会计资料的真实性、完整性负责。单位负责人，是指单位法定代表人或者法律、行政法规规定代表单位行使职权的主要负责人。单位负责人应当保证会计机构、会计人员依法履行职责，不得授意、指使、强令会计机构、会计人员违法办理会计事项。

任务二　会计核算与监督

一、会计核算

会计核算，是以货币为主要计量单位，运用专门的会计方法，对生产经营活动或预算执行过程及其结果进行连续、系统、全面的记录、计算、分析，定期编制并提供财务会计报告和其他一系列内部管理所需的会计资料，为经营决策和宏观经济管理提供依据的一项会计活动。会计核算是会计工作的基本职能之一，是会计工作的重要环节。

(一) 会计核算的基本要求

1. 依法建账

(1) 各单位都应当按照《会计法》的规定设置会计账簿，进行会计核算。

(2) 各单位发生的各项经济业务事项应当统一进行会计核算，不得违反规定私设会计账簿进行登记、核算。

2. 根据实际发生的经济业务进行会计核算

《会计法》规定，各单位必须根据实际发生的经济业务事项进行会计核算，填制会计凭证，登记会计账簿，编制财务会计报告。任何单位不得以虚假的经济业务事项或者资料进行会计核算。会计核算以实际发生的经济业务为依据，体现了会计核算的真实性和客观性要求。其具体要求是，根据实际发生的经济业务，取得可靠的凭证，并据此登记账簿，编制财务会计报告，形成符合质量标准的会计资料(会计信息)。

3. 保证会计资料的真实和完整

会计资料，主要是指会计凭证、会计账簿、财务会计报告等会计核算专业资料，它是会计核算的重要成果，是投资者作出投资决策，经营者进行经营管理，国家进行宏观调控的重要依据。

会计资料的真实性，主要是指会计资料所反映的内容和结果，应当同单位实际发生的经济业务的内容及其结果相一致。

会计资料的完整性，主要是指构成会计资料的各项要素都必须齐全，以使会计资料如实、全面地记录和反映经济业务发生情况，便于会计资料使用者全面、准确地了解经济活动情况。

【注意】 会计资料的真实性和完整性，是会计资料最基本的质量要求，是会计工作的生命，各单位必须保证所提供的会计资料真实和完整。

造成会计资料的不真实、不完整的原因是多方面的，但伪造、变造会计资料是重要手段之一。

(1) 伪造会计资料包括伪造会计凭证和会计账簿，是以虚假的经济业务为前提来编制会计凭证、登记会计账簿，旨在以假充真。

(2) 变造会计资料包括变造会计凭证和会计账簿，用涂改、挖补等手段来改变会计凭证和会计账簿的真实内容，以歪曲事实真相。

伪造、变造会计资料，其结果是造成会计资料失实、失真，误导会计资料的使用者，损害投资人、债权人、国家和社会公众利益。因此，《会计法》对伪造、变造会计资料和提供虚假财务会计报告等弄虚作假行为，作出了禁止性规定。

4. 正确使用会计处理方法

会计处理方法，是指在会计核算中所采用的具体方法。它通常包括：收入确认方法，企业所得税的会计处理方法，存货计价方法，坏账损失的核算方法，固定资产折旧方法，编制合并财务报表的方法，外币折算的会计处理方法等。采取不同的会计处理方法，或者在不同会计期间采用不同的会计处理方法，都会影响会计资料的一致性和可比性，进而影响会计资料的使用。

因此，《会计法》和国家统一的会计制度规定，各单位采用的会计处理方法，前后各项应当保持一致，不得随意变更。确有必要变更的，应当按照国家统一的会计制度的规定进行变更，并将变更的原因、情况及影响在财务会计报告中予以说明，以便会计资料使用者了解会计处理方法变更及其对会计资料影响的情况。

5. 正确使用会计记录文字

会计记录文字是进行会计核算时，为记载经济业务发生情况和辅助说明会计数字所体现的经济内涵而使用的文字。会计记录文字是进行会计核算和提供会计资料不可缺少的主要媒介，是会计资料的重要组成部分，因此会计记录的文字应当使用中文；民族自治地方的单位的会计记录文字可以同时使用当地通用的一种民族文字；在中国境内设立的外商投资企业、外国企业和其他外国组织的会计记录文字可以同时使用一种外国文字。

6. 使用电子计算机进行会计核算必须符合法律规定

使用电子计算机进行会计核算的(会计电算化)，是采用电子计算机代替手工记账、算账和报账，以及对会计资料进行电子化分析和利用的现代记账手段，其软件及其生成的会计凭证、会计账簿、财务会计报告和其他会计资料，必须符合国家统一的会计制度的规定。

(二) 会计核算的主要内容

会计核算的内容也称为会计核算的对象，是指必须进行会计核算的经济业务事项。根据《会计法》的规定，各单位应当对下列经济业务事项办理会计手续，进行会计核算：①资产的增减和使用；②负债的增减；③净资产(所有者权益)的增减；④收入、支出、费用、成本的增减；⑤财务成果的计算和处理；⑥需要办理会计手续，进行会计核算的其他事项。

各单位进行会计核算不得有下列行为：①随意改变资产、负债、净资产(所有者权益)的确认标准或者计量方法，虚列、多列、不列或者少列资产、负债、净资产(所有者权益)；②虚列或者隐瞒收入，推迟或者提前确认收入；③随意改变费用、成本的确认标准或者计量方法，虚列、多列、不列或者少列费用、成本；④随意调整利润的计算、分配方法，编造虚假利润或者隐瞒利润；⑤违反国家统一的会计制度规定的其他行为。

(三) 会计年度

会计年度，是指以年度为单位进行会计核算的时间区间，是反映单位财务状况、核算经营成果的时间界限。根据《会计法》的规定，我国是以公历年度为会计年度，即以每年公历 1 月 1 日起至 12 月 31 日止，为一个会计年度。每一个会计年度还可以按照公历日期具体划分为半年度、季度、月度。我国的会计年度之所以采用公历制，主要是与我国的计划、财政年度保持一致，以便于国民经济的计划、统计和

学中做

财政管理。

(四) 记账本位币

人民币是我国的法定货币，在我国境内具有广泛的流通性。因此，《会计法》规定会计核算以人民币为记账本位币。业务收支以人民币以外的货币为主的单位，可以选定其中一种货币作为记账本位币，但是编报的财务会计报告应当折算为人民币。

(五) 会计凭证和会计账簿

1. 会计凭证

会计凭证，是指具有一定格式、用来记录经济业务事项发生和完成情况，明确经济责任，并作为记账凭证的书面证明，是会计核算的重要会计资料。各单位在按照《会计法》和《会计基础工作规范》的有关规定办理会计手续、进行会计核算时，必须以会计凭证为依据。会计凭证按其来源和用途，分为原始凭证和记账凭证两种。

1）原始凭证填制的基本要求

原始凭证填制的基本要求如表 2-1 所示。

表 2-1　　原始凭证填制的基本要求

<table>
<tr><td>原始凭证的概念</td><td colspan="4">原始凭证又称单据，是指在经济业务发生时，由业务经办人员直接取得或者填制，用以表明某项经济业务已经发生或完成情况并明确有关经济责任的一种原始凭据，如发票</td></tr>
<tr><td rowspan="3">原始凭证的来源</td><td colspan="4">原始凭证是会计核算的原始依据，来源于实际发生的经济业务事项</td></tr>
<tr><td colspan="4">既有来自单位外部的，也有单位自制的</td></tr>
<tr><td colspan="4">既有国家统一印制的具有固定格式的发票(通用凭证)，也有由发生经济业务事项双方认可并自行填制的凭据(专用凭证)等</td></tr>
<tr><td rowspan="2">原始凭证的审核</td><td rowspan="2">会计机构、会计人员必须按照国家统一的会计制度的规定对原始凭证进行审核</td><td colspan="2">对不真实、不合法的原始凭证</td><td>有权不予接受，并向单位负责人报告</td></tr>
<tr><td colspan="2">对记载不准确、不完整的原始凭证</td><td>予以退回，并要求按照国家统一的会计制度的规定更正、补充</td></tr>
<tr><td rowspan="3">原始凭证的更改</td><td colspan="4">原始凭证记载的各项内容均不得涂改</td></tr>
<tr><td colspan="2">原始凭证金额有错误的</td><td colspan="2">应当由出具单位重开，不得在原始凭证上更正</td></tr>
<tr><td colspan="2">原始凭证上除金额以外的其他事项有错误的</td><td colspan="2">应当由出具单位重开或者更正，更正处应当加盖出具单位印章</td></tr>
<tr><td>原始凭证必须具备的内容</td><td colspan="4">(1) 凭证的名称
(2) 填制凭证的日期
(3) 填制凭证单位名称或者填制人姓名
(4) 经办人员的签名或者盖章
(5) 接受凭证单位名称
(6) 经济业务内容
(7) 数量、单价和金额</td></tr>
<tr><td rowspan="3">原始凭证的填制要求</td><td>签章</td><td colspan="3">(1) 从外单位取得的原始凭证，必须盖有填制单位的公章
(2) 从个人取得的原始凭证，必须有填制人员的签名或者盖章
(3) 自制原始凭证必须有经办单位领导人或者其指定的人员签名或者盖章
(4) 对外开出的原始凭证，必须加盖本单位公章</td></tr>
<tr><td>金额</td><td colspan="3">凡填有大写和小写金额的原始凭证，大写与小写金额必须相符</td></tr>
<tr><td>联次</td><td colspan="3">一式多联的原始凭证，应当注明各联的用途，只能以一联作为报销凭证</td></tr>
</table>

（续表）

原始凭证的填制要求	证明	（1）购买实物的原始凭证，必须有验收证明 （2）支付款项的原始凭证，必须有收款单位和收款人的收款证明 （3）发生销货退回的，除填制退货发票外，还必须有退货验收证明。退款时，必须取得对方的收款收据或者汇款银行的凭证，不得以退货发票代替收据 （4）经上级有关部门批准的经济业务，应当将批准文件作为原始凭证附件。如果批准文件需要单独归档的，应当在凭证上注明批准机关名称、日期和文件字号

2）记账凭证填制的基本要求

记账凭证填制的基本要求如表 2-2 所示。

表 2-2　记账凭证填制的基本要求

记账凭证的概念	记账凭证又称传票，是指对经济业务事项按其性质加以归类，确定会计分录，并据以登记会计账簿的凭证。它具有分类归纳原始凭证和满足登记会计账簿需要的作用
记账凭证的分类	记账凭证可以分为收款凭证、付款凭证和转账凭证，也可以使用通用记账凭证
记账凭证的填制依据	记账凭证应当根据审核无误的原始凭证及有关资料编制
记账凭证必须具备的内容	（1）填制凭证的日期 （2）凭证编号 （3）经济业务摘要 （4）会计科目 （5）金额 （6）所附原始凭证张数 （7）填制凭证人员、稽核人员、记账人员、会计机构负责人（会计主管人员）签名或者盖章。收款和付款记账凭证还应当由出纳人员签名或者盖章；实行会计电算化的单位，打印出的机制记账凭证要加盖制单人员、审核人员、记账人员及会计机构负责人（会计主管人员）印章或者签字 **【提示】**以自制的原始凭证或者原始凭证汇总表代替记账凭证的，也必须具备记账凭证应有的项目
记账凭证的编号	填制记账凭证时，应当对记账凭证进行连续编号。一笔经济业务需要填制两张以上记账凭证的，可以采用分数编号法编号
记账凭证的汇总填制	记账凭证可以根据每一张原始凭证填制，或者根据若干张同类原始凭证汇总填制，也可以根据原始凭证汇总表填制。但不得将不同内容和类别的原始凭证汇总填制在一张记账凭证上
原始凭证的附列	（1）除结账和更正错误的记账凭证可以不附原始凭证外，其他记账凭证必须附有原始凭证 （2）如果一张原始凭证涉及几张记账凭证，可以把原始凭证附在一张主要的记账凭证后面，并在其他记账凭证上注明附有该原始凭证的记账凭证的编号或者附原始凭证复印件 （3）一张原始凭证所列支出需要几个单位共同负担的，应当将其他单位负担的部分，开给对方原始凭证分割单，进行结算
记账凭证的重新填制	如果在填制记账凭证时发生错误，应当重新填制： （1）已经登记入账的记账凭证，在当年内发现填写错误时，可以用红字填写一张与原内容相同的记账凭证，在摘要栏注明“注销某月某日某号凭证”字样，同时再用蓝字重新填制一张正确的记账凭证，注明“订正某月某日某号凭证”字样。如果会计科目没有错误，只是金额错误，也可以将正确数字与错误数字之间的差额，另编一张调整的记账凭证，调增金额用蓝字，调减金额用红字 （2）发现以前年度记账凭证有错误的，应当用蓝字填制一张更正的记账凭证

3）会计凭证的保管

会计凭证的保管如表 2-3 所示。

表 2-3　　会计凭证的保管

基本要求	会计凭证登记完毕后，应当按照分类和编号顺序保管，不得散乱丢失
原始凭证的处理	（1）记账凭证应当连同所附的原始凭证或者原始凭证汇总表，按照编号顺序，折叠整齐，按期装订成册，并加具封面，注明单位名称、年度、月份和起讫日期、凭证种类、起讫号码，由装订人在装订线封签外签名或者盖章 （2）对于数量过多的原始凭证，可以单独装订保管，在封面上注明记账凭证日期、编号、种类，同时在记账凭证上注明“附件另订”和原始凭证名称及编号 （3）各种经济合同、存出保证金收据以及涉外文件等重要原始凭证，应当另编目录，单独登记保管，并在有关的记账凭证和原始凭证上相互注明日期和编号
原始凭证的外借与复制	（1）原始凭证不得外借，其他单位如因特殊原因需要使用原始凭证时，经本单位会计机构负责人、会计主管人员批准，可以复制 （2）向外单位提供的原始凭证复制件，应当在专设的登记簿上登记，并由提供人员和收取人员共同签名或者盖章
原始凭证的遗失处理	（1）从外单位取得的原始凭证如有遗失，应当取得原开出单位盖有公章的证明，并注明原来凭证的号码、金额和内容等，由经办单位会计机构负责人、会计主管人员和单位领导人批准后，才能代作原始凭证 （2）如果确实无法取得证明的，如火车、轮船、飞机票等凭证，由当事人写出详细情况，由经办单位会计机构负责人、会计主管人员和单位领导人批准后，代作原始凭证

2. 会计账簿

会计账簿

1）会计账簿的种类

会计账簿是全面记录和反映一个单位的经济业务，把大量分散的数据或资料进行归类整理，逐步加工成有用会计信息的簿籍。它是编制财务会计报告的重要依据。

会计账簿的种类主要有：

（1）总账。总账也称总分类账，是根据会计科目（也称总账科目）开设的账簿，用于分类登记单位的全部经济业务事项，提供资产、负债、所有者权益、费用、成本、收入等总括核算的资料。总账一般有订本账和活页账两种。

（2）明细账。明细账也称明细分类账，是根据总账科目所属的明细科目设置的，用于分类登记某一类经济业务事项，提供有关明细核算资料。明细账一般使用活页账。

（3）日记账。日记账是一种特殊的序时明细账，它是按照经济业务事项发生的时间先后顺序，逐日逐笔地进行登记的账簿，包括现金日记账和银行存款日记账。日记账一般使用订本账。

（4）其他辅助账簿。其他辅助账簿也称备查账簿，是为备忘备查而设置的。在会计实务中，其他辅助账簿主要包括各种租借设备、物资的辅助登记或有关应收、应付款项的备查簿，担保、抵押备查簿等。

2）启用会计账簿的基本要求

（1）封面。启用会计账簿时，应当在账簿封面上写明单位名称和账簿名称。

（2）扉页。①在账簿扉页上应当附启用表，内容包括启用日期、账簿页数、记账人员和会计机构负责人、会计主管人员姓名，并加盖名章和单位公章。②记账人员或者会计机构负责人、会计主管人员调动工作时，应当注明交接日期、接办人员或者监交人员姓名，并由交接双方人员签名或者盖章。

（3）账页编号。①启用订本式账簿，应当从第一页到最后一页顺序编定页数，不得跳页、缺号。②使用活页式账页，应当按账户顺序编号，并须定期装订成册。装订后再按实际使用的账页顺序编定页码。另加目录，记明每个账户的名称和页次。

3）登记会计账簿的基本要求

（1）登记会计账簿时，应当将会计凭证日期、编号、业务内容摘要、金额和其他有关资料逐项记入账内，做到数字准确、摘要清楚、登记及时、字迹工整。

（2）登记完毕后，要在记账凭证上签名或者盖章，并注明已经登账的符号，表示已经记账。

（3）账簿中书写的文字和数字上面要留有适当空格，不要写满格；一般应占格距的1/2。

（4）登记账簿要用蓝黑墨水或者碳素墨水书写，不得使用圆珠笔（银行的复写账簿除外）或者铅笔书写。但下列情况，可以用红色墨水记账：①按照红字冲账的记账凭证，冲销错误记录；②在不设借贷等栏的多栏式账页中，登记减少数；③在三栏式账户的余额栏前，如未印明余额方向的，在余额栏内登记负数余额；④根据国家统一会计制度的规定可以用红字登记的其他会计记录。

（5）会计账簿应当按照连续编号的页码顺序登记。会计账簿记录发生错误或者隔页、缺号、跳行的，应当按照国家统一的会计制度规定的方法更正，并由会计人员和会计机构负责人（会计主管人员）在更正处盖章。

（6）凡需要结出余额的账户，结出余额后，应当在“借或贷”等栏内写明“借”或者“贷”等字样。没有余额的账户，应当在“借或贷”等栏内写“平”字，并在余额栏内用“θ”表示。现金日记账和银行存款日记账必须逐日结出余额。

（7）结计要求。①每一账页登记完毕结转下页时，应当结出本页合计数及余额，写在本页最后一行和下页第一行有关栏内，并在摘要栏内注明“过次页”和“承前页”字样；也可以将本页合计数及金额只写在下页第一行有关栏内，并在摘要栏内注明“承前页”字样。②对需要结计本月发生额的账户，结计“过次页”的本页合计数应当为自本月初起至本页末止的发生额合计数；对需要结计本年累计发生额的账户，结计“过次页”的本页合计数应当为自年初起至本页末止的累计数；对既不需要结计本月发生额也不需要结计本年累计发生额的账户，可以只将每页末的余额结转次页。

（8）实行会计电算化的单位，用计算机打印的会计账簿必须连续编号，经审核无误后装订成册，并由记账人员和会计机构负责人、会计主管人员签字或者盖章。

4）账簿记录发生错误的更正方法

账簿记录发生错误，不准涂改、挖补、刮擦或者用药水消除字迹，不准重新抄写，必须按照下列方法进行更正：

（1）登记账簿时发生错误，应当将错误的文字或者数字划红线注销，但必须使原有字迹仍可辨认；然后在划线上方填写正确的文字或者数字，并由记账人员在更正处盖章。

【提示】 对于错误的数字，应当全部划红线更正，不得只更正其中的错误数字；对于文字错误，可只划去错误的部分。

（2）由于记账凭证错误而使账簿记录发生错误，应当按更正的记账凭证登记账簿。

5）结账

（1）各单位应当按照规定定期结账。结账前，必须将本期内所发生的各项经济业务全部登记入账。结账时，应当结出每个账户的期末余额。

（2）年度终了结账时，所有总账账户都应当结出全年发生额和年末余额。年度终了，要把各账户的余额结转到下一会计年度，并在摘要栏注明“结转下年”字样；在下一会计年度新建有关会计账簿的第一行余额栏内填写上年结转的余额，并在摘要栏注明“上年结转”字样。

（六）财务会计报告

财务会计报告也称财务报告，是指单位对外提供的、反映单位某一特定日期财务状况和某一会计期间经营成果、现金流量等会计信息的文件。编制财务会计报告，是对单位会计核算工作的全面总结，也是及时提供真实、完整会计资料的重要环节。

1. 财务会计报告的构成

企业财务会计报告包括会计报表、会计报表附注和财务情况说明书。会计报表应当包括资产负债表、利润表、现金流量表及相关附表。企业财务会计报告按编制时间分为年度、半年度、季度和月度财务会计报告。季度、月度财务会计报告通常仅指会计报表，会计报表至少应当包括资产负债表和利润表。国家统一的会计制度规定季度、月度财务会计报告需要编制会计报表附注的，从其规定。

各单位采用的会计处理方法，前后各期应当一致，不得随意变更；确有必要变更的，应当按照国家统一的会计制度的规定变更，并将变更的原因、情况及影响在财务会计报告中说明。单位提供的担保、未决诉讼等或有事项，应当按照国家统一的会计制度的规定，在财务会计报告中予以说明。

2. 财务会计报告的对外提供

企业对外提供的财务会计报告反映的会计信息应当真实、完整。企业应当依照法律、行政法规和国家统一的会计制度有关财务会计报告提供期限的规定，及时对外提供财务会计报告。企业对外提供的财务会计报告应当由企业负责人和主管会计工作的负责人，会计机构负责人（会计主管人员）签名并盖章。设置总会计师的企业，还应由总会计师签名并盖章。

国有企业、国有控股的或者占主导地位的企业，应当至少每年一次向本企业的职工代表大会公布财务会计报告并重点说明下列事项：①反映与职工利益密切相关的信息，包括管理费用的构成情况，企业管理人员工资、福利和职工工资、福利费的发放、使用和结余情况，公益金的提取及使用情况，利润分配的情况以及其他与职工利益相关的信息；②内部审计发现的问题及纠正情况；③注册会计师审计的情况；④国家审计机关发现的问题及纠正情况；⑤重大的投资、融资和资产处置决策及其原因的说明等；⑥需要说明的其他重要事项。

企业应依照《企业财务会计报告条例》的规定向有关各方提供财务会计报告，其编制基础、编制依据、编制原则和方法应当一致，不得提供编制基础、编制依据、编制原则和方法不同的财务会计报告。财务会计报告须经注册会计师审计的，企业应当将注册会计师及其会计师事务所出具的审计报告随同财务会计报告一并对外提供。

接受企业财务会计报告的组织或者个人，在企业财务会计报告未正式对外披露前，应当对其内容保密。

（七）账务核对及财产清查

1. 账务核对

账务核对又称账账核对、账证核对、账实核对，是保证会计账簿记录质量的重要程序。各单位应当定期对会计账簿记录的有关数字与库存实物、货币资金、有价证券、往来单位或者个人等进行相互核对，保证账证相符、账账相符、账实相符。对账工作每年至少进行一次。

2. 财产清查

财产清查，是会计核算工作的一项重要程序，特别是在编制年度财务会计报告之前，必须进行财产清查，并对账实不符等问题根据国家统一的会计制度的规定进行会计处理，以保证财务会计报告反映的会计信息真实、完整。

财产清查制度是通过定期或不定期、全面或部分地对各项财产物资进行实地盘点和对库存现金、银行存款、债权债务进行清查核实的一种制度。通过清查，可以发现财产管理工作中存在的问题，以便查清原因、改善经营管理、保护财产的完整和安全；可以确定各项财产的实存数，以便查明实存数与账面数是否相符，并查明不符的原因和责任，制定相应措施，做到账实相符，保证会计资料的真实性。

二、会计档案管理

动漫视频

会计档案

会计档案是记录和反映经济业务事项的重要历史资料和证据。《会计法》第二十三条规定，各单位对会计凭证、会计账簿、财务会计报告和其他会计资料应当建立档案，妥善保管。

（一）会计档案的概念

会计档案，是指单位在进行会计核算等过程中接收或形成的，记录和反映单位经济业务事项的，具有保存价值的文字、图表等各种形式的会计资料，包括通过计算机等电子设备形成、传输和存储的电子会计档案。各单位的预算、计划、制度等文件材料属于文书档案，不属于会计档案。

（二）会计档案的归档

1. 会计档案的归档范围

下列会计资料应当进行归档：①会计凭证，包括原始凭证、记账凭证；②会计账簿，包括总账、明细账、日记账、固定资产卡片及其他辅助性账簿；③财务报告，包括月度、季度、半年度、年度财务报告；④其他会计资料，包括银行存款余额调节表、银行对账单、纳税申报表、会计档案移交清册、会计档案保管清册、会计档案销毁清册、会计档案鉴定意见书及其他具有保存价值的会计资料。

2. 会计档案的归档要求

（1）单位会计管理机构负责定期将应当归档的会计资料整理立卷，编制会计档案保管清册。

（2）单位内部形成的属于归档范围的电子会计资料，同时满足下列条件的，可仅以电子形式保存，形成电子会计档案：①形成的电子会计资料来源真实有效，由计算机等电子设备形成和传输；②使用的会计核算系统能够准确、完整、有效接收和读取电子会计资料，能够输出符合国家标准归档格式的会计凭证、会计账簿、财务会计报表等会计资料，设定了经办、审核、审批等必要的审签程序；③使用的电子档案管理系统能够有效接收、管理、利用电子会计档案，符合电子档案的长期保管要求，并建立了电子会计档案与相关联的其他纸质会计档案的检索关系；④采取有效措施，防止电子会计档案被篡改；⑤建立电子会计档案备份制度，能够有效防范自然灾害、意外事故和人为破坏的影响；⑥形成的电子会计资料不属于具有永久保存价值或者其他重要保存价值的会计档案；⑦单位从外部接收的电子会计资料附有符合《中华人民共和国电子签名法》规定的电子签名。

（3）当年形成的会计档案，在会计年度终了后，可由单位会计管理机构临时保管1年，再移交单位档案管理机构保管。因工作需要确需推迟移交的，应当经单位档案管理机构同意，但临时保管期限最长不得超过3年。临时保管期间，会计档案的保管应当符合国家档案管理的有关规定，且出纳人员不得兼管会计档案。

（三）会计档案的移交和利用

1. 会计档案的移交

会计机构在向单位档案管理机构移交会计档案时要编制移交清册，详细登记所移交档案的名称、卷号、册数、起止年度、应保管期限、已保管期限等内容，便于分清责任，加强对会计档案的管理。

纸质会计档案移交时应当保持原卷的封装。电子会计档案移交时应当将电子会计档案及其元数据一并移交，且文件格式应当符合国家档案管理的有关规定。特殊格式的电子会计档案应当与其读取平台一并移交。

单位档案管理机构接收电子会计档案时，应当对电子会计档案的准确性、完整性、可用性、安全性进行检测，符合要求的才能接收。

2. 会计档案的利用

档案管理机构接收保管的会计档案，原则上应当保持原卷册的封装，即入档后的单位会计档案不得随意拆封。个别需要拆封重新整理的，应当会同会计机构和原经办人员共同拆封整理，以分清责任。

对会计档案应当进行科学管理，做到妥善保管，存放有序，查找方便，不得随意堆放，严禁毁损、散失和泄密。

单位保存的会计档案一般不得对外借出。确因工作需要且根据国家有关规定必须借出的，应当严格按照规定办理相关手续。遇有特殊需要，如与单位经济业务相关、需要查阅与其业务相关的会计凭证或公检法等监察部门需要查询与案件有关的会计资料等，经本单位负责人批准，在不拆散原卷册的前提下，可以提供查阅或者复制件，但必须办理登记手续，登记查阅人或复制人的姓名、单位、查阅或复制档案的卷号和内容等，以便备查。

（四）会计档案的保管期限

根据《会计档案管理办法》的规定，会计档案的保管期限分为永久和定期两类。定期保管期限分为10年和30年，该保管期限为最低保管期限。会计档案的保管期限，从会计年度终了后的第一天算起。会计档案的具体保管期限如表2-4和表2-5所示。

（五）会计档案的鉴定与销毁

1. 会计档案的鉴定

（1）单位应当定期对已到保管期限的会计档案进行鉴定，并形成会计档案鉴定意见书。经鉴定，仍需继续保存的会计档案，应当重新划定保管期限；对保管期满，确无保存价值的会计档案，可以销毁。

表2-4　　企业和其他组织会计档案保管期限表

序号	档案名称	保管期限	备　注
一	会计凭证		
1	原始凭证	30年	
2	记账凭证	30年	
二	会计账簿		
3	总账	30年	
4	明细账	30年	
5	日记账	30年	
6	固定资产卡片		固定资产报废清理后保管5年
7	其他辅助性账簿	30年	
三	财务会计报告		
8	月度、季度、半年度财务会计报告	10年	
9	年度财务会计报告	永久	
四	其他会计资料		
10	银行存款余额调节表	10年	
11	银行对账单	10年	
12	纳税申报表	10年	
13	会计档案移交清册	30年	

（续表）

序号	档案名称	保管期限	备　注
14	会计档案保管清册	永久	
15	会计档案销毁清册	永久	
16	会计档案鉴定意见书	永久	

表 2-5　　财政总预算、行政单位、事业单位和税收会计档案保管期限表

序号	档案名称	保管期限			备　注
		财政总预算	行政事业单位	税收会计	
一	会计凭证				
1	国家金库编送的各种报表及缴库退库凭证	10 年		10 年	
2	各收入机关编送的报表	10 年			
3	行政单位和事业单位的各种会计凭证		30 年		包括原始凭证、记账凭证和传票汇总表
4	财政总预算拨款凭证及其他会计凭证	30 年			包括拨款凭证和其他会计凭证
二	会计账簿				
5	日记账		30 年	30 年	
6	总账	30 年	30 年	30 年	
7	税收日记账（总账）			30 年	
8	明细分类、分户账或登记簿	30 年	30 年	30 年	
9	行政单位和事业单位固定资产卡片				固定资产报废清理后保管 5 年
三	财务会计报告				
10	政府综合财务报告	永久			下级财政、本级部门和单位报送的保管 2 年
11	部门财务报告		永久		所属单位报送的保管 2 年
12	财政总决算	永久			下级财政、本级部门和单位报送的保管 2 年
13	部门决算		永久		所属单位报送的保管 2 年
14	税收年报（决算）			永久	
15	国家金库年报（决算）	10 年			
16	基本建设拨、贷款年报（决算）	10 年			
17	行政单位和事业单位会计月、季度报表		10 年		所属单位报送的保管 2 年
18	税收会计报表			10 年	所属税务机关报送的保管 2 年

（续表）

序号	档案名称	保管期限			备　注
		财政总预算	行政事业单位	税收会计	
四	其他会计资料				
19	银行存款余额调节表	10年	10年		
20	银行对账单	10年	10年	10年	
21	会计档案移交清册	30年	30年	30年	
22	会计档案保管清册	永久	永久	永久	
23	会计档案销毁清册	永久	永久	永久	
24	会计档案鉴定意见书	永久	永久	永久	

注：税务机关的税务经费会计档案保管期限，按行政单位会计档案保管期限规定办理。

（2）会计档案鉴定工作应当由单位档案管理机构牵头，组织单位会计、审计、纪检监察等机构或人员共同进行。

2. 会计档案的销毁

（1）单位档案管理机构编制会计档案销毁清册，列明拟销毁会计档案的名称、卷号、册数、起止年度、档案编号、应保管期限、已保管期限和销毁时间等内容。

（2）单位负责人、档案管理机构负责人、会计管理机构负责人、档案管理机构经办人、会计管理机构经办人在会计档案销毁清册上签署意见。

（3）监销。①单位档案管理机构负责组织会计档案销毁工作，并与会计管理机构共同派员监销。②监销人在会计档案销毁前，应当按照会计档案销毁清册所列内容进行清点核对；在会计档案销毁后，应当在会计档案销毁清册上签名或盖章。③电子会计档案的销毁还应当符合国家有关电子档案的规定，并由单位档案管理机构、会计管理机构和信息系统管理机构共同派员监销。

3. 不得销毁的会计档案

（1）保管期满但未结清的债权债务原始凭证和涉及其他未了事项的会计凭证不得销毁，纸质会计档案应当单独抽出立卷，电子会计档案单独转存，保管到未了事项完结时为止。

（2）单独抽出立卷或转存的会计档案，应当在会计档案鉴定意见书、会计档案销毁清册和会计档案保管清册中列明。

（六）特殊情况下的会计档案处置

1. 单位分立情况下的会计档案处置

（1）单位分立后，原单位存续的，其会计档案应当由分立后的存续方统一保管。

（2）单位分立后，原单位解散的，其会计档案应当经各方协商后，由其中一方代管，或按照国家档案管理的有关规定处置。

（3）单位分立中未结清的会计事项所涉及的会计凭证，应当单独抽出，由业务相关方保存。

（4）单位因业务移交其他单位办理所涉及的会计档案，应当由原单位保管，承接业务单位可以查阅、复制与其业务相关的会计档案。对其中未结清的会计事项所涉及的会计凭证，应当单独抽出，由承接业务单位保存。

2. 单位合并情况下的会计档案处置

（1）单位合并后原各单位解散或者一方存续、其他方解散的，原各单位的会计档案，应当由合并后的单位统一保管。

(2) 单位合并后,原各单位仍存续的,其会计档案应当由原各单位保管。

3. 建设单位项目建设会计档案的交接

建设单位在项目建设期间形成的会计档案,需要移交给建设项目接受单位的,应当在办理竣工财务决算后及时移交,并按照规定办理交接手续。

4. 单位之间交接会计档案的手续

(1) 移交会计档案的单位,应当编制会计档案移交清册,列明应当移交的会计档案名称、卷号、册数、起止年度、档案编号、应保管期限和已保管期限等内容。

(2) 交接会计档案时,交接双方应按照会计档案移交清册所列内容逐项交接,并由交接双方的单位有关负责人负责监督。

(3) 交接完毕后,交接双方经办人和监督人,应当在会计档案移交清册上签名或盖章。

(4) 电子会计档案应当与其元数据一并移交,特殊格式的电子会计档案应当与其读取平台一并移交。

(5) 档案接收单位应当对保存电子会计档案的载体及其技术环境进行检验,确保所接收电子会计档案的准确、完整、可用和安全。

做中学 2-1

下列关于会计档案的说法中,不正确的是(　　)。(2021 年)

A. 会计档案的定期保管期限一般分为 10 年和 30 年

B. 企业对月度、季度、半年度财务会计报告的最低保管期限为 10 年

C. 会计档案借用单位应当妥善保管和利用借入的会计档案,确保借入会计档案的安全完整,并在规定时间内归还

D. 各单位的预算、计划、制度等资料也归属于会计档案

三、会计监督

动漫视频

会计监督

会计监督是会计的基本职能之一,是对经济活动的本身进行检查监督,借以控制经济活动,使经济活动能够根据一定的方向、目标、计划,遵循一定的原则正常进行。会计监督可分为单位内部监督、政府监督和社会监督。

(一) 单位内部会计监督

单位内部会计监督制度,是指为了保护其资产的安全、完整,保证其经营活动符合国家法律、法规和内部有关管理制度,提高经营管理水平和效率,而在单位内部采取的一系列相互制约、相互监督的制度与方法。

1. 单位内部会计监督的概念

单位内部会计监督,是指各单位的会计机构、会计人员依据法律法规制度规定,通过会计手段对本单位经济活动的合法性、合理性和有效性进行监督。内部会计监督的主体是各单位的会计机构、会计人员,内部会计监督的对象是单位的经济活动。

2. 单位内部会计监督的要求

单位内部会计监督制度应当符合下列要求:①记账人员与经济业务事项和会计事项的审批人员、经办人员、财务保管人员的职责权限应当明确,并相互分离、相互制约;②重大对外投资、资产处置、资金调度和其他重要经济业务事项的决策和执行的相互监督、相互制约程序应当明确;③财产清查的范围、期限和组织程序应当明确;④对会计资料定期进行内部审计的办法和程序应当明确。

会计机构、会计人员对违反《会计法》和国家统一的会计制度规定的会计事项，有权拒绝办理或者按照职权予以纠正。发现会计账簿记录与实物、款项及有关资料不相符的，按照国家统一的会计制度的规定有权自行处理的，应当及时处理；无权处理的，应当立即向单位负责人报告，请求查明原因，作出处理。单位负责人应当保证会计机构，会计人员依法履行职责，不得授意、指使、强令会计机构、会计人员违法办理会计事项。

3. 单位内部控制制度

1）内部控制的概念与原则

内部控制，是指单位为实现控制目标，通过制定制度、实施措施和执行程序，对经济活动的风险进行防范和管控。

单位建立与实施内部控制，应当遵循下列原则：

(1) 全面性原则要求内部控制应当贯穿单位经济活动的决策、执行和监督全过程。

(2) 重要性原则要求在全面控制的基础上，应当关注单位重要经济活动和经济活动的重大风险。

(3) 制衡性原则要求内部控制应当在治理结构、机构设置及权责分配、业务流程等方面形成相互制约、相互监督。

(4) 适应性原则要求内部控制应当符合国家有关规定和单位的实际情况，并随着情况的变化及时加以调整。

(5) 成本效益原则要求企业内部控制应当权衡实施成本与预期效益，以适当的成本实现有效控制。

小企业建立与实施内部控制，应当遵循下列原则：

(1) 风险导向原则要求内部控制应当以防范风险为出发点，重点关注对实现内部控制目标造成重大影响的风险领域。

(2) 适应性原则要求内部控制应当与企业发展阶段、经营规模、管理水平等相适应，并随着情况的变化及时加以调整。

(3) 实质重于形式原则要求内部控制应当注重实际效果，而不局限于特定的表现形式和实现手段。

(4) 成本效益原则要求内部控制应当权衡实施成本与预期效益，以合理的成本实现有效控制。

2）企业内部控制措施

(1) 不相容职务分离控制要求企业全面系统地分析、梳理业务流程中所涉及的不相容职务，实施相应的分离措施，形成各司其职、各负其责、相互制约的工作机制。不相容职务，是指那些如果由一个人担任，既可能发生错误舞弊行为，又可能掩盖其错误和舞弊行为的职务。不相容职务主要包括授权批准与业务经办、业务经办与会计记录、会计记录与财产保管、业务经办与稽核检查、授权批准与监督检查等。

(2) 授权审批控制要求企业根据常规授权和特别授权的规定，明确各岗位办理业务和事项的权限范围、审批程序和相应责任。

(3) 会计系统控制要求企业严格执行国家统一的会计准则制度，加强会计基础工作，明确会计凭证、会计账簿和财务会计报告的处理程序，保证会计资料真实完整。

(4) 财产保护控制要求企业建立财产日常管理和定期清查制度，采取财产记录、实物保管、定期盘点、账实核对等措施，确保财产安全。

(5) 预算控制要求企业实施全面预算管理制度，明确各责任单位在预算管理中的职责权限，规范预算的编制、审定、下达和执行程序，强化预算约束。

(6) 运营分析控制要求企业建立运营情况分析制度，经理层应当综合运用生产、购销、投资、筹资、财务等方面的信息，通过因素分析、对比分析、趋势分析等方法，定期开展运营情况分析，发现存在的问题，及时查明原因并加以改进。

（7）绩效考评控制要求企业建立和实施绩效考评制度，科学设置考核指标体系，对企业内部各责任单位和全体员工的业绩进行定期考核和客观评价，将考核结果作为确定员工薪酬以及职务晋升、评优、降级、调岗、辞退等的依据。

3）行政事业单位内部控制方法

（1）不相容岗位相互分离合理设置内部控制关键岗位，明确划分职责权限，实施相应的分离措施，形成相互制约、相互监督的工作机制。

（2）内部授权审批控制明确各岗位办理业务和事项的权限范围、审批程序和相关责任，建立重大事项集体决策和会签制度。相关工作人员应当在授权范围内行使职权、办理业务。

（3）归口管理根据本单位实际情况，按照权责对等的原则，采取成立联合工作小组并确定牵头部门或牵头人员等方式，对有关经济活动实行统一管理。

（4）预算控制强化对经济活动的预算约束，使预算管理贯穿于单位经济活动的全过程。

（5）财产保护控制建立资产日常管理制度和定期清查机制，采取资产记录、实物保管、定期盘点、账实核对等措施，确保资产安全完整。

（6）会计控制建立健全本单位财会管理制度，加强会计机构建设，提高会计人员业务水平，强化会计人员岗位责任制，规范会计基础工作，加强会计档案管理，明确会计凭证、会计账簿和财务会计报告处理程序。

（7）单据控制要求单位根据国家有关规定和单位的经济活动业务流程，在内部管理制度中明确界定各项经济活动所涉及的表单和票据，要求相关工作人员按照规定填制、审核、归档、保管单据。

（8）信息内部公开要求建立健全经济活动相关信息内部公开制度，根据国家有关规定和单位的实际情况，确定信息内部公开的内容、范围、方式和程序。

（二）会计工作的政府监督

1. 会计工作政府监督的概念

会计工作的政府监督，主要是指财政部门代表国家对各单位和单位中相关人员的会计行为实施的监督检查，以及对发现的违法会计行为实施行政处罚。

（1）财政部门的监督检查，是指国务院财政部门、国务院财政部门的派出机构和县级以上人民政府财政部门对各单位和单位中相关人员的会计行为实施的监督检查。

（2）除财政部门外，审计、税务、人民银行、证券监管、银行保险监管等部门依照有关法律、行政法规规定的职责和权限，可以对有关单位的会计资料实施监督检查。

2. 财政部门会计监督的主要内容

财政部门对各单位的下列情况实施监督：

（1）是否依法设置会计账簿。

（2）会计凭证、会计账簿、财务会计报告和其他会计资料是否真实、完整。

（3）会计核算是否符合《会计法》和国家统一的会计制度的规定。

（4）从事会计工作的人员是否具备专业能力、遵守职业道德。

【提示】 财政部门在对各单位会计凭证、会计账簿、财务会计报告和其他会计资料真实性、完整性实施监督检查中，发现重大违法嫌疑时，国务院财政部门及其派出机构可以向与被监督单位有经济业务往来的单位和被监督单位开立账户的金融机构查询有关情况，有关单位和金融机构应当给予支持。

【注意】 依法对有关单位的会计资料实施监督检查的部门及其工作人员对在监督检查中知悉的国家秘密和商业秘密负有保密义务。

（三）会计工作的社会监督

1. 会计工作社会监督的概念

会计工作的社会监督，主要是指由注册会计师及其所在的会计师事务所等中介机构接受委托，依法对单位的经济活动进行审计，出具审计报告，发表审计意见的一种监督制度。

根据《会计法》的规定，法律、行政法规规定须经注册会计师进行审计的单位，应当向受委托的会计师事务所如实提供会计凭证、会计账簿、财务会计报告和其他会计资料以及有关情况。任何单位或者个人不得以任何方式要求或者示意注册会计师及其所在的会计师事务所出具不实或者不当的审计报告。

《会计法》规定，任何单位和个人对违反《会计法》和国家统一的会计制度规定的行为，有权检举。这是为了充分发挥社会各方面的力量，鼓励任何单位和个人检举违法会计行为，也属于会计工作社会监督的范畴。

2. 注册会计师审计报告

1）审计报告的概念和要素

审计报告，是指注册会计师根据审计准则的规定，在执行审计工作的基础上，对被审计单位财务报表发表审计意见的书面文件。注册会计师应当就财务报表是否在所有重大方面按照适用的财务报表编制基础编制并实现公允反映形成审计意见。

审计报告应当包括下列要素：①标题；②收件人；③引言段；④管理层对财务报表的责任段；⑤注册会计师的责任段；⑥审计意见段；⑦注册会计师的签名和盖章；⑧会计师事务所的名称、地址和盖章；⑨报告日期。

2）审计报告的种类和审计意见的类型

审计报告分为标准审计报告和非标准审计报告。

标准审计报告，是指不含有说明段、强调事项段、其他事项段或其他任何修饰性用语的无保留意见的审计报告，包含其他报告责任段，但不含有强调事项段或其他事项段的无保留意见的审计报告也被视为标准审计报告。

非标准审计报告，是指带强调事项段或其他事项段的无保留意见的审计报告和非无保留意见的审计报告。非无保留意见，包括保留意见、否定意见和无法表示意见三种类型。

无保留意见，是指当注册会计师认为财务报表在所有重大方面按照适用的财务报表编制基础编制并实现公允反映时发表的审计意见。

当存在下列情形之一时，注册会计师应当在审计报告中发表非无保留意见：①根据获取的审计证据，得出财务报表整体存在重大错报的结论；②无法获取充分、适当的审计证据，不能得出财务报表整体不存在重大错报的结论。

当存在下列情形之一时，注册会计师应当发表保留意见：①在获取充分、适当的审计证据后，注册会计师认为错报单独或汇总起来对财务报表影响重大，但不具有广泛性；②注册会计师无法获取充分、适当的审计证据以作为形成审计意见的基础，但认为未发现的错报（如存在）对财务报表可能产生的影响重大，但不具有广泛性。

在获取充分、适当的审计证据以作为形成审计意见的基础，但认为未发现的错报（如存在）对财务报表可能产生的影响重大且具有广泛性时，注册会计师应当发表否定意见。

如果无法获取充分、适当的审计证据以作为形成审计意见的基础，但认为未发现的错报（如存在）对财务报表可能产生的影响重大且具有广泛性，注册会计师应当发表无法表示意见。在极其特殊的情况下，可能存在多个不确定事项。尽管注册会计师对每个单独的不确定事项获取了充分、适当的审计证据，但由于不确定事项之间可能存在相互影响，以及可能对财务报表产生累积影响，注册会计师不可能对财务报表形成审计意见。在这种情况下，注册会计师应当发表无法表示意见。

任务三　会计机构和会计人员

一、会计机构

会计机构，是指各单位办理会计事务的职能部门。根据《会计法》的规定，各单位应当根据会计业务的需要，设置会计机构，或者在有关机构中设置会计人员并指定会计主管人员；不具备设置条件的，应当委托经批准从事会计代理记账业务的中介机构代理记账。

二、代理记账

代理记账，是指代理记账机构接受委托办理会计业务。代理记账机构，是指依法取得代理记账资格，从事代理记账业务的机构。《会计基础工作规范》规定，没有设置会计机构或者配备会计人员的单位，应当根据《代理记账管理办法》的规定，委托会计师事务所或者持有代理记账许可证书的代理记账机构进行代理记账。

（一）代理记账机构的审批

除会计师事务所以外的机构从事代理记账业务，应当经县级以上地方人民政府财政部门（以下简称审批机关）批准，领取由财政部统一规定样式的代理记账许可证书。会计师事务所及其分所可以依法从事代理记账业务。

申请代理记账资格的机构应当同时具备以下条件：①为依法设立的企业；②专职从业人员不少于3名，专职从业人员是指仅在一个代理记账机构从事代理记账业务的人员；③主管代理记账业务的负责人具有会计师以上专业技术职务资格或者从事会计工作不少于3年，且为专职从业人员；④有健全的代理记账业务内部规范。

代理记账机构从业人员应当具有会计类专业基础知识和业务技能，能够独立处理基本会计业务，并由代理记账机构自主评价认定。

动漫视频

代理记账的业务范围

（二）代理记账的业务范围

代理记账机构可以接受委托办理下列业务：①根据委托人提供的原始凭证和其他相关资料，按照国家统一的会计制度的规定进行会计核算，包括审核原始凭证、填制记账凭证、登记会计账簿、编制财务会计报告等；②对外提供财务会计报告；③向税务机关提供税务资料；④委托人委托的其他会计业务。

（三）委托人、代理记账机构及其从业人员各自的义务

(1) 委托人委托代理记账机构代理记账，应当在相互协商的基础上，订立书面委托合同。委托合同除应具备法律规定的基本条款外，应当明确下列内容：①双方对会计资料真实性、完整性各自应当承担的责任；②会计资料传递程序和签收手续；③编制和提供财务会计报告的要求；④会计档案的保管要求及相应的责任；⑤终止委托合同应当办理的会计业务交接事宜。

(2) 委托人应当履行下列义务：①对本单位发生的经济业务事项，应当填制或者取得符合国家统一的会计制度规定的原始凭证；②应当配备专人负责日常货币收支和保管；③及时向代理记账机构提供真实、完整的原始凭证和其他相关资料；④对于代理记账机构退回的，要求按照国家统一的会计制度的规定进行更正、补充的原始凭证，应当及时予以更正、补充。

(3) 代理记账机构及其从业人员应当履行下列义务：①遵守有关法律、法规和国家统一的会计制度的规定，按照委托合同办理代理记账业务；②对在执行业务中知悉的商业秘密予以保密；③对委托人要求其作出不当的会计处理，提供不实的会计资料，以及其他不符合法律、法规和国家统一的会计制度行为的，予以拒绝；④对委托人提出的有关会计处理相关问题予以解释。

代理记账机构为委托人编制的财务会计报告，经代理记账机构负责人和委托人负责人签名并盖章后，按照有关法律、法规和国家统一的会计制度的规定对外提供。

（四）对代理记账机构的管理

（1）代理记账机构应当于每年4月30日之前，向审批机关报送下列材料：①代理记账机构基本情况表；②专职从业人员变动情况。代理记账机构设立分支机构的，分支机构应当于每年4月30日之前向其所在地的审批机关报送上述材料。

（2）县级以上人民政府财政部门对代理记账机构及其从事代理记账业务情况实施监督，随机抽取检查对象、随机选派执法检查人员，并将抽查情况及查处结果依法及时向社会公开。对委托代理记账的企业因违反财税法律、法规受到处理处罚的，县级以上人民政府财政部门应当将其委托的代理记账机构列入重点检查对象。对其他部门移交的代理记账违法行为线索，县级以上人民政府财政部门应当及时予以查处。

（3）代理记账机构有下列情形之一的，审批机关应当办理注销手续，收回代理记账许可证书并予以公告：①代理记账机构依法终止的；②代理记账资格被依法撤销或撤回的；③法律、法规规定的应当注销的其他情形。

三、会计岗位的设置

（一）会计工作岗位设置的要求

会计工作岗位，是指一个单位会计机构内部根据业务分工而设置的职能岗位。

各单位应当根据会计业务的需要设置会计岗位。

会计工作岗位一般可分为：会计机构负责人或者会计主管人员、出纳、财产物资核算、工资核算、成本费用核算、财务成果核算、资金核算、往来结算、总账报表、稽核、档案管理等。开展会计电算化和管理会计的单位，可以根据需要设置相应工作岗位，也可以与其他工作岗位相结合。

会计工作岗位，可以一人一岗、一人多岗或者一岗多人。但出纳人员不得兼管稽核、会计档案保管和收入、费用、债权债务账目的登记工作。会计人员的工作岗位应当有计划地进行轮换。

【注意】 档案管理部门的人员管理会计档案，不属于会计岗位。

（二）会计人员回避制度

国家机关、国有企业、事业单位任用会计人员应当实行回避制度。单位领导人的直系亲属不得担任本单位的会计机构负责人、会计主管人员。会计机构负责人、会计主管人员的直系亲属不得在本单位会计机构中担任出纳工作。需要回避的直系亲属为：夫妻关系、直系血亲关系、三代以内旁系血亲以及配偶亲关系。

（三）会计工作交接

会计人员工作调动或者因故离职，必须将本人所经管的会计工作全部移交给接替人员。没有办清交接手续的，不得调动或者离职。

动漫视频

会计交接

会计人员办理移交手续前，必须及时做好以下工作：

（1）已经受理的经济业务尚未填制会计凭证的，应当填制完毕。

（2）尚未登记的账目，应当登记完毕，并在最后一笔余额后加盖经办人员印章。

（3）整理应该移交的各项资料，对未了事项写出书面材料。

（4）编制移交清册，列明应当移交的会计凭证、会计账簿、会计报表、印章、现金、有价证券、支票簿、发票、文件、其他会计资料和物品等内容；实行会计电算化的单位，从事该项工作的移交人员还应当在移交清册中列明会计软件及密码、会计软件数据磁盘（磁带等）及有关资料、实物等内容。

会计人员办理交接手续，必须有监交人负责监交。一般会计人员交接，由单位会计机构负责人、会计主管人员负责监交;会计机构负责人、会计主管人员交接,由单位负责人负责监交,必要时可由上级主管部门派人会同监交。

移交人员在办理移交时,要按移交清册逐项移交;接替人员要逐项核对点收。

(1) 现金、有价证券要根据会计账簿有关记录进行点交。库存现金、有价证券必须与会计账簿记录保持一致。不一致时,移交人员必须限期查清。

(2) 会计凭证、会计账簿、会计报表和其他会计资料必须完整无缺。如有短缺,必须查清原因,并在移交清册中注明,由移交人员负责。

(3) 银行存款账户余额要与银行对账单核对,如不一致,应当编制银行存款余额调节表调节相符,各种财产物资和债权债务的明细账户余额要与总账有关账户余额核对相符;必要时,要抽查个别账户的余额,与实物核对相符,或者与往来单位、个人核对清楚。

(4) 移交人员经管的票据、印章和其他实物等,必须交接清楚;移交人员从事会计电算化工作的,要对有关电子数据在实际操作状态下进行交接。

(5) 会计机构负责人、会计主管人员移交时,还必须将全部财务会计工作、重大财务收支和会计人员的情况等,向接替人员详细介绍。对需要移交的遗留问题,应当写出书面材料。

交接完毕后,交接双方和监交人员要在移交清册上签名或者盖章,并应在移交清册上注明:单位名称,交接日期,交接双方和监交人员的职务、姓名,移交清册页数以及需要说明的问题和意见等。移交清册一般应当填制一式三份,交接双方各执一份,存档一份。

接替人员应当继续使用移交的会计账簿,不得自行另立新账,以保持会计记录的连续性。

会计人员临时离职或者因病不能工作且需要接替或者代理的,会计机构负责人、会计主管人员或者单位负责人必须指定有关人员接替或者代理,并办理交接手续。

临时离职或者因病不能工作的会计人员恢复工作的,应当与接替或者代理人员办理交接手续。

单位撤销时,必须留有必要的会计人员,会同有关人员办理清算工作,编制决算。未移交前,不得离职。接收单位和移交日期由主管部门确定。

移交人员对所移交的会计凭证、会计账簿、会计报表和其他有关资料的合法性、真实性承担法律责任。

(四) 会计专业职务与会计专业技术资格

1. 会计专业职务(会计职称)

会计人员职称层级分为初级、中级、副高级和正高级。初级职称只设助理级,高级职称分设副高级和正高级,形成初级、中级、高级层次清晰、相互衔接、体系完整的会计人员职称评价体系。初级、中级、副高级和正高级职称名称依次为助理会计师、会计师、高级会计师和正高级会计师。

助理会计师应具备以下条件:①基本掌握会计基础知识和业务技能;②能正确理解并执行财经政策、会计法律法规和规章制度;③能独立处理一个方面或某个重要岗位的会计工作;④具备国家教育部门认可的高中毕业(含高中、中专、职高、技校)以上学历。

会计师应具备以下条件:①系统掌握会计基础知识和业务技能;②掌握并能正确执行财经政策、会计法律法规和规章制度;③具有扎实的专业判断和分析能力、能独立负责某领域会计工作;④具备博士学位;或具备硕士学位,从事会计工作满 1 年;或具备第二学士学位或研究生班毕业,从事会计工作满 2 年;或具备大学本科学历或学士学位、从事会计工作满 4 年;或具备大学专科学历,从事会计工作满 5 年。

高级会计师应具备以下条件:①系统掌握和应用经济与管理理论、财务会计理论与实务;②具有较高的政策水平和丰富的会计工作经验,能独立负责某领域或一个单位的财务会计管理工作;

③工作业绩较为突出,有效提高了会计管理水平或经济效益;④有较强的科研能力、取得一定的会计相关理论研究成果,或主持完成会计相关研究课题、调研报告、管理方法或制度创新等;⑤具备博士学位,取得会计师职称后,从事与会计师职责相关工作满2年;或具备硕士学位,或第二学士学位或研究生班毕业,或大学本科学历或学士学位,取得会计师职称后,从事与会计师职责相关工作满5年;或具备大学专科学历、取得会计师职称后,从事与会计师职责相关工作满10年。

正高级会计师应具备以下条件:①系统掌握和应用经济与管理理论、财务会计理论与实务,把握工作规律;②政策水平高,工作经验丰富,能积极参与一个单位的生产经营决策;③工作业绩突出,主持完成会计相关领域重大项目,解决重大会计相关疑难问题或关键性业务问题,提高单位管理效率或经济效益;④科研能力强,取得重大会计相关理论研究成果,或其他创造性会计相关研究成果、推动会计行业发展;⑤一般应具有大学本科及以上学历或学士以上学位,取得高级会计师职称后,从事与高级会计师职责相关工作满5年。

2. 会计专业技术资格

会计专业技术资格,是指担任会计专业职务的任职资格,简称会计资格。

会计专业技术资格分为初级资格、中级资格和高级资格三个级别,分别对应初级、中级、副高级会计职称(会计专业职务)的任职资格。目前,初级、中级资格实行全国统一考试制度,高级会计师资格实行考试与评审相结合制度。

通过全国统一考试取得初级或中级会计专业技术资格的会计人员、表明其已具备担任相应级别会计专业职务的任职资格。用人单位可根据工作需要和德才兼备的原则,从获得会计专业技术资格的会计人员中择优聘任。

(五)会计专业技术人员继续教育

根据《会计专业技术人员继续教育规定》,国家机关、企业、事业单位以及社会团体等组织(以下统称单位)具有会计专业技术资格的人员,或不具有会计专业技术资格但从事会计工作的人员(以下简称会计专业技术人员)享有参加继续教育的权利和接受继续教育的义务。用人单位应当保障本单位会计专业技术人员参加继续教育的权利。

具有会计专业技术资格的人员应当自取得会计专业技术资格的次年开始参加继续教育,并在规定时间内取得规定学分。不具有会计专业技术资格但从事会计工作的人员应当自从事会计工作的次年开始参加继续教育,并在规定时间内取得规定学分。

继续教育内容包括公需科目和专业科目。公需科目包括专业技术人员应当普遍掌握的法律法规、政策理论、职业道德、技术信息等基本知识,专业科目包括会计专业技术人员从事会计工作应当掌握的财务会计、管理会计、财务管理、内部控制与风险管理、会计信息化、会计职业道德、财税金融、会计法律法规等相关专业知识。

会计专业技术人员参加继续教育实行学分制管理。每年参加继续教育取得的学分不少于90学分,其中,专业科目一般不少于总学分的三分之二。会计专业技术人员参加继续教育取得的学分,在全国范围内当年度有效,不得结转以后年度。对会计专业技术人员参加继续教育情况实行登记管理。

用人单位应当建立本单位会计专业技术人员继续教育与使用、晋升相衔接的激励机制,将参加继续教育情况作为会计专业技术人员考核评价、岗位聘用的重要依据。会计专业技术人员参加继续教育情况,应当作为聘任会计专业技术职务或者申报评定上一级资格的重要条件。

(六)总会计师

总会计师是主管本单位会计工作的行政领导,是单位行政领导成员,是单位会计工作的主要负责人,协助单位主要领导人工作,直接对单位主要领导人负责。总会计师组织领导本单位的财务管理、成本管理、成本核算和会计监督等方面的工作,参与本单位重要经济问题的分析与决策。

国有的和国有资产占控股地位或者主导地位的大、中型企业必须设置总会计师；事业单位和业务主管部门根据需要，经批准可以设置总会计师；其他单位可以根据业务需要，自行决定是否设置总会计师。

【提示】 总会计师由具有会计师以上专业技术资格的人员担任。

任务四　会计法律责任

一、违反国家统一的会计制度行为的法律责任

违反《会计法》规定，有下列行为之一的，由县级以上人民政府财政部门责令限期改正，给予警告、通报批评，可以对单位并处200 000元以下的罚款；对其直接负责的主管人员和其他直接责任人员，可以处50 000元以下的罚款；情节严重的，对单位可以并处200 000元以上1 000 000元以下的罚款，对其直接负责的主管人员和其他直接责任人员可以处50 000元以上500 000元以下的罚款；属于公职人员的，还应当由其所在单位或者有关单位依法给予行政处分：①不依法设置会计账簿的；②私设会计账簿的；③未按照规定填制、取得原始凭证或者填制、取得的原始凭证不符合规定的；④以未经审核的会计凭证为依据登记会计账簿或者登记会计账簿不符合规定的；⑤随意变更会计处理方法的；⑥向不同的会计资料使用者提供的财务会计报告编制依据不一致的；⑦未按照规定使用会计记录文字或者记账本位币的；⑧未按照规定保管会计资料，致使会计资料毁损、灭失的；⑨未按照规定建立并实施单位内部会计监督制度或者拒绝依法实施的监督或者不如实提供有关会计资料及有关情况的；⑩任用会计人员不符合本法规定的。

【注意】 有上述行为之一，构成犯罪的，依法追究刑事责任。会计人员有上述行为之一，情节严重的，5年内不得从事会计工作。

二、其他会计违法行为应承担的法律责任

（一）伪造、变造会计凭证、会计账簿，编制虚假财务会计报告，隐匿或者故意销毁依法应当保存的会计凭证、会计账簿、财务会计报告的法律责任

伪造、变造会计凭证、会计账簿，编制虚假财务会计报告，隐匿或者故意销毁依法应当保存的会计凭证、会计账簿、财务会计报告的，由县级以上人民政府财政部门责令限期改正，给予警告、通报批评，没收违法所得，违法所得200 000元以上的，对单位可以并处违法所得1倍以上10倍以下的罚款，没有违法所得或者违法所得不足200 000元的，可以并处200 000元以上2 000 000元以下的罚款；对其直接负责的主管人员和其他直接责任人员可以处100 000元以上500 000元以下的罚款，情节严重的，可以处500 000元以上2 000 000元以下的罚款；属于公职人员的，还应当依法给予处分；其中的会计人员，5年内不得从事会计工作；构成犯罪的，依法追究刑事责任。

（二）授意、指使、强令会计机构、会计人员和其他人员伪造、变造会计凭证、会计账簿，编制虚假的财务会计报告或者隐匿、故意销毁依法应当保存的会计资料的法律责任

授意，是指暗示他人按其意思行事。指使，是指通过明示方式，指示他人按其意思行事。强令，是指明知其命令是违反法律的，而强迫他人执行其命令的行为。授意、指使、强令会计机构、会计人员及其他人员伪造、变造会计凭证、会计账簿，编制虚假财务会计报告或者隐匿、故意销毁依法应当保存的会计凭证、会计账簿、财务会计报告的，由县级以上人民政府财政部门给予警告、通报批评，可以并处200 000元以上1 000 000元以下的罚款；情节严重的，可以并处1 000 000元以上5 000 000元以下的罚款；属于公职人员的，还应当依法给予处分；构成犯罪的，依法追究刑事责任。

(三) 单位负责人对依法履行职责、抵制违反《会计法》规定行为的会计人员实行打击报复的法律责任

单位负责人对依法履行职责、抵制违反《会计法》规定行为的会计人员以降级、撤职、调离工作岗位、解聘或者开除等方式实行打击报复,构成犯罪的,依法追究刑事责任;尚不构成犯罪的,依法给予处分。对受打击报复的会计人员,应当恢复其名誉和原有职务、级别。

根据《刑法》的规定,公司、企业、事业单位、机关、团体的领导人对依法履行职责、抵制违反《会计法》规定行为的会计人员实行打击报复,情节恶劣的,构成打击报复会计人员罪。对犯打击报复会计人员罪的,处 3 年以下有期徒刑或者拘役。

(四) 财政部门及有关行政部门工作人员职务违法行为的法律责任

财政部门及有关行政部门的工作人员在实施监督管理中滥用职权、玩忽职守、徇私舞弊或者泄露国家秘密、工作秘密、商业秘密、个人隐私、个人信息的,依法给予处分;构成犯罪的,依法追究刑事责任。

应知考核

一、单项选择题

1. 担任单位会计机构负责人(会计主管人员的),应当具备会计师以上专业技术职务资格或者从事会计资格不少于(　　)年。(2022 年)

A. 1　　B. 2　　C. 3　　D. 5

2. 下列行为中,属于会计工作社会监督的是(　　)。(2023 年)

A. 市财政部门监督甲公司的会计行为
B. 乙基金会会计机构审核收到的原始凭证
C. 县税务机关检查戊企业的涉税会计资料
D. 丙会计师事务所审计 J 公司的年度财务会计报告

3. 下列关于会计档案销毁的说法中,不正确的是(　　)。(2022 年)

A. 单位应当定期对已到保管期限的会计档案进行鉴定,并形成会计档案鉴定意见书
B. 经鉴定,仍需继续保存的会计档案,应当重新划定保管期限
C. 对保管期满,确无保存价值的会计档案,可以销毁
D. 会计档案鉴定工作应当由单位档案管理机构单独进行,其他机构或人员不能参与

4. 根据会计法律制度的规定,下列关于会计档案管理的表述中,正确的是(　　)。(2023 年)

A. 会计档案的保管期限从会计年度的最后一天算起
B. 单位的预算方案属于会计档案
C. 当年形成的会计档案,可由单位会计管理机构临时保管 4 年
D. 单位会计管理机构临时保管会计档案期间,出纳人员不得兼管会计档案

5. 对甲公司实施的下列会计监督中,属于社会监督的是(　　)。(2021 年)

A. 财政局对甲公司开展年度会计信息质量检查
B. 会计师事务所对甲公司进行年度财务会计报告审计
C. 甲公司的审计部门对本公司会计账簿进行监督检查
D. 税务局对甲公司开展企业所得税专项税务稽查

6. 根据会计法律制度的规定,下列关于会计专业技术人员继续教育的表述中,正确的是(　　)。(2021 年)

A. 参加继续教育当年度取得的学分可以结转以后年度
B. 具有会计专业技术资格的,应当自取得资格次年开始参加继续教育
C. 用人单位不得将参加继续教育情况作为会计专业技术人员岗位聘用的依据
D. 每年参加继续教育应取得不少于 120 学分

7. 根据《会计档案管理办法》的规定,下列会计档案应永久保存的是(　　)。(2021 年)

A. 记账凭证　B. 原始凭证
C. 会计档案保管清册　D. 半年度财务报告

8. 会计人员宋某将其所经管的全部会计资料移交给接替人员王某，会计机构负责人孙某监交。事后王某发现该会计资料的真实性、合法性存在问题。下列人员中，应对该会计资料的真实性、合法性承担法律责任的是(　　)。(2021 年)
A. 孙某　B. 宋某　C. 王某　D. 孙某

9. 甲公司出纳人员张某因工作调动须办理会计工作移交，甲公司下列人员中，依法负责监督张某办理移交，甲公司下列人员中，依法负责监督张某办理交接手续的是(　　)。(2023 年)
A. 人力资源部门负责人赵某　B. 会计机构负责人王某
C. 单位负责人李某　D. 审计机构负责人刘某

10. 根据会计法律制度的规定，下列各项中，不属于会计核算内容的是(　　)。(2024 年)
A. 固定资产盘盈　B. 合同的审核和签订
C. 债权的收回　D. 有价证券的有偿转让

二、多项选择题

1. 下列属于会计人员工作交接范围的有(　　)。(2020 年)
A. 会计人员临时离职　B. 会计人员离职
C. 会计人员调动工作　D. 会计人员因病不能工作

2. 根据会计法律制度的规定，下列选项中，出纳不能兼任的工作有(　　)。(2024 年)
A. 固定资产卡片登记　B. 费用明细账登记
C. 债权债务账目登记　D. 会计档案保管

3. 根据会计法律制度的规定，下列各项中，属于会计账簿类型的有(　　)。(2018 年)
A. 备查账簿　B. 日记账　C. 明细账　D. 总账

4. 根据会计法律制度的规定，下列原始凭证中，可以作为记账凭证登记依据的有(　　)。(2021 年)
A. 根据每一张原始凭证填制
B. 根据若干张同类原始凭证汇总填制
C. 根据原始凭证汇总表填制
D. 根据不同内容和不同类别的原始凭证汇总填制

5. 根据会计法律制度的规定，下列关于单位之间会计档案交接的表述中，正确的有(　　)。(2018 年)
A. 电子会计档案应当与其元数据一并移交
B. 档案接受单位应当对保存电子会计档案的载体和其技术环境进行检验
C. 交接双方的单位有关负责人负责监督会计档案交接
D. 交接双方经办人和监督人应当在会计档案移交清册上签名或盖章

6. 根据会计法律制度的规定，下列关于会计核算基本要求的表述中，正确的有(　　)。(2023 年)
A. 伪造、变造会计资料是造成会计资料不真实、不完整的重要手段
B. 会计核算以实际发生的经济业务为依据
C. 在中国境内的外国企业，可同时使用中文和其本国文字进行会计记录
D. 任何单位和个人不得伪造会计凭证

7. 根据《会计档案管理办法》的规定，会计档案的定期保管期限分为(　　)年。(2021 年)
A. 10　B. 5　C. 3　D. 30

8. 单位档案管理机构在接受电子会计档案时，应当对电子档案进行检测，下列各项中，属于应检测的内容有(　　)。(2019 年)
A. 可用性　B. 安全性　C. 准确性　D. 完整性

9. 某企业的单位负责人为了粉饰业绩，指使会计人员伪造经济合同、推迟费用报销入账等手段，虚增利润五百多万元，造成极坏的社会影响。下列说法中正确的有(　　)。(2021 年)
A. 该单位负责人不得授意、指使、强令会计人员违法办理会计事项

B. 该单位负责人应该对本单位的会计工作和会计资料的真实性、完整性负责

C. 该企业的相关会计人员应当对该事件负全责

D. 该企业的会计机构负责人应当对该事件负全责

10. 下列国有企业拟对会计工作岗位的设置中，符合会计法律制度的有(　　)。(2022 年)

A. 丁企业由董事长的女婿吴某担任会计机构负责人

B. 丙企业由会计机构负责人的儿子周某担任出纳工作

C. 甲企业出纳人员赵某临时兼任人事档案保管工作

D. 乙企业的财务成果核算岗位有会计人员钱某、孙某和李某三人同时担任

三、判断题

1. 会计师事务所分所不能代理记账。(2021 年)　(　　)
2. 会计核算以公历每年 7 月 1 日起至次年 6 月 30 日止为一个会计年度。(2018 年)　(　　)
3. 向税务机关提供委托人的税务资料不属于代理记账机构的业务范围。(2023 年)　(　　)
4. 会计凭证按其来源和用途，分为原始凭证和记账凭证。(2018 年)　(　　)
5. 会计档案销毁之后，监销人应该在销毁清册上签名和盖章。(2018 年)　(　　)
6. 单位合并后一方存续其他方解散的，各单位的会计档案应由存续方统一保管。(2018 年)　(　　)
7. 会计专业技术人员参加继续教育情况，应当作为聘任会计专业技术职务或者申报评定上一级资格的重要条件。(2021 年)　(　　)
8. 单位负责人对本单位的会计工作和会计资料的真实性、完整性负责。(2021 年)　(　　)
9. 我国会计年度为每年公历的 1 月 1 日起至 12 月 31 日止。(2019 年)　(　　)
10. 企业生产车间多次使用一张限额领料单，则该凭证为累计原始凭证。(2019 年)　(　　)

应会考核

不定项选择题

(一) 甲企业为工业生产企业，其会计相关工作情况如下：

(1) 由于业务调整，安排出纳人员小王负责登记库存现金、银行存款日记账、费用明细账以及会计档案保管。

(2) 单位招聘一名管理会计人员小赵，已知小赵已从事会计工作 3 年，但因交通肇事罪被判处有期徒刑，现已刑满释放满 1 年。

(3) 往来会计小李由于个人原因离职，与小孙进行了会计工作交接，由单位会计机构负责人监交。小孙接替之后为了分清责任，将原账簿保存好之后另立账簿进行接手之后会计事项的记录。后发现小李任职期间存在账目问题，小李与小孙之间相互推卸责任。

(4) 税务部门发现报税资料存在疑点，因此派专员到甲企业进行调查，遭到甲企业拒绝，甲企业认为只有财政部门有权对本企业进行监管。

要求：根据上述资料，不考虑其他因素，分析回答下列小题。(2021 年)

1. 根据资料(1)，下列表述错误的是(　　)。

A. 小王作为出纳可以负责会计档案保管

B. 小王登记库存现金、银行存款日记账以及费用明细账符合规定

C. 小王担任在财务部负责的会计档案管理岗位属于会计工作岗位

D. 小王作为出纳不能负责登记费用明细账

2. 根据资料(2)，下列表述正确的是(　　)。

A. 小赵因被追究过刑事责任，不得再从事会计工作

B. 小赵刑满释放只满 1 年，未满 5 年不得从事会计工作

C. 小赵可以担任甲企业会计人员

D. 刑满释放时间不影响小赵从事会计工作

3. 根据资料(3)，下列表述正确的是(　　)。

A. 单位会计机构负责人监交符合规定　　B. 小孙另立账簿符合规定

C. 出现的账目问题应由小李承担责任　　D. 出现的账目问题应由小孙承担责任

4. 根据资料(4),下列表述正确的是(　　)。

A. 税务部门有权对甲企业进行监督检查

B. 甲企业拒绝接受税务部门调查的做法合理

C. 税务部门的检查属于会计工作的政府监督范畴

D. 除财政部外,审计、税务、人民银行、证券监管、保险监管等部门均依法有权对有关单位的会计资料实施监督检查

(二) 甲公司公开招聘会计机构负责人,录用张某接替即将退休的会计机构负责人陈某。张某与陈某办理工作交接后,法定代表人刘某安排张某梳理检查公司的会计工作。在检查中,张某发现出纳王某错账更正的方法有误,账簿金额“78 900”被误登记为“79 800”,王某仅划红线更正了登记错误的百位和千位数字。

张某指出此处的不当后,王某改正了此项登记。检查完毕后,甲公司会计机构将临时保管期限届满的会计档案移交给公司档案管理机构保管。

要求:根据上述资料,不考虑其他因素,分析回答下列小题。(2021 年)

1. 张某具备的下列条件中,使其满足会计机构负责人任职资格的法定条件是(　　)。

A. 注册会计师资格　　B. 会计师专业技术职务资格

C. 会计专业硕士学位　　D. 2 年会计工作经历

2. 张某与陈某办理工作交接手续的下列表述中,正确的是(　　)。

A. 陈某应将甲公司全部财务会计工作、会计人员的情况等向张某详细介绍

B. 应由刘某负责监交

C. 交接完毕后,张某、陈某和刘某应在移交清册上签名或盖章

D. 对需要移交的遗留问题,陈某应写出书面材料

3. 下列账簿登记的改正措施中,王某应采用的是(　　)。

A. 在原更正处,补充加盖王某个人印章

B. 将错误数字“79 800”全部重新划红线更正,并在更正处加盖王某个人印章

C. 将错误数字“79 800”全部清除字迹后填上正确数字,并在更正处加盖王某个人印章

D. 在原更正处,补充加盖王某个人印章和公司印章

4. 下列关于甲公司会计机构移交会计档案的表述中,正确的是(　　)。

A. 会计机构应编制会计档案移交清册

B. 电子会计档案移交时应将电子会计档案及其元数据一并移交

C. 公司档案管理机构接收电子会计档案时,应将其准确性、完整性、可用性和安全性进行检测

D. 纸质会计档案移交时应重新封装

项目三　支付结算法律制度

知识目标

了解：支付结算的概念；支付结算服务组织；支付结算的工具；银行结算账户的概念和种类；银行卡的概念和分类；网上银行。

熟悉：银行结算账户的管理；票据的概念和种类；银行卡收单的规定；条码支付和网络支付的规定；支付机构的概念；支付服务的种类；支付结算纪律；违反支付结算法律制度的法律责任。

掌握：支付结算的基本要求；银行结算账户开立、变更和撤销的规定；各类银行结算账户开立和使用的规定；票据当事人、票据行为、票据权利与责任和票据追索的规定；银行汇票、商业汇票、银行本票和支票的规定；汇兑和委托收款的规定；银行卡账户和交易、计息与收费的规定；预付卡的规定。

技能目标

能够填写票据和结算凭证，具备办理支付结算的能力；能够按照现金管理的规定办理开户单位的现金收支。

素质目标

运用所学的支付结算法律制度知识研究相关案例，培养和提高学生在特定业务情境中分析问题与决策设计的能力；结合行业规范或标准，运用支付结算知识分析行为的善恶，强化学生的职业道德素质。

思政引例

思政元素

小错误引起大损失

某公司开出支付劳务费用的转账支票20 550元，却被提走920 550元。经调查发现，该公司出纳开支票没有填写大写金额，收到支票的人便在支票小写金额前加了“9”，自己再填上大写金额，从而顺利地将920 550元款项从银行划走。

思考：该公司被多取走90万元的原因。

知识精讲

任务一　支付结算概述

动漫视频

支付结算

一、支付结算的概念和支付结算服务组织

（一）支付结算的概念

支付结算，是指单位、个人在社会经济活动中使用票据、银行卡和汇兑、委托收款、托收承付以及电子支付等结算方式进行货币给付及其资金清算的行为。其主要功能是完成资金从一方当事人向另一方当事人的转移。银行、城市信用合作社、农村信用合作社（以下统称银行）以及单位（含个体工商户）和个人是办理支付结算的主体。其中，银行是支付结算和资金清算的中介机构。

（二）支付结算服务组织

我国的支付结算服务组织主要有中央银行、银行业金融机构（以下简称银行）、特许清算机构、非金融支付机构（以下简称支付机构）等。其中，中国人民银行作为我国的中央银行，负责建设运行支付清算系统，向银行、特许清算机构、支付机构提供账户清算等服务。银行面向广大单位和个人提供账户、支付工具、结算等服务。特许清算机构主要向其成员机构提供银行卡、电子商业汇票等特定领域的清算服务。支付机构主要为个人和中小微企业提供网络支付、银行卡收单和多用途预付卡发行与受理等支付服务。

二、支付结算的工具

我国目前使用的人民币非现金支付工具主要包括“三票一卡”和结算方式。“三票一卡”是指汇票、本票、支票和银行卡；结算方式是指汇兑、托收承付和委托收款。票据和汇兑是我国经济活动中不可或缺的重要支付工具，被广大单位和个人广泛使用，并在大额支付中占据主导地位；银行卡已成为我国个人使用最频繁的支付工具，在小额支付中占据主导地位；托收承付使用量越来越少。随着经济的日趋活跃，商业预付卡与国内信用证等其他支付工具也得到快速发展。近年来，随着互联网技术的纵深发展，网上银行、第三方支付等电子化支付方式产生并得到快速发展。我国已形成了以票据和银行卡为主体、以电子支付为发展方向的非现金支付工具体系。

三、支付结算的原则

支付结算的原则，是指单位、个人和银行在进行支付结算活动时必须遵循的行为准则。根据规定，支付结算应当遵守以下原则：①恪守信用，履约付款原则；②谁的钱进谁的账、由谁支配原则；③银行不垫款原则。

根据该原则，银行在办理结算过程中，只负责办理结算当事人之间的款项划拨，不承担垫付任何款项的责任，银行与存款人另有约定的除外。这一原则主要是为了划清银行资金与存款人资金的界限，保护银行资金的所有权和安全，有利于促使单位和个人直接对自己的债权债务负责。

四、支付结算的基本要求

根据《支付结算办法》的规定，单位、个人和银行办理支付结算应当遵循下列基本要求。

（一）单位、个人和银行办理支付结算

单位、个人和银行办理支付结算，必须使用按中国人民银行统一规定印制的票据凭证和统一规定的结算凭证。

（二）票据和结算凭证上的签章和其他记载事项应当真实，不得伪造、变造

伪造，是指无权限人假冒他人或以虚构他人的名义签章的行为；变造，是指无权更改票据内容的人，对票据上签章以外的记载事项加以改变的行为。变造票据的方法多是在合法票据的基础上，对票据加以剪接、挖补、覆盖、涂改。

票据和结算凭证上的签章，为签名、盖章或者签名加盖章；单位、银行在票据上的签章和单位在结算凭证上的签章，为该单位、银行的盖章加其法定代表人或其授权的代理人的签名或盖章。个人在票据和结算凭证上的签章，应为该个人本人的签名或盖章。

票据和结算凭证上的金额、出票或者签发日期、收款人名称不得更改，更改的票据无效；更改的结算凭证，银行不予受理。对票据和结算凭证上的其他记载事项，原记载人可以更改，更改时应当由原记载人在更改处签章证明。

（三）填写票据和结算凭证应当规范

票据和结算凭证是办理支付结算和现金收付的重要依据，是银行、单位和个人凭以记载账务的会计凭证，是记载经济业务和明确经济责任的一种书面证明。因此，填写票据和结算凭证，必须做到标准化、规范化。

(1) 中文大写金额数字应用正楷或行书填写，不得自造简化字。如果金额数字书写中使用繁体字，也应受理。办理支付结算时，单位和银行的名称应当记载全称或者规范化简称。票据和结算凭证金额以中文大写和阿拉伯数字同时记载，两者必须一致，两者不一致的票据无效；两者不一致的结算凭证，银行不予受理。

(2) 中文大写金额数字到“元”为止的，在“元”之后应写“整”(或“正”)字；到“角”为止的，在“角”之后可以不写“整”(或“正”)字。大写金额数字有“分”的，“分”后面不写“整”(或“正”)字。

(3) 中文大写金额数字前应标明“人民币”字样，大写金额数字应紧接“人民币”字样填写，不得留有空白。大写金额数字前未印“人民币”字样的，应加填“人民币”三字。

(4) 阿拉伯小写金额数字中有“0”的，中文大写应按照汉语语言规律、金额数字构成和防止涂改的要求进行书写。举例如下：

阿拉伯数字中间有“0”时，中文大写金额要写“零”字。例如，¥1 409.50，应写成人民币壹仟肆佰零玖元伍角。

阿拉伯数字中间连续有几个“0”时，中文大写金额中间可以只写一个“零”字。例如，¥6 007.14，应写成人民币陆仟零柒元壹角肆分。

阿拉伯数字万位或元位是“0”，或者数字中间连续有几个“0”，万位、元位也是“0”，但千位、角位不是“0”时，中文大写金额中可以只写一个“零”字，也可以不写“零”字。例如，¥1 680.32，应写成人民币壹仟陆佰捌拾元零叁角贰分，或者写成人民币壹仟陆佰捌拾元叁角贰分；又如，¥107 000.53，应写成人民币壹拾万柒仟元零伍角叁分，或者写成人民币壹拾万零柒仟元伍角叁分。

阿拉伯金额数字角位是“0”，而分位不是“0”时，中文大写金额“元”后面应写“零”字。例如，¥16 409.02，应写成人民币壹万陆仟肆佰零玖元零贰分；又如，¥325.04，应写成人民币叁佰贰拾伍元零肆分。

(5) 阿拉伯小写金额数字前面，均应填写人民币符号“¥”。阿拉伯小写金额数字要认真填写，不得连写，分辨不清。

(6) 票据的出票日期必须使用中文大写。在填写月、日时，月为壹、贰和壹拾的，日为壹至玖和壹拾、贰拾和叁拾的，应在其前加“零”；日为拾壹至拾玖的，应在其前面加“壹”。例如，2 月 12 日，应写成零贰月壹拾贰日；10 月 20 日，应写成零壹拾月零贰拾日。票据出票日期使用小写填写的，银行不予受理。大写日期未按要求规范填写的，银行可予受理，但由此造成损失的，由出票人自行承担。

任务二 银行结算账户

动漫视频

银行结算账户

一、银行结算账户的概念和种类

(一) 银行结算账户的概念

银行结算账户，是指存款人在经办银行开立的办理资金收付结算的人民币活期存款账户。其中，存款人，是指在中国境内开立银行结算账户的机关、团体、部队、企业、事业单位、其他组织(以下统称单位)、个体工商户和自然人；银行，是指在中国境内经中国人民银行批准经营支付结算业务的金融机构。

(二) 银行结算账户的种类

银行结算账户按其存款人不同分为单位银行结算账户和个人银行结算账户。

(1) 存款人以单位名称开立的银行结算账户为单位银行结算账户。单位银行结算账户按用途不同分为基本存款账户、一般存款账户、专用存款账户和临时存款账户。个体工商户凭营业执照以字号或经营者姓名开立的银行结算账户纳入单位银行结算账户管理。

(2) 存款人凭个人身份证件以自然人名称开立的银行结算账户为个人银行结算账户。邮政储蓄机构办理银行卡业务开立的账户纳入个人银行结算账户管理。

财政部门为实行财政国库集中支付的预算单位在商业银行开设的零余额账户按基本存款账户或专用存款账户管理。预算单位未开立基本存款账户，或者原基本存款账户在国库集中支付改革后已按照财政部门的要求撤销的，经同级财政部门批准，预算单位零余额账户作为基本存款账户管理。除上述情况外，预算单位零余额账户作为专用存款账户管理。

二、银行结算账户的开立、变更和撤销

(一) 银行结算账户的开立

1. 开立银行的选择

存款人应在注册地或住所地开立银行结算账户。符合异地(跨省、市、县)开户条件的，也可以在异地开立银行结算账户。开立银行结算账户应遵循存款人自主原则，除国家法律、行政法规和国务院规定外，任何单位和个人不得强令存款人到指定银行开立银行结算账户。

2. 填写开户申请书

存款人申请开立银行结算账户时，应填制开立银行结算账户申请书。

开立单位银行结算账户时，应填写"开立单位银行结算账户申请书"，并加盖单位公章和法定代表人(单位负责人)或其授权代理人的签名或者盖章。存款人有统一社会信用代码、上级法人或主管单位的，应在"开立单位银行结算账户申请书"上如实填写相关信息。存款人有关联企业的，应填写"关联企业登记表"。

申请开立个人银行结算账户时，存款人应填写"开立个人银行结算账户申请书"，并加盖其个人签章。

银行应对存款人的开户申请书填写的事项和相关证明文件的真实性、完整性、合规性进行认真审查。

3. 开户核准与备案

开户申请书填写的事项齐全，符合开立核准类账户条件的，银行应将存款人的开户申请书、相关的证明文件和银行审核意见等开户资料报送中国人民银行当地分支机构，经其核准并核发开户许可证后办理开户手续。需要中国人民银行核准的账户包括基本存款账户(企业除外)、临时存款账户(因注册验资和增资验资开立的除外)、预算单位专用存款账户和合格境外机构投资者在境内从事证券投资开立的人民币特殊账户和人民币结算资金账户。

【注意】 企业(在境内设立的企业法人、非法人企业和个体工商户，下同)开立基本存款账户、临时存款账户已取消核准制、由银行向中国人民银行当地分支机构备案，无须颁发开户许可证。

银行完成企业基本存款账户信息备案后，账户管理系统生成基本存款账户编号。银行应打印"基本存款账户信息"和存款人查询密码并交付企业。持有基本存款账户编号的企业申请开立一般存款账户、专用存款账户、临时存款账户时，应当向银行提供基本存款账户编号。符合开立一般存款账户、非预算单位专用存款账户和个人银行结算账户条件的，银行应办理开户手续，并向中国人民银行当地分支机构备案。上述结算账户统称备案类结算账户。备案类结算账户的变更和撤销应通过账户管理系统向中国人民银行当地分支机构报备。

中国人民银行当地分支机构应于2个工作日内对开户银行报送的核准类账户的开户资料的合规性予以审核。符合开户条件的，予以核准，颁发基本(或临时或专用)存款账户开户许可证：

不符合开户条件的，应在开户申请书上签署意见，连同有关证明文件一并退回报送银行，由报送银行转送存款人。

开户许可证是中国人民银行依法准予申请人在银行开立核准类银行结算账户的行政许可证件，是核准类银行结算账户合法性的有效证明。开户许可证有正本和副本之分，正本由申请人保管；副本由申请人开户银行留存。

4. 签订账户管理协议

开立银行结算账户时，银行应与存款人签订银行结算账户管理协议，明确双方的权利与义务。企业申请开立基本存款账户的，银行应当向企业法定代表人或单位负责人核实企业开户意愿，并留存相关工作记录。核实开户意愿，可采取面对面、视频等方式，具体方式由银行根据客户风险程度选择。

银行与企业签订的银行结算账户管理协议内容包括但不限于：银行与开户申请人办理银行结算账户业务应当遵守法律、行政法规以及人民银行的有关规定，不得利用银行结算账户从事各类违法犯罪活动；企业银行结算账户信息变更及撤销的情形、方式、时限；银行控制账户交易措施的情形和处理方式；其他需要约定的内容。

对存在法定代表人或者单位负责人对单位经营规模及业务背景等情况不清楚、注册地和经营地均在异地等情况的单位，银行应当与其法定代表人或者单位负责人面签银行结算账户管理协议，并留存视频、音频资料等，开户初期原则上不开通非柜面业务，待后续了解后再审慎开通。

银行为存款人开通非柜面转账业务时，双方应签订协议，约定非柜面渠道向非同名银行账户和支付账户转账的日累计限额、笔数和年累计限额等，超出限额和笔数的，应到银行柜面办理。银行应建立存款人预留签章卡片，并将签章式样和有关证明文件的原件或复印件留存归档。存款人为单位的，其预留签章为该单位的公章或财务专用章加其法定代表人（单位负责人）或其授权的代理人的签名或者盖章。存款人为个人的，其预留签章为该个人的签名或者盖章。

5. 账户名称的要求

存款人在申请开立单位银行结算账户时，其申请开立的银行结算账户的账户名称、出具的开户证明文件上记载的存款人名称以及预留银行签章中公章或财务专用章的名称应保持一致，但下列情况除外：

（1）因注册验资开立的临时存款账户，其账户名称为市场监管部门核发的“企业名称预先核准通知书”或政府有关部门批文中注明的名称，其预留银行签章中公章或财务专用章的名称应是存款人与银行在银行结算账户管理协议中约定的出资人名称。

（2）预留银行签章中公章或财务专用章的名称依法可使用简称的，账户名称应与其保持一致。

（3）没有字号的个体工商户开立的银行结算账户，其预留签章中公章或财务专用章应是“个体户”字样加营业执照上载明的经营者的签字或盖章。

6. 银行账户的开立之日与业务办理

存款人开立单位银行结算账户，自正式开立之日起3个工作日后，方可使用该账户办理付款业务。但注册验资的临时存款账户转为基本存款账户和因借款转存开立的一般存款账户除外。企业银行结算账户自开立之日即可办理收付款业务。对于核准类银行结算账户，“正式开立之日”为中国人民银行当地分支机构的核准日期；对于非核准类银行结算账户，“正式开立之日”是开户银行为存款人办理开户手续的日期。

（二）银行结算账户的变更

1. 银行存款账户变更的基本要求

变更，是指存款人的账户信息资料发生变化或改变。根据账户管理的要求，存款人变更账户名称、单位的法定代表人或主要负责人、地址等其他开户资料后，应及时向开户银行办理变更手续，填写变更银行结算账户申请书。

银行发现企业名称、法定代表人或者单位负责人发生变更的，应当及时通知企业办理变更手续；企业自通知送达之日起在合理期限内仍未办理变更手续，且未提出合理理由的，银行有权采取措施适当控制账户交易。

企业营业执照、法定代表人或者单位负责人有效身份证件列明有效期限的，银行应当于到期日前提示企业及时更新，有效期到期后，在合理期限内企业仍未更新且未提出合理理由的，银行应当按规定中止其办理业务。

属于申请变更单位银行结算账户的，应加盖单位公章和法定代表人（单位负责人）或其授权代理人的签名或者盖章；属于申请变更个人银行结算账户的，应加盖其个人签章。

2. 银行账户变更的时限

存款人更改名称，但不改变开户银行及账号的，应于5个工作日内向开户银行提出银行结算账户的变更申请，并出具有关部门的证明文件。

单位的法定代表人或主要负责人、住址以及其他开户资料发生变更时，应于5个工作日内书面通知开户银行并提供有关证明。

3. 开户许可证及相关信息的变更

属于变更开户许可证记载事项的，存款人办理变更手续时，应交回开户许可证，由中国人民银行当地分支机构换发新的开户许可证。对企业名称、法定代表人或者单位负责人变更的，账户管理系统重新生成新的基本存款账户编号，银行应当打印“基本存款账户信息”并交付企业。企业可向基本存款账户开户银行申请打印“基本存款账户信息”。

（三）银行结算账户的撤销

撤销，是指存款人因开户资格或其他原因终止银行结算账户使用的行为。存款人申请撤销银行结算账户时，应填写撤销银行结算账户申请书。属于申请撤销单位银行结算账户的，应加盖单位公章和法定代表人（单位负责人）或其授权代理人的签名或者盖章；属于申请撤销个人银行结算账户的，应加其个人签章。银行在收到存款人撤销银行结算账户的申请后，对于符合销户条件的，应在2个工作日内办理撤销手续。

存款人撤销银行结算账户，必须与开户银行核对银行结算账户存款余额，交回各种重要空白票据及结算凭证，银行核对无误后方可办理销户手续。

有下列情形之一的，存款人应向开户银行提出撤销银行结算账户的申请：①被撤并、解散、宣告破产或关闭的；②注销、被吊销营业执照的；③因迁址需要变更开户银行的；④其他原因需要撤销银行结算账户的。

存款人有以上第①项、第②项情形的，应于5个工作日内向开户银行提出撤销银行结算账户的申请。撤销银行结算账户时，应先撤销一般存款账户、专用存款账户、临时存款账户，将账户资金转入基本存款账户后，方可办理基本存款账户的撤销。银行得知存款人有第①项、第②项情形的，存款人超过规定期限未主动办理撤销银行结算账户手续的，银行有权停止其银行结算账户的对外支付。存款人因以上第③项、第④项情形撤销基本存款账户后，需要重新开立基本存款账户的，应在撤销其原基本存款账户后10日内申请重新开立基本存款账户。

存款人尚未清偿其开户银行债务的，不得申请撤销该银行结算账户。对于按照账户管理规定应撤销而未办理销户手续的单位银行结算账户，银行通知该单位银行结算账户的存款人自发出通知之日起30日内办理销户手续，逾期视同自愿销户，未划转款项列入久悬未取专户管理。存款人撤销核准类银行结算账户时，应交回开户许可证。

三、各类银行结算账户的开立和适用

(一) 基本存款账户

1. 基本存款账户的概念

基本存款账户是存款人因办理日常转账结算和现金收付需要开立的银行结算账户。下列存款人可以申请开立基本存款账户:①企业法人;②非法人企业;③机关、事业单位;④团级(含)以上军队、武警部队及分散执勤的支(分)队;⑤社会团体;⑥民办非企业组织;⑦异地常设机构;⑧外国驻华机构;⑨个体工商户;⑩居民委员会、村民委员会、社区委员会;⑪单位设立的独立核算的附属机构,包括食堂、招待所、幼儿园;⑫其他组织(如业主委员会、村民小组等);⑬境外机构。

2. 开户证明文件

(1) 企业法人,应出具企业法人营业执照。

(2) 非法人企业,应出具企业营业执照。

(3) 机关和实行预算管理的事业单位,应出具政府人事部门或编制委员会的批文或登记证书和财政部门同意其开户的证明;非预算管理的事业单位,应出具政府人事部门或编制委员会的批文或登记证书。

(4) 军队、武警团级(含)以上单位以及有关边防、分散执勤的支(分)队,应出具军队军级以上单位财务部门、武警总队财务部门的开户证明。

(5) 社会团体,应出具社会团体登记证书,宗教组织还应出具宗教事务管理部门的批文或证明。

(6) 民办非企业组织,应出具民办非企业登记证书。

(7) 外地常设机构,应出具其驻在地政府主管部门的批文。

(8) 外国驻华机构,应出具国家有关主管部门的批文或证明;外资企业驻华代表处、办事处,应出具国家登记机关颁发的登记证。

(9) 个体工商户,应出具个体工商户营业执照正本。

(10) 居民委员会、村民委员会、社区委员会,应出具其主管部门的批文或证明。

(11) 独立核算的附属机构,应出具其主管部门的基本存款账户开户登记证和批文。

(12) 其他组织,应出具政府主管部门的批文或证明。

(13) 境外机构,应出具其在境外合法注册成立的证明文件,及其在境内开展相关活动所依据的法规制度或政府主管部门的批准文件等开户资料。证明文件等开户资料为非中文的,还应同时提供对应的中文翻译。

开户时,应出具法定代表人或单位负责人有效身份证件。法定代表人或单位负责人授权他人办理的,还应出具法定代表人或单位负责人的授权书以及被授权人的有效身份证件。

【提示】 存款人如为从事生产经营活动纳税人的,还应出具税务部门颁发的税务登记证。

3. 基本存款账户的使用

基本存款账户是存款人的主办账户,一个单位只能开立一个基本存款账户;存款人的日常经营活动的资金收付及其工资、奖金和现金支取,应通过基本存款账户办理。

(二) 一般存款账户

1. 一般存款账户的概念

一般存款账户,是指存款人因借款或其他结算的需要,在基本存款账户开户银行以外的银行营业机构开立的银行结算账户。

2. 开户证明文件

开立一般存款账户应按照规定的程序办理并提交有关证明文件。存款人申请开立一般存款账户，应向银行出具其开立基本存款账户规定的证明文件、基本存款账户开户登记证和下列证明文件：①存款人因向银行借款需要，应出具借款合同；②存款人因其他结算需要，应出具有关证明。

3. 一般存款账户的使用

一般存款账户用于办理存款人借款转存、借款归还和其他结算的资金收付。该账户可以办理现金缴存，但不得办理现金支取。

（三）专用存款账户

1. 专用存款账户的概念

专用存款账户，是指存款人按照法律、行政法规和规章，对有特定用途资金进行专项管理和使用而开立的银行结算账户。

2. 专用存款账户的适用范围

专用存款账户用于办理各项专用资金的收付，主要适用于：①基本建设资金和更新改造资金；②财政预算外资金；③粮、棉、油收购资金；④证券交易结算资金；⑤期货交易保证金；⑥信托基金；⑦政策性房地产开发资金；⑧单位银行卡备用金；⑨住房基金；⑩社会保障基金；⑪收入汇缴资金和业务支出资金；⑫党、团、工会设在单位的组织机构经费；⑬其他需要专项管理和使用的资金。

3. 开户证明文件

开立专用存款账户应按照规定的程序办理并提交有关证明文件。存款人申请开立专用存款账户，应向银行出具其开立基本存款账户规定的证明文件、基本存款账户开户登记证和下列证明文件：

(1) 基本建设资金、更新改造资金、政策性房地产开发资金、住房基金、社会保障基金，应出具主管部门批文。

(2) 粮、棉、油收购资金，应出具主管部门批文。

(3) 证券交易结算资金，应出具证券公司或证券管理部门的证明。

(4) 期货交易保证金，应出具期货公司或期货管理部门的证明。

(5) 收入汇缴资金和业务支出资金，应出具基本存款账户存款人有关的证明。

(6) 党、团、工会设在单位的组织机构经费，应出具该单位或有关部门的批文或证明。

(7) 其他按规定需要专项管理和使用的资金，应出具有关法规、规章或政府部门的有关文件。

合格境外机构投资者（QFII）在境内从事证券投资开立的人民币特殊账户和人民币结算资金账户纳入专用存款账户管理。在开立专用账户时，除出具开立基本户所需资料外，申请开立人民币特殊账户的应出具国家外汇管理部门的批复文件；申请开立人民币结算资金账户应出具证券管理部门的证券投资业务许可证。

4. 专用存款账户的使用

专用存款账户的现金使用要求，如表 3-1 所示。

表 3-1　　专用存款账户的现金使用要求

专用存款账户	现金使用要求
单位银行卡账户的资金	由基本存款账户转账存入，不得办理现金收付业务
证券交易结算资金、期货交易保证金和信托基金	不得支取现金
基本建设资金、更新改造资金、政策性房地产开发资金	需要支取现金的，应在开户时报中国人民银行当地分支行批准
粮、棉、油收购资金，社会保障基金，住房基金和党、团、工会经费	支取现金应按照国家现金管理的规定办理

（续表）

专用存款账户	现金使用要求
收入汇缴账户	除向其基本存款账户或者预算外资金财政专用存款账户划缴款项外，只收不付，不得支取现金
业务支出账户	除从其基本存款账户拨入款项外，只付不收，其现金支取必须按照国家现金管理的规定办理

（四）预算单位零余额账户

预算单位零余额账户是指预算单位经财政部门批准，在国库集中支付代理银行和非税收入收缴代理银行开立的，用于办理国库集中收付业务的银行结算账户。预算单位零余额账户的性质为基本存款账户或专用存款账户。预算单位未开立基本存款账户，或原基本存款账户在国库集中支付改革后已经按财政部门要求撤销的，经同级财政部门批准，预算单位零余额账户作为基本存款账户；除上述情况外，预算单位零余额账户作为专用存款账户。

预算单位使用财政性资金，应当按照规定的程序和要求，向财政部门提出设立零余额账户的申请，财政部门同意预算单位开设零余额账户后通知代理银行。

代理银行根据《人民币银行结算账户管理办法》的规定，具体办理开设预算单位零余额账户业务，并将所开账户的开户银行名称、账号等详细情况书面报告财政部门和中国人民银行，并由财政部门通知一级预算单位。

预算单位根据财政部门的开户通知，具体办理预留印鉴手续。印鉴卡内容如有变动，预算单位应及时通过一级预算单位向财政部门提出变更申请，办理印鉴卡更换手续。

一个基层预算单位原则上只能开设一个零余额账户。预算单位零余额账户用于财政授权支付，可以办理转账、提取现金等结算业务，可以向本单位按账户管理规定保留的相应账户划拨工会经费、住房公积金及提租补贴，以及财政部门批准的特殊款项，不得违反规定向本单位其他账户和上级主管单位及所属下级单位账户划拨资金。

（五）临时存款账户

1. 临时存款账户的概念

临时存款账户，是指存款人因临时需要并在规定期限内使用而开立的银行结算账户。

2. 临时存款账户的适用范围

临时存款账户的适用范围：①设立临时机构，例如工程指挥部、筹备领导小组、摄制组等；②异地临时经营活动，例如建筑施工及安装单位等在异地的临时经营活动；③注册验资、增资；④军队、武警单位承担基本建设或者异地执行作战、演习、抢险救灾、应对突发事件等临时任务。

3. 开户证明文件

开立临时存款账户应按照规定的程序办理并提交有关证明文件。

（1）临时机构，应出具其驻在地主管部门同意设立临时机构的批文。

（2）异地建筑施工及安装单位，应出具其营业执照正本或其隶属单位的营业执照正本，以及施工及安装地建设主管部门核发的许可证或建筑施工及安装合同。外国及港、澳、台建筑施工及安装单位，应出具行业主管部门核发的资质准入证明。

（3）异地从事临时经营活动的单位，应出具其营业执照正本以及临时经营地市场监督管理部门的批文。

（4）境内单位在异地从事临时活动的，应出具政府有关部门批准其从事该项活动的证明文件。

（5）境外（含港、澳、台地区）机构在境内从事经营活动的，应出具政府有关部门批准其从事该项活动的证明文件。

(6) 军队、武警单位因执行作战、演习、抢险救灾、应对突发事件等任务需要开立银行账户时，开户银行应当凭军队、武警团级以上单位后勤（联勤）部门出具的批件或证明，先予开户并同时启用，后补办相关手续。

(7) 注册验资资金，应出具市场监督管理部门核发的企业名称预先核准通知书或有关部门的批文。

(8) 增资验资资金，应出具股东会或董事会决议等证明文件。

4. 临时存款账户的使用

临时存款账户用于办理临时机构以及存款人临时经营活动发生的资金收付。临时存款账户支取现金，应按照国家现金管理的规定办理。注册验资的临时存款账户在验资期间只收不付。临时存款账户的有效期最长不得超过2年。

(六) 个人银行结算账户

1. 个人银行结算账户的概念

学中做

个人银行结算账户是自然人因投资、消费、结算等需要而凭个人身份证件以自然人名称开立的银行结算账户。

个人银行账户分为Ⅰ类银行账户、Ⅱ类银行账户和Ⅲ类银行账户（简称为Ⅰ类户、Ⅱ类户和Ⅲ类户）。

银行可以通过Ⅰ类户为存款人提供存款、购买投资理财产品等金融产品、转账、消费和缴费支付、支取现金等服务。

银行可以通过Ⅱ类户为存款人提供存款、购买投资理财产品等金融产品、限定金额的消费和缴费支付、限额向非绑定账户转出资金等服务。

银行可以通过Ⅲ类户为存款人提供限定金额的消费和缴费支付、限额向非绑定账户转出资金等业务，经确认身份的，还可以办理非绑定账户资金转入等服务。

以上三类账户的功能和限额额度，如表3-2和表3-3所示。

表3-2　　个人银行结算账户的功能

功能	Ⅰ类户（全能账户）	Ⅱ类户（电子账户）	Ⅲ类户（电子账户）
办理存款	√	√	账户余额不得超过2 000元
购买理财产品	√	√	—
转账	√	限额转账	限额转出经确认，可转入
消费和缴费	√	限额消费和缴费	限额消费和缴费
存取现金	√	√（有限额）	—
实体卡	√	√	—

表3-3　　个人银行结算账户的限额额度

<table>
<tr><td rowspan="2">Ⅱ类户</td><td>转入资金、存入现金</td><td rowspan="2">(1) 日累计限额合计为1万元
(2) 年累计限额合计为20万元
(3) 发放贷款和贷款资金归还，不受转账限额规定</td></tr>
<tr><td>消费和缴费、向非绑定账户转出资金、取出现金</td></tr>
<tr><td rowspan="3">Ⅲ类户</td><td>非绑定账户资金转入资金</td><td rowspan="2">(1) 日累计限额为2 000元
(2) 年累计限额为5万元</td></tr>
<tr><td>消费和缴费支付、向非绑定账户转出资金</td></tr>
<tr><td>Ⅲ类户账户余额不得超过2 000元</td><td></td></tr>
</table>

【提示1】 经银行柜面、自助设备加以银行工作人员现场面对面确认身份的，Ⅱ类户还可以办理存取现金、非绑定账户资金转入业务。

【提示2】 经银行柜面、自助设备加以银行工作人员现场面对面确认身份的，Ⅲ类户还可以办理非绑定账户资金转入业务。

2. 个人银行结算账户的开户方式

(1) 柜面开户。通过柜面受理银行账户开户申请的，银行可为开户申请人开立Ⅰ类户、Ⅱ类户或Ⅲ类户。个人开立Ⅱ类户、Ⅲ类户，可以绑定Ⅰ类户或者信用卡账户进行身份验证，不得绑定非银行支付机构开立的支付账户进行身份验证。在银行柜面开立的，则无须绑定Ⅰ类账户或者信用卡账户进行身份验证。

(2) 自助机具开户。通过远程视频柜员机和智能柜员机等自助机具受理银行账户开户申请，银行工作人员现场核验开户申请人身份信息的，银行可为其开立Ⅰ类户；银行工作人员未现场核验开户申请人身份信息的，银行可为其开立Ⅱ类户或Ⅲ类户。

(3) 电子渠道开户。通过网上银行和手机银行等电子渠道受理银行账户开户申请的，银行可为开户申请人开立Ⅱ类户或Ⅲ类户。

三类账户的开户方式如图3-1所示。

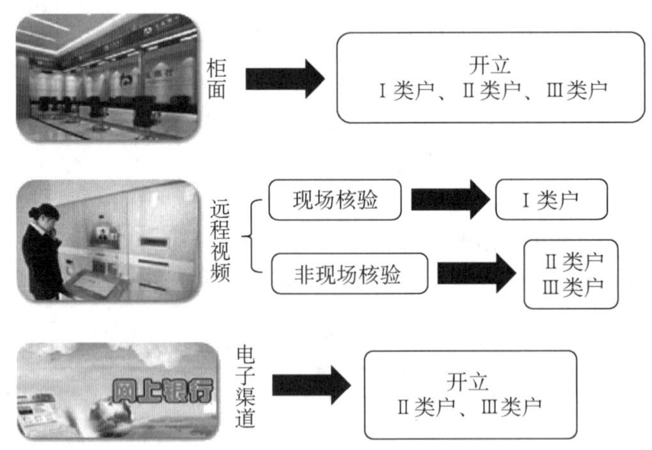

图3-1 三类账户的开户方式

(4) 代理开户。由他人代理开户：①开户申请人开立个人银行账户或者办理其他个人银行账户业务，原则上应当由开户申请人本人亲自办理；符合条件的，可以由他人代理办理。②他人代理开立个人银行账户的，银行应要求代理人出具代理人、被代理人的有效身份证件以及合法的委托书等。银行认为有必要的，应要求代理人出具证明代理关系的公证书。所在单位代理开户：①存款人开立代发工资、教育、社会保障(如社保、医保、军保)、公共管理(如公共事业、拆迁、捐助、助农扶农)等特殊用途个人银行账户时，可由所在单位代理办理。②单位代理个人开立银行账户的，应提供单位证明材料、被代理人有效身份证件的复印件或影印件。③单位代理开立的个人银行账户，在被代理人持本人有效身份证件到开户银行办理身份确认、密码设(重)置等激活手续前，该银行账户只收不付。无民事行为能力或限制民事行为能力的开户申请人，由法定代理人或者人民法院、有关部门依法指定的人员代理办理。因身患重病、行动不便、无自理能力等无法自行前往银行的存款人办理挂失、密码重置、销户等业务时，银行可采取上门服务方式办理，也可由配偶、父母或成年子女凭合法的委托书、代理人与被代理人的关系证明文件、被代理人所在社区居委会(村民委员会)及以上组织或县级以上医院出具的特殊情况证明代理办理。

3. 开户证明文件

根据个人银行账户实名制的要求，存款人申请开立个人银行账户时，应向银行出具本人有效身份证件，银行通过有效身份证件仍无法准确判断开户申请人身份的，应要求其出具辅助身份证明材料。

有效身份证件包括：①在中华人民共和国境内已登记常住户口的中国公民为居民身份证；不满16周岁的，可以使用居民身份证或户口簿；②香港、澳门特别行政区居民为港澳居民往来内地通行证；③台湾地区居民为台湾居民来往大陆通行证；④国外的中国公民为中国护照；⑤外国公民为护照或者外国人永久居留证（外国边民，按照边贸结算的有关规定办理）；⑥法律、行政法规规定的其他身份证明文件。

辅助身份证明材料包括但不限于：①中国公民为户口簿、护照、机动车驾驶证、居住证、社会保障卡、军人和武装警察身份证件、公安机关出具的户籍证明、工作证；②香港、澳门特别行政区居民为香港、澳门特别行政区居民身份证；③台湾地区居民为在台湾居住的有效身份证明；④定居国外的中国公民为定居国外的证明文件；⑤外国公民为外国居民身份证、使领馆人员身份证件或者机动车驾驶证等其他带有照片的身份证件；⑥完税证明、水电煤缴费单等税费凭证。

军人、武装警察尚未领取居民身份证的，除出具军人和武装警察身份证件外，还应出具军人保障卡或所在单位开具的尚未领取居民身份证的证明材料。

4. 个人银行结算账户的使用

个人银行结算账户用于办理个人转账收付和现金存取。下列款项可以转入个人银行结算账户：①工资、奖金收入；②稿费、演出费等劳务收入；③债券、期货、信托等投资的本金和收益；④个人债权或产权转让收益；⑤个人贷款转存；⑥证券交易结算资金和期货交易保证金；⑦继承、赠与款项；⑧保险理赔、保费退还等款项；⑨纳税退还；⑩农、副、矿产品销售收入；⑪其他合法款项。

个人银行结算账户在使用过程中应注意以下几点：

(1) 单位从其银行结算账户支付给个人银行结算账户的款项，每笔超过5万元的，应向其开户银行提供下列付款依据：①代发工资协议和收款人清单；②奖励证明；③新闻出版、演出主办等单位与收款人签订的劳务合同或支付给个人款项的证明；④证券公司、期货公司、信托投资公司、奖券发行公司或承销部门支付或退还给自然人款项的证明；⑤债权或产权转让协议；⑥借款合同；⑦保险公司的证明；⑧税收征管部门的证明；⑨农、副、矿产品购销合同；⑩其他合法款项的证明。

(2) 从单位银行结算账户支付给个人银行结算账户的款项应纳税的，税收代扣单位付款时应向其开户银行提供完税证明。

(3) 个人持出票人为单位的支票向开户银行委托收款，将款项转入其个人银行结算账户的或者个人持申请人为单位的银行汇票和银行本票向开户银行提示付款，将款项转入其个人银行结算账户的，个人应当提供前述有关收款依据。存款人应对其提供的收款依据或付款依据的真实性、合法性负责。

(4) 单位银行结算账户支付给个人银行结算账户的款项单笔超过5万元人民币时，付款单位若在付款用途栏或备注栏注明事由，可不再另行出具付款依据，但付款单位应对支付款项事由的真实性、合法性负责。

(七) 异地银行结算账户

1. 异地银行结算账户的概念

异地银行结算账户，是指存款人符合法定条件，根据需要在其注册地或住所地行政区域之外开立相应的银行结算账户。

2. 异地银行结算账户的适用范围

存款人有下列情形之一的，可以在异地开立有关银行结算账户：①营业执照注册地与经营地不在同一行政区域（跨省、市、县），需要开立基本存款账户的；②办理异地借款和其他结算需要开立一般存款账户的;③存款人因附属的非独立核算单位或派出机构发生的收入汇缴或业务支出需要开立专用存款账户的;④异地临时经营活动需要开立临时存款账户的;⑤自然人根据需要在异地开立个人银行结算账户的。

3. 开户证明文件

开立异地银行结算账户除出具开立基本存款账户、一般存款账户、专用存款账户和临时存款账户规定的有关证明文件外,还应出具下列相应的证明文件:①异地借款的存款人在异地开立一般存款账户的,应出具在异地取得贷款的借款合同。②因经营需要在异地办理收入汇缴和业务支出的存款人在异地开立专用存款账户的,应出具隶属单位的证明。

存款人需要异地开立个人银行结算账户,应出具在所在地开立账户所需的证明文件。

四、银行结算账户的管理

(一) 银行结算账户的实名制管理

存款人应以实名开立银行结算账户,并对其出具的开户(变更、撤销)申请资料实质内容的真实性负责,法律、行政法规另有规定的除外。

存款人应按照账户管理规定使用银行结算账户办理结算业务,不得出租、出借银行结算账户,不得利用银行结算账户套取银行信用或进行洗钱活动。

(二) 银行结算账户变更事项的管理

存款人申请临时存款账户展期,变更、撤销单位银行结算账户时,可由法定代表人或单位负责人直接办理,也可授权他人办理。由法定代表人或单位负责人直接办理的,除出具相应的证明文件外,还应出具法定代表人或单位负责人的身份证件;授权他人办理的,除出具相应的证明文件外,还应出具法定代表人或单位负责人的身份证件及其出具的授权书,以及被授权人的身份证件。非企业单位补(换)发开户许可证时,也应按以上规定办理。

(三) 存款人预留银行签章的管理

(1) 单位遗失预留公章或财务专用章的,应向开户银行出具书面申请、营业执照等相关证明文件;更换预留公章或财务专用章时,应向开户银行出具书面申请、原预留公章或财务专用章等相关证明文件。单位存款人申请更换预留公章或财务专用章但无法提供原预留公章或财务专用章的,应向开户银行出具原印鉴卡片、营业执照正本、司法部门的证明等相关证明文件。单位存款人申请变更预留公章或财务专用章,可由法定代表人或单位负责人直接办理,也可授权他人办理。由法定代表人或单位负责人直接办理的,除出具相应的证明文件外,还应出具法定代表人或单位负责人的身份证件;授权他人办理的,除出具相应的证明文件外,还应出具法定代表人或单位负责人的身份证件及其出具的授权书,以及被授权人的身份证件。

(2) 个人遗失或更换预留个人印章或更换签字人时,应向开户银行出具经签名确认的书面申请,以及原预留印章或签字人的个人身份证件。银行应留存相应的复印件,并凭此办理预留银行签章的变更。单位存款人申请更换预留个人签章,可由法定代表人或单位负责人直接办理,也可授权他人办理。由法定代表人或单位负责人直接办理的,应出具加盖该单位公章的书面申请以及法定代表人或单位负责人的身份证件。授权他人办理的,应出具加盖该单位公章的书面申请、法定代表人或单位负责人的身份证件及其出具的授权书、被授权人的身份证件。无法出具法定代表人或单位负责人的身份证件的,应出具加盖该单位公章的书面申请、该单位出具的授权书以及被授权人的身份证件。

(四) 银行结算账户的对账管理

银行结算账户的存款人应与银行按规定核对账务。存款人收到对账单或对账信息后,应及时核对账务并在规定期限内向银行发出对账回单或确认信息。

（五）银行结算账户资金的管理

单位、个人和银行应当按照《人民币银行结算账户管理办法》和《企业银行结算账户管理办法》的规定开立、使用账户。在银行开立存款账户的单位和个人办理支付结算，账户内须有足够的资金保证支付。银行依法为单位、个人在银行开立的存款账户内的存款保密，维护其资金的自主支配权。

【注意】 除国家法律、行政法规另有规定外，银行不得为任何单位或者个人查询账户情况，不得为任何单位或者个人冻结、扣划款项，不得停止单位、个人存款的正常支付。

任务三　银行非现金支付业务

动漫视频

票据

一、票据

（一）票据概述

1. 票据的概念和种类

票据的概念有广义和狭义之分。广义上的票据包括各种有价证券和凭证，如股票、国库券、企业债券、发票、提单等；狭义的票据仅指《中华人民共和国票据法》（以下简称《票据法》）上规定的票据。根据《票据法》的规定，票据是由出票人签发的、约定自己或者委托付款人在见票时或指定的日期向收款人或持票人无条件支付一定金额的有价证券。在我国，票据包括银行汇票、商业汇票、银行本票和支票。

2. 票据的当事人

票据当事人，是指在票据法律关系中，享有票据权利、承担票据义务的主体。票据当事人分为基本当事人和非基本当事人。票据基本当事人，是指在票据作成和交付时就已经存在的当事人，包括出票人，付款人和收款人三种。汇票和支票的基本当事人有出票人、收款人与付款人；本票的基本当事人有出票人与收款人。

1）基本当事人

（1）出票人，是指依法定方式签发票据并将票据交付给收款人的人。银行汇票的出票人为银行；商业汇票的出票人为银行以外的企业和其他组织；银行本票的出票人为出票银行；支票的出票人，为在银行开立支票存款账户的企业、其他组织和个人。

（2）付款人，是指由出票人委托付款或自行承担付款责任的人。商业承兑汇票的付款人是合同中应给付款项的一方当事人，也是该汇票的承兑人；银行承兑汇票的付款人是承兑银行；支票的付款人是出票人的开户银行；本票的付款人是出票人。

（3）收款人，是指票据正面记载的到期后有权收取票据所载金额的人。

2）非基本当事人

非基本当事人，是指在票据作成并交付后，通过一定的票据行为加入票据关系而享有一定权利、承担一定义务的当事人，包括承兑人、背书人、被背书人、保证人等。

（1）承兑人，是指接受汇票出票人的付款委托，同意承担支付票款义务的人，是汇票主债务人。

（2）背书人与被背书人。背书人，是指在转让票据时，在票据背面或粘单上签字或盖章，并将该票据交付给受让人的票据收款人或持有人。被背书人，是指被记名受让票据或接受票据转让的人。背书后，被背书人成为票据新的持有人，享有票据的所有权利。

（3）保证人，是指为票据债务提供担保的人，由票据债务人以外的第三人担当。保证人在被保证人不能履行票据付款责任时，以自己的金钱履行票据付款义务，然后取得持票人的权利，向票据债务人追索。

(二)票据权利与责任

1. 票据权利的概念和分类

票据权利,是指票据持票人向票据债务人请求支付票据金额的权利,包括付款请求权和追索权。

【注意】 付款请求权和追索权不是可选择的,而是有法定顺序的,即只有付款请求权不能实现时,才能行使追索权。

(1) 付款请求权,是指持票人向汇票的承兑人、本票的出票人、支票的付款人出示票据要求付款的权利,是第一顺序权利。行使付款请求权的持票人可以是票据记载的收款人或最后的被背书人;担负付款义务的主要是主债务人。

(2) 票据追索权,是指票据当事人行使付款请求权遭到拒绝或有其他法定原因存在时,向其前手请求偿还票据金额及其他法定费用的权利,是第二顺序权利。行使追索权的当事人除票据记载的收款人和最后被背书人外,还可能是代为清偿票据债务的保证人、背书人。

持票人可以不按照票据债务人的先后顺序,对其中任何一人、数人或者全体行使追索权。持票人对票据债务人中的一人或者数人已经进行追索的,对其他票据债务人仍可以行使追索权。被追索人清偿债务后,与持票人享有同一权利。

2. 票据权利的取得

(1) 基本规定。签发、取得和转让票据,应当遵守诚实信用的原则,具有真实的交易关系和债权债务关系。票据的取得,必须给付对价,即应当给付票据双方当事人认可的相对应的代价。但也有例外的情形,即如果是因为税收、继承、赠与可以依法无偿取得票据的,则不受给付对价的限制,但是所享有的票据权利不得优于其前手的权利。

(2) 取得票据享有票据权利的情形:①依法接受出票人签发的票据;②依法接受背书转让的票据;③因税收、继承、赠与可以依法无偿取得票据。

取得票据不享有票据权利的情形:①以欺诈、偷盗或者胁迫等手段取得票据的,或者明知有上述情形,出于恶意取得票据的;②持票人因重大过失取得不符合《票据法》规定的票据的。

3. 票据权利的行使与保全

票据权利的行使,是指持票人请求票据的付款人支付票据金额的行为,例如行使付款请求权以获得票款,行使追索权以请求清偿法定的金额和费用等。票据权利的保全,是指持票人为了防止票据权利的丧失而采取的措施,例如依据《票据法》的规定,按照规定期限提示承兑、要求承兑人或付款人提供拒绝承兑或拒绝付款的证明以保全追索权等。

票据权利的保全行为大多又是票据权利的行使行为,所以《票据法》通常都将两者一并进行规定。票据权利行使和保全的方法通常包括“按期提示”和“依法证明”两种。按期提示,是指要按照规定的期限向票据债务人提示票据,包括提示承兑或提示付款,以及时保全或行使追索权。例如《票据法》第四十条规定,汇票未按照规定期限提示承兑的,持票人丧失对其前手的追索权;第七十九条规定,本票的持票人未按照规定期限提示见票的,丧失对出票人以外的前手的追索权。依法证明,是指持票人为了证明自己曾经依法行使票据权利而遭拒绝或者根本无法行使票据权利而以法律规定的时间和方式取得相关的证据,例如《票据法》第六十五条规定,持票人不能出示拒绝证明、退票理由书或者未按照规定期限提供其他合法证明的,丧失对其前手的追索权。

对于票据权利行使和保全的地点和时间,《票据法》统一规定为:持票人对票据债务人行使票据权利,或者保全票据权利,应当在票据当事人的营业场所和营业时间内进行,票据当事人无营业场所的,应当在其住所进行。

4. 票据权利丧失补救

票据丧失,是指票据因灭失(如不慎被烧毁)、遗失(如不慎丢失)、被盗等原因而使票据权利人脱离其对票据的占有。票据一旦丧失，票据的债权人不采取措施补救就不能阻止债务人向拾获者履行义务，从而造成正当票据权利人经济上的损失。因此，需要进行票据丧失的补救。票据丧失后，可以采取挂失止付、公示催告和普通诉讼三种形式进行补救。

1）挂失止付

挂失止付，是指失票人将丧失票据的情况通知付款人或代理付款人，由接受通知的付款人或代理付款人审查后暂停支付的一种方式。只有确定付款人或代理付款人的票据丧失时才可进行挂失止付，具体包括已承兑的商业汇票、支票、填明“现金”字样和代理付款人的银行汇票以及填明“现金”字样的银行本票四种。挂失止付并不是票据丧失后采取的必经措施，而只是一种暂时的预防措施，最终要通过申请公示催告或提起普通诉讼来补救票据权利。具体程序为：

（1）申请。失票人需要挂失止付的，应填写挂失止付通知书并签章。挂失止付通知书应当记载下列事项：①票据丧失的时间、地点、原因；②票据的种类、号码、金额、出票日期、付款日期、付款人名称、收款人名称；③挂失止付人的姓名、营业场所或者住所以及联系方法。欠缺上述记载事项之一的，银行不予受理。

（2）受理。付款人或者代理付款人收到挂失止付通知书后，查明挂失票据确未付款时，应立即暂停支付。付款人或者代理付款人自收到挂失止付通知书之日起 12 日内没有收到人民法院的止付通知书的，自第 13 日起，不再承担止付责任，持票人提示付款即依法向持票人付款。付款人或者代理付款人在收到挂失止付通知书之前，已经向持票人付款的，不再承担责任。但是，付款人或者代理付款人以恶意或者重大过失付款的除外。承兑人或者承兑人开户行收到挂失止付通知或者公示催告等司法文书并确认相关票据未付款的，应当于当日依法暂停支付并在中国人民银行指定的票据市场基础设施（上海票据交换所）登记或者委托开户行在票据市场基础设施登记相关信息。

2）公示催告

公示催告，是指在票据丧失后由失票人向人民法院提出申请，请求人民法院以公告方式通知不确定的利害关系人限期申报权利，逾期未申报者，则权利失效，而由法院通过除权判决宣告所丧失的票据无效的制度或程序。根据《票据法》的规定，失票人应当在通知挂失止付后的 3 日内，也可以在票据丧失后，依法向票据支付地人民法院申请公示催告。申请公示催告的主体必须是可以背书转让的票据的最后持票人。具体程序为：

（1）申请。失票人申请公示催告的，应填写公示催告申请书，申请书应当载明下列内容：①票面金额；②出票人、持票人、背书人；③申请的理由、事实；④通知票据付款人或者代理付款人挂失止付的时间；⑤付款人或者代理付款人的名称、通信地址、电话号码等。

（2）受理。人民法院决定受理公示催告申请，应当同时通知付款人及代理付款人停止支付，并自立案之日起 3 日内发出公告，催促利害关系人申报权利。付款人或者代理付款人收到人民法院发出的止付通知，应当立即停止支付，直至公示催告程序终结。非经发出止付通知的人民法院许可，擅自解付的，不得免除票据责任。例如，某基层法院在人民法院报上刊登一则公示催告，公告甲银行网点承兑的一张 300 万元的银行承兑汇票丢失，公告期间为 2023 年 3 月 1 日至 5 月 1 日；4 月 3 日，该网点突然收到异地乙银行网点发来的该银行承兑汇票的委托收款，此时由于恰好在公示催告期间，甲银行网点不能对委托收款发来的银行承兑汇票付款，只能根据法院的止付通知要求拒绝付款。

（3）公告。人民法院决定受理公示催告申请后发布的公告应当在全国性的报刊上登载。公示催告的期间，国内票据自公告发布之日起 60 日，涉外票据可根据具体情况适当延长，但最长不得超过 90 日。在公示催告期间，转让票据权利的行为无效，以公示催告的票据质押、贴现，因质押、贴现而接受该票据的持票人主张票据权利的，人民法院不予支持，但公示催告期间届满以后人民法院作出除权判决以前取得该票据的除外。

(4) 判决。利害关系人应当在公示催告期间向人民法院申报。人民法院收到利害关系人的申报后，应当裁定终结公示催告程序，并通知申请人和支付人。申请人或者申报人可以向人民法院起诉，以主张自己的权利。没有人申报的，人民法院应当根据申请人的申请，作出除权判决，宣告票据无效。判决应当公告，并通知支付人。自判决公告之日起，申请人有权向支付人请求支付。利害关系人因正当理由不能在判决前向人民法院申报的，自知道或者应当知道判决公告之日起1年内，可以向作出判决的人民法院起诉。

3) 普通诉讼

普通诉讼，是指丧失票据的人为原告，以承兑人或出票人为被告，请求法院判决其向失票人付款的诉讼活动。如果与票据上的权利有利害关系的人是明确的，无须公示催告，可按一般的票据纠纷向法院提起诉讼。

5. 票据权利时效

票据权利时效，是指票据权利在时效期间内不行使，即引起票据权利丧失。《票据法》根据不同情况，将票据权利时效划分为2年、6个月、3个月。《票据法》规定，票据权利在下列期限内不行使而消灭：

(1) 持票人对票据的出票人和承兑人的权利自票据到期日起2年。见票即付的汇票，本票自出票日起2年。

(2) 持票人对支票出票人的权利，自出票日起6个月。

【注意】 持票人对出票人和承兑人的权利，包括付款请求权和追索权。之所以规定支票的权利时效短于其他票据，是因为支票主要是一种短期支付工具，其权利的行使以迅速为宜，规定较短的时效，可以督促权利人及时行使票据权利。

(3) 持票人对前手的追索权，自被拒绝承兑或者被拒绝付款之日起6个月。

(4) 持票人对前手的再追索权，自清偿日或者被提起诉讼之日起3个月。

追索权的行使以获得拒绝付款证明或退票理由书等有关证明为前提。为了督促持票人及时获得这些证明，尽可能地在短期内结清因拒绝承兑或拒绝付款而产生的债务关系，从速实现持票人的票据权利，加快债权债务关系的清偿速度，促进社会经济关系的稳定，追索权的行使应当迅速及时。因此，《票据法》对于追索权规定了较短的时效。

【提示】 持票人因超过票据权利时效或者因票据记载事项欠缺而丧失票据权利的，《票据法》为了保护持票人的合法权益，规定其仍享有民事权利，可以请求出票人或者承兑人返还其与未支付的票据款金额相当的利益。

6. 票据责任

票据责任，是指票据债务人向持票人支付票据金额的义务。实务中，票据债务人承担票据义务一般有四种情况：①汇票承兑人因承兑而应承担付款义务；②本票出票人因出票而承担自己付款的义务；③支票付款人在与出票人有资金关系时承担付款义务；④汇票、本票、支票的背书人，汇票、支票的出票人、保证人，在票据不获承兑或不获付款时的付款清偿义务。

(1) 提示付款。持票人应当按照下列期限提示付款：①见票即付的票据，自出票日起1个月内向付款人提示付款；②定日付款、出票后定期付款或者见票后定期付款的票据，自到期日起10日内向承兑人提示付款。持票人未按照规定期限提示付款的，在作出说明后，承兑人或者付款人仍应当继续对持票人承担付款责任。通过委托收款银行或者通过票据交换系统向付款人提示付款的，视同持票人提示付款。

(2) 付款人付款。持票人依照规定提示付款的，付款人必须在当日足额付款。付款人及其代理付款人付款时，应当审查票据背书的连续，并审查提示付款人合法身份证明或者有效证件。

票据金额为外币的，按照付款日的市场汇价，以人民币支付。票据当事人对票据支付的货币种类另有约定的，从其约定。

（3）拒绝付款。如果存在背书不连续等合理事由，票据债务人可以对票据债权人拒绝履行义务，这就是所谓的票据"抗辩"。票据债务人可以对不履行约定义务的与自己有直接债权债务关系的持票人进行抗辩。但不得以自己与出票人或者与持票人的前手之间的抗辩事由，对抗持票人。当然，若持票人明知存在抗辩事由而取得票据的除外。

（4）获得付款。持票人获得付款的，应当在票据上签收，并将票据交给付款人。持票人委托银行收款的，受委托的银行将代收的票据金额转账收入持票人账户，视同签收。电子商业汇票的持票人可委托接入机构即银行代为发出提示付款、逾期提示付款行为申请。

（5）相关银行的责任。持票人委托的收款银行的责任，限于按照票据上记载事项将票据金额转入持票人账户。付款人委托的付款银行的责任，限于按照票据上记载事项从付款人账户支付票据金额。付款人及其代理付款人以恶意或者有重大过失付款的，应当自行承担责任。对定日付款、出票后定期付款或者见票后定期付款的票据，付款人在到期日前付款的，由付款人自行承担所产生的责任。

（6）票据责任解除。付款人依法足额付款后，全体票据债务人的责任解除。

（三）票据行为

票据行为，是指票据当事人以发生票据债务为目的的、以在票据上签名或盖章为权利义务成立要件的法律行为。票据行为包括出票、背书、承兑和保证。

1. 出票

（1）出票的概念。出票，是指出票人签发票据并将其交付给收款人的票据行为。出票包括两个行为：①出票人依照《票据法》的规定作成票据，即在原始票据上记载法定事项并签章；②交付票据，即将作成的票据交付给他人占有。这两者缺一不可。

（2）出票的基本要求。出票人必须与付款人具有真实的委托付款关系，并且具有支付票据金额的可靠资金来源，不得签发无对价的票据用以骗取银行或者其他票据当事人的资金。

（3）票据的记载事项。出票人和其他票据行为当事人在票据上的记载事项必须符合《票据法》等的规定。所谓票据记载事项，是指依法在票据上记载的票据相关内容。票据记载事项一般分为必须记载事项、相对记载事项、任意记载事项和记载不产生票据法上效力的事项等。必须记载事项，也称必要记载事项，是指《票据法》明文规定必须记载的，如不记载，票据行为即为无效的事项。

相对记载事项，是指除了必须记载事项外，《票据法》规定的其他应记载的事项，这些事项如果未记载，由法律另作相应规定予以明确，并不影响票据的效力。例如，《票据法》规定背书由背书人签章并记载背书日期。背书未记载日期的，视为在票据到期日前背书。这里的"背书日期"就属于相对记载事项；未记载背书日期的，《票据法》视同背书日期为"到期日前"。

任意记载事项，是指《票据法》不强制当事人必须记载而允许当事人自行选择，不记载时不影响票据效力，记载时则产生票据效力的事项。如出票人在汇票记载"不得转让"字样的，汇票不得转让，其中的"不得转让"事项即为任意记载事项。

记载不产生《票据法》上的效力的事项，是指除了必须记载事项、相对记载事项、任意记载事项外，票据上还可以记载其他一些事项，但这些事项不具有票据效力，银行不负审查责任。如《票据法》第二十四条规定，汇票上可以记载本法规定事项以外的其他出票事项，但是该记载事项不具有汇票上的效力。

（4）出票的效力。票据出票人制作票据，应当按照法定条件在票据上签章，并按照所记载的事项承担票据责任。出票人签发票据后，即承担该票据承兑或付款的责任。出票人在票据得不到承兑或者付款时，应当向持票人清偿《票据法》第七十条、第七十一条规定的金额和费用（具体见后文票据追索的内容)。

2. 背书

(1) 概念和种类。背书是在票据背面或者粘单上记载有关事项并签章的行为。以背书的目的为标准,将背书分为转让背书和非转让背书。转让背书,是指以转让票据权利为目的的背书;非转让背书,是指以授予他人行使一定的票据权利为目的的背书。非转让背书包括委托收款背书和质押背书。

委托收款背书,是背书人委托被背书人行使票据权利的背书。委托收款背书的被背书人有权代背书人行使被委托的票据权利。但是,被背书人不得再以背书转让票据权利。质押背书,是以担保债务而在票据上设定质权为目的的背书。被背书人依法实现其质权时,可以行使票据权利。

(2) 背书记载事项。背书由背书人签章并记载背书日期。背书未记载日期的,视为在票据到期日前背书。以背书转让或者以背书将一定的票据权利授予他人行使时,必须记载被背书人名称。背书人未记载被背书人名称即将票据交付他人的,持票人在票据被背书人栏内记载自己的名称与背书人记载具有同等法律效力。

委托收款背书应记载"委托收款"字样、被背书人和背书人签章。质押背书应记载"质押"字样、质权人和出质人签章。

票据凭证不能满足背书人记载事项的需要,可以加附粘单,粘附于票据凭证上。粘单上的第一记载人,应当在票据和粘单的粘接处签章。

(3) 背书效力。背书人以背书转让票据后,即承担保证其后手所持票据承兑和付款的责任。

以背书转让的票据,背书应当连续。持票人以背书的连续,证明其票据权利;非经背书转让,而以其他合法方式取得票据的,依法举证,证明其票据权利。

背书连续,是指在票据转让中,转让票据的背书人与受让票据的被背书人在票据上的签章依次前后衔接。具体来说,第一背书人为票据收款人,最后持票人为最后背书的被背书人,中间的背书人为前手背书的被背书人。

(4) 背书的特别规定,包括条件背书、部分背书、限制背书和期后背书。①条件背书,是指背书附有条件,背书时附有条件的,所附条件不具有票据上的效力。②部分背书,是指将票据金额的一部分转让的背书或者将票据金额分别转让给两人以上的背书,部分背书属于无效背书。③限制背书,是指记载了"不得转让",此时票据不得转让,例如出票人记载"不得转让"的,票据不得背书转让;背书人在票据上记载"不得转让"字样,其后手再背书转让的,原背书人对后手的被背书人不承担保证责任。④期后背书,是指票据被拒绝承兑、被拒绝付款或者超过付款提示期限的,不得背书转让;背书转让的,背书人应当承担票据责任。

3. 承兑

1) 承兑的概念

承兑,是指汇票付款人承诺在汇票到期日支付汇票金额并签章的行为,仅适用于商业汇票。

2) 承兑程序

承兑程序包括提示承兑、受理承兑、记载承兑事项等。

(1) 提示承兑,是指持票人向付款人出示汇票,并要求付款人承诺付款的行为。定日付款或者出票后定期付款的汇票,持票人应当在汇票到期日前向付款人提示承兑。见票后定期付款的汇票,持票人应当自出票日起 1 个月内向付款人提示承兑。汇票未按照规定期限提示承兑的,持票人丧失对其前手的追索权。

(2) 受理承兑。付款人收到持票人提示承兑的汇票时,应当向持票人签发收到汇票的回单。回单上应当记明汇票提示承兑日期并签章。付款人对向其提示承兑的汇票,应当自收到提示承兑的汇票之日起 3 日内承兑或者拒绝承兑。

(3) 记载承兑事项。付款人承兑汇票的,应当在汇票正面记载“承兑”字样和承兑日期并签章;见票后定期付款的汇票,应当在承兑时记载付款日期。汇票上未记载承兑日期的,应当以收到提示承兑的汇票之日起3日内的最后一日为承兑日期。

付款人承兑汇票,不得附有条件;承兑附有条件的,视为拒绝承兑。付款人承兑汇票后,应当承担到期付款的责任。

4. 保证

1) 保证的概念

保证,是指票据债务人以外的人,为担保特定债务人履行票据债务而在票据上记载有关事项并签章的行为。

国家机关、以公益为目的的事业单位、社会团体、企业法人的分支机构和职能部门作为票据保证人的,票据保证无效,但经国务院批准为使用外国政府或者国际经济组织贷款进行转贷,国家机关提供票据保证的,以及企业法人的分支机构在法人书面授权范围内提供票据保证的除外。

2) 保证的记载事项

保证人必须在票据或者粘单上记载下列事项:①表明“保证”的字样;②保证人名称和住所;③被保证人的名称;④保证日期;⑤保证人签章。

保证人在票据或者粘单上未记载“被保证人名称”的,已承兑的票据,承兑人为被保证人;未承兑的票据,出票人为被保证人。保证人在票据或者粘单上未记载“保证日期”的,出票日期为保证日期。

3) 保证责任的承担

被保证的票据,保证人应当与被保证人对持票人承担连带责任。票据到期后得不到付款的,持票人有权向保证人请求付款,保证人应当足额付款。保证人为两人以上的,保证人之间承担连带责任。

4) 保证效力

保证人对合法取得票据的持票人所享有的票据权利,承担保证责任。但是,被保证人的债务因票据记载事项欠缺而无效的除外。保证不得附有条件,附有条件的,不影响对票据的保证责任。保证人清偿票据债务后,可以行使持票人对被保证人及其前手的追索权。

(四) 票据追索

1. 票据追索适用的情形

票据追索适用于两种情形,分别为到期后追索和到期前追索。

到期后追索,是指票据到期被拒绝付款的,持票人对背书人、出票人以及票据的其他债务人行使的追索。

到期前追索,是指票据到期日前,持票人对下列情形之一行使的追索:①汇票被拒绝承兑的;②承兑人或者付款人死亡、逃匿的;③承兑人或者付款人被依法宣告破产的或者因违法被责令终止业务活动的。

2. 被追索人的确定

票据的出票人、背书人、承兑人和保证人对持票人承担连带责任。持票人行使追索权,可以不按照票据债务人的先后顺序,对其中任何一人、数人或者全体行使追索权。持票人对票据债务人中的一人或者数人已经进行追索的,对其他票据债务人仍可以行使追索权。

3. 追索的内容

(1) 持票人行使追索权,可以请求被追索人支付下列金额和费用:①被拒绝付款的票据金额;②票据金额自到期日或者提示付款日起至清偿日止,按照中国人民银行规定的利率计算的利息;③取得有关拒绝证明和发出通知书的费用。被追索人清偿债务时,持票人应当交出票据和有关拒绝证明，并出具所收到利息和费用的收据。

（2）被追索人依照前述规定清偿后，可以向其他票据债务人行使再追索权，请求其他票据债务人支付下列金额和费用：①已清偿的全部金额；②前项金额自清偿日起至再追索清偿日止，按照中国人民银行规定的利率计算的利息；③发出通知书的费用。

行使再追索权的被追索人获得清偿时，应当交出票据和有关拒绝证明，并出具所收到利息和费用的收据。

4. 追索权的行使

1）获得有关证明

持票人行使追索权时，应当提供被拒绝承兑或者拒绝付款的有关证明。持票人提示承兑或者提示付款被拒绝的，承兑人或者付款人必须出具拒绝证明，或者出具退票理由书。未出具拒绝证明或者退票理由书的，应当承担由此产生的民事责任。其中：

拒绝证明应当包括下列事项：①被拒绝承兑、付款的票据的种类及其主要记载事项；②拒绝承兑、付款的事实依据和法律依据；③拒绝承兑、付款的时间；④拒绝承兑人、拒绝付款人的签章。

退票理由书应当包括下列事项：①所退票据的种类；②退票的事实依据和法律依据；③退票时间；④退票人签章。

持票人因承兑人或者付款人死亡、逃匿或者其他原因，不能取得拒绝证明的，可以依法取得其他有关证明，包括医院或者有关单位出具的承兑人、付款人死亡的证明；司法机关出具的承兑人、付款人逃匿的证明；公证机关出具的具有拒绝证明效力的文书。

承兑人或者付款人被人民法院依法宣告破产的，人民法院的有关司法文书具有拒绝证明的效力。承兑人或者付款人因违法被责令终止业务活动的，有关行政主管部门的处罚决定具有拒绝证明的效力。

持票人不能出示拒绝证明、退票理由书或者未按照规定期限提供其他合法证明的，丧失对其前手的追索权。但是，承兑人或者付款人仍应当对持票人承担责任。

2）行使追索

持票人应当自收到被拒绝承兑或者被拒绝付款的有关证明之日起 3 日内，将被拒绝事由书面通知其前手；其前手应当自收到通知之日起 3 日内书面通知其再前手。持票人也可以同时向各票据债务人发出书面通知，该书面通知应当记明汇票的主要记载事项，并说明该汇票已被退票。

未按照规定期限通知的，持票人仍可以行使追索权。因延期通知给其前手或者出票人造成损失的，由没有按照规定期限通知的票据当事人，承担对该损失的赔偿责任，但是所赔偿的金额以汇票金额为限。在规定期限内将通知按照法定地址或者约定的地址邮寄的，视为已经发出通知。

5. 追索的效力

被追索人依照规定清偿债务后，其责任解除，与持票人享有同一权利。

（五）银行汇票

1. 银行汇票的概念和适用范围

银行汇票（票样）

银行汇票是出票银行签发的，在见票时按照实际结算金额无条件支付给收款人或者持票人的票据。单位和个人在异地、同城或统一票据交换区域的各种款项结算，均可使用银行汇票。

2. 银行汇票的出票

1）申请

申请人使用银行汇票，应向出票银行填写“银行汇票申请书”。申请人或收款人为单位的，不得在“银行汇票申请书”上填明“现金”字样。

2）签发并交付

(1) 出票银行受理银行汇票申请书，收妥款项后签发银行汇票，并将银行汇票和解讫通知一并交给申请人。

(2) 签发银行汇票必须记载的事项：表明“银行汇票”的字样；无条件支付的委托；出票金额；付款人名称；收款人名称；出票日期；出票人签章。欠缺记载上列事项之一的，银行汇票无效。

(3) 签发现金银行汇票的，申请人和收款人必须均为个人。申请人或者收款人为单位的，银行不得为其签发现金银行汇票。

(4) 申请人将银行汇票和解讫通知书一并交给汇票上记名的收款人。

3. 填写实际结算金额

(1) 收款人受理申请人交付的银行汇票时，应在出票金额以内，根据实际需要的款项办理结算。

(2) 银行汇票的实际结算金额低于出票金额的，其多余金额由出票银行退交申请人。

(3) 未填明实际结算金额和多余金额或实际结算金额超过出票金额的，银行不予受理。

(4) 银行汇票的实际结算金额一经填写不得更改，更改实际结算金额的银行汇票无效。

4. 银行汇票背书

银行汇票的背书转让以“不超过出票金额的”实际结算金额为准。未填写实际结算金额或实际结算金额超过出票金额的银行汇票不得背书转让。

5. 银行汇票提示付款

(1) 银行汇票的提示付款期限自出票日起 1 个月。持票人超过付款期限提示付款的，代理付款人不予受理。

(2) 持票人向银行提示付款时，须同时提交银行汇票和解讫通知，缺少任何一联，银行不予受理。

6. 银行汇票退款和丧失

(1) 申请人因银行汇票超过付款提示期限或其他原因要求退款时，应将银行汇票和解讫通知同时提交给出票银行。申请人缺少解讫通知要求退款的，出票银行应于银行汇票提示付款期满 1 个月后办理。

(2) 银行汇票丧失，失票人可以凭人民法院出具的其享有票据权利的证明，向出票银行请求付款或退款。

(六) 商业汇票

1. 商业汇票的概念、种类和适用范围

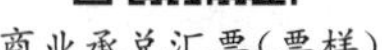

商业承兑汇票(票样)

银行承兑汇票(票样)

银行承兑汇票背书(票样)

商业汇票是出票人签发的，委托付款人在指定日期无条件支付确定的金额给收款人或者持票人的票据。商业汇票按照承兑人的不同分为商业承兑汇票和银行承兑汇票。银行承兑汇票由银行承兑，商业承兑汇票由银行以外的付款人承兑。电子商业汇票是指出票人依托上海票据交易所电子商业汇票系统(以下简称电子商业汇票系统)，以数据电文形式制作的，委托付款人在指定日期无条件支付确定的金额给收款人或者持票人的票据。电子银行承兑汇票由银行业金融机构、财务公司承兑；电子商业承兑汇票由金融机构以外的法人或其他组织承兑。商业汇票的付款人为承兑人。在银行开立存款账户的法人及其他组织之间的结算，才能使用商业汇票。

2. 商业汇票的出票

(1) 出票人的资格条件。商业承兑汇票的出票人，为在银行开立存款账户的法人以及其他组织，并与付款人具有真实的委托付款关系，具有支付汇票金额的可靠资金来源。

银行承兑汇票的出票人必须是在承兑银行开立存款账户的法人以及其他组织，并与承兑银行具有真实的委托付款关系，资信状况良好，具有支付汇票金额的可靠资金来源。出票人办理电子商业汇票业务，还应同时具备签约开办对公业务的企业网银等电子服务渠道、与银行签订《电子商业汇票业务服务协议》。单张出票金额在100万元以上的商业汇票原则上应全部通过电子商业汇票办理；单张出票金额在300万元以上的商业汇票应全部通过电子商业汇票办理。

(2) 出票人的确定。商业承兑汇票可以由付款人签发并承兑，也可以由收款人签发交由付款人承兑。银行承兑汇票应由在承兑银行开立存款账户的存款人签发。

(3) 出票的记载事项。签发商业汇票必须记载下列事项：①表明“商业承兑汇票”或“银行承兑汇票”的字样；②无条件支付的委托；③确定的金额；④付款人名称；⑤收款人名称；⑥出票日期；⑦出票人签章。欠缺记载上述事项之一的，商业汇票无效。其中，“出票人签章”为该单位的财务专用章或者公章加其法定代表人或其授权的代理人的签名或者盖章。电子商业汇票信息以电子商业汇票系统的记录为准。电子商业汇票出票必须记载下列事项：①表明“电子银行承兑汇票”或“电子商业承兑汇票”的字样；②无条件支付的委托；③确定的金额；④出票人名称；⑤付款人名称；⑥收款人名称；⑦出票日期；⑧票据到期日；⑨出票人签章。

商业汇票的付款期限记载有三种形式：①定日付款的汇票付款期限自出票日起计算，并在汇票上记载具体的到期日；②出票后定期付款的汇票付款期限自出票日起按月计算，并在汇票上记载；③见票后定期付款的汇票付款期限自承兑或拒绝承兑日起按月计算，并在汇票上记载。电子商业汇票的出票日，是指出票人记载在电子商业汇票上的出票日期。

纸质商业汇票的付款期限，最长不得超过6个月。电子承兑汇票期限自出票日至到期日不超过1年。

3. 商业汇票的承兑

商业汇票可以在出票时向付款人提示承兑后使用，也可以在出票后先使用再向付款人提示承兑。付款人拒绝承兑的，必须出具拒绝承兑的证明。付款人承兑汇票后，应当承担到期付款的责任。

银行承兑汇票的出票人或持票人向银行提示承兑时，银行的信贷部门负责按照有关规定和审批程序，对出票人的资格、资信、购销合同和汇票记载的内容进行认真审查，必要时可由出票人提供担保。对资信良好的企业申请电子商业汇票承兑的，金融机构可通过审查合同、发票等材料的影印件，企业电子签名的方式，对其真实交易关系和债权债务关系进行在线审核。对电子商务企业申请电子商业汇票承兑的，金融机构可通过审查电子订单或电子发票的方式，对电票的真实交易关系和债权债务关系进行在线审核。符合规定和承兑条件的，与出票人签订承兑协议。银行承兑汇票的承兑银行，应按票面金额向出票人收取万分之五的手续费。

4. 票据信息登记

纸质票据贴现前，金融机构办理承兑、质押、保证等业务，应当不晚于业务办理的次一工作日在票据市场基础设施（即上海票据交易所，是中国人民银行指定的提供票据交易、登记托管、清算结算和信息服务的机构）完成相关信息登记工作。纸质商业承兑汇票完成承兑后，承兑人开户行应当根据承兑人委托代其进行承兑信息登记。承兑信息未能及时登记的，持票人有权要求承兑人补充登记承兑信息。纸质票据票面信息与登记信息不一致的，以纸质票据票面信息为准。电子商业汇票签发、承兑、质押、保证、贴现等信息应当通过电子商业汇票系统同步送至票据市场基础设施。

5. 商业汇票的贴现

1）贴现的概念

贴现，是指票据持票人在票据未到期前为获得现金向银行贴付一定利息而发生的票据转让行为。贴现按照交易方式，分为买断式和回购式。

2）贴现的基本规定

（1）贴现条件。商业汇票的持票人向银行办理贴现必须具备下列条件：①票据未到期；②票据未记载“不得转让”事项；③在银行开立存款账户的企业法人以及其他组织；④与出票人或者直接前手之间具有真实的商品交易关系。电子商业汇票贴现必须记载下列事项：①贴出人名称；②贴入人名称；③贴现日期；④贴现类型；⑤贴现利率；⑥实付金额；⑦贴出人签章。

电子商业汇票回购式贴现赎回应作成背书，并记载原贴出人名称、原贴入人名称、赎回日期、赎回利率、赎回金额、原贴入人签章。

贴现人办理纸质票据贴现时，应当通过票据市场基础设施查询票据承兑信息，并在确认纸质票据必须记载事项与已登记承兑信息一致后，为贴现申请人办理贴现，贴现申请人无需提供合同、发票等资料；信息不存在或者纸质票据必须记载事项与已登记承兑信息不一致的，不得办理贴现。贴现人办理纸质票据贴现后，应当在票据上记载“已电子登记权属”字样，该票据不再以纸质形式进行背书转让、设立质押或者其他交易行为。贴现人应当对纸质票据妥善保管。已贴现票据应当通过票据市场基础设施办理背书转让、质押、保证、提示付款等票据业务。

贴现人可以按市场化原则选择商业银行对纸质票据进行保证增信。保证增信行对纸质票据进行保管并为贴现人的偿付责任进行先行偿付。

纸质票据贴现后，其保管人可以向承兑人发起付款确认。付款确认可以采用实物确认或者影像确认，两者具有同等效力。①实物确认，是指票据保管人将票据实物送达承兑人或者承兑人开户行，由承兑人在对票据真实性和背书连续性审查的基础上对到期付款责任进行确认。②影像确认，是指票据保管人将票据影像信息发送至承兑人或者承兑人开户行，由承兑人在对承兑信息和背书连续性审查的基础上对到期付款责任进行确认。承兑人要求实物确认的，银行承兑汇票保管人应当将票据送达承兑人，实物确认后，纸质票据由其承兑人代票据权利人妥善保管；商业承兑汇票保管人应当将票据通过承兑人开户行送达承兑人进行实物确认，实物确认后，纸质票据由商业承兑汇票开户行代票据权利人妥善保管。承兑人收到票据影像确认请求或者票据实物后，应当在3个工作日内作出或者委托其开户行作出同意或者拒绝到期付款的应答。拒绝到期付款的，应当说明理由。电子商业汇票一经承兑即视同承兑人已进行付款确认。

承兑人或者承兑人开户行进行付款确认后，除挂失止付、公示催告等合法抗辩情形外，应当在持票人提示付款后付款。

（2）贴现利息的计算。贴现的期限从其贴现之日起至汇票到期日止。实付贴现金额按票面金额扣除贴现日至汇票到期前1日的利息计算。承兑人在异地的纸质商业汇票，贴现的期限以及贴现利息的计算应另加3日的划款日期。

（3）贴现的收款。贴现到期，贴现银行应向付款人收取票款。不获付款的，贴现银行应向其前手追索票款。贴现银行追索票款时可从申请人的存款账户直接收取票款。办理电子商业汇票贴现以及提示付款业务，可选择票款对付方式或同城票据交换、通存通兑、汇兑等方式清算票据资金。

电子商业汇票当事人在办理回购式贴现业务时，应明确赎回开放日、赎回截止日。

做中学 3-1

甲公司向乙企业购买一批原材料，开出一张票面金额为 30 万元的银行承兑汇票。出票日期为 2 月 10 日，到期日为 5 月 10 日。4 月 6 日，乙企业持此汇票及有关发票和原材料发运单据复印件向银行办理了贴现。已知同期银行年贴现率为 3.6%，一年按 360 天计算，贴现银行与承兑银行在同一城市。银行实付乙企业贴现金额为多少？

贴现利息 = 票面金额 × 贴现率 × 贴现期 ÷ 360

贴现期限：贴现日至汇票到期日。

利息计算期：贴现日至汇票到期日的前一天（图 3-2）。

【提示】 纸质商业汇票承兑人在异地的，贴现的期限应另加 3 天的划款日期。

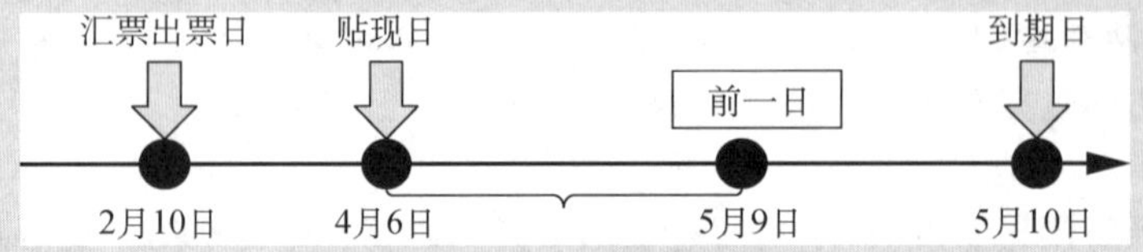

图 3-2 贴现利息计算期间

贴现利息计算期：4 月 6 日至 5 月 9 日，即(30－6＋1)＋9＝34(天)。

贴现利息：300 000(票据金额)×3.6%(年利率)÷360(换算为天)×34＝1 020(元)。

乙企业获得金额：300 000(票据金额)－1 020(贴现利息)＝298 980(元)。

解析：实付贴现金额按票面金额扣除贴现日至汇票到期前 1 日的利息计算。本题中贴现日是 4 月 6 日，汇票到期前 1 日是 5 月 9 日，一共是 34 天。企业从银行取出的金额＝300 000－300 000×3.6%×(34÷360)＝298 980(元)。

6. 商业汇票的信息披露

商业承兑汇票的承兑人应当于承兑完成日次一个工作日内，在中国人民银行认可的票据信息披露平台披露每张票据的承兑相关信息，包括出票日期、承兑日期、票据号码、出票人名称、承兑人名称、承兑人社会信用代码、票面金额、票据到期日等。承兑人应当于每月前 10 日内披露承兑信用信息，包括累计承兑发生额、承兑余额、累计逾期发生额、逾期余额等。承兑人对披露信息的真实性、准确性、及时性和完整性负责。企业签收商业承兑汇票前，可以通过票据信息披露平台查询票据承兑信息，加强风险识别与防范。

7. 商业汇票的到期处理

1) 票据到期后偿付顺序

票据到期后偿付顺序如下：

(1) 票据未经承兑人付款确认和保证增信即交易的，若承兑人未付款，应当由贴现人先行偿付。该票据在交易后又经承兑人付款确认的，应当由承兑人付款；若承兑人未付款，应当由贴现人先行偿付。

(2) 票据经承兑人付款确认且未保证增信即交易的，应当由承兑人付款；若承兑人未付款，应当由贴现人先行偿付。

(3) 票据保证增信后即交易且未经承兑人付款确认的，若承兑人未付款，应当由保证增信行先行偿付；保证增信行未偿付的，应当由贴现人先行偿付。

(4) 票据保证增信后且经承兑人付款确认的，应当由承兑人付款；若承兑人未付款，应当由保证增信行先行偿付；保证增信行未偿付的，应当由贴现人先行偿付。

2）提示付款

商业汇票的提示付款期限，自汇票到期日起10日，持票人应在提示付款期内向付款人提示付款。

（1）持票人在提示付款期内通过票据市场基础设施提示付款的，承兑人应当在提示付款当日进行应答或者委托其开户行进行应答。承兑人存在合法抗辩事由拒绝付款的，应当在提示付款当日出具或者委托其开户行出具拒绝付款证明，并通过票据市场基础设施通知持票人。承兑人或者承兑人开户行在提示付款当日未作出应答的，视为拒绝付款，票据市场基础设施提供拒绝付款证明并通知持票人。

商业承兑汇票承兑人在提示付款当日同意付款的，承兑人账户余额足够支付票款的，承兑人开户行应当代承兑人作出同意付款应答，并于提示付款日向持票人付款。承兑人账户余额不足以支付票款的，则视同承兑人拒绝付款。承兑人开户行应当于提示付款日代承兑人作出拒付应答并说明理由，同时通过票据市场基础设施通知持票人。

银行承兑汇票的承兑人已于到期前进行付款确认的，票据市场基础设施应当根据承兑人的委托于提示付款日代承兑人发送指令划付资金至持票人资金账户。

（2）纸质商业汇票的持票人在提示付款期内通过开户银行委托收款或直接向付款人提示付款的，对异地委托收款的，持票人可匡算邮程，提前通过开户银行委托收款。超过提示付款期限提示付款的，持票人开户银行不予受理，但在作出说明后，承兑人或者付款人仍应当继续对持票人承担付款责任。商业承兑汇票的付款人开户银行收到通过委托收款寄来的汇票，将汇票留存并通知付款人。付款人收到开户银行的付款通知，应在当日通知银行付款。付款人在接到通知日的次日起3日内（遇法定休假日顺延，下同）未通知银行付款的，视同付款人承诺付款。付款人提前收到由其承兑的商业汇票，应通知银行于汇票到期日付款。银行应于汇票到期日将票款划给持票人。付款人存在合法抗辩事由拒绝付款的，应自接到通知的次日起3日内，作成拒绝付款证明送交开户银行，银行将拒绝付款证明和商业承兑汇票邮寄持票人开户银行转交持票人。纸质银行承兑汇票的承兑银行应于汇票到期日或到期日后的见票当日支付票款。承兑银行存在合法抗辩事由拒绝支付的，应自接到商业汇票的次日起3日内作出拒绝付款证明，连同银行承兑汇票邮寄持票人开户银行转交持票人。

（3）银行承兑汇票的出票人应于汇票到期前将票款足额交存其开户银行，银行承兑汇票的出票人于汇票到期日未能足额交存票款时，承兑银行付款后，对出票人尚未支付的汇票金额按照每天万分之五计收利息。

保证增信行或者贴现人承担偿付责任时，应当委托票据市场基础设施代其发送指令划付资金至持票人资金账户。

（七）银行本票

1. 本票的概念和适用范围

本票，是指出票人签发的，承诺自己在见票时无条件支付确定的金额给收款人或者持票人的票据。在我国，本票仅限于银行本票，即银行出票、银行付款。银行本票可以用于转账，注明"现金"字样的银行本票可以用于支取现金。

【提示】 单位和个人在同一票据交换区域需要支付各种款项，均可以使用银行本票。

2. 银行本票的出票

（1）申请。申请人使用银行本票，应向银行填写"银行本票申请书"，填明收款人名称、申请人名称、支付金额、申请日期等事项并签章。申请人和收款人均为个人需要支取现金的，应在"金额"栏先填写"现金"字样，后填写支付金额。

（2）受理。出票银行受理"银行本票申请书"，收妥款项，签发银行本票交给申请人。签发银行本票必须记载下列事项:表明"银行本票"的字样;无条件支付的承诺;确定的金额;收款人名称;出票日期;出票人签章。欠缺记载上列事项之一的,银行本票无效。

【注意】 申请人或收款人为单位的,银行不得为其签发现金银行本票。

【提示】 出票银行必须具有支付本票金额的可靠资金来源,并保证支付。

(3) 交付。申请人应将银行本票交付给本票上记明的收款人。收款人受理银行本票时,应审查下列事项:①收款人是否确为本单位或本人;②银行本票是否在提示付款期限内;③必须记载的事项是否齐全;④出票人签章是否符合规定,大小写出票金额是否一致;⑤出票金额、出票日期、收款人名称是否更改,更改的其他记载事项是否由原记载人签章证明。

3. 银行本票的付款

提示付款。银行本票见票即付。银行本票的提示付款期限自出票日起最长不得超过2个月。本票的出票人在持票人提示见票时,必须承担付款的责任。持票人超过提示付款期限不获付款的,在票据权利时效内向出票银行作出说明,并提供本人身份证件或单位证明,可持银行本票向出票银行请求付款。

在银行开立存款账户的持票人向开户银行提示付款时,应在银行本票背面"持票人向银行提示付款签章"处签章,签章须与预留银行签章相同,并将银行本票、进账单送交开户银行。银行审查无误后办理转账。

未在银行开立存款账户的个人持票人,凭注明"现金"字样的银行本票向出票银行支取现金的,应在银行本票背面签章,记载本人身份证件名称、号码及发证机关,并交验本人身份证件及其复印件。

4. 银行本票的退款和丧失

申请人因银行本票超过提示付款期限或其他原因要求退款时,应将银行本票提交到出票银行。申请人为单位的,应出具该单位的证明;申请人为个人的,应出具该本人的身份证件。出票银行对于在本行开立存款账户的申请人,只能将款项转入原申请人账户;对于现金银行本票和未在本行开立存款账户的申请人,才能退付现金。

【提示】 银行本票丧失,失票人可以凭人民法院出具的其享有票据权利的证明,向出票银行请求付款或退款。

(八) 支票

1. 支票的概念、种类和适用范围

(1) 概念。支票,是指出票人签发的、委托办理支票存款业务的银行在见票时无条件支付确定的金额给收款人或者持票人的票据。支票的基本当事人包括出票人、付款人和收款人。出票人即存款人,是在批准办理支票业务的银行机构开立可以使用支票的存款账户的单位和个人;付款人是出票人的开户银行;持票人是票面上填明的收款人,也可以是经背书转让的被背书人。

(2) 种类。支票分为现金支票、转账支票和普通支票三种。支票上印有"现金"字样的为现金支票,现金支票只能用于支取现金。支票上印有"转账"字样的为转账支票,转账支票只能用于转账。支票上未印有"现金"或"转账"字样的为普通支票,普通支票可以用于支取现金,也可以用于转账。在普通支票左上角划两条平行线的,为划线支票,划线支票只能用于转账,不得支取现金。

现金支票(票样)

转账支票(票样)

(3) 适用范围。单位和个人在同一票据交换区域的各种款项结算,均可以使用支票。全国支票影像系统支持全国使用。

2. 支票的出票

1）开立支票存款账户

开立支票存款账户，申请人必须使用本名，提交证明其身份的合法证件，并应当预留其本名的签名式样和印鉴。

2）出票

（1）签发支票必须记载下列事项：表明“支票”的字样；无条件支付的委托；确定的金额；付款人名称；出票日期；出票人签章。欠缺记载任何一项的，支票都为无效。

支票的金额、收款人名称，可以由出票人授权补记，未补记前不得背书转让和提示付款。支票上未记载付款地的，付款人的营业场所为付款地。支票上未记载出票地的，出票人的营业场所、住所或者经常居住地为出票地。出票人可以在支票上记载自己为收款人。

（2）签发支票的注意事项。支票的出票人所签发的支票金额不得超过其付款时在付款人处实有的存款金额。出票人签发的支票金额超过其付款时在付款人处实有的存款金额的，为空头支票。禁止签发空头支票。支票的出票人不得签发与其预留本名的签名式样或者印鉴不符的支票。

支票上的出票人的签章，出票人为单位的，为与该单位在银行预留签章一致的财务专用章或者公章加其法定代表人或者其授权的代理人的签名或者盖章；出票人为个人的，为与该个人在银行预留签章一致的签名或者盖章。支票的出票人预留银行签章是银行审核支票付款的依据。出票人不得签发与其预留银行签章不符的支票。

3. 支票付款

1）提示付款

支票的提示付款期限自出票日起 10 日。持票人可以委托开户银行收款或直接向付款人提示付款。用于支取现金的支票仅限于收款人向付款人提示付款。

持票人委托开户银行收款时，应作委托收款背书，在支票背面背书人签章栏签章、记载“委托收款”字样、背书日期，在被背书人栏记载开户银行名称，并将支票和填制的进账单送交开户银行。持票人持用于转账的支票向付款人提示付款时，应在支票背面背书人签章栏签章，并将支票和填制的进账单送交出票人开户银行。收款人持用于支取现金的支票向付款人提示付款时，应在支票背面“收款人签章”处签章，持票人为个人的，还需交验本人身份证件，并在支票背面注明证件名称、号码及发证机关。

2）付款

出票人必须按照签发的支票金额承担保证向该持票人付款的责任。出票人在付款人处的存款足以支付支票金额时，付款人应当在见票当日足额付款。

付款人依法支付支票金额的，对出票人不再承担受委托付款的责任，对持票人不再承担付款的责任。但付款人以恶意或者有重大过失付款的除外。

动漫视频

汇兑

二、其他结算方式

（一）汇兑

1. 汇兑的概念和种类

汇兑是汇款人委托银行将其款项支付给收款人的结算方式。汇兑分为信汇、电汇两种，单位和个人的各种款项的结算，均可使用汇兑结算方式。

2. 办理汇兑的程序

1）签发汇兑凭证

签发汇兑凭证必须记载下列事项：①表明“信汇”或“电汇”的字样；②无条件支付的委托；

③确定的金额;④收款人名称;⑤汇款人名称;⑥汇入地点、汇入行名称;⑦汇出地点、汇出行名称;⑧委托日期;⑨汇款人签章。汇兑凭证记载的汇款人、收款人在银行开立存款账户的,必须记载其账号。

2) 银行受理

汇出银行受理汇款人签发的汇兑凭证,经审查无误后,应及时向汇入银行办理汇款,并向汇款人签发汇款回单。汇款回单只能作为汇出银行受理汇款的依据,不能作为该笔汇款已转入收款人账户的证明。

3) 汇入处理

汇入银行对开立存款账户的收款人,应将汇入的款项直接转入收款人账户,并向其发出收账通知。收账通知是银行将款项确已收入收款人账户的凭据。

3. 汇兑的撤销

汇款人对汇出银行尚未汇出的款项可以申请撤销。申请撤销时,应出具正式函件或本人身份证件及原信、电汇回单。

(二) 委托收款

1. 委托收款的概念和适用范围

委托收款是收款人委托银行向付款人收取款项的结算方式。单位和个人凭已承兑商业汇票、债券、存单等付款人债务证明办理款项的结算,均可以使用委托收款结算方式。委托收款在同城、异地均可以使用。

2. 办理委托收款的程序

1) 签发托收凭证

收款人签发委托收款凭证必须记载下列事项:①表明"委托收款"的字样;②确定的金额;③付款人名称;④收款人名称;⑤委托收款凭据名称及附寄单证张数;⑥委托日期;⑦收款人签章。以上事项为绝对记载事项,欠缺记载上列事项之一的,银行不予受理。

委托收款以银行以外的单位为付款人的,委托收款凭证必须记载付款人开户银行名称;以银行以外的单位或在银行开立存款账户的个人为收款人的,委托收款凭证必须记载收款人开户银行名称;未在银行开立存款账户的个人为收款人的,委托收款凭证必须记载被委托银行名称。

2) 委托

收款人办理委托收款应向银行提交委托收款凭证和有关的债务证明。

3) 付款

银行接到寄来的委托收款凭证及债务证明,审查无误后办理付款。

(1) 以银行为付款人的,银行应在当日将款项主动支付给收款人。

(2) 以单位为付款人的,银行应及时通知付款人,需要将有关债务证明交给付款人的,应交给付款人并签收。付款人应于接到通知的当日书面通知银行付款。按照有关规定,付款人未在接到通知日的次日起 3 日内通知银行付款的,视同付款人同意付款,银行应于付款人接到通知日的次日起第 4 日上午开始营业时,将款项划给收款人。银行在办理划款时,付款人存款账户不足支付的,应通过被委托银行向收款人发出未付款项通知书。

(3) 拒绝付款。付款人审查有关债务证明后,对收款人委托收取的款项需要拒绝付款的,可以办理拒绝付款。其具体要求是:①以银行为付款人的,应自收到委托收款及债务证明的次日起 3 日内出具拒绝证明,连同有关债务证明、凭证寄给被委托银行,转交收款人;②以单位为付款人的,应在付款人接到通知日的次日起 3 日内出具拒绝证明,持有债务证明的,应将其送交开户银行。银行将拒绝证明、债务证明和有关凭证一并寄给被委托银行,转交收款人。

三、银行卡

(一)银行卡的概念和分类

1. 银行卡的概念

银行卡,是指经批准由商业银行向社会发行的具有消费信用、转账结算、存取现金等全部或部分功能的信用支付工具。

2. 银行卡的分类

根据《银行卡业务管理办法》的规定,银行卡有以下分类:

(1) 银行卡按是否具有透支功能,分为信用卡、借记卡。信用卡可以进行透支,借记卡则不具有透支功能。

信用卡按是否向发卡银行交存备用金,又分为贷记卡、准贷记卡两类。贷记卡,是指发卡银行给予持卡人一定的信用额度,持卡人可在信用额度内先消费、后还款的信用卡。准贷记卡,是指持卡人须先按发卡银行要求交存一定金额的备用金,当备用金账户余额不足支付时,可在发卡银行规定的信用额度内透支的信用卡。

借记卡按功能不同,又分为转账卡(含储蓄卡)、专用卡、储值卡。转账卡是实时扣账的借记卡,具有转账结算、存取现金和消费功能。专用卡是具有专门用途、在特定区域使用的借记卡,具有转账结算、存取现金功能。"专门用途"是指在百货、餐饮、饭店、娱乐行业以外的用途。储值卡是发卡银行根据持卡人要求将其资金转至卡内储存,交易时直接从卡内扣款的预付钱包式借记卡。

联名(认同)卡是商业银行与营利性机构或非营利性机构合作发行的银行卡附属产品,其所依附的银行卡品种必须是经中国人民银行批准的品种,并应当遵守相应品种的业务章程或管理办法,发卡银行和联名单位应当为联名卡持卡人在联名单位用卡提供一定比例的折扣优惠或特殊服务;持卡人领用认同卡表示对认同单位事业的支持。

(2) 银行卡按币种不同,分为人民币卡、外币卡。外币卡是持卡人与发卡银行以除人民币以外的货币作为清算货币的银行卡。目前国内商户可受理 VISA(维萨)、Master Card(万事达)、American Express(美国运通)、Diners Club(大莱)等信用卡组织发行的外币卡。

(3) 银行卡按发行对象不同,分为单位卡(商务卡)、个人卡。

(4) 银行卡按信息载体不同,分为磁条卡、芯片(IC)卡。芯片(IC)卡既可应用于单一的银行卡品种,又可应用于组合的银行卡品种。

(二)银行卡账户和交易

1. 银行卡的申领、注销和丧失

单位或个人申领银行卡,都需提交相关资料给发卡银行,根据《银行卡业务管理办法》的规定,凡在中国境内金融机构开立基本存款账户的单位,应当凭基本存款账户编号申领单位卡;个人申领银行卡(储值卡除外),应当向发卡银行提供公安部门规定的本人有效身份证件,经发卡银行审查合格后,为其开立记名账户。银行卡及其账户只限经发卡银行批准的持卡人本人使用,不得出租和转借。

个人贷记卡申请的基本条件包括:①年满 18 周岁,有固定职业和稳定收入,工作单位和户口在常住地的城乡居民;②填写申请表,并在持卡人处亲笔签字;③向发卡银行提供本人及附属卡持卡人、担保人的身份证复印件。外地、境外人员及现役军官以个人名义领卡应出具当地公安部门签发的临时户口或有关部门开具的证明,并须提供具备担保条件的担保单位或有当地户口、在当地工作的担保人。

单位人民币卡账户的资金一律从其基本存款账户转账存入,不得存取现金,不得将销货收入存入单位卡账户。单位外币卡账户的资金应从其单位的外汇账户转账存入,不得在境内存取外币现钞。个人人民币卡账户的资金以其持有的现金存入或以其工资性款项、属于个人的合法的劳务报酬、投资回报等收入转账存入。个人外币卡账户的资金以其个人持有的外币现钞存入或从其外汇账户（含外钞账户）转账存入，该外汇账户及存款应符合国家外汇管理局的有关规定。严禁将单位的款项转入个人卡账户存储。

持卡人在还清全部交易款项、透支本息和有关费用后，可申请办理销户。销户时，单位人民币卡账户的资金应当转入其基本存款账户，单位外币卡账户的资金应当转回相应的外汇账户，不得提取现金。对于持卡人因死亡等原因而需办理的注销和清户，应按照《中华人民共和国继承法》和《中华人民共和国公证法》等法规办理。发卡行受理注销之日起45日后，被注销信用卡账户方能清户。

持卡人丧失银行卡，应立即持本人身份证件或其他有效证明，并按规定提供有关情况，向发卡银行或代办银行申请挂失，发卡银行或代办银行审核后办理挂失手续。

2. 银行卡交易的基本规定

根据相关规定，银行卡在使用时还应注意以下几点：

(1) 单位人民币卡可办理商品交易和劳务供应款项的结算，但不得透支。单位卡不得支取现金。

(2) 信用卡预借现金业务。该业务包括现金提取、现金转账和现金充值。现金提取，是指持卡人通过柜面和自动柜员机等自助机具，以现钞形式获得信用卡预借现金额度内资金；现金转账，是指持卡人将信用卡预借现金额度内资金划转到本人银行结算账户；现金充值，是指持卡人将信用卡预借现金额度内资金划转到本人在非银行支付机构开立的支付账户。信用卡持卡人通过ATM等自助机具办理现金提取业务，每卡每日累计不得超过人民币1万元；通过柜面办理现金提取业务，通过各种渠道办理现金转账业务的每卡每日限额，由发卡机构与持卡人通过协议约定。发卡机构可自主确定是否提供现金充值服务，并与持卡人协议约定每卡每日限额。发卡机构不得将持卡人信用卡预借现金额度内资金划转至其他信用卡，以及非持卡人的银行结算账户或支付账户。发卡银行应当对借记卡持卡人在自动柜员机(ATM机)取款设定交易上限，每卡每日累计提款不得超过2万元。储值卡的面值或卡内币值不得超过1 000元人民币。

(3) 贷记卡持卡人非现金交易可享受免息还款期和最低还款额待遇，银行记账日到发卡银行规定的到期还款日之间为免息还款期，持卡人在到期还款日前偿还所使用全部银行款项有困难的，可按照发卡银行规定的最低还款额还款。持卡人透支消费享受免息还款期和最低还款额待遇的条件和标准等，由发卡机构自主确定。

(4) 发卡银行可以通过扣减持卡人保证金、依法处理抵押物和质物，向保证人追索透支款项，通过司法机关的诉讼程序进行追偿等方式追偿透支款项和诈骗款项。

（三）银行卡计息和收费

发卡银行对准贷记卡及借记卡（不含储值卡）账户内的存款，按照中国人民银行规定的同期同档次存款利率及计息办法计付利息。对信用卡透支利率实行上限和下限管理，透支利率上限为日利率万分之五，下限为日利率万分之五的0.7倍。信用卡透支的计结息方式，以及对信用卡溢缴款是否计付利息及其利率标准，由发卡机构自主确定。

发卡机构应在信用卡协议中以显著方式提示信用卡税率标准和计结息方式、免息还款期和最低还款额待遇的条件和标准，以及向持卡人收取违约金的详细情形和收取标准等与持卡人有重大利害关系的事项，确保持卡人充分知悉并确认接受。其中，对于信用卡利率标准，应注明日利率和年利率。发卡机构调整信用卡利率的，应至少提前45个自然日按照约定的方式通知持卡人。持卡人有权在新利率标准生效之日前选择销户，并按照已签订的协议偿还相关款项。

取消信用卡滞纳金，对于持卡人违约逾期未还款的行为，发卡机构应与持卡人通过协议约定是否收取违约金，以及相关收取方式和标准。发卡机构向持卡人提供超过授信额度用卡服务的，不得收取超限费。

发卡机构对向持卡人收取的违约金和年费、取现手续费、货币兑换费等服务费用不得计收利息。

(四) 银行卡收单

1. 银行卡收单业务概念

银行卡收单业务，是指收单机构与特约商户签订银行卡受理协议，在特约商户按约定受理银行卡并与持卡人达成交易后，为特约商户提供交易资金结算服务的行为。

2. 银行卡收单业务管理规定

收单机构应当强化业务和风险管理措施，建立特约商户检查制度、资金结算风险管理制度、收单交易风险监测系统以及特约商户收单银行结算账户设置和变更审核制度等。建立对实体特约商户、网络特约商户分别进行风险评级制度。

3. 结算收费

收单机构向商户收取的收单服务费由收单机构与商户协商确定具体费率。发卡机构向收单机构收取的发卡行服务费不区分商户类别，实行政府指导价上限管理。发卡机构向收单机构收取的发卡行服务费不区分商户类别，实行政府指导价、上限管理，费率水平借记卡交易不超过交易金额的 0.35%，单笔收费金额不超过 13 元，贷记卡交易不超过 0.45%。对非营利性的医疗机构、教育机构、社会福利机构、养老机构、慈善机构刷卡交易，实行发卡行服务费、网络服务费全额减免。

四、银行电子支付

电子支付是指单位，个人通过计算机、手机等电子终端发出支付指令，依托网络系统以电子信息传递形式进行的货币支付与资金转移。电子支付服务的主要提供方有银行和支付机构，银行的电子支付方式主要有网上银行、手机银行和条码支付等，支付机构的电子支付方式主要有网络支付、条码支付等。

(一) 网上银行

1. 网上银行的概念与分类

网上银行(Internet Bank)包含两个层次的概念：一个层次是机构概念，是指通过信息网络开办业务的银行；另一个层次是业务概念，是指银行通过信息网络提供的金融服务，包括传统银行业务和因信息技术应用带来的新兴业务。在日常的生活和工作中，我们提及网上银行，更多的是第二层次的概念，即网上银行服务的概念。

简单地说，网上银行就是银行在互联网上设立虚拟银行柜台，使传统的银行服务不再通过物理的银行分支机构来实现，而是借助于网络与信息技术手段在互联网上实现。因此，网上银行也称网络银行。网上银行又被称为“3A 银行”，因其不受时间、空间的限制，能够在任何时间(Anytime)、任何地点(Anywhere)、以任何方式(Anyway)为客户提供金融服务。

按照不同的标准，网上银行可以分为不同的类型：

(1) 按主要服务对象，分为企业网上银行和个人网上银行。企业网上银行主要适用于企事业单位。企事业单位可以通过企业网络银行适时了解财务运作情况，及时调度资金，轻松处理大批量的网络支付和工资发放业务，并可以处理与信用证相关的业务。个人网上银行主要适用于个人与家庭。个人可以通过个人网络银行实现实时查询、转账、网络支付和汇款功能。

(2) 按经营组织，分为分支型网上银行和纯网上银行。分支型网上银行，是指现有的传统银行利用互联网作为新的服务手段，建立银行站点，提供在线服务而设立的网上银行。纯网上银行本身就是一家银行，是专门为提供在线银行服务而成立的，因而也被称为只有一个站点的银行。

(3) 按业务种类，分为零售银行和批发银行。

2. 网上银行的主要功能

目前，网上银行利用 Internet 和 HTML 技术，能够为客户提供综合、统一、安全、实时的银行服务，包括提供对私、对公的全方位银行业务，还可以为客户提供跨国的支付与清算等其他贸易和非贸易的银行业务服务。

1) 企业网上银行子系统

企业网上银行子系统目前能够支持所有的对公企业客户，能够为客户提供网上账务信息服务、资金划拨、网上 B2B 支付和批量支付等服务，使集团公司总部能对其分支机构的财务活动进行实时监控，随时获得其账户的动态情况，同时还能为客户提供 B2B 网上支付。其主要业务功能包括：

(1) 账户信息查询。该业务能够为企业客户提供账户信息的网上在线查询、网上下载和电子邮件发送账务信息等服务，包括账户的昨日余额、当前余额、当日明细和历史明细等。

(2) 支付指令。该业务能够为客户提供集团、企业内部各分支机构之间的账务往来，同时也能提供集团、企业之间的账务往来，并且支持集团、企业向他行账户进行付款。

(3) B2B(Business to Business)网上支付。B2B 即商业机构之间的商业往来活动，是指企业与企业之间进行的电子商务活动。B2B 网上支付能够为客户提供网上 B2B 支付平台。

(4) 批量支付。能够为企业客户提供批量付款(包括同城、异地及跨行转账业务)、代发工资、一付多收等批量支付功能。企业客户负责按银行要求的格式生成数据文件，通过安全通道传送给银行，银行负责系统安全及业务处理，并将处理结果反馈给客户。

2) 个人网上银行子系统

个人网上银行子系统主要提供银行卡、本外币活期一本通客户账务管理、信息管理、网上支付等功能，是网上银行对个人客户服务的窗口。其主要业务功能包括：

(1) 账户信息查询。系统为客户提供信息查询功能，能够查询银行卡的人民币余额和活期一本通的不同币种的钞、汇余额；提供银行卡在一定时间段内的历史明细数据查询；下载包含银行卡、活期一本通一定时间段内的历史明细数据的文本文件；查询使用信用卡进行网上支付后的支付记录。

(2) 人民币转账业务。系统能够提供个人客户本人的或与他人的银行卡之间的卡卡转账服务。系统在转账功能上严格控制了单笔转账最大限额和当日转账最大限额，使客户的资金安全有一定的保障。

(3) 银证转账业务。银行卡客户在网上能够进行银证转账，可以实现银转证、证转银、查询证券资金余额等功能。

(4) 外汇买卖业务。客户通过网上银行系统能够进行外汇买卖，主要可以实现外汇即时买卖、外汇委托买卖、查询委托明细、查询外汇买卖历史明细、撤销委托等功能。

(5) 账户管理业务。系统提供客户对本人网上银行各种权限功能、客户信息的管理以及账户的挂失。

(6) B2C(Business to Customer)网上支付。B2C 即商业机构对消费者的电子商务，是指企业与消费者之间进行的在线式零售商业活动(包括网上购物和网上拍卖等)。个人客户在申请开通网上支付功能后，能够使用本人的银行卡进行网上购物后的电子支付。通过账户管理功能，客户还能够随时选择使用哪一张银行卡来进行网上支付。

（二）条码支付

1. 条码支付的概念

条码支付业务是指银行、支付机构应用条码技术，实现收付款人之间货币资金转移的业务活动。条码支付业务包括付款扫码和收款扫码。付款扫码是指付款人通过移动终端识读收款人展示的条码完成支付的行为。收款扫码是指收款人通过识读付款人移动终端展示的条码完成支付的行为。其中，支付机构向客户提供基于条码技术付款服务的，应当取得网络支付业务许可；支付机构为实体特约商户和网络特约商户提供条码支付收单服务的，应当分别取得银行卡收单业务许可和网络支付业务许可。

目前，常见的条码支付，除银行及支付机构的条码支付外，还有由中国银联携手各商业银行、支付机构共同开发建设、共同维护运营的便民支付服务，以及融合了多个银行和支付机构的支付端口、提供聚合类型二维码的聚合支付。银联便民支付服务除条码支付功能外，还可以实现转账、缴费、信用卡还款等多项功能，并集合了部分银行的信用卡申请、理财信贷等服务，成为我国条码支付服务市场的重要构成之一。聚合支付又称第四方支付，由提供聚合支付服务的机构或银行融合不同支付机构及银行的多个支付接口，将不同机构分别生成的二维码聚合为一个二维码，使商户仅需提供一个二维码即可实现付款人自主选择使用不同银行或支付机构的 App 扫码付款。

2. 条码支付的交易验证及限额

条码支付业务可以组合选用下列三种要素进行交易验证：①仅客户本人知悉的要素，如静态密码等；②仅客户本人持有并特有的，不可复制或者不可重复利用的要素，如经过安全认证的数字证书，电子签名，以及通过安全渠道生成和传输的一次性密码等；③客户本人生物特征要素，如指纹等。

根据交易验证方式和风险防范能力的不同，条码支付有四种限额要求：一是风险防范能力达到 A 级，即采用包括数字证书或电子签名在内的两类（含）以上有效要素对交易进行验证的，银行、支付机构可与客户通过协议自主约定单日累计限额；二是风险防范能力达到 B 级，即采用不包括数字证书、电子签名在内的两类（含）以上有效要素对交易进行验证的，同一客户单个银行账户或所有支付账户单日累计交易金额应不超过 5 000 元；三是风险防范能力达到 C 级，即采用不足两类要素对交易进行验证的，同一客户单个银行账户或所有支付账户单日累计交易金额应不超过 1 000 元；四是风险防范能力达到 D 级，即使用静态条码的，同一客户单个银行账户或所有支付账户单日累计交易金额应不超过 500 元。

银行、支付机构提供收款扫码服务的，应使用动态条码，设置条码有效期、使用次数等方式，防止条码被重复使用导致重复扣款，确保条码真实有效。

3. 商户管理

银行、支付机构拓展条码支付特约商户，应遵循“了解你的客户”原则，确保所拓展的是依法设立、合法经营的特约商户。银行、支付机构拓展特约商户应落实实名制规定，严格审核特约商户的营业执照等证明文件，以及法定代表人或负责人的有效身份证件等申请材料，确认申请材料的真实性、完整性、有效性，并留存申请材料的影印件或复印件。

对依据法律法规和相关监管规定免于办理工商注册登记的实体特约商户（小微商户），在遵循“了解你的客户”原则的前提下可以通过审核商户主要负责人身份证明文件和辅助证明材料为其提供条码支付收单服务。辅助证明材料包括但不限于营业场所租赁协议或者产权证明，集中经营场所管理方出具的证明文件等能够反映小微商户真实、合法从事商品或服务交易活动的材料。以同一个身份证件在同一家银行、支付机构办理的全部小微商户基于信用卡的条码支付收款金额日累计不超过 1 000 元、月累计不超过 1 万元。

4. 风险管理

银行、支付机构应提升风险识别能力，采取有效措施防范风险，及时发现、处理可疑交易信息及风险事件；银行、支付机构开展条码支付业务，应当评估业务相关的洗钱和恐怖融资风险，采取与风险水平相适应的管控措施；对特约商户进行检查、评估，并结合特约商户风险等级及交易类型等因素，设置或与其约定单笔及日累计交易限额；对风险等级较高的特约商户，应采用强化交易监测、建立特约商户风险准备金、延迟清算等风险管理措施；确保客户身份或账户信息安全，防止泄露，并根据收付款不同业务场景设置条码有效性和使用次数；充分披露条码支付业务产品类型、办理流程、操作规程、收费标准等信息，明确业务风险点及相关责任承担机制、风险损失赔付方式及操作方式。

银行、支付机构应建立条码支付交易风险监测体系，及时发现可疑交易，并采取阻断交易、联系客户核实交易等方式防范交易风险。银行、支付机构发现特约商户发生疑似套现、洗钱、恐怖融资、欺诈、留存或泄露账户信息等风险事件的，应对特约商户采取延迟资金结算、暂停交易、冻结账户等措施，并承担因未采取措施导致的风险损失责任；发现涉嫌违法犯罪活动的，应及时向公安机关报案。

任务四　支付机构非现金支付业务

一、支付机构的概念和支付服务的种类

(一) 支付机构的概念

支付机构是指依法取得支付业务许可证，在收付款人之间作为中介机构提供下列部分或全部货币资金转移服务的非金融机构：①网络支付；②预付卡的发行与受理；③银行卡收单；④中国人民银行确定的其他支付服务。

支付机构依法接受中国人民银行的监督管理。未经中国人民银行批准，任何非金融机构和个人不得从事或变相从事支付业务。

(二) 支付服务的种类

(1) 网络支付，是指依托公共网络或专用网络在收付款人之间转移货币资金的行为，包括货币汇兑、互联网支付、移动电话支付、固定电话支付、数字电视支付等。

(2) 预付卡，是指以盈利为目的发行的，在发行机构之外购买商品或服务的预付介质，包括采取磁条、芯片等技术以卡片，密码等形式发行的预付卡。

(3) 银行卡收单，是指通过销售点(POS)终端等为银行卡特约商户代收货币资金的行为。

二、网络支付

(一) 网络支付的概念

网络支付是指收款人或付款人通过计算机、移动终端等电子设备，依托公共网络信息系统远程发起支付指令，且付款人电子设备不与收款人特定专属设备交互，由支付机构为收付款人提供货币资金转移服务的活动。

(二) 网络支付机构

依法取得支付业务许可证，获准办理互联网支付、移动电话支付、固定电话支付、数字电视支付等网络支付业务的支付机构可以办理网络支付业务。支付机构应当遵循主要服务电子商务发展和为社会提供小额、快捷、便民小微支付服务的宗旨，基于客户的银行账户或者支付账户提供网络支付服务。

目前从事网络支付的支付机构主要有两类：

(1) 金融型支付企业。金融型支付企业是独立第三方支付模式，其不负有担保功能，仅仅为用户提供支付产品和支付系统解决方案，侧重行业需求和开拓行业应用，是立足于企业端的金融型支付服务。

(2) 互联网支付企业。互联网支付企业是依托于自有的电子商务网站并提供担保功能的第三方支付模式，以在线支付为主，是立足于个人消费者端的互联网型支付企业。

(三) 支付账户

1. 支付账户的概念

支付账户，是指获得互联网支付业务许可的支付机构，根据客户的真实意愿为其开立的，用于记录预付交易资金余额、客户凭以发起支付指令、反映交易明细信息的电子簿记。支付账户不得透支，不得出借、出租、出售，不得利用支付账户从事或者协助他人从事非法活动。

2. 支付账户的开户要求

支付机构为客户开立支付账户的，应当对客户实行实名制管理，登记并采取有效措施验证客户身份基本信息，按规定核对有效身份证件并留存有效身份证件复印件或者影印件，建立客户唯一识别编码，并在与客户业务关系存续期间采取持续的身份识别措施，确保有效核实客户身份及其真实意愿，不得开立匿名、假名支付账户。支付机构在为单位和个人开立支付账户时，应当与单位和个人签订协议，约定支付账户与支付账户、支付账户与银行账户之间的日累计转账限额和笔数，超出限额和笔数的，不得再办理转账业务。支付机构为单位开立支付账户，应当参照《人民币银行结算账户管理办法》第十七条、第二十四条、第二十六条等相关规定，要求单位提供相关证明文件，并自主或者委托合作机构以面对面的方式核实客户身份，或者以非面对面方式通过至少3个合法安全的外部渠道对单位基本信息进行多重交叉验证。支付机构应当严格审核单位开户证明文件的真实性、完整性和合规性，开户申请人与开户证明文件所属人的一致性，并向单位法定代表人或负责人核实开户意愿，留存相关工作记录。支付机构可以采取面对面、视频等方式向单位法定代表人或负责人核实开户意愿，具体方式由支付机构根据客户风险评级情况确定。

支付机构可以为个人客户开立Ⅰ类、Ⅱ类、Ⅲ类支付账户。以非面对面方式通过至少一个合法安全的外部渠道进行身份基本信息验证，且首次在该支付机构开立支付账户的个人客户，可以开立Ⅰ类支付账户，账户余额可用于消费和转账，余额付款交易自账户开立起累计不超过1 000元(包括支付账户向客户本人同名银行账户转账)；自主或者委托合作机构以面对面方式核实身份的个人客户或者以非面对面方式通过至少三个合法安全的外部渠道进行身份基本信息多重交叉验证的个人客户，可以开立Ⅱ类支付账户，账户余额可用于消费和转账，所有支付账户的余额付款交易年累计不超过10万元(不包括支付账户向客户本人同名银行账户转账)；以面对面方式核实身份的个人客户或以非面对面方式通过至少五个合法安全的外部渠道进行身份基本信息多重交叉验证的个人客户可以开立Ⅲ类支付账户，账户余额可以用于消费、转账以及购买投资理财等金融类产品，所有支付账户的余额付款交易年累计不超过20万元(不包括支付账户向客户本人同名银行账户转账)。

客户身份基本信息外部验证渠道包括但不限于政府部门数据库、商业银行信息系统商业化数据库等。其中，通过商业银行验证个人客户身份基本信息的，应为Ⅰ类银行账户或信用卡。

(四) 网络支付的相关规定

1. 网络支付的交易验证及限额

根据交易验证方式和风险防范能力的不同，支付机构对个人客户使用支付账户余额付款的交易有三种限额要求：一是采用包括数字证书或电子签名在内的两类(含)以上有效要素进行验证的交易，单日累计限额由支付机构与客户通过协议自主约定；二是采用不包括数字证书、电子签名在内的两类(含)以上有效要素进行验证的交易,单个客户所有支付账户单日累计金额应不超过 5 000 元(不包括支付账户向客户本人同名银行账户转账);三是采用不足两类有效要素进行验证的交易,单个客户所有支付账户单日累计金额应不超过 1 000 元(不包括支付账户向客户本人同名银行账户转账),且支付机构应当承诺无条件全额承担此类交易的风险损失赔付责任。

2. 业务与风险管理

支付机构向客户开户银行发送支付指令,扣划客户银行账户资金的,应当事先或在首笔交易时自主识别客户身份并分别取得客户和银行的协议授权,同意其向客户的银行账户发起支付指令扣划资金;银行应当事先或在首笔交易时自主识别客户身份并与客户直接签订授权协议,明确约定扣款适用范围和交易验证方式,设立与客户风险承受能力相匹配的单笔和单日累计交易限额,承诺无条件全额承担此类交易的风险损失先行赔付责任;除单笔金额不超过 200 元的小额支付业务,公共事业缴费、税费缴纳、信用卡还款等收款人固定并且定期发生的支付业务,支付机构不得代替银行进行交易验证。被人民银行评价为"A"类的支付机构可与银行通过协议自主约定由支付机构代替进行交易验证情形。

支付机构应建立客户风险评级管理制度和机制以及交易风险管理制度和交易监测系统,动态调整客户风险评级及相关风险控制措施,对疑似欺诈、套现、洗钱、非法融资、恐怖融资等交易,及时采取调查核实、延迟结算、终止服务等措施;充分提示网络支付业务的潜在风险,对高风险业务在操作前、操作中进行风险警示;履行客户信息保护责任,不得存储客户银行卡的磁道信息或芯片信息、验证码、密码等敏感信息,原则上不得存储银行卡有效期。

三、预付卡

(一) 预付卡的概念和分类

预付卡,是指发卡机构以特定载体和形式发行的、可在发卡机构之外购买商品或服务的预付凭证。

近年来,随着信息技术发展和小额支付服务市场的不断创新,商业预付卡市场发展迅速。商业预付卡以预付和非金融主体发行为典型特征,按发卡人不同可划分为两类:一类是专营发卡机构发行,可跨地区、跨行业、跨法人使用的多用途预付卡;另一类是商业企业发行,只在本企业或同一品牌连锁商业企业购买商品、服务的单用途预付卡。单用途预付卡与多用途预付卡的监管要求不相同、单用途预付卡的发卡企业应在开展单用途预付卡业务之日起 30 日内在商务部门进行备案;多用途预付卡的发卡机构必须取得中国人民银行颁发的支付业务许可证,在核准地域范围内开展业务,人民银行对多用途预付卡备付金实行集中存管。预付卡按是否记载持卡人身份信息分为记名预付卡和不记名预付卡。

(二) 预付卡的相关规定

1. 预付卡的限额

预付卡以人民币计价,不具有透支功能。单张记名预付卡资金限额不得超过 5 000 元,单张不记名预付卡资金限额不得超过 1 000 元。

2. 预付卡的期限

预付卡卡面记载有效期限或有效期截止日。记名预付卡可挂失,可赎回,不得设置有效期;不记名预付卡不挂失,不赎回,有效期不得低于 3 年。超过有效期尚有资金余额的预付卡,可通过延期、激活、换卡等方式继续使用。

3. 预付卡的办理

个人或单位购买记名预付卡或一次性购买不记名预付卡 1 万元以上的,应当使用实名并向发卡机构提供有效身份证件。发卡机构应当识别购卡人、单位经办人的身份,核对有效身份证件，登记身份基本信息，并留存有关身份证件的复印件或影印件。代理他人购买预付卡的，发卡机构应当采取合理的方式确认代理关系，核对代理人和被代理人的有效身份证件，登记代理人和被代理人的身份基本信息，并留存代理人和被代理人的有效身份证件的复印件或影印件。使用实名购买预付卡的，发卡机构应当登记购卡人姓名或单位名称、单位经办人姓名、有效身份证件名称和号码、联系方式、购卡数量、购卡日期、购卡总金额，预付卡卡号及金额等信息。单位一次性购买预付卡 5 000 元以上，个人一次性购买预付卡 5 万元以上的，应通过银行转账等非现金结算方式购买，不得使用现金。购卡人不得使用信用卡购买预付卡。

4. 预付卡的充值

预付卡通过现金或银行转账方式进行充值，不得使用信用卡为预付卡充值。一次性充值金额 5 000 元以上的，不得使用现金。单张预付卡充值后的资金余额不得超过规定限额。预付卡现金充值通过发卡机构网点进行，单张预付卡同日累计现金充值在 200 元以下的，可通过自助充值终端、销售合作机构代理等方式充值。

5. 预付卡的使用

预付卡在发卡机构拓展、签约的特约商户中使用，不得用于或变相用于提取现金，不得用于购买、交换非本发卡机构发行的预付卡、单一行业卡及其他商业预付卡或向其充值，卡内资金不得向银行账户或向非本发卡机构开立的网络支付账户转移。

6. 预付卡的赎回

记名预付卡可在购卡 3 个月后办理赎回。赎回时，持卡人应当出示预付卡及持卡人和购卡人的有效身份证件。由他人代理赎回的，应当同时出示代理人和被代理人的有效身份证件。单位购买的记名预付卡，只能由单位办理赎回。

7. 预付卡的发卡机构

预付卡发卡机构必须是经中国人民银行核准，取得《支付业务许可证》的支付机构。支付机构要严格按照核准的业务类型和业务覆盖范围从事预付卡业务。发卡机构要采取有效措施加强对购卡人和持卡人信息的保护，确保信息安全，防止信息泄露和滥用，未经购卡人和持卡人同意，不得用于与购卡人和持卡人的预付卡业务无关的目的。发卡机构要严格发票管理，按照《中华人民共和国发票管理办法》的有关规定开具发票。发卡机构要加强预付卡资金管理，维护持卡人的合法权益。发卡机构接受的、客户用于未来支付需要的预付卡资金，不属于发卡机构的自有财产，发卡机构不得挪用、挤占。发卡机构必须在商业银行开立备付金专用存款账户存放预付资金，并与银行签订存管协议，接受银行对备付金使用情况的监督。中国人民银行负责对发卡机构的预付卡备付金专用存款账户的开立和使用进行监督。

任务五　支付结算纪律与法律责任

一、支付结算纪律

结算纪律是银行、支付机构、单位和个人办理支付结算业务所应遵守的基本规定。《支付结算办法》规定，单位和个人办理支付结算，不准签发没有资金保证的票据或远期支票，套取银行信用；不准签发、取得和转让没有真实交易和债权债务的票据，套取银行和他人资金；不准无理拒绝付款，任意占用他人资金；不准违反规定开立和使用账户。

银行办理支付结算，不准以任何理由压票、任意退票、截留挪用客户和他行资金；不准无理拒绝支付应由银行支付的票据款项；不准受理无理拒付、不扣少扣滞纳金；不准违章签发、承兑、贴现票据，套取银行资金；不准签发空头银行汇票、银行本票和办理空头汇款；不准在支付结算制度之外规定附加条件，影响汇路畅通；不准违反规定为单位和个人开立账户；不准拒绝受理、代理他行正常的结算业务。

二、违反银行账户结算管理制度的法律责任

（一）签发空头、印章与预留印鉴不符的支票，尚不构成犯罪行为的法律责任

单位或个人签发空头支票或者签发与其预留的签章不符、使用支付密码但支付密码错误的支票，不以骗取财物为目的的，由中国人民银行处以票面金额5%但不低于1 000元的罚款；持票人有权要求出票人赔偿支票金额2%的赔偿金。

（二）无理拒付，占用他人资金行为的法律责任

商业承兑汇票的付款人对见票即付或者到期的票据，故意压票、拖延支付的，由中国人民银行处以压票、拖延支付期间内每日票据金额万分之七的罚款。银行机构违反票据承兑等结算业务规定，不予兑现，不予收付入账，压单、压票或者违反规定退票的，由国务院银行保险监督管理机构责令其改正，有违法所得的，没收违法所得，违法所得5万元以上的，并处违法所得1倍以上5倍以下罚款；没有违法所得或者违法所得不足5万元的，处5万元以上50万元以下罚款。

（三）违反账户规定行为的法律责任

（1）存款人开立、撤销银行结算账户，不得有以下行为：①违反规定开立银行结算账户；②伪造、变造证明文件，欺骗银行开立银行结算账户；③违反规定不及时撤销银行结算账户。属于非经营性存款人的，若有上述行为之一，给予警告并处以1 000元的罚款；属于经营性存款人的，若有上述行为之一，给予警告并处以1万元以上3万元以下的罚款；构成犯罪的，移交司法机关依法追究刑事责任。

（2）存款人使用银行结算账户，不得有以下行为：①违反规定将单位款项转入个人银行结算账户；②违反规定支取现金；③利用开立银行结算账户逃废银行债务；④出租、出借银行结算账户；⑤从基本存款账户之外的银行结算账户转账存入、将销货收入或现金存入单位信用卡账户；⑥法定代表人或主要负责人、存款人地址以及其他开户资料的变更事项未在规定期限内通知银行。非经营性的存款人有上述所列①～⑤项行为的，给予警告并处以1 000元罚款；经营性的存款人有上述所列①～⑤项行为的，给予警告并处以5 000元以上3万元以下的罚款；存款人有上述所列第⑥项行为的，给予警告并处以1 000元的罚款。

（3）伪造、变造、私自印制开户许可证的存款人，属非经营性的，处以1 000元的罚款；属经营性的，处以1万元以上3万元以下的罚款；构成犯罪的，移交司法机关依法追究刑事责任。

（四）票据欺诈等行为的法律责任

根据我国《票据法》的规定，有以下票据欺诈行为之一的，依法追究刑事责任：①伪造、变造票据、托收凭证、汇款凭证、信用证，伪造信用卡等的；②故意使用伪造、变造的票据的；③签发空头支票或者故意签发与其预留的本名签名式样或者印鉴不符的支票，骗取财物的；④签发无可靠资金来源的汇票、本票，骗取资金的；⑤汇票、本票出票人在出票时作虚假记载，骗取财物的；⑥冒用他人的票据，或者故意使用过期或者作废的票据，骗取财物的；⑦付款人同出票人、持票人恶意串通，实施前六项行为之一的。

伪造、变造汇票、本票、支票、委托收款凭证、汇款凭证、银行存单、信用证或信用卡的，处5年以下有期徒刑或者拘役，并处或者单处2万元以上20万元以下罚金；情节严重的，处5年以上10年以下有期徒刑，并处5万元以上50万元以下罚金；情节特别严重的，处10年以上有期徒刑或者无期徒刑，并处5万元以上50万元以下罚金或者没收财产。

有以下情形之一，妨害信用卡管理的，处3年以下有期徒刑或者拘役，并处或者单处1万元以上10万元以下罚金；数量巨大或者有其他严重情节的，处3年以上10年以下有期徒刑，并处2万元以上20万元以下罚金：①明知是伪造的信用卡而持有、运输的，或者明知是伪造的空白信

用卡而持有、运输,数量较大的;②非法持有他人信用卡,数量较大的;③使用虚假的身份证明骗领信用卡的;④出售、购买、为他人提供伪造的信用卡或者以虚假的身份证明骗领信用卡的;⑤窃取、收买或者非法提供他人信用卡信息资料的。

有以下情形之一的,属于信用卡诈骗活动:①使用伪造的信用卡,或者使用以虚假的身份证明骗领的信用卡的;②使用作废的信用卡的;③冒用他人信用卡的;④恶意透支的。进行信用卡诈骗活动,数额较大的,处 5 年以下有期徒刑或者拘役,并处 2 万元以上 20 万元以下罚金;数额巨大或者有其他严重情节的,处 5 年以上 10 年以下有期徒刑,并处 5 万元以上 50 万元以下罚金;数额特别巨大或者有其他特别严重情节的,处 10 年以上有期徒刑或者无期徒刑,并处 5 万元以上 50 万元以下罚金或者没收财产。

(五)非法出租、出借、出售、购买银行结算账户或支付账户行为的法律责任

银行和支付机构对经公安机关认定的出租、出借、出售、购买银行结算账户(含银行卡)或者支付账户的单位和个人及相关组织者,假冒他人身份或者虚构代理关系开立银行结算账户或者支付账户的单位和个人,5 年内暂停其银行账户非柜面业务、支付账户所有业务,并不得为其新开立账户。惩戒期满后,受惩戒的单位和个人办理新开立账户业务的,银行和支付机构应加大审核力度。中国人民银行将上述单位和个人信息移送金融信用信息基础数据库并向社会公布。

应知考核

一、单项选择题

1. 甲公司在 P 银行开立支票存款账户,因购买货物向乙公司签发并交付一张转账支票,乙公司将该支票背书转让给丙公司用于支付欠款。下列当事人中,不属于支票基本当事人的是(　　)。(2023 年)
   A. 付款人 P 银行　　B. 被背书人丙公司　　C. 收款人乙公司　　D. 出票人甲公司
2. 根据支付结算法律制度的规定,下列关于填写票据的表述中,不正确的是(　　)。(2022 年)
   A. 金额以中文大写和阿拉伯数码同时记载的,两者必须一致
   B. 个人在票据上的签章,应为该个人本人的签名加盖章
   C. 收款人名称应当记载全称或规范化简称
   D. 出票日期应当使用中文大写
3. 甲公司向乙公司签发了一张见票后 3 个月付款的银行承兑汇票。乙公司持该汇票向付款人提示承兑的期限是(　　)。(2020 年)
   A. 自出票日起 10 日内　　B. 自出票日起 1 个月内
   C. 自出票日起 6 个月内　　D. 自出票日起 2 个月内
4. 甲公司法定代表人变更,应该将变更事项书面通知开户银行的期限为(　　)。(2023 年)
   A. 30 个自然日　　B. 15 个工作日　　C. 5 个工作日　　D. 10 个自然日
5. 下列关于票据背书的说法中,正确的是(　　)。(2021 年)
   A. 背书人可以将票据金额分别转让给两个被背书人
   B. 汇票的背书未记载日期的,视为背书无效
   C. 背书人可以将票据金额部分背书转让给被背书人
   D. 背书人记载“不得转让”字样的,再背书转让的,其背书行为有效
6. 甲公司签发了一张收款人为乙公司的转账支票,支票上记载的付款银行为甲公司的开户银行 M 银行,乙公司又将该支票背书转让给丙公司,下列属于该支票非基本当事人的是(　　)。(2022 年)
   A. 乙公司　　B. 甲公司　　C. 丙公司　　D. M 银行
7. 下列票据可以申请挂失止付的有(　　)。(2022 年)
   A. 承兑的商业汇票　　B. 支票
   C. 填明“现金”字样和代理付款人的银行汇票　　D. 银行本票
8. 根据支付结算法律制度的规定,下列关于单位人民币卡的表述中,正确的是(　　)。(2021 年)

A. 可支付贷款　　B. 可存取现金

C. 可透支　　D. 可收取贷款

9. 根据支付结算法律制度的规定，票据的持票人行使追索权，应当自将被拒绝事由书面通知其前手，通知的期限是(　　)。(2020 年)

A. 自收到有关证明之日起 5 日内　　B. 自收到有关证明之日起 7 日内

C. 自收到有关证明之日起 3 日内　　D. 自收到有关证明之日起 10 日内

10. 根据支付结算法律制度的规定，下列各项票据中，“付款人名称”不是必须记载事项的是(　　)。(2021 年)

A. 银行汇票　　B. 银行本票　　C. 商业汇票　　D. 支票

二、多项选择题

1. 根据支付结算法律制度的规定，下列关于办理支付结算基本要求的表述中，正确的有(　　)。(2018 年)

A. 票据上的签章为签名、盖章或者签名加盖章

B. 结算凭证的金额以中文大写和阿拉伯数码同时记载，两者必须一致

C. 票据上出票金额、收款人名称不得更改

D. 票据的出票日期可以使用阿拉伯数码记载

2. 根据支付结算法律制度的规定，下列关于票据提示付款期限的表述中，正确的是(　　)。(2023 年)

A. 银行本票的提示付款期限，自出票日起最长不超过 1 个月

B. 银行汇票的提示付款期限，自出票日起 1 个月

C. 支票的提示付款期限，自出票日起 10 日

D. 商业汇票的提示付款期限，自汇票到期日起 10 日

3. 根据支付结算法律制度的规定，下列关于银行卡收单机构对特约商户管理的表述中，正确的有(　　)。(2018 年)

A. 特约商户是单位的，其收单银行结算账户可以使用个人银行结算账户

B. 对特约商户实行实名制管理

C. 对实体特约商户与网络特约商户分别进行风险评级

D. 对实体特约商户收单业务实行本地化经营，不得跨省域开展收单业务

4. 根据支付结算法律制度的规定，预算单位零余额账户应在(　　)开立。(2023 年)

A. 单位开户银行　　B. 中国人民银行当地分支行

C. 国库集中支付代理银行　　D. 非税收入收缴代理银行

5. 有关正确使用会计记录文字，下列表述正确的有(　　)。(2022 年)

A. 民族自治地区的企业可以只使用当地通用的一种民族文字进行会计记录

B. 在我国境内的外商投资企业，会计记录的文字应当使用中文，可以同时使用一种外国文字

C. 在我国境内的外国企业，可以只使用其本国文字进行会计记录

D. 在我国境内的各类单位，会计记录均应当使用中文

6. 根据支付结算法律制度的规定，下列关于支票出票的表述中，正确的有(　　)。(2019 年)

A. 出票人签发的支票金额不得超过其付款时在付款人处拥有的存款金额

B. 出票人不得签发与其预留银行签章不符的支票

C. 支票上未记载付款行名称的，支票无效

D. 出票人不得在支票上记载自己为收款人

7. 根据支付结算法律制度的规定，下列事项中，签发汇兑凭证必须记载的项目有(　　)。(2019 年)

A. 确定的金额　　B. 收款人名称　　C. 委托日期　　D. 汇款人签章

8. 根据支付结算法律制度规定，关于开立企业银行结算账户办理事项的下列表述中，正确的有(　　)。(2019 年)

A. 银行为企业开通非柜面转账业务，应当约定通过非柜面渠道向非企业账户转账的日累计限额

B. 注册地和经营地均在异地的企业申请开户，法定代表人可授权他人代理签订银行结算账户管理协议

C. 银企双方应当签订银行结算账户管理协议，明确双方的权利和义务

D. 企业预留银行的签章可以为其财务专用章加其法定代表人的签名

9. 根据支付结算法律制度的规定，关于预付卡的下列表述中，正确的有（　　）。（2020 年）

A. 单张记名预付卡资金限额不得超过 5 000 元

B. 个人购买记名预付卡可不使用实名

C. 预付卡以人民币计价，不具有透支功能

D. 单张不记名预付卡资金限额不得超过 1 000 元

10. 下列各项中，属于临时存款账户适用范围的有（　　）。（2021 年）

A. 异地临时经营活动　　B. 借款归还

C. 公司设立时注册验资　　D. 预算单位使用财政性资金

三、判断题

1. 在填写票据出票日期时，“10 月 20 日”应写成“壹拾月零贰拾日”。（2018 年）　（　　）

2. 非法持有他人信用卡数量较大的，应追究刑事责任。（2021 年）　（　　）

3. 国内信用证可以支取现金。（2018 年）　（　　）

4. 票据和结算凭证金额以中文大写和阿拉伯数码同时记载的，两者不一致时以中文大写为准。（2023 年）　（　　）

5. 屡次签发空头支票，银行有权停止所有支付业务。（2021 年）　（　　）

6. 借记卡持卡人非现金交易可享受免息还款期和最低还款额待遇。（2021 年）　（　　）

7. 结算凭证金额以中文大写和阿拉伯数码同时记载，两者必须一致，两者不一致的，银行不予受理。（2018 年）　（　　）

8. 商业承兑汇票可以由银行以外的付款人签发并承兑，也可以由收款人签发交由付款人承兑。（2021 年）　（　　）

9. 一个单位可以根据实际需要在银行开立两个以上基本存款账户。（2018 年）　（　　）

10. 甲公司签发一张商业汇票给乙公司，乙公司将该汇票背书转让给丙公司并在票据背面注明“不得转让”字样，此行为属于附条件的背书。（2020 年）　（　　）

应会考核

（一）2020 年 1 月 8 日，甲公司成立，张某为法定代表人，李某为财务人员。1 月 10 日李某携带资料到 P 银行申请开立了基本存款账户。1 月 15 日甲公司在 Q 银行申请开立了基本建设资金专户。1 月 20 日甲公司签发一张金额为 360 万元、由 P 银行承兑的电子商业汇票交付乙公司。乙公司因急需资金，于 5 月 6 日向 M 银行申请办理了汇票贴现。

要求：根据上述资料，不考虑其他因素，分析回答下列小题。（2021 年）

1. 关于甲公司在 P 银行开立账户的下列表述中，正确的是（　　）。

A. P 银行应报经当地中国人民银行分支机构核准

B. 甲公司应填制开立银行结算账户申请书

C. 甲公司与 P 银行应签订银行结算账户管理协议

D. 该账户 2020 年 1 月 10 日不能办理对外付款业务

2. 关于甲公司在 Q 银行开立账户的下列表述中，正确的是（　　）。

A. 甲公司应向 Q 银行出具基本存款账户开户许可证

B. Q 银行应向中国人民银行当地分支机构备案

C. 该账户支取现金应在开户时报经中国人民银行当地分支机构批准

D. 甲公司应向 Q 银行出具主管部门批文

3. P 银行承兑该汇票应当办理的手续是（　　）。

A. 与甲公司签订承兑协议　　B. 对汇票真实交易关系在线审核

C. 审查甲公司的资格与资信　　D. 收取甲公司承兑手续费

4. 乙公司到M银行办理贴现必须记载的事项是(　　)。

A. 贴现利率　　B. 贴出人乙公司签章

C. 实付金额　　D. 贴入人M银行名称

(二) 2020年8月应届大学毕业生王某入职甲公司,按照公司财务人员的要求,王某在P银行申请开立Ⅰ类个人银行结算账户,用于工资发放。9月王某收到第一份工资和公司在P银行代办的社保卡。12月根据生活需要,王某通过银行手机银行申请开立了一个Ⅱ类个人银行结算账户;在银行申请到一笔汽车消费贷款。

已知:王某在银行未开立其他结算账户。

要求:根据上述资料,不考虑其他因素,分析回答下列小题。(2021年)

1. 王某申请开立Ⅰ类账户可以采用的开户方式是(　　)。

A. 通过电子邮件申请开户

B. 登录P银行网站申请开户

C. P银行柜面开户

D. 自助机具开户,经P银行工作人员现场核验身份信息

2. 下列资料中,甲公司为王某代办社保卡应当向P银行提供的是(　　)。

A. 甲公司证明材料　　B. 王某有效身份证件的复印件或影印件

C. 王某的工资卡　　D. 社保缴费证明

3. 关于王某通过手机银行申请开立Ⅱ类账户的下列表述中,正确的是(　　)。

A. 王某登记验证的手机号码与绑定账户使用的手机号码应保持一致

B. P银行需审核王某的有效身份证件

C. P银行应当验证Ⅱ类账户与绑定账户为同一人开立

D. 需绑定王某本人Ⅰ类账户进行身份验证

4. 下列业务中,王某使用Ⅱ类账户可以办理的是(　　)。

A. 归还贷款　　B. 购买理财产品　　C. 支取现金　　D. 缴存现金

(三) 个体工商户刘某经营一家社区超市,该超市于2022年10月12日注册成立。10月18日刘某凭营业执照首次开立了银行结算账户,开户银行为P银行。10月20日向M支付机构申请开立了支付账户以及条码支付业务。为便于收款,在超市内部放了收款扫码机具,并在柜台上张贴了静态条码。10月25日,王某在该超市购买一箱白酒,价格为1 200元,使用本人M支付机构支付账户,验证本人密码及绑定的指纹完成付款;次日又购买了一桶食用油,首次使用本人Q银行结算账户通过M支付机构支付账户完成付款。10月28日,经双方协商同意将王某购买的白酒退货退款。

要求:根据上述资料,不考虑其他因素,分析回答下列小题。(2023年)

1. 10月18日刘某在P银行开立银行结算账户的下列表述中,正确的是(　　)。

A. 开立的是基本存款账户

B. 该账户无需经中国人民银行当地分支机构核准

C. 开立的是一般存款账户

D. 可以作为个人银行结算账户管理

2. 10月20日支付机构为个体工商户刘某开立支付账户的下列表述中,正确的是(　　)。

A. 对个体工商户刘某实行实名制管理

B. 登记、验证、核对并留存个体工商户刘某身份基本信息

C. 建立个体工商户刘某唯一识别编码

D. 与个体工商户刘某签订支付账户业务限制协议

3. 王某购买白酒付款及退货退款的下列表述中,正确的是(　　)。

A. 王某的支付账户可为Ⅰ类支付账户

B. 王某可通过展示本人M支付机构App付款条码方式完成付款

C. 王某可通过本人M支付机构App识读个体工商户刘某静态条码方式完成付款

D. 王某退货资金只能退至其 M 支付机构支付账户

4. 王某购买食用油付款的下列表述中，正确的是（　　）。

A. Q 银行应当自主识别王某身份

B. Q 银行应当与王某直接签订授权协议

C. M 支付机构应当分别取得王某和 Q 银行的协议授权

D. M 支付机构应当自主识别王某身份

项目四 税法概述及货物和劳务税法律制度

知识目标

了解：税收与税法、税收法律关系；增值税税率、征收率和纳税申报表；增值税出口退税；消费税税率和纳税申报表；城市维护建设税税率和征收管理；车辆购置税税率；关税税率。

熟悉：税法要素；增值税纳税人和扣缴义务人；增值税税收优惠和征收管理；增值税专用发票使用规定；消费税纳税人、税目和征收管理；城市维护建设税纳税人和税收优惠；教育费附加与地方教育附加；车辆购置税纳税人、征收范围、税收优惠和征收管理；关税纳税人、课税对象、税目、税收优惠和征收管理。

掌握：现行税种与征收机关；增值税征税范围和应纳税额的计算；消费税征税范围和应纳税额的计算；城市维护建设税计税依据和应纳税额的计算；车辆购置税计税依据和应纳税额的计算；关税计税依据和应纳税额的计算。

技能目标

能够充分认识增值税、消费税法律制度在社会主义市场经济中的地位和作用，熟悉并掌握增值税、消费税法律制度各要素的内涵及相互关系，把握好各级税收立法权和执法权及执法、守法的基本要求。

素质目标

运用所学的增值税、消费税法律制度基本原理知识研究相关案例，培养和提高学生在特定业务情境中分析问题与决策设计的能力；结合行业规范或标准，运用税法知识分析行为的善恶，强化学生的职业道德素质。

思政引例

思政元素

票面金额缩水　偷逃税款受罚

汤原县正阳乡某村村民王某购买农用车时本想少缴车辆购置税，没想到聪明反被聪明误，最终他不但补缴了应缴税款，还被税务部门处以1 000元罚款。

原来，王某到县城某汽车贸易公司购买一辆农用车，准备跑运输。在与售车人员讨价还价后，这辆农用车以3.67万元的价格成交。正准备付款开票时，王某提出将发票上的销售价格开成2.5万元，以便在挂牌时少缴1 000元车辆购置税。这家汽车贸易公司同意了他的要求。

2023年4月，汤原县税务局在对这家汽车贸易公司进行专项检查时，获知王某购车时少开发票金额的事。检查人员立即找到王某，对其进行询问。在检查人员的追问下，王某承认了少开发票、偷逃车辆购置税的违法事实。汤原县税务局对王某进行了批评教育，责令其补缴所偷逃的1 000元车辆购置税，同时依法对其处以所偷逃税额1倍的罚款。这家汽车贸易公司也受到了相应处罚。

思考：该案例中税收法律关系的主体、客体和对象是什么？税务机关的职权有哪些？

知识精讲

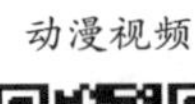

说文解税

任务一　税收法律制度概述

一、税收与税收法律关系

（一）税收与税法

1. 税收

税收，是指以国家为主体，为实现国家职能，凭借政治权力，按照法定标准，无偿取得财政收入的一种特定分配形式。它体现了国家与纳税人在征税、纳税的利益分配上的一种特定分配关系。税收是政府收入的最重要来源，是人类社会经济发展到一定历史阶段的产物。社会剩余产品和国家的存在是税收产生的基本前提。在社会主义市场经济运行中，税收主要具有资源配置、收入再分配、稳定经济和维护国家政权的作用。

税收与其他财政收入形式相比，具有强制性、无偿性和固定性的特征。

2. 税法

税法即税收法律制度，是调整税收关系的法律规范的总称，是国家法律的重要组成部分。它是以宪法为依据，调整国家与社会成员在征纳税上的权利与义务关系，维护社会经济秩序和纳税秩序，保障国家利益和纳税人合法权益的法律规范，是国家税务机关及一切纳税单位和个人依法征税、依法纳税的行为规则。

（二）税收法律关系

税收法律关系体现为国家征税与纳税人纳税的利益分配关系。在总体上税收法律关系与其他法律关系一样也是由主体、客体和内容三个方面构成。

(1) 主体，是指税收法律关系中享有权利和承担义务的当事人。在我国税收法律关系中，征税主体是代表国家行使征税职责的国家税务机关，包括国家各级税务机关和海关；纳税主体是履行纳税义务的人，包括法人、自然人和其他组织。对这种权利主体的确定，我国采取属地兼属人原则，即在华的外国企业、组织、外籍人、无国籍人等凡在中国境内有所得来源的，都是我国税收法律关系的主体。

(2) 客体，是指主体的权利、义务所共同指向的对象，也就是征税对象。如企业所得税的法律关系客体就是生产经营所得和其他所得。

(3) 内容，是指主体所享受的权利和所应承担的义务，这是税收法律关系中最实质的东西，也是税法的灵魂。

二、税法要素

税法要素，是指各单行税法共同具有的基本要素。在税法体系里，既包括实体法，也包括程序法。税法要素一般包括纳税义务人、征税对象、税率、计税依据、纳税环节、纳税期限、纳税地点、税收优惠、法律责任等。

1. 纳税义务人

纳税义务人简称纳税人，是指依法直接负有纳税义务的法人，自然人和其他组织。

与纳税人相联系的另一个概念是扣缴义务人。扣缴义务人是税法规定的，在其经营活动中负有代扣税款并向国库缴纳义务的单位。扣缴义务人必须按照税法规定代扣税款，并在规定期限缴入国库。

2. 征税对象

征税对象又称课税对象，是纳税的客体。它是指税收法律关系中权利义务所指的对象，即对什么征税。不同的征税对象又是区别不同税种的重要标志。

税目是税法中具体规定应当征税的项目，是征税对象的具体化。规定税目的目的有：①为了明确征税的具体范围；②为了对不同的征税项目加以区分，从而制定高低不同的税率。

3. 税率

税率，是指应征税额与计税金额（或数量单位）之间的比例，是计算税额的尺度。税率的高低直接体现国家的政策要求，直接关系到国家财政收入和纳税人的负担程度，是税收法律制度中的核心要素。税率主要有：

(1) 比例税率。比例税率，是指对同一征税对象，不论其数额大小，均按同一个比例征税的税率。税率本身是应征税额与计税金额之间的比例。这里所说的比例税率是相对累进税率、定额税率而言。在比例税率中根据不同的情况又可划分为不同的征税比例,有行业比例税率、产品比例税率、地区差别比例税率、有免征额的比例税率、分档比例税率和幅度比例税率等。

(2) 累进税率。累进税率是根据征税对象数额的逐渐增大,按不同等级逐步提高的税率。即征税对象数额越大,税率越高。累进税率又分为全额累进税率、超额累进税率和超率累进税率三种。

全额累进税率是按征税对象数额的逐步递增划分若干等级,并按等级规定逐步提高的税率。征税对象的金额达到哪一个等级,全部按相应的税率征税。目前,我国的税收法律制度中已不采用这种税率。

超额累进税率是将征税对象数额的逐步递增划分为若干等级,按等级规定相应的递增税率,对每个等级分别计算税额。

超率累进税率是按征税对象的某种递增比例划分若干等级,按等级规定相应的递增税率,对每个等级分别计算税额。我国的土地增值税采用这种税率。

(3) 定额税率。定额税率又称固定税额,是指按征税对象的一定单位直接规定固定的税额,而不采取百分比的形式。

4. 计税依据

计税依据,是指计算应纳税额的依据或标准,即根据什么来计算纳税人应缴纳的税额。一般有两种:一是从价计征,二是从量计征。从价计征,是以计税金额为计税依据。计税金额,是指征税对象的数量乘以计税价格的数额。从量计征,是以征税对象的重量、体积、数量等为计税依据。

5. 纳税环节

纳税环节主要是指税法规定的征税对象在从生产到消费的流转过程中应当缴纳税款的环节。

6. 纳税期限

纳税期限,是指纳税人的纳税义务发生后应依法缴纳税款的期限,包括纳税义务发生时间、纳税期限和缴库期限。规定纳税期限是为了及时保证国家财政收入的实现,也是税收强制性和固定性的体现。税法中,根据不同的情况规定不同的纳税期限,纳税人必须在规定的纳税期限内缴纳税款。

7. 纳税地点

纳税地点,是指根据各税种的纳税环节和有利于对税款的源泉控制而规定的纳税人(包括代征、代扣、代缴义务人)的具体申报缴纳税收的地方。

8. 税收优惠

税收优惠,是指国家对某些纳税人和征税对象给予鼓励和照顾的一种特殊规定。制定这种特殊规定,一方面是为了鼓励和支持某些行业或项目的发展,另一方面是为了照顾某些纳税人的特殊困难,主要包括以下内容:

(1) 减税和免税。减税,是指对应征税款减少征收部分税款。免税是对按规定应征收的税款给予免除。减税和免税具体又分两种情况,一种是税法直接规定的长期减免税项目,另一种是依法给予的一定期限内的减免税措施,期满之后仍依规定纳税。

(2) 起征点。起征点也称征税起点,是指对征税对象开始征税的数额界限。征税对象的数额没有达到规定起征点的不征税;达到或超过起征点的,就其全部数额征税。

(3) 免征额。免征额,是指对征税对象总额中免予征税的数额。即对纳税对象中的一部分给予减免,只就减除后的剩余部分计征税款。

9. 法律责任

法律责任，是指对违反国家税法规定的行为人采取的处罚措施。一般包括违法行为和因违法而应承担的法律责任两部分内容。这里讲的违法行为是指违反税法规定的行为，包括作为和不作为。税法中的法律责任包括行政责任和刑事责任。纳税人和税务人员违反税法规定，都将依法承担法律责任。

三、现行税种与征收机关

学中做

现阶段，我国税收征收管理机关有税务局和海关。

税务局主要负责下列税收的征收和管理：①国内增值税；②国内消费税；③企业所得税；④个人所得税；⑤资源税；⑥城镇土地使用税；⑦城市维护建设税；⑧印花税；⑨土地增值税；⑩房产税；⑪车船税；⑫车辆购置税；⑬烟叶税；⑭耕地占用税；⑮契税；⑯环境保护税；⑰出口产品退税（增值税、消费税）。非税收入和社会保险费的征收也由税务机关负责。

海关主要负责下列税收的征收和管理：①关税；②船舶吨税；③委托代征的进口环节增值税、消费税。

动漫视频

增值税

任务二　增值税法律制度

增值税是世界上普遍适用的一个税种，它始于1954年的法国。增值税是以销售货物、服务、无形资产以及不动产过程中产生的增值额作为计税依据而征收的一种流转税。具体而言，增值税是对在我国境内销售货物、服务、无形资产、不动产以及进口货物的企业单位和个人，就其取得货物、销售服务、无形资产、不动产的销售额，以及进口货物的金额为计税依据计算税款，并实行税款抵扣的一种流转税。增值税已成为我国现阶段税收收入规模最大的税种。

一、增值税纳税人和扣缴义务人

增值税纳税人，是指税法规定负有缴纳增值税义务的单位和个人。在中华人民共和国境内销售货物、服务、无形资产、不动产以及进口货物的单位和个人，为增值税的纳税人。

【提示】 单位，是指企业、行政单位、事业单位、军事单位、社会团体及其他单位。个人，是指个体工商户和其他个人。

单位以承包、承租、挂靠方式经营的，承包人、承租人、挂靠人（以下统称承包人）以发包人、出租人、被挂靠人（以下统称发包人）名义对外经营并由发包人承担相关法律责任的，以该发包人为纳税人；否则，以承包人为纳税人。2017年7月1日（含）以后，资管产品运营过程中发生的增值税应税行为，以资管产品管理人为增值税纳税人。

按照经营规模的大小和会计核算健全与否等标准，增值税纳税人可分为一般纳税人和小规模纳税人。

（一）一般纳税人

一般纳税人是指会计核算健全，年应税销售额超过财政部、国家税务总局规定的小规模纳税人标准的企业或企业性单位。

增值税一般纳税人实行登记制，除另有规定外，应当向税务机关办理登记手续。

下列纳税人不办理一般纳税人登记：①按照政策规定，选择按照小规模纳税人纳税的；②年应税销售额超过规定标准的其他个人。

纳税人自一般纳税人生效之日起，按照增值税一般计税方法计算应纳税额，并可以按照规定领用增值税专用发票(另有规定的除外)。

纳税人登记为一般纳税人后,不得转为小规模纳税人,国家税务总局另有规定的除外。

(二) 小规模纳税人

(1) 一般规定。年应征增值税销售额在500万元(含本数)以下的。年应税销售额,是指纳税人在连续12个月或四个季度的经营期内累计应征增值税销售额,包括纳税申报销售额、稽查查补销售额、纳税评估调整销售额、税务机关代开发票销售额和免税销售额。经营期,是指纳税人存续期内的连续经营期间,含未取得销售收入的月份。

(2) 小规模纳税人会计核算健全,能够提供准确税务资料的,可以向税务机关申请登记为一般纳税人,不再作为小规模纳税人。

会计核算健全,是指能够按照国家统一的会计制度规定设置账簿,根据合法、有效凭证核算。

【提示】 为了推进放管服改革,小规模纳税人(其他个人除外)发生增值税应税行为,需要开具增值税专用发票的,可以自愿使用增值税发票管理系统自行开具;销售其取得的不动产,需要开具增值税专用发票的,应当按照有关规定向税务机关申请代开。

(三) 扣缴义务人

中华人民共和国境外(以下简称境外)的单位或者个人在境内提供应税劳务,在境内未设有经营机构的,以其境内代理人为扣缴义务人;在境内没有代理人的,以购买方为扣缴义务人。

学中做

二、增值税征税范围

根据规定,增值税是对在中国境内从事销售或者进口货物,销售服务、不动产、无形资产的企业单位和个人,就其应税销售行为和进口货物课征的一种流转税。

增值税的征税范围包括在中国境内销售货物、服务、无形资产、不动产以及进口货物。

(一) 基本范围

1. 销售货物、进口货物

货物,是指有形动产,包括电力、热力、气体在内。进口货物在报关进口时向海关缴纳进口环节增值税。

销售货物,是指有偿转让货物所有权的行为,即以从受让方取得货币、货物或其他经济利益等代价为条件转让货物。

进口货物,是指申报进入中国海关的货物,除享受免税政策的货物外,均应在进口环节缴纳增值税。

2. 销售服务

销售服务,是指提供交通运输服务、邮政服务、电信服务、建筑服务、金融服务、现代服务和生活服务。

1) 交通运输服务

交通运输服务,是指利用运输工具将货物或者旅客送达目的地,使其空间位置得到转移的业务活动。具体包括以下几种:

(1) 陆路运输服务,是指通过陆路(地上或者地下)运送货物或者旅客的运输业务活动。它又包括:

a. 铁路运输服务,是指通过铁路运送货物或者旅客的运输业务活动。

b. 其他陆路运输服务,是指铁路运输以外的陆路运输业务活动,包括公路运输、缆车运输、索道运输、地铁运输、城市轻轨运输等。出租车公司向使用本公司自有出租车的出租车司机收取的管理费用，按照陆路运输服务缴纳增值税。

（2）水路运输服务，是指通过江、河、湖、川等天然、人工水道或者海洋航道运送货物或者旅客的运输业务活动。它又包括：

a. 程租业务，是指运输企业为租船人完成某一特定航次的运输任务并收取租赁费的业务。

b. 期租业务，是指运输企业将配备有操作人员的船舶承租给他人使用一定期限，承租期内听候承租方调遣，不论是否经营，均按天向承租方收取租赁费，发生的固定费用均由船东负担的业务。

（3）航空运输服务，是指通过空中航线运送货物或者旅客的运输业务活动。它又包括：

a. 湿租业务，是指航空运输企业将配备有机组人员的飞机承租给他人使用一定期限，承租期内听候承租方调遣，不论是否经营，均按一定标准向承租方收取租赁费，发生的固定费用均由承租方承担的业务。

b. 航天运输服务，是指利用火箭等载体将卫星、空间探测器等空间飞行器发射到空间轨道的业务活动。

（4）管道运输服务，是指通过管道设施输送气体、液体、固体物质的运输业务活动。

此外，还有无运输工具承运业务。无运输工具承运业务，是指经营者以承运人身份与托运人签订运输服务合同，收取运费并承担承运人责任，然后委托实际承运人完成运输服务的经营活动。

2）邮政服务

邮政服务，是指中国邮政集团公司及其所属邮政企业提供邮件寄递、邮政汇兑和机要通信等邮政基本服务的业务活动。具体包括以下几种：

（1）邮政普遍服务，是指函件、包裹等邮件寄递，以及邮票发行、报刊发行和邮政汇兑等业务活动。函件，指信函、印刷品、邮资封片卡、无名址函件和邮政小包等。包裹，是指按照封装上的名址递送给特定个人或者单位的独立封装的物品，其重量不超过50千克，任何一边的尺寸不超过150厘米，长、宽、高合计不超过300厘米。

（2）邮政特殊服务，是指义务兵平常信函、机要通信、盲人读物和革命烈士遗物的寄递等业务活动。

（3）其他邮政服务，是指邮册等邮品销售、邮政代理等业务活动。

3）电信服务

电信服务，是指利用有线、无线的电磁系统或者光电系统等各种通信网络资源，提供语音通话服务，传送、发射、接收或者应用图像、短信等电子数据和信息的业务活动。具体包括以下几种：

（1）基础电信服务，是指利用固网、移动网、卫星、互联网，提供语音通话服务的业务活动，以及出租或者出售带宽、波长等网络元素的业务活动。

（2）增值电信服务，是指利用固网、移动网、卫星、互联网、有线电视网络，提供短信和彩信服务、电子数据和信息的传输及应用服务、互联网接入服务等业务活动。

【提示】 卫星电视信号落地转接服务，属于增值电信服务。

4）建筑服务

建筑服务，是指各类建筑物、构筑物及其附属设施的建造、修缮、装饰，线路、管道、设备、设施等的安装以及其他工程作业的业务活动。具体包括以下几种：

（1）工程服务，是指新建、改建各种建筑物、构筑物的工程作业，包括与建筑物相连的各种设备或者支柱、操作平台的安装或者装设工程作业，以及各种窑炉和金属结构工程作业。

（2）安装服务，是指生产设备、动力设备、起重设备、运输设备、传动设备、医疗实验设备以及其他各种设备、设施的装配、安置工程作业，包括与被安装设备相连的工作台、梯子、栏杆的装设工程作业，以及被安装设备的绝缘、防腐、保温、油漆等工程作业。

固定电话、有线电视、宽带、水、电、燃气、暖气等经营者向用户收取的安装费、初装费、开户费、扩容费以及类似收费，按照安装服务缴纳增值税。

(3) 修缮服务，是指对建筑物、构筑物进行修补、加固、养护、改善，使之恢复原来的使用价值或者延长其使用期限的工程作业。

(4) 装饰服务，是指对建筑物、构筑物进行修饰装修，使之美观或者具有特定用途的工程作业。

(5) 其他建筑服务，是指上列工程作业之外的各种工程作业服务，如钻井(打井)、拆除建筑物或者构筑物、平整土地、园林绿化、疏浚(不包括航道疏浚)、建筑物平移、搭脚手架、爆破、矿山穿孔、表面附着物(包括岩层、土层、沙层等)剥离和清理等工程作业。

5) 金融服务

金融服务，是指经营金融保险的业务活动。具体包括以下几种：

(1) 贷款服务，是指将资金贷与他人使用而取得利息收入的业务活动。各种占用、拆借资金取得的收入，包括金融商品持有期间(含到期)利息(保本收益、报酬、资金占用费、补偿金等)收入、信用卡透支利息收入、买入返售金融商品利息收入、融资融券收取的利息收入，以及融资性售后回租、押汇、罚息、票据贴现、转贷等业务取得的利息及利息性质的收入，或者以货币资金投资收取的固定利润或者保底利润，均按照贷款服务缴纳增值税。

(2) 直接收费金融服务，是指为货币资金融通及其他金融业务提供相关服务并且收取费用的业务活动，包括提供货币兑换、账户管理、电子银行、信用卡、信用证、财务担保、资产管理、信托管理、基金管理、金融交易场所(平台)管理、资金结算、资金清算、金融支付等服务。

(3) 金融商品转让，是指转让外汇、有价证券、非货物期货和其他金融商品所有权的业务活动。其他金融商品转让包括基金、信托、理财产品等各类资产管理产品和各种金融衍生品的转让。

(4) 保险服务，是指投保人根据合同约定，向保险人支付保险费，保险人对于合同约定的可能发生的事故因其发生所造成的财产损失承担赔偿保险金责任，或者当被保险人死亡、伤残、疾病或者达到合同约定的年龄、期限等条件时承担给付保险金责任的商业保险行为，包括人身保险服务和财产保险服务。

6) 现代服务

现代服务，是指围绕制造业、文化产业、现代物流产业等提供技术性、知识性服务的业务活动。具体包括以下几种：

(1) 研发和技术服务。它又包括：

a. 研发服务，也称技术开发服务，是指就新技术、新产品、新工艺或者新材料及其系统进行研究与试验开发的业务活动。

b. 合同能源管理服务，是指节能服务公司与用能单位以契约形式约定节能目标，节能服务公司提供必要的服务，用能单位以节能效果支付节能服务公司投入及其合理报酬的业务活动。

c. 工程勘察勘探服务，是指在采矿、工程施工前后，对地形、地质构造、地下资源蕴藏情况进行实地调查的业务活动。

d. 专业技术服务，是指气象服务、地震服务、海洋服务、测绘服务、城市规划、环境与生态监测服务等专项技术服务。

(2) 信息技术服务，是指利用计算机、通信网络等技术对信息进行生产、收集、处理、加工、存储、运输、检索和利用，并提供信息服务的业务活动。它又包括：

a. 软件服务，是指提供软件开发服务、软件维护服务、软件测试服务的业务活动。

b. 电路设计及测试服务，是指提供集成电路和电子电路产品设计、测试及相关技术支持服务的业务活动。

c. 信息系统服务，是指提供信息系统集成、网络管理、网站内容维护、桌面管理与维护、信息系统应用、基础信息技术管理平台整合、信息技术基础设施管理、数据中心、托管中心、信息安全服务、在线杀毒、虚拟主机等业务活动，包括网站对非自有的网络游戏提供的网络运营服务。

d. 业务流程管理服务，是指依托信息技术提供的人力资源管理、财务经济管理、审计管理、税务管理、物流信息管理、经营信息管理和呼叫中心等服务的活动。

e. 信息系统增值服务，是指利用信息系统资源为用户附加提供的信息技术服务，包括数据处理、分析和整合、数据库管理、数据备份、数据存储、容灾服务、电子商务平台等。

(3) 文化创意服务。它又包括：

a. 设计服务，是指把计划、规划、设想通过文字、语言、图画、声音、视觉等形式传递出来的业务活动，包括工业设计、内部管理设计、业务运作设计、供应链设计、造型设计、服装设计、环境设计、平面设计、包装设计、动漫设计、网游设计、展示设计、网站设计、机械设计、工程设计、广告设计、创意策划、文印晒图等。

b. 知识产权服务，是指处理知识产权事务的业务活动，包括对专利、商标、著作权、软件、集成电路布图设计的登记、鉴定、评估、认证、检索服务。

c. 广告服务，是指利用图书、报纸、杂志、广播、电视、电影、幻灯、路牌、招贴、橱窗、霓虹灯、灯箱、互联网等各种形式为客户的商品、经营服务项目、文体节目或者通告、声明等委托事项进行宣传和提供相关服务的业务活动，包括广告代理和广告的发布、播映、宣传、展示等。

d. 会议展览服务，是指为商品流通、促销、展示、经贸洽谈、民间交流、企业沟通、国际往来等举办或者组织安排的各类展览和会议的业务活动。

(4) 物流辅助服务。它又包括：

a. 航空服务，包括航空地面服务和通用航空服务。航空地面服务，是指航空公司、飞机场、民航管理局、航站等向在境内航行或者在境内机场停留的境内外飞机或者其他飞行器提供的导航等劳务性地面服务的业务活动，包括旅客安全检查服务、停机坪管理服务、机场候机厅管理服务、飞机清洗消毒服务、空中飞行管理服务、飞机起降服务、飞行通信服务、地面信号服务、飞机安全服务、飞机跑道管理服务、空中交通管理服务等。通用航空服务，指为专业工作提供飞行服务的业务活动，包括航空摄影、航空培训、航空测量、航空勘探、航空护林、航空吊挂播撒、航空降雨、航空气象探测、航空海洋监测、航空科学实验等。

b. 港口码头服务，是指港务船舶调度服务、船舶通信服务、航道管理服务、航道疏浚服务、灯塔管理服务、航标管理服务、船舶引航服务、理货服务、系解缆服务、停泊和移泊服务、海上船舶溢油清除服务、水上交通管理服务、船只专业清洗消毒检测服务和防止船只漏油服务等为船只提供服务的业务活动。港口设施经营人收取的港口设施保安费，按照港口码头服务缴纳增值税。

c. 货运客运场站服务，是指货运客运场站提供货物配载服务、运输组织服务、中转换乘服务、车辆调度服务、票务服务、货物打包整理、铁路线路使用服务、加挂铁路客车服务、铁路行包专列发送服务、铁路到达和中转服务、铁路车辆编解服务、车辆挂运服务、铁路接触网服务、铁路机车牵引服务等业务活动。

d. 打捞救助服务，是指提供船舶人员救助、船舶财产救助、水上救助和沉船沉物打捞服务的业务活动。

e. 装卸搬运服务，是指使用装卸搬运工具或者人力、畜力将货物在运输工具之间、装卸现场之间或者运输工具与装卸现场之间进行装卸和搬运的业务活动。

f. 仓储服务，是指利用仓库、货场或者其他场所代客贮放、保管货物的业务活动。

g. 收派服务，是指接受寄件人委托，在承诺的时限内完成函件和包裹的收件、分拣、派送服务的业务活动。

(5) 租赁服务。它又包括：

a. 融资租赁服务，是指具有融资性质和所有权转移特点的租赁活动。出租人根据承租人所要求的规格、型号、性能等条件购入有形动产或者不动产租赁给承租人，合同期内租赁物所有权属于出租人，承租人只拥有使用权，合同期满付清租金后，承租人有权按照残值购入租赁物，以拥有其所有权。不论出租人是否将租赁物销售给承租人，均属于融资租赁。按照标的物的不同，融资租赁服务可分为有形动产融资租赁服务和不动产融资租赁服务。

b. 经营租赁服务，是指在约定时间内将有形动产或者不动产转让他人使用且租赁物所有权不变更的业务活动。按照标的物的不同，经营租赁服务可分为有形动产经营租赁服务和不动产经营租赁服务。将建筑物、构筑物等不动产或者飞机、车辆等有形动产的广告位出租给其他单位或者个人用于发布广告，按照经营租赁服务缴纳增值税。车辆停放服务、道路通行服务(包括过路费、过桥费、过闸费等)等按照不动产经营租赁服务缴纳增值税。水路运输的光租业务、航空运输的干租业务都属于经营租赁。

(6) 鉴证咨询服务。它又包括：

a. 认证服务，是指具有专业资质的单位利用检测、检验、计量等技术，证明产品、服务、管理体系符合相关技术规范、相关技术规范的强制性要求或者标准的业务活动。

b. 鉴证服务，是指具有专业资质的单位受托对相关事项进行鉴证，发表具有证明力的意见的业务活动，包括会计鉴证、税务鉴证、法律鉴证、职业技能鉴定、工程造价鉴证、工程监理、资产评估、环境评估、房地产土地评估、建筑图纸审核、医疗事故鉴定等。

c. 咨询服务，是指提供信息、建议、策划、顾问等服务的活动，包括金融、软件、技术、财务、税收、法律、内部管理、业务运作、流程管理、健康等方面的咨询。翻译服务和市场调查服务，按照咨询服务缴纳增值税。

(7) 广播影视服务。它又包括：

a. 广播影视节目(作品)制作服务，是指进行专题(特别节目)、专栏、综艺、体育、动画片、广播剧、电视剧、电影等广播影视节目和作品制作的服务，具体包括与广播影视节目和作品相关的策划、采编、拍摄、录音、音视频文字图片素材制作、场景布置、后期的剪辑、翻译(编译)、字幕制作、片头、片尾、片花制作、特效制作、影片修复、编目和确权等业务活动。

b. 广播影视节目(作品)发行服务，是指以分账、买断、委托等方式，向影院、电台、电视台、网站等单位和个人发行广播影视节目(作品)以及转让体育赛事等活动的报道及播映权的业务活动。

c. 广播影视节目(作品)播映服务，是指在影院、剧院、录像厅及其他场所播映广播影视节目(作品)，以及通过电台、电视台、卫星通信、互联网、有线电视等无线或者有线装置播映广播影视节目(作品)的业务活动。

(8) 商务辅助服务。它又包括：

a. 企业管理服务，是指提供总部管理、投资与资产管理、市场管理、物业管理、日常综合管理等服务的业务活动。

b. 经纪代理服务，是指各类经纪、中介、代理服务，包括金融代理、知识产权代理、货物运输代理、代理报关、法律代理、房地产中介、职业中介、婚姻中介、代理记账、拍卖等。

c. 人力资源服务，是指提供公共就业、劳务派遣、人才委托招聘、劳动力外包等服务的业务活动。

d. 安全保护服务，是指提供保护人身安全和财产安全，维护社会治安等的业务活动，包括场所住宅保安、特种保安、安全系统监控以及其他安保服务。

(9) 其他现代服务，是指除研发和技术服务、信息技术服务、文化创意服务、物流辅助服务、租赁服务、鉴证咨询服务、广播影视服务和商务辅助服务以外的现代服务。

纳税人为客户办理退票而向客户收取的退票费、手续费等收入，按照"其他现代服务"缴纳增值税。

纳税人对安装运行后的电梯提供的维护保养服务，按照"其他现代服务"缴纳增值税。

7) 生活服务

生活服务，是指为满足城乡居民日常生活需求提供的各类服务活动，具体包括以下几种：

(1) 文化体育服务。它又包括：

a. 文化服务，是指为满足社会公众文化生活需求提供的各种服务，包括文艺创作、文艺表演、文化比赛，图书馆的图书和资料借阅，档案馆的档案管理，文物及非物质遗产保护，组织举办宗教活动、科技活动、文化活动，提供游览场所。

b. 体育服务，是指组织举办体育比赛、体育表演、体育活动，以及提供体育训练、体育指导、体育管理的业务活动。

(2) 教育医疗服务。它又包括：

a. 教育服务，是指提供学历教育服务、非学历教育服务、教育辅助服务的业务活动。学历教育服务，是指根据教育行政管理部门确定或者认可的招生和教学计划组织教学，并颁发相应学历证书的业务活动，包括初等教育、初级中等教育、高级中等教育、高等教育等。非学历教育服务，包括学前教育、各类培训、演讲、讲座、报告会等。教育辅助服务，包括教育测评、考试、招生等服务。

b. 医疗服务，是指提供医学检查、诊断、治疗、康复、预防、保健、接生、计划生育、防疫服务等方面的服务，以及与这些服务有关的提供药品、医用材料器具、救护车、病房住宿和伙食的业务。

(3) 旅游娱乐服务。它又包括：

a. 旅游服务，是指根据旅游者的要求，组织安排交通、游览、住宿、餐饮、购物、文娱、商务等服务的业务活动。

b. 娱乐服务，是指为娱乐活动同时提供场所和服务的业务，具体包括歌厅、舞厅、夜总会、酒吧、台球、高尔夫球、保龄球、游艺(包括射击、狩猎、跑马、游戏机、蹦极、卡丁车、热气球、动力伞、射箭、飞镖)等。

(4) 餐饮住宿服务。它又包括：

a. 餐饮服务，是指通过同时提供饮食和饮食场所的方式为消费者提供饮食消费服务的业务活动。

b. 住宿服务，是指提供住宿场所及配套服务等的活动，包括宾馆、旅馆、旅社、度假村和其他经营性住宿场所提供的住宿服务。

(5) 居民日常服务，是指主要为满足居民个人及其家庭日常生活需求提供的服务，包括市容市政管理、家政、婚庆、养老、殡葬、照料和护理、救助救济、美容美发、按摩、桑拿、氧吧、足疗、沐浴、洗染、摄影扩印等服务。

(6) 其他生活服务，是指除文化体育服务、教育医疗服务、旅游娱乐服务、餐饮住宿服务和居民日常服务之外的生活服务。

纳税人提供植物养护服务，按照“其他生活服务”缴纳增值税。

3. 销售无形资产

销售无形资产，是指转让无形资产所有权或者使用权的业务活动。无形资产是指不具实物形态，但能带来经济利益的资产，包括技术、商标、著作权、商誉、自然资源使用权和其他权益性无形资产。

技术，包括专利技术和非专利技术。

自然资源使用权，包括土地使用权、海域使用权、探矿权、采矿权、取水权和其他自然资源使用权。

其他权益性无形资产，包括基础设施资产经营权、公共事业特许权、配额、经营权（包括特许经营权、连锁经营权、其他经营权）、经销权、分销权、代理权、会员权、席位权、网络游戏虚拟道具、域名、名称权、肖像权、冠名权、转会费等。

4. 销售不动产

销售不动产，是指转让不动产所有权的业务活动。不动产，是指不能移动或者移动后会引起性质、形状改变的财产，包括建筑物、构筑物等。

建筑物，包括住宅、商业营业用房、办公楼等可供居住、工作或者进行其他活动的建造物。

构筑物，包括道路、桥梁、隧道、水坝等建造物。

转让建筑物有限产权或者永久使用权的，转让在建的建筑物或者构筑物所有权的，以及在转让建筑物或者构筑物时一并转让其所占土地的使用权的，按照销售不动产缴纳增值税。

（二）不征收增值税的项目

不征收增值税的项目主要包括：①根据国家指令无偿提供的铁路运输服务、航空运输服务，属于《营业税改征增值税试点实施办法》规定的用于公益事业的服务；②存款利息；③被保险人获得的保险赔付；④房地产主管部门或者其指定机构、公积金管理中心、开发企业以及物业管理单位代收的住宅专项维修资金；⑤在资产重组过程中，通过合并、分立、出售、置换等方式，将全部或者部分实物资产以及与其相关联的债权、负债和劳动力一并转让给其他单位和个人，其中涉及的不动产、土地使用权转让行为；⑥纳税人在资产重组过程中，通过合并、分立、出售、置换等方式，将全部或者部分实物资产以及与其相关联的债权、负债和劳动力一并转让给其他单位和个人，不属于增值税的征税范围，其中涉及的货物转让，不征收增值税。

（三）非经营活动的界定

（1）行政单位收取的同时满足以下条件的政府性基金或者行政事业性收费：①由国务院或者财政部批准设立的政府性基金，由国务院或者省级人民政府及其财政、价格主管部门批准设立的行政事业性收费；②收取时开具省级以上（含省级）财政部门监（印）制的财政票据；③所收款项全额上缴财政。

（2）单位或者个体工商户聘用的员工为本单位或者雇主提供取得工资的服务。

（3）单位或者个体工商户为聘用的员工提供服务。

（4）财政部和国家税务总局规定的其他情形。

（四）境内销售服务、无形资产或者不动产的界定

（1）在境内销售服务、无形资产或者不动产，是指：①服务（租赁不动产除外）或者无形资产（自然资源使用权除外）的销售方或者购买方在境内；②所销售或者租赁的不动产在境内；③所销售自然资源使用权的自然资源在境内；④财政部和国家税务总局规定的其他情形。

（2）下列情形不属于在境内销售服务或者无形资产：①境外单位或者个人向境内单位或者个人销售完全在境外发生的服务；②境外单位或者个人向境内单位或者个人销售完全在境外使用的无形资产；③境外单位或者个人向境内单位或者个人出租完全在境外使用的有形动产；④财

政部和国家税务总局规定的其他情形。

(五) 属于征税范围的特殊行为

1. 视同发生交易行为

单位或者个体工商户的下列行为,视同发生应税交易行为:

(1) 将货物交付其他单位或者个人代销(代销中的委托方)。

(2) 销售代销货物(代销中的受托方)。

(3) 设有两个以上机构并实行统一核算的纳税人,将货物从一个机构移送其他机构用于销售,但相关机构设在同一县(市)的除外。

用于销售,是指受货机构发生以下情形之一的经营行为:①向购货方开具发票;②向购货方收取货款。

受货机构的货物移送行为有上述两项之一的,应当向所在地税务机关缴纳增值税;未发生上述两项情形的,则应由总机构统一缴纳增值税。

如果受货机构只就部分货物向购买方开具发票或收取货款,则应当区别不同情况计算,并分别向总机构所在地或分支机构所在地缴纳税款。

(4) 将自产或者委托加工的货物用于非增值税应税项目。

(5) 将自产、委托加工的货物用于集体福利或者个人消费。

(6) 将自产、委托加工或者购进的货物作为投资,提供给其他单位或者个体工商户。

(7) 将自产、委托加工或者购进的货物分配给股东或者投资者。

(8) 将自产、委托加工或者购进的货物无偿赠送其他单位或者个人。

(9) 单位或者个体工商户向其他单位或者个人无偿提供服务,单位或者个人向其他单位或者个人无偿转让无形资产或者不动产,但用于公益事业或者以社会公众为对象的除外。

(10) 财政部、国家税务总局规定的其他情形。

2. 混合销售行为

一项销售行为如果既涉及服务又涉及货物,称为混合销售。从事货物的生产、批发或者零售的单位和个体工商户(包括以从事货物的生产、批发或者零售为主,并兼营销售服务的单位和个体工商户在内)的混合销售行为,按照销售货物缴纳增值税;其他单位和个体工商户的混合销售行为,按照销售服务缴纳增值税。

界定"混合销售"行为成立的行为标准有两点:①其销售行为必须是一项;②该项行为必须既涉及服务又涉及货物。其中,货物是指增值税法规定的有形动产,包括电力、热力和气体;服务是指属于改征范围的交通运输服务、建筑服务、金融保险服务、邮政服务、电信服务、现代服务、生活服务等。

【注意】 在确定混合销售是否成立时,其行为标准中的上述两点必须同时存在。如果一项销售行为只涉及销售服务,不涉及货物,这种行为就不是混合销售行为;反之,如果涉及销售服务和涉及货物的行为不是存在一项销售行为之中,这种行为也不是混合销售行为。

3. 兼营

兼营,是指纳税人的经营中包括销售货物、劳务以及销售服务、无形资产和不动产的行为。纳税人发生兼营行为,应当分别核算适用不同税率或征收率的销售额,未分别核算销售额的,按照以下办法适用税率或征收率:

(1) 兼有不同税率的销售货物、劳务、服务、无形资产或者不动产,从高适用税率。

(2) 兼有不同征收率的销售货物、劳务、服务、无形资产或者不动产,从高适用征收率。

(3) 兼有不同税率和征收率的销售货物、劳务、服务、无形资产或者不动产,从高适用税率。

三、增值税税率和征收率

动漫视频

增值税税率

现行增值税适用税率可分为一般纳税人适用的税率、小规模纳税人适用的征收率、实行简易征税办法的纳税人适用的征收率和出口货物(劳务)适用的零税率。

增值税税率是一般纳税人计算货物或应税劳务和应税服务税额的尺度,而增值税征收率是小规模纳税人计算其应纳税额的尺度。两者实质的区别在于:增值税税率计算的税额反映货物或应税劳务和应税服务的整体税款,而不是本环节的实际税款;增值税征收率计算的税额反映本环节的实际税款。

(一) 税率

增值税的税率适用于增值税一般纳税人。增值税一般纳税人适用税率为13%、9%、6%和0共4档(表4-1)。

表4-1　增值税适用税率表

税率		适用范围
基本税率	13%	(1) 销售或进口货物(除低税率适用范围外) (2) 加工、修理修配劳务 (3) 有形动产租赁服务
低税率	9%	(1) 销售或者进口下列货物:①农产品(粮食)、食用植物油、鲜奶;②自来水、暖气、冷气、热水、煤气、石油液化气、天然气、沼气、居民用煤炭制品;③图书、报纸、杂志;④饲料、化肥、农药、农机、农膜;⑤二甲醚、食用盐;⑥国务院规定的其他货物 (2) 音像制品、电子出版物 (3) 交通运输服务(包括陆路、水路、航空、管道运输) (4) 邮政服务(包括邮政普遍服务、邮政特殊服务和其他邮政服务) (5) 基础电信服务 (6) 建筑服务,包括:①工程服务;②安装服务;③修缮服务;④装饰服务;⑤其他建筑服务 (7) 销售不动产 (8) 不动产租赁服务 (9) 转让土地使用权
	6%	(1) 电信增值服务 (2) 金融服务,包括:①贷款服务;②直接收费金融服务;③金融商品转让服务 (3) 保险服务 (4) 生活服务,包括:①文化体育服务;②教育医疗服务;③旅游娱乐服务;④餐饮住宿服务;⑤居民日常服务;⑥其他生活服务 (5) 现代服务,包括:①研发和技术服务;②信息技术服务;③文化创意服务;④物流辅助服务;⑤鉴证咨询服务;⑥广播影视服务;⑦商务辅助服务;⑧其他现代服务
零税率	0	(1) 出口货物(国务院另有规定的除外) (2) 在境内载运旅客或者货物出境 (3) 在境外载运旅客或者货物入境 (4) 在境外载运旅客或者货物 (5) 航天运输服务 (6) 向境外单位提供的完全在境外消费的研发服务、设计服务、软件服务、合同能源管理服务、信息系统服务、业务流程管理服务、离岸服务外包业务或电路设计及测试服务 (7) 向境外单位提供的完全在境外消费的广播影视节目(作品)的制作和发行服务 (8) 向境外单位提供的完全在境外消费的转让技术 (9) 财政部和国家税务总局规定的其他服务

【提示】 销售货物、劳务、提供跨境应税行为，符合免税条件的，免税。

(二) 征收率

1. 小规模纳税人

增值税小规模纳税人以及采用简易计税的一般纳税人计算税款时使用征收率，目前增值税征收率一共有 4 档：0.5%、1%、3%和 5%。小规模纳税人增值税征收率为 3%，国务院另有规定的除外。这是小规模纳税人销售货物或者提供应税劳务最常见的一种征收率。

销售额和应纳税额的计算公式为：

$$销售额 = 含税销售额 /(1 + 3\%)$$
$$应纳税额 = 销售额 \times 3\%$$

增值税适用征收率如表 4-2 所示。

表 4-2 增值税适用征收率

情形	应税行为	征收率
一般情况下	(1) 小规模纳税人销售货物或者加工、修理修配劳务，销售应税服务(除另有规定外)、无形资产 (2) 一般纳税人发生按规定适用或者可以选择适用简易计税方法计税的特定应税行为(适用 5%征收率的除外)	3%
特定行为	(1) 销售不动产 (2) 符合条件的经营租赁不动产(土地使用权) (3) 转让营改增前取得的土地使用权 (4) 房地产开发企业销售、出租自行开发的房地产老项目 (5) 符合条件的不动产融资租赁 (6) 选择差额纳税的劳务派遣服务、安全保护服务 (7) 一般纳税人提供人力资源外包服务	5%
	个体工商户和其他个人出租住房；②住房租赁企业向个人出租住房	5%减按 1.5%
	(1) 销售旧货* (2) 小规模纳税人(不含其他个人)以及符合规定情形的一般纳税人销售自己使用过的固定资产	3%减按 2%

* 所称旧货，是指进入二次流通的具有部分使用价值的货物(含旧汽车、旧摩托车和旧游艇)，但不包括自己使用过的物品。

【注意】 建筑服务、试点前开工的高速公路车辆通行费，适用于 3%征收率。

1) 3%征收率减按 1%征收

增值税小规模纳税人适用 3%征收率的应税销售收入，减按 1%征收率征收增值税；适用 3%预征率的预缴增值税项目，减按 1%预征率预缴增值税。

销售额和应纳税额的计算公式为：

$$销售额 = 含税销售额 /(1 + 1\%)$$
$$应纳税额 = 销售额 \times 1\%$$

2) 3%征收率减按 0.5%征收

从事二手车经销业务的纳税人(包括一般纳税人和小规模纳税人)销售其收购的二手车，纳税人减按 0.5%征收率征收增值税。

销售额和应纳税额的计算公式为：

$$销售额 = 含税销售额 /(1 + 0.5\%)$$
$$应纳税额 = 销售额 \times 0.5\%$$

3) 3%征收率减按2%征收

小规模纳税人(除其他个人外,下同)销售自己使用过的固定资产,减按2%征收率征收增值税。小规模纳税人销售自己使用过的除固定资产以外的物品,应按3%征收率征收增值税。纳税人销售自己使用过的固定资产,适用简易办法依照3%征收率减按2%征收增值税政策的,可以放弃减税,按照简易办法依照3%征收率缴纳增值税,并可以开具增值税专用发票。

销售额和应纳税额的计算公式为:

$$销售额 = 含税销售额 \div (1 + 3\%)$$
$$应纳税额 = 销售额 \times 2\%$$

4) 5%征收率

(1) 销售不动产。小规模纳税人销售其取得(不含自建)的不动产(不含个体工商户销售购买的住房和其他个人销售不动产),应以取得的全部价款和价外费用减去该项不动产购置原价或者取得不动产时的作价后的余额为销售额,按照5%征收率计算应纳税额。纳税人应按照上述计税方法在不动产所在地预缴税款后,向机构所在地主管税务机关进行纳税申报。小规模纳税人销售其自建的不动产,应以取得的全部价款和价外费用为销售额,按照5%征收率计算应纳税额。纳税人应按照上述计税方法在不动产所在地预缴税款后,向机构所在地主管税务机关进行纳税申报。

(2) 出租不动产。小规模纳税人出租其取得的不动产(不含个人出租住房),应按照5%征收率计算应纳税额。纳税人出租与机构所在地不在同一县(市)的不动产,应按照上述计税方法在不动产所在地预缴税款后,向机构所在地主管税务机关进行纳税申报。

(3) 房地产开发企业销售自行开发的房地产项目。房地产开发企业中的小规模纳税人,销售自行开发的房地产项目,按照5%征收率计税。

(4) 劳务派遣服务及安全保护服务。小规模纳税人提供劳务派遣服务,选择差额纳税的,以取得的全部价款和价外费用,扣除代用工单位支付给劳务派遣员工的工资、福利和为其办理社会保险及住房公积金后的余额为销售额,按照简易计税方法依5%征收率计算缴纳增值税。向用工单位不得开具增值税专用发票,可以开具普通发票。纳税人提供安全保护服务,比照劳务派遣服务政策执行。

针对以上特定业务,小规模纳税人适用5%征收率。

销售额和应纳税额的计算公式为:

$$销售额 = 含税销售额 /(1 + 5\%)$$
$$应纳税额 = 销售额 \times 5\%$$

5) 5%征收率减按1.5%征收

小规模纳税人出租不动产,按照5%征收率计算应纳税额。涉及个人出租住房的,按照以下规定缴纳增值税:①个体工商户出租住房,按照5%征收率减按1.5%计算应纳税额;②其他个人出租住房,按照5%征收率减按1.5%计算应纳税额,向不动产所在地主管税务机关申报纳税。

销售额和应纳税额的计算公式为:

$$销售额 = 含税销售额 /(1 + 5\%)$$
$$应纳税额 = 销售额 \times 1.5\%$$

2. 一般纳税人

1）销售自产货物，按3%征收率缴纳增值税的情形

一般纳税人销售自产的下列货物，可选择按照简易办法依照3%征收率计算缴纳增值税：

(1) 县级及县级以下小型水力发电单位生产的电力。小型水力发电单位，是指各类投资主体建设的装机容量为5万千瓦以下(含5万千瓦)的小型水力发电单位。

(2) 建筑用和生产建筑材料所用的砂、土、石料。

(3) 以自己采掘的砂、土、石料或其他矿物连续生产的砖、瓦、石灰(不含黏土实心砖、瓦)。

(4) 用微生物、微生物代谢产物、动物毒素、人或动物的血液或组织制成的生物制品。

(5) 自来水。

(6) 商品混凝土(仅限于以水泥为原料生产的水泥混凝土)。

【提示】 对属于一般纳税人的自来水公司销售自来水按简易办法依照3%征收率征收增值税，不得抵扣其购进自来水取得增值税扣税凭证上注明的增值税税款。

2）销售货物，暂按3%征收率缴纳增值税的情形

一般纳税人销售货物属于下列情形之一的，暂按简易办法依照3%征收率计算缴纳增值税：

(1) 寄售商店代销寄售物品(包括居民个人寄售的物品)。

(2) 典当业销售死当物品。

3）征收率缴纳增值税的特殊行为

一般纳税人发生下列特定应税行为，可以选择按照简易办法依照5%征收率计算缴纳增值税：

(1) 销售不动产。①一般纳税人销售其2016年4月30日前取得或者自建的不动产，可以选择适用简易计税方法，按照5%征收率计算应纳税额。②房地产开发企业中的一般纳税人，销售自行开发的房地产老项目，可以选择适用简易计税方法按照5%征收率计税。③房地产开发企业采取预收款方式销售所开发的房地产项目，在收到预收款时按照3%预征率预缴增值税。

(2) 不动产经营租赁服务。①一般纳税人出租其2016年4月30日前取得的不动产，可以选择适用简易计税方法，按照5%征收率计算应纳税额。②公路经营企业中的一般纳税人收取"营改增"试点前开工的高速公路的车辆通行费，可以选择适用简易计税方法，减按3%征收率计算应纳税额。③一般纳税人收取"营改增"试点前开工的一级公路、二级公路、桥、闸通行费，选择适用简易计税方法的，按照5%征收率计算应纳税额。

(3) 其他。①其他个人销售其取得(不含自建)的不动产(不含其购买的住房)，按照5%征收率征税。②其他个人出租其取得的不动产(不含住房)，按照5%征收率征税。

一般纳税人提供劳务派遣服务，可以按照《财政部关于营业税改征增值税试点的通知》(财税〔2016〕36号)的有关规定，以取得的全部价款和价外费用为销售额，按照一般计税方法计算缴纳增值税；也可以选择差额纳税，以取得的全部价款和价外费用，扣除代用工单位支付给劳务派遣员工的工资、福利和为其办理社会保险及住房公积金后的余额为销售额，按照简易计税方法依5%征收率计算缴纳增值税。

自2021年10月1日起，住房租赁企业中的增值税一般纳税人向个人出租住房取得的全部出租收入，可以选择适用简易计税方法，按照5%征收率减按1.5%计算缴纳增值税，或适用一般计税方法计算缴纳增值税。住房租赁企业中的增值税小规模纳税人向个人出租住房，按照5%征收率减按1.5%计算缴纳增值税。

四、增值税应纳税额的计算

增值税一般纳税人实行进项抵扣法，其计算公式为：

当期应纳税额 = 当期销项税额 − 当期进项税额

当期销项税额小于当期进项税额不足抵扣时，其不足部分可以结转下期继续抵扣。

(一) 销项税额的确定

销项税额，是指纳税人发生应税行为，按照销售额和增值税税率计算的增值税额。其计算公式为：

$$销项税额 = 销售额 \times 增值税税率$$

1. 一般情况下销售额的确定

1）销售额的一般规定

销售额，是指纳税人销售货物、劳务、服务、无形资产或不动产向购买方收取的全部价款和价外费用，但是不包括收取的销项税额。价外费用，包括价外向购买方收取的手续费、补贴、基金、集资费、返还利润、奖励费、违约金、滞纳金、延期付款利息、赔偿金、代收款项、代垫款项、包装费、包装物租金、储备费、优质费、运输装卸费以及其他各种性质的价外收费。上述价外费用无论其会计制度如何核算，均应并入销售额计算销项税额，但下列项目不包括在销售额内：

(1) 受托加工应征消费税的消费品所代收代缴的消费税。

(2) 同时符合以下条件代为收取的政府性基金或者行政事业性收费：由国务院或者财政部批准设立的政府性基金，由国务院或者省级人民政府及其财政、价格主管部门批准设立的行政事业性收费；收取时开具省级以上财政部门印制的财政票据；所收款项全额上缴财政。

(3) 销售货物的同时代办保险等而向购买方收取的保险费，以及向购买方收取的代购买方缴纳的车辆购置税、车辆牌照费。

(4) 以委托方名义开具发票代委托方收取的款项。

2）含税销售额的换算

增值税实行价外税，计算销项税额时，销售额中不应包括销项税额，若纳税人采用销售额和销项税额合并定价方法(销售额为含税销售额)，销售额计算公式为：

$$不含税销售额 = 含税销售额 \div (1 + 增值税税率)$$

通常情况下，判断销售价款是否含税可遵循以下规则：

(1) 普通发票上注明的价款是含税价格，如商场或超市向消费者销售的“零售价格”。

(2) 价外费用是含税收入。

(3) 符合计入增值税销售额条件的包装物的押金一般为含税收入。

做中学 4-1

兴源酒业为一家酒类生产企业，该企业为增值税一般纳税人，2023 年 1 月销售一批粮食白酒给润发商场，开具的增值税专用发票上注明的价款为 60 万元(不含税)，收取的包装物租金为 2.24 万元，收取的包装物的押金为 5.88 万元，约定 6 个月后返还包装物。同时，销售一批黄酒给小规模纳税人，开具的普通发票上注明的价款为 50 万元，收取的包装物的押金为 3 万元，约定 3 个月后返还包装物。

请问：2023 年 1 月，该企业销项税额为多少？

解析：包装物的租金属于价外费用，应计入销售额一并计算缴纳增值税。此外，销售白酒收取的包装物押金，收取时即应并入销售额征税；因销售黄酒收取的包装物的押金，收取时不并入销售额征税，待逾期时征税。具体计算如下：

$$销售白酒的销售额 = 60 + (2.24 + 5.88) \div (1 + 13\%) \approx 67.19(万元)$$

$$销售黄酒的销售额 = 50 \div (1 + 13\%) \approx 44.25(万元)$$

$$合计不含税销售额 = 67.19 + 44.25 = 111.44(万元)$$

$$1 月份销项税额 = 111.44 \times 13\% \approx 14.49(万元)$$

3）包装物押金是否计入销售额

包装物是指纳税人包装本单位货物的各种物品。根据税法的规定，纳税人为销售货物而出租、出借包装物收取的押金，单独记账的，时间在1年内，又未过期的，不并入销售额征税；但对逾期未收回不再退还的包装物押金，应按所包装货物的适用税率计算纳税。

【提示】“逾期”是指按合同约定实际逾期或超过1年(12个月)的期限，对收取1年以上的押金，无论是否退还均未并入销售额征税。

【注意】 包装物押金与包装物租金不能混淆，包装物租金属于价外费用，在收取时并入销售额征税。对销售除啤酒、黄酒以外的其他酒类产品收取的包装物押金，无论是否返还以及会计上如何核算，均应并入当期销售额征税。

包装物押金是否计入销售额的相关规定，如表4-3所示。

表4-3　　包装物押金是否计入销售额

包装物押金分类		收取时	逾期时
非酒类一般货物的包装物押金		×	√
酒类产品包装物押金	啤酒、黄酒包装物押金	×	√
	除啤酒、黄酒以外的其他酒类产品包装物押金	√	×

2. 视同应税交易行为销售额的确定

视同应税交易行为是增值税法规定的特殊销售行为。由于视同应税交易行为一般不以资金的形式反映，因而会出现无销售额的情况。另外，有时纳税人销售货物、劳务、服务、无形资产或不动产的价格明显偏低且无正当理由。在上述情况下，主管税务机关有权按照下列顺序核定其计税销售额：

(1) 按纳税人最近时期同类货物、劳务、服务、无形资产或者不动产的平均销售价格确定。

(2) 按其他纳税人最近时期同类货物、劳务、服务、无形资产或者不动产的平均销售价格确定。

(3) 在用以上两种方法均不能确定其销售额的情况下，可按组成计税价格确定销售额。组成计税价格的计算公式为：

$$组成计税价格 = 成本 \times (1 + 成本利润率)$$

属于应征消费税的货物，其组成计税价格应包括消费税额。计算公式为：

$$组成计税价格 = 成本 \times (1 + 成本利润率) + 消费税额$$

或：

$$组成计税价格 = 成本 \times (1 + 成本利润率) \div (1 - 消费税税率)$$

销售货物的“成本利润率”一般为10%，但属于应从价定率征收消费税的货物，其组成计税价格公式中的成本利润率，为《消费税若干具体问题的规定》中规定的成本利润率。

3. 混合销售的销售额的确定

混合销售的销售额为货物销售额与服务销售额的合计。

4. 兼营的销售额的确定

纳税人兼营不同税率的货物、劳务、服务、无形资产或者不动产，应当分别核算不同税率或者征收率的销售额；未分别核算销售额的，从高适用税率。

5. 特殊销售方式的销售额

(1) 折扣销售(商业折扣)。折扣销售，是指销售方在销售货物、劳务、服务、无形资产或者不动产时,因购买方需求量大等原因,而给予的价格方面的优惠。按照现行税法的规定:纳税人采取折扣方式销售货物、提供服务、销售无形资产或不动产的,如果销售额和折扣额在同一张发票上(金额栏)分别注明,可以按折扣后的销售额征收增值税;未在同一张发票"金额"栏注明折扣额,而仅在发票的"备注"栏注明折扣额的,折扣额不得从销售额中减除。如果对折扣额另开发票,不论其在财务上如何处理,均不得从销售额中减除折扣额。

【提示】 折扣销售仅限于货物、服务、无形资产或不动产价格的折扣,如果销售方将自产、委托加工或购买的货物用于实物折扣(例如买三送一),则该实物款额不能从原销售额中减除,应按照"无偿赠送"的相关规定处理。

(2) 以旧换新。以旧换新销售,是纳税人在销售过程中,折价收回同类旧货物,并以折价款部分冲减货物价款的一种销售方式。对于其销售额的确定,具体规定如下:①纳税人采取以旧换新方式销售货物的(金银首饰除外),应按新货物的同期销售价格确定销售额,不得扣减旧货物的收购价格;②纳税人采取以旧换新方式销售金银首饰的,按销售方实际收取的不含增值税的全部价款征收增值税。

做中学 4-2

乐家润商场(假定为中国人民银行批准的金银首饰经营单位)为增值税一般纳税人,2023 年 1 月采用以旧换新方式销售金项链 50 条,每条金项链的零售价格为 12 500 元,每条旧项链作价 8 500 元,每条金项链取得差价款 4 000 元,取得首饰修理费合计 16 570 元(含税)。

请问:该商场上述业务应缴纳的增值税额为多少?

解析:按税法的规定,对金银首饰以旧换新业务可以按销售方实际收取的不含增值税的全部价款征收增值税,因此,该商场上述业务应缴纳增值税额计算如下:

该商场该业务的计税销售额 $= 50 \times 4\,000 \div (1 + 13\%) + 16\,570 \div (1 + 13\%) \approx 191\,654.87$(元)

应缴纳的销项税额 $= 191\,654.87 \times 13\% \approx 24\,915.13$(元)

(3) 还本销售。还本销售,是指销货方将货物出售之后,按约定的时间,一次或分次将购货款部分或全部退还给购货方,退还的货款即为还本支出。纳税人采取还本销售货物的,不得从销售额中减除还本支出。

(4) 以物易物。以物易物是一种较为特殊的购销活动,是指购销双方不是以货币结算,而是以同等价款的货物相互结算,实现货物购销的一种方式。采用以物易物方式销售货物的,以物易物双方都应作购销处理,以各自发出的货物核算销售额并计算销项税额,以各自收到的货物核算购货额及进项税额。需要强调的是,在以物易物活动中,双方应各自开具合法的票据,必须计算销项税额,但如果收到的货物不能取得相应的增值税专用发票或者其他增值税扣税凭证,不得抵扣进项税额。

(5) 直销企业增值税销售额的确定。直销企业的经营模式主要有两种:一是直销员按照批发价向直销企业购买货物,再按照售价向消费者销售货物;二是直销员仅起到中介介绍作用,直销企业按照零售价向直销员介绍的消费者销售货物,并另外向直销员支付报酬。根据直销企业的经营模式,直销企业增值税的销售额的确定可分为以下两种:①直销企业先将货物销售给直销员,直销员再将货物销售给消费者的,直销企业的销售额为其向直销员收取的全部价款和价外费用。直销员将货物销售给消费者时,应按照现行规定缴纳增值税;②直销企业通过直销员向消费者销售货物,直接向消费者收取货款的,直销企业的销售额为其向消费者收取的全部价款和价外费用。

6. 外币销售额的计算

纳税人按人民币以外的货币结算销售额的,其销售额的人民币折合率可以选择销售额发生的当天或者当月1日的人民币外汇中间价。纳税人应事先确定采用何种折合率,确定后1年内不得变更。

7. "营改增"行业销售服务、无形资产和不动产的销售额

(1) 贷款服务,以提供贷款服务取得的全部利息及利息性质的收入为销售额。

(2) 直接收费金融服务,以提供直接收费金融服务收取的手续费、佣金、酬金、管理费、服务费、经手费、开户费、过户费、结算费、转托管费等各类费用为销售额。

(3) 金融商品转让,按照卖出价扣除买入价后的余额为销售额。转让金融商品出现的正负差,按盈亏相抵后的余额为销售额。若相抵后出现负差,可结转下一纳税期,与下期转让金融商品销售额相抵,但年末时仍出现负差的,不得转入下一个会计年度。金融商品的买入价,可以选择按照加权平均法或者移动加权平均法进行核算,选择后36个月内不得变更。

【提示】 金融商品转让不得开具增值税专用发票。

做中学 4-3

中汇金融公司为一般纳税人,2023年第三季度转让债券,卖出价为50 000元(含增值税价格,下同),该债券是2022年7月购入的,买入价为30 000元,2023年1月取得利息3 000元,缴纳了增值税。该公司2023年第三季度之前转让金融商品亏损7 500元。

请问:中汇金融公司应缴纳的销项税额为多少?

解析:转让债券的销售额=(50 000-30 000)-7 500=12 500(元)

销项税额=12 500÷(1+6%)×6%≈707.55(元)

(4) 经纪代理服务,以取得的全部价款和价外费用,扣除向委托方收取并代为支付的政府性基金或者行政事业性收费后的余额为销售额。向委托方收取的政府性基金或者行政事业性收费,不得开具增值税专用发票。

(5) 融资租赁和融资性售后回租业务。

经人民银行、银保监会或者商务部批准从事融资租赁业务的纳税人,提供融资租赁服务,以取得的全部价款和价外费用,扣除支付的借款利息(包括外汇借款和人民币借款利息)、发行债券利息和车辆购置税后的余额为销售额。

经人民银行、银保监会或者商务部批准从事融资租赁业务的纳税人,提供有形动产融资性售后回租服务,以取得的全部价款和价外费用(不含本金),扣除对外支付的借款利息(包括外汇借款和人民币借款利息)、发行债券利息后的余额作为销售额。

(6) 航空运输企业。航空运输企业的销售额不包括代收的机场建设费和代售其他航空运输企业客票而代收转付的价款。

(7) 提供客运场站服务。一般纳税人提供客运场站服务,以其取得的全部价款和价外费用,扣除支付给承运方运费后的余额为销售额。

(8) 提供旅游服务。纳税人提供旅游服务可以选择以取得的全部价款和价外费用,扣除向旅游服务购买方收取并支付给其他单位或者个人的住宿费、餐饮费、交通费、签证费、门票费和支付给其他接团旅游企业的旅游费用后的余额为销售额。但选择该办法计算销售额的试点纳税人,向旅游服务购买方收取并支付的上述费用,不得开具增值税专用发票,可以开具普通发票。

(9) 建筑服务。提供建筑服务适用简易计税方法的,以取得的全部价款和价外费用扣除支付的分包款后的余额为销售额。

(10) 销售自行开发不动产或企业转让不动产。

房地产开发企业中的一般纳税人销售其开发的房地产项目(选择简易计税方法的房地产老

项目除外），以取得的全部价款和价外费用，扣除受让土地时向政府部门支付的土地价款后的余额为销售额。

【提示】 房地产老项目，是指《建筑工程施工许可证》注明的合同开工日期在2016年4月30日前的房地产项目。

销售其2016年4月30日前取得（不含自建）的不动产选择简易计税方法的，以取得的全部价款和价外费用减去该项不动产购置原价或取得不动产时作价后的余额为销售额；自建的不动产，以取得的全部价款和价外费用为销售额。

一般纳税人销售其2016年5月1日之后取得的不动产或2016年4月30日前取得的不动产适用一般计税方法的，均以取得的全部价款和价外费用作为销售额。

按上述（4）～（9）项的规定从全部价款和价外费用中扣除的价款，应当取得符合法律、行政法规和国家税务总局规定的有效凭证，否则不得扣除。纳税人取得的上述凭证属于增值税扣税凭证的，其进项税额不得从销项税额中抵扣。

做中学 4-4

达康房地产企业为增值税一般纳税人，2023年6月1日购买一块地用于开发房地产项目，支付地价1 600万元，次年年末项目完工，当期销售其中的90%，取得含税销售收入4 000万元。

请问：当期应纳增值税额为多少万元？

解析：房地产开发企业中的一般纳税人销售其开发的房地产项目（选择简易计税方法的房地产老项目除外）的销售额=（全部价款和价外费用－当期允许扣除的土地价款）÷（1+9%）。因此，具体计算如下：

$$销售额 = (4\,000 - 1\,600 \times 90\%) \div (1 + 9\%) \approx 2\,348.62(万元)$$

$$应纳增值税 = 2\,348.62 \times 9\% \approx 211.38(万元)$$

（二）进项税额的确定

进项税额，是指纳税人购进货物、劳务、服务、无形资产或者不动产，支付或者负担的增值税额。

由于增值税一般纳税人当期应纳增值税额采用购进扣除法计算，因此，增值税一般纳税人应纳税额的大小取决于两个因素：销项税额和进项税额。进项税额的大小影响纳税人实际应缴纳的增值税。然而，并不是购进货物、劳务、服务、无形资产或不动产所支付或者负担的增值税都可以在销项税额中抵扣，税法对哪些进项税额可以抵扣、哪些进项税额不能抵扣作了严格的规定。

1. 准予从销项税额中抵扣的进项税额

1）凭票抵扣

（1）从销售方或提供方取得的增值税专用发票上注明的增值税额（含税控机动车销售统一发票，下同）。

（2）从海关取得的海关进口增值税专用缴款书上注明的增值税额。

（3）从境外单位或者个人购进劳务、服务、无形资产或者境内的不动产，自税务机关或者扣缴义务人取得的解缴税款的完税凭证上注明的增值税额。

2）计算抵扣

（1）购进农产品，除取得增值税专用发票或者海关进口增值税专用缴款书外，还要按照农产品收购发票或者销售发票上注明的农产品买价扣除率计算进项税额。其计算公式为：

$$进项税额 = 买价 \times 扣除率$$

买价包括纳税人购进农产品，在农产品收购发票或者销售发票上注明的价款和按规定缴纳的烟叶税。

【提示】 纳税人购进农产品,扣除率为 9%。纳税人购进用于生产或者委托加工 13%税率货物的农产品,按照 10%的扣除率计算进项税额。

(2) 购进烟叶,买价应包括购进农产品发票上注明的价款和按规定缴纳的烟叶税。烟叶收购单位收购烟叶时,按照国家有关规定以现金形式直接补贴烟农的生产投入补贴(以下简称价外补贴),实质为农产品买价的一部分。但烟叶收购单位应将价外补贴与烟叶收购价格在同一张农产品收购发票或者销售发票上分别注明,否则,价外补贴不得计算增值税进项税额进行抵扣。其计算公式为:

$$收购烟叶准予抵扣的进项税额 = (收购金额 + 烟叶税) \times 9\%$$

其中:

$$收购金额 = 收购价款 \times (1 + 10\%)$$

$$烟叶税 = 收购金额 \times 20\%$$

$$\begin{aligned}收购烟叶准予抵扣的进项税额 &= [收购价款 \times (1 + 10\%)] \times (1 + 20\%) \times 9\% \\ &= 买价 \times 1.1 \times 1.2 \times 9\%\end{aligned}$$

$$收购烟叶采购成本 = 买价 \times 1.1 \times 1.2 \times 91\%$$

做中学 4-5

某卷烟厂为增值税一般纳税人,主要生产 A 牌卷烟及雪茄烟,8 月从烟农手中购进烟叶,买价 100 万元并按规定支付了 10%的价外补贴,将其运往甲企业委托加工烟丝,发生运费 8 万元,取得增值税专用发票。

要求:计算上述业务允许抵扣的进项税额,并确定烟叶的采购成本。

解析:烟叶进项税额=100×(1+10%)×(1+20%)×9%+8×9%=12.6(万元)

收购烟叶的成本=100×(1+10%)×(1+20%)×91%+8=128.12(万元)

(3) 纳税人购进国内旅客运输服务,其进项税额允许从销项税额中抵扣。纳税人未取得增值税专用发票的,暂按照以下规定确定进项税额:

a. 取得增值税电子普通发票的,为发票上注明的税额。

b. 取得注明旅客身份信息的航空运输电子客票行程单的,为按照下列公式计算进项税额:

$$航空旅客运输进项税额 = (票价 + 燃油附加费) \div (1 + 9\%) \times 9\%$$

c. 取得注明旅客身份信息的铁路车票的,为按照下列公式计算的进项税额:

$$铁路旅客运输进项税额 = 票面金额 \div (1 + 9\%) \times 9\%$$

d. 取得注明旅客身份信息的公路、水路等其他客票的,按照下列公式计算进项税额:

$$公路、水路等其他旅客运输进项税额 = 票面金额 \div (1 + 3\%) \times 3\%$$

自 2019 年 4 月 1 日起至 2022 年 12 月 31 日,允许生产、生活性服务业纳税人按照当期可抵扣进项税额加计 10%,抵减应纳税额(以下简称加计抵减政策)。

做中学 4-6

玉珠公司为苏州的一家饰品加工企业,是增值税一般纳税人,2023 年 7 月有关的生产经营业务如下:

(1) 从外国进口一批生产用的原料,取得的海关进口增值税专用缴款书上注明的货款为 300 万元,增值税额为 39 万元。

(2) 从美珠饰品(小规模纳税人)加工厂收回委托加工的饰品,支付加工费11.6万元,并取得美珠饰品加工厂开具的普通发票。

(3) 从农业生产者手中购进免税农产品,收购凭证上注明的价款为30万元,并委托运输公司进行运输,取得的货物运输专用发票上注明的运费为2万元,增值税为0.18万元。

请问:该企业当月可以抵扣的进项税额为多少?

解析:(1) 进口原料取得了海关进口增值税专用缴款书,可以凭票抵扣进项税额。

$$进项税额 = 39(万元)$$

(2) 由于委托加工取得的是普通发票,因此其进项税额不得抵扣。

(3) 购进免税农产品,可以按收购凭证上注明的收购价款计算抵扣;同时,支付运输费取得了货物运输增值税专用发票,可以凭票抵扣进项税额。

$$进项税额 = 30 \times 9\% + 0.18 = 2.88(万元)$$

$$当月可以抵扣的进项税额 = 39 + 2.88 = 41.88(万元)$$

3) 不动产进项税额的抵扣

自2019年4月1日起,增值税一般纳税人取得不动产或者不动产在建工程的进项税额不再分2年抵扣。此前按照上述规定尚未抵扣完毕的待抵扣进项税额,可自2019年4月税款所属期起从销项税额中抵扣。

按照《营业税改征增值税试点实施办法》的规定,不得抵扣且未抵扣进项税额的固定资产、无形资产、不动产,发生用途改变,用于允许抵扣进项税额的应税项目,可在用途改变的次月按照下列公式计算可以抵扣的进项税额:

$$可以抵扣的进项税额 = 固定资产、无形资产、不动产净值 \div (1 + 适用税率) \times 适用税率$$

上述可以抵扣的进项税额应取得合法有效的增值税扣税凭证。

2. 不得从销项税额中抵扣的进项税额

(1) 用于简易计税方法计税项目、免征增值税项目、集体福利或者个人消费的购进货物、加工修理修配劳务、服务、无形资产和不动产。其中,涉及的固定资产、无形资产、不动产,仅指专用于上述项目的固定资产、无形资产(不包括其他权益性无形资产)、不动产。纳税人的交际应酬消费属于个人消费。

(2) 非正常损失①的购进货物及接受相关加工修理修配劳务和交通运输业服务。非正常损失(下同),是指因管理不善造成被盗、丢失、霉烂变质,以及因违反法律法规造成货物或者不动产被依法没收、销毁、拆除的情形。

(3) 非正常损失的在产品、产成品所耗用的购进货物(不包括固定资产)、加工修理修配劳务和交通运输服务。

(4) 非正常损失的不动产,以及该不动产所耗用的购进货物、设计服务和建筑服务。

(5) 非正常损失的不动产在建工程所耗用的购进货物、设计服务和建筑服务。纳税人新建、改建、扩建、修缮、装饰不动产,均属于不动产在建工程。

(6) 购进的贷款服务、餐饮服务、居民日常服务和娱乐服务。

---

① 非正常损失,是指因管理不善造成货物被盗、丢失、霉烂变质,以及因违反法律法规造成货物或者不动产被依法没收、销毁、拆除的情形。因此,纳税人生产或购入的在货物外包装或使用说明书中注明有使用期限的货物,超过有效(保存或保质)期而无法进行正常销售,需作销毁处理的,可视作企业在经营过程中的正常经营损失,不纳入非正常损失,不需作进项税额转出处理。

(7) 纳税人接受贷款服务向贷款方支付的与该笔贷款直接相关的投融资顾问费、手续费、咨询费等费用。

(8) 财政部和国家税务总局规定的其他情形。

【提示】 上述第(4)项、第(5)项所称货物,是指构成不动产实体的材料和设备,包括建筑装饰材料和给排水、采暖、卫生、通风、照明、通信、煤气、消防、中央空调、电梯、电气、智能化楼宇设备及配套设施。

不动产、无形资产的具体范围,按照《营业税改征增值税试点实施办法》所附的《销售服务、无形资产或者不动产注释》执行。

固定资产,是指使用期限超过 12 个月的机器、机械、运输工具以及其他与生产经营有关的设备、工具、器具等有形动产。

(9) 一般纳税人按照简易办法征收增值税的,不得抵扣进项税额。

(10) 适用一般计税方法的纳税人,兼营简易计税方法计税项目、免征增值税项目而无法划分不得抵扣的进项税额,按照下列公式计算不得抵扣的进项税额:

$$\text{不得抵扣的进项税额} = \text{当期无法划分的全部进项税额} \times \left(\text{当期简易计税方法计税项目销售额} + \text{免征增值税项目销售额}\right) \div \text{当期全部销售额}$$

主管税务机关可以按照上述公式依据年度数据对不得抵扣的进项税额进行清算。

纳税人凭完税凭证抵扣进项税额的,应当具备书面合同、付款证明和境外单位的对账单或者发票。资料不全的,其进项税额不得从销项税额中抵扣。纳税人取得的增值税扣税凭证不符合法律、行政法规或者国家税务总局有关规定的,其进项税额不得从销项税额中抵扣。

(11) 有下列情形之一者,应按销售额依照增值税税率计算应纳税额,不得抵扣进项税额,也不得使用增值税专用发票:①一般纳税人会计核算不健全,或者不能够提供准确税务资料的;②应当办理一般纳税人资格登记而未办理的。

(12) 一般纳税人当期购进的货物或劳务用于生产经营,其进项税额在当期销项税额中予以抵扣。但已抵扣进项税额的购进货物或劳务如果事后改变用途,用于集体福利或者个人消费、购进货物发生非正常损失、在产品或产成品发生非正常损失等,应当将该项购进货物或者劳务的进项税额从当期的进项税额中扣减;无法确定该项进项税额的,按当期外购项目的实际成本计算应扣减的进项税额。

做中学 4-7

泰康器械公司(增值税一般纳税人)2023 年 1 月生产一批器材用于销售,取得不含税销售收入 500 000元,当月外购原材料取得的增值税专用发票上注明的增值税为 13 000 元。当月将两个月前购入的一批原材料改变用途,用于生产免征增值税的项目。已知该批原材料的账面成本为 50 000 元(含运费 3 000 元)。

要求:计算该企业当期应纳增值税额。

解析:已经抵扣过进项税额的外购货物用于免征增值税应税项目时,进项税额需要转出。因此,其具体计算如下:

应转出的进项税额 = (50 000 − 3 000) × 13% + 3 000 × 9% = 6 380(元)

该企业当期应纳增值税 = 500 000 × 13% − (13 000 − 6 380) = 58 380(元)

3. 扣减进项税额

(1) 已抵扣进项税额的购进货物、劳务、服务发生不得从销项税额中抵扣进项税额情形(简易计税方法计税项目、免征增值税项目除外)的,应当将该进项税额从当期进项税额中扣减;无法确定该进项税额的，按照当期实际成本计算应扣减的进项税额。

（2）已抵扣进项税额的无形资产或者不动产，发生不得抵扣进项税额情形的，按照下列公式计算不得抵扣的进项税额：

不得抵扣的进项税额 = 无形资产或者不动产净值 × 适用税率

无形资产或者不动产净值，是指纳税人根据财务会计制度计提折旧或摊销后的余额。

（3）因销售折让、中止或者退回而退还给购买方的增值税额，应当从当期的销项税额中扣减；因销售折让、中止或者退回而收回的增值税额，应当从当期的进项税额中扣减。

（三）应纳税额的计算

增值税销项税额与进项税额确定后就可以得到实际应纳的增值税税额，增值税一般纳税人应纳税额的计算公式为：

应纳税额 = 当期销项税额 − 当期进项税额

上式计算结果若为正数，则为当期的应纳税额；若为负数，则形成留抵税额，待下期抵扣，下期应纳税额的计算公式为：

应纳税额 = 当期销项税额 − 当期进项税额 − 上期留抵税额

【注意】 原增值税一般纳税人兼有销售服务、无形资产或者不动产的，截至纳入"营改增"试点之日前的增值税期末留抵税额，不得从销售服务、无形资产或者不动产的销项税额中抵扣。

做中学 4-8

兴源船运公司为增值税一般纳税人，2023 年 9 月购进船舶配件取得的增值税专用发票上注明的价款为 300 万元，税额为 39 万元；开具普通发票取得的含税收入包括国内运输收入 1 351.6 万元、期租业务收入 313.4 万元、打捞收入 116.6 万元。

请问：该公司 9 月应缴纳的增值税额为多少万元？

解析：国内运输收入和期租业务收入应按"交通运输业"计算缴纳增值税；取得的打捞收入应按"现代服务业——物流辅助服务"计算缴纳增值税。

应纳税额 = (1 351.6 + 313.4) ÷ (1 + 9%) × 9% + 116.6 ÷ (1 + 6%) × 6% − 39 ≈ 105.08(万元)

（四）小规模纳税人应纳税额的计算

小规模纳税人销售货物、服务、无形资产或者不动产，实行按销售额和征收率计算应纳税额的简易办法，并不得抵扣进项税额。其应纳税额计算公式为：

应纳税额 = 销售额 × 征收率

小规模纳税人取得的销售额与一般纳税人的销售额所包含的内容是一致的，都是向购买方收取的全部价款和价外费用，但是不包括从买方收取的增值税额。

做中学 4-9

力源超市为增值税小规模纳税人，2023 年 6 月购进货物取得的增值税专用发票上注明的不含税金额为 50 000 元；经批准初次购进增值税税控系统专用设备 1 台，价税合计为 3 510 元，经主管税务机关审核批准；本月销售货物的零售收入共计 185 400 元。

请问：该超市本月应缴纳的增值税为多少？

解析：小规模纳税人不得抵扣进项税额，经主管税务机关审核批准后，按购进税控收款机取得的普通发票上注明的价款计算抵扣，具体计算如下：

应纳增值税 = 185 400 ÷ (1 + 3%) × 3% − 3 510 = 1 890(元)

1. 含税销售额的换算

对小规模纳税人销售货物,提供应税劳务,销售服务、无形资产或不动产采取销售额和增值税款合并定价的,必须将取得的含税销售额换算为不含税销售额,其计算公式为:

$$不含税销售额 = 含税销售额 \div (1 + 征收率)$$

2. 小规模纳税人销售或者出租不动产应纳税额计算的相关政策

(1) 小规模纳税人跨县(市)提供建筑服务,应以取得的全部价款和价外费用扣除支付的分包款后的余额为销售额,按照3%的征收率计算应纳税额。

(2) 小规模纳税人销售其取得(不含自建)的不动产(不含个体工商户销售购买的住房和其他个人销售不动产),应以取得的全部价款和价外费用减去该项不动产购置原价或者取得不动产时的作价后的余额为销售额,按照5%的征收率计算应纳税额。

(3) 小规模纳税人销售其自建的不动产,应以取得的全部价款和价外费用为销售额,按照5%的征收率计算应纳税额。

(4) 房地产开发企业中的小规模纳税人,销售自行开发的房地产项目,按照5%的征收率计税。

(5) 其他个人销售其取得(不含自建)的不动产(不含其购买的住房),应以取得的全部价款和价外费用减去该项不动产购置原价或者取得不动产时的作价后的余额为销售额,按照5%的征收率计算应纳税额。

(6) 小规模纳税人出租其取得的不动产(不含个人出租住房),按照5%的征收率计算应纳税额。

(7) 个人出租住房,按照5%的征收率减按1.5%计算应纳税额。

做中学 4-10

金园酒业为增值税小规模纳税人,2023年9月销售自己使用过5年的固定资产,取得含税销售额60 000元;销售自己使用过的包装物,取得含税销售额30 000元。

请问:2023年9月金园酒业上述业务应缴纳增值税多少元?

解析:小规模纳税人销售自己使用过的固定资产减按2%的征收率征收增值税,销售自己使用过的除固定资产以外的物品按3%的征收率征收增值税。其具体计算如下:

$$应纳增值税额 = 60\ 000 \div (1+3\%) \times 2\% + 30\ 000 \div (1+3\%) \times 3\% = 2\ 038.83(元)$$

(五) 一般纳税人适用简易计税方法的计算

一般纳税人适用简易计税方法的,也按照小规模纳税人的计算公式计算增值税额,其计算公式为:

$$应纳税额 = 销售额(不含税) \times 征收率$$

一般纳税人发生下列应税行为可以选择适用简易计税方法计税,不允许抵扣进项税额:

(1) 公共交通运输服务,包括轮客渡、公交客运、地铁、城市轻轨、出租车、长途客运、班车。

(2) 经认定的动漫企业为开发动漫产品提供的动漫脚本编撰、形象设计、背景设计、动画设计、分镜、动画制作、摄制、描线、上色、画面合成、配音、配乐、音效合成、剪辑、字幕制作、压缩转码(面向网络动漫、手机动漫格式适配)服务,以及在境内转让动漫版权(包括动漫品牌、形象或者内容的授权及再授权)。

(3) 电影放映服务、仓储服务、装卸搬运服务、收派服务和文化体育服务。

(4) 以纳入"营改增"试点之日前取得的有形动产为标的物提供的经营租赁服务。

(5) 在纳入"营改增"试点之日前签订的尚未执行完毕的有形动产租赁合同。

一般纳税人发生财政部和国家税务总局规定的特定应税行为，可以选择适用简易计税方法计税，但一经选择，36个月内不得变更。

（六）进口货物应纳税额的计算

纳税人进口货物，无论是一般纳税人还是小规模纳税人，均应按照组成计税价格和规定的税率或征收率计算应纳税额，不允许抵扣发生在境外的任何税金。其计算公式为：

应纳税额 = 组成计税价格 × 税率

如果进口货物不征收消费税，则上述公式中组成计税价格的计算公式为：

组成计税价格 = 关税完税价格 + 关税

如果进口货物征收消费税，则上述公式中组成计税价格的计算公式为：

组成计税价格 = 关税完税价格 + 关税 + 消费税
= 关税完税价格 ×（1 + 关税税率）÷（1 − 消费税税率）

根据《中华人民共和国海关法》（以下简称《海关法》）和《中华人民共和国进出口关税条例》（以下简称《进出口关税条例》）的规定，一般贸易项下进口货物的关税完税价格以海关审定的成交价格为基础的到岸价格作为完税价格。所谓成交价格，是指一般贸易项下进口货物的买方为购买该项货物向卖方实际支付或应当支付的价格；到岸价格，包括货价，加上货物运抵我国关境内输入地点起卸前的包装费、运费、保险费和其他劳务费等费用。

特殊贸易项下进口的货物，由于进口时没有“成交价格”可作依据，《进出口关税条例》对这些进口货物制定了确定其完税价格的具体办法。

做中学 4-11

华达汽车销售公司为一般纳税人，2023年6月进口5辆小汽车，其中1辆自用，另外4辆用于对外销售，进口这5辆小汽车共支付买价20万元，另支付小汽车运抵我国境内输入地点起卸前发生的运费、保险费共计7.5万元。货物报关后，该企业按规定缴纳了进口环节的增值税，并取得海关进口增值税专用缴款书。当月销售小汽车取得不含税销售收入125万元。已知小汽车关税税率为20%，消费税税率为9%。

请问：该企业2023年6月应缴纳增值税多少万元？

解析：本题进口货物应纳税额的具体计算如下：

关税完税价格 = 20 + 7.5 = 27.5（万元）
应纳关税 = 27.5 × 20% = 5.5（万元）
进口环节应纳增值税 =（27.5 + 5.5）÷（1 − 9%）× 13% ≈ 4.71（万元）
该企业2022年6月应缴纳增值税 = 125 × 13% − 4.71 = 11.54（万元）

（七）扣缴计税方法

境外单位或个人在境内发生应税销售行为，在境内未设有经营机构的，扣缴义务人按照下列公式计算应扣缴税额：

应扣缴税额 = 购买方支付的价款 ÷（1 + 税率）× 税率

五、增值税税收优惠

（一）免税项目

（1）农业生产者销售的自产农产品。

(2) 避孕药品和用具。

(3) 古旧图书。古旧图书是指向社会收购的古书和旧书。

(4) 直接用于科学研究、科学试验和教学的进口仪器、设备。

(5) 外国政府、国际组织无偿援助的进口物资和设备。

(6) 由残疾人组织直接进口供残疾人专用的物品。

(7) 销售的自己使用过的物品。自己使用过的物品是指其他个人自己使用过的物品。

(二) 优惠政策

1. 免征增值税

下列项目免征增值税:

(1) 托儿所、幼儿园提供的保育和教育服务。

(2) 养老机构提供的养老服务。

(3) 残疾人福利机构提供的育养服务。

(4) 婚姻介绍服务。

(5) 殡葬服务。

(6) 残疾人员本人为社会提供的服务。

(7) 医疗机构提供的医疗服务。

(8) 从事学历教育的学校提供的教育服务。

【提示】 提供教育服务免征增值税的收入,是指对列入规定招生计划的在籍学生提供学历教育服务取得的收入,具体包括:经有关部门审核批准并按规定标准收取的学费、住宿费、课本费、作业本费、考试报名费收入,以及学校食堂提供餐饮服务取得的伙食费收入。除此之外的收入,包括学校以各种名义收取的赞助费、择校费等,不属于免征增值税的范围。

(9) 学生勤工俭学提供的服务。

(10) 农业机耕、排灌、病虫害防治、植物保护、农牧保险以及相关技术培训业务,家禽、牲畜、水生动物的配种和疾病防治。

自 2020 年 1 月 1 日起,动物诊疗机构提供的动物疾病预防、诊断、治疗和动物绝育手术等动物诊疗服务,属于"家禽、牲畜、水生动物的配种和疾病防治",免征增值税。动物诊疗机构销售动物食品和用品,提供动物清洁、美容、代理看护等服务,应按照规定缴纳增值税。

(11) 纪念馆、博物馆、文化馆、文物保护单位管理机构、美术馆、展览馆、书画院、图书馆在自己的场所提供文化体育服务取得的第一道门票收入。

(12) 寺院、宫观、清真寺和教堂举办文化、宗教活动的门票收入。

(13) 行政单位之外的其他单位进行的符合《关于全面推开营业税改征增值税试点的通知》第十条规定条件的政府性基金和行政事业性收费。

(14) 个人转让著作权。

(15) 个人销售自建自用住房。

(16) 中国台湾航运公司、航空公司从事海峡两岸海上直航、空中直航业务在大陆取得的运输收入。

(17) 纳税人提供的直接或者间接国际货物运输代理服务。

(18) 被撤销金融机构以货物、不动产、无形资产、有价证券、票据等财产清偿债务。

(19) 保险公司开办的一年期以上人身保险产品取得的保费收入。

(20) 再保险业务。①境内保险公司向境外保险公司提供的完全在境外消费的再保险服务,免征增值税。②试点纳税人提供再保险服务(境内保险公司向境外保险公司提供的再保险服务除外),实行与原保险服务一致的增值税政策。再保险合同对应多个原保险合同的,所有原保险合同均适用免征增值税政策时，该再保险合同适用免征增值税政策；否则，该保险合同应按照规定缴纳增值税。

(21) 金融商品转让收入。①合格境外投资者(QFII)委托境内公司在我国从事证券买卖业务。②我国香港市场投资者(包括单位和个人)通过沪港通买卖上海证券交易所上市A股。③我国香港市场投资者(包括单位和个人)通过基金互认买卖内地基金份额。④证券投资基金(封闭式证券投资基金、开放式证券投资基金)管理人运用基金买卖股票、债券。⑤个人从事金融商品转让业务。

(22) 金融同业往来利息收入。

(23) 符合条件的担保机构从事中小企业信用担保或者再担保业务取得的收入(不含信用评级、咨询、培训等收入)3年内免征增值税。

(24) 国家商品储备管理单位及其直属企业承担商品储备任务，从中央或者地方财政取得的利息补贴收入和价差补贴收入。

(25) 纳税人提供技术转让、技术开发和与之相关的技术咨询、技术服务。

(26) 符合规定条件的合同能源管理服务。

(27) 政府举办的从事学历教育的高等、中等和初等学校(不含下属单位)，举办进修班、培训班取得的全部归该学校所有的收入。

【注意】 举办进修班、培训班取得的收入进入该学校下属部门自行开设账户的，不予免征增值税。

(28) 政府举办的职业学校设立的主要为在校学生提供实习场所，并由学校出资自办、由学校负责经营管理、经营收入归学校所有的企业，从事《销售服务、无形资产或者不动产注释》中的“现代服务”(不含融资租赁服务、广告服务和其他现代服务)、“生活服务”(不含文化体育服务、其他生活服务和桑拿、氧吧服务)等业务活动取得的收入。

(29) 家政服务企业由员工制家政服务员提供家政服务取得的收入。

(30) 福利彩票、体育彩票的发行收入。

(31) 军队空余房产租赁收入。

(32) 为了配合国家住房制度改革，企业、行政事业单位按房改成本价、标准价出售住房取得的收入。

(33) 将土地使用权转让给农业生产者用于农业生产。

(34) 涉及家庭财产分割的个人无偿转让不动产、土地使用权。

(35) 土地所有者出让土地使用权和土地使用者将土地使用权归还给土地所有者。

(36) 县级以上地方人民政府或自然资源行政主管部门出让、转让或收回自然资源使用权(不含土地使用权)。

(37) 随军家属就业。

(38) 军队转业干部就业。

(39) 提供社区养老、抚育、家政等服务取得的收入。

2. 增值税即征即退

(1) 一般纳税人提供管道运输服务，对其增值税实际税负超过3%的部分实行增值税即征即退政策。增值税实际税负是指纳税人当期提供应税服务实际缴纳的增值税税额占纳税人当期提供应税服务取得的全部价款和价外费用的比重。

(2) 经中国人民银行、银保监会或者商务部批准从事融资租赁业务的试点纳税人中的一般纳税人，提供有形动产融资租赁服务和有形动产融资性售后回租服务，对其增值税实际税负超过3%的部分实行增值税即征即退政策。

(3) 增值税一般纳税人销售自行开发生产的软件产品,按13%的税率征收增值税后,对其增值税实际税负超过3%的部分实行即征即退政策。

3. 扣减增值税规定

1) 退役士兵创业就业

(1) 自主就业退役士兵从事个体经营的,自办理个体工商户登记当月起,在3年(36个月,下同)内按每户每年12 000元为限额依次扣减其当年实际应缴纳的增值税、城市维护建设税、教育费附加、地方教育附加和个人所得税。限额标准最高可上浮20%,各省、自治区、直辖市人民政府可根据本地区实际情况在此幅度内确定具体限额标准。

纳税人年度应缴纳税款小于上述扣减限额的,减免税额以其实际缴纳的税款为限;大于上述扣减限额的,以上述扣减限额为限。纳税人的实际经营期不足1年的,应当按月换算其减免税限额。其换算公式为:

$$减免税限额 = 年度减免税限额 \div 12 \times 实际经营月数$$

(2) 企业招用自主就业退役士兵,与其签订1年以上期限劳动合同并依法缴纳社会保险费的,自签订劳动合同并缴纳社会保险当月起,在3年内按实际招用人数予以定额依次扣减增值税、城市维护建设税、教育费附加、地方教育附加和企业所得税优惠。定额标准为每人每年6 000元,最高可上浮50%,各省、自治区、直辖市人民政府可根据本地区实际情况在此幅度内确定具体定额标准。

企业按招用人数和签订的劳动合同时间核算企业减免税总额,在核算减免税总额内每月依次扣减增值税、城市维护建设税、教育费附加和地方教育附加。企业实际应缴纳的增值税、城市维护建设税、教育费附加和地方教育附加小于核算减免税总额的,以实际应缴纳的增值税、城市维护建设税、教育费附加和地方教育附加为限;实际应缴纳的增值税、城市维护建设税、教育费附加和地方教育附加大于核算减免税总额的,以核算减免税总额为限。

自主就业退役士兵在企业工作不满1年的,应当按月换算减免税限额。

2) 重点群体创业就业

(1) 建档立卡贫困人口、持《就业创业证》(注明"自主创业税收政策"或"毕业年度内自主创业税收政策")或《就业失业登记证》(注明"自主创业税收政策")的人员,从事个体经营的,自办理个体工商户登记当月起,在3年内按每户每年12 000元为限额依次扣减其当年实际应缴纳的增值税、城市维护建设税、教育费附加、地方教育附加和个人所得税。限额标准最高可上浮20%,各省、自治区、直辖市人民政府可根据本地区实际情况在此幅度内确定具体限额标准。

(2) 企业招用建档立卡贫困人口,以及在人力资源社会保障部门公共就业服务机构登记失业半年以上且持《就业创业证》或《就业失业登记证》(注明"企业吸纳税收政策")的人员,与其签订1年以上期限劳动合同并依法缴纳社会保险费的,自签订劳动合同并缴纳社会保险当月起,在3年内按实际招用人数予以定额依次扣减增值税、城市维护建设税、教育费附加、地方教育附加和企业所得税优惠。定额标准为每人每年6 000元,最高可上浮30%,各省、自治区、直辖市人民政府可根据本地区实际情况在此幅度内确定具体定额标准。

4. 其他减免项目

(1) 金融企业发放贷款后,自结息日起90天内发生的应收未收利息按现行规定缴纳增值税,自结息日起90天后发生的应收未收利息暂不缴纳增值税,待实际收到利息时按规定缴纳增值税。

【注意】 上述所称金融企业,是指银行(包括国有、集体、股份制、合资、外资银行以及其他所有制形式的银行)、城市信用社、农村信用社、信托投资公司、财务公司。

(2) 个人将购买不足2年的住房对外销售的,按照5%的征收率全额缴纳增值税;个人将购买2年以上(含2年)的住房对外销售的,免征增值税。上述政策适用于北京市、上海市、广州市和深圳市之外的地区。

北京市、上海市、广州市和深圳市个人将购买不足2年的住房对外销售的,按照5%的征收率全额缴纳增值税;个人将购买2年以上(含2年)的非普通住房对外销售的,以销售收入减去购买住房价款后的差额按照5%的征收率缴纳增值税;个人将购买2年以上(含2年)的普通住房对外销售的,免征增值税。

(三) 跨境行为免征增值税的政策规定

(1) 境内的单位和个人销售的下列服务免征增值税,财政部和国家税务总局规定适用增值税零税率的除外:①工程项目在境外的建筑服务;②工程项目在境外的工程监理服务;③工程、矿产资源在境外的工程勘察勘探服务;④会议展览地点在境外的会议展览服务;⑤存储地点在境外的仓储服务;⑥标的物在境外使用的有形动产租赁服务;⑦在境外提供的广播影视节目(作品)的播映服务;⑧在境外提供的文化体育服务、教育医疗服务、旅游服务。

(2) 为出口货物提供的邮政服务、收派服务、保险服务。为出口货物提供的保险服务包括出口货物保险和出口信用保险。

(3) 向境外单位提供的完全在境外消费的下列服务和无形资产:①电信服务;②知识产权服务;③物流辅助服务(仓储服务、收派服务除外);④鉴证咨询服务;⑤专业技术服务;⑥商务辅助服务;⑦广告投放地在境外的广告服务;⑧无形资产。

(4) 为境外单位之间的货币资金融通及其他金融业务提供的直接收费金融服务,且该服务与境内的货物、无形资产和不动产无关。

(5) 境内单位和个人以无运输工具承运方式提供的国际运输服务,无运输工具承运业务的经营者适用增值税免税政策。

(6) 财政部和国家税务总局规定的其他服务。

(四) 起征点

个人(包括属于小规模纳税人的个体工商户和其他个人)发生应税行为的销售额未达到规定起征点的,免征增值税。

【提示】 增值税起征点的适用范围限于个人,不包括认定为一般纳税人的个体工商户。

增值税起征点的幅度规定如下:

(1) 按期纳税的,为月销售额5 000~20 000元(含本数)。

(2) 按次纳税的,每次(日)销售额300~500元(含本数)。

起征点的调整由财政部和国家税务总局规定。各省、自治区、直辖市财政厅(局)和税务局应当在规定的幅度内,根据实际情况确定本地区适用的起征点,并报财政部和国家税务总局备案。

(五) 小规模纳税人免税规定

(1) 增值税小规模纳税人发生增值税应税交易行为、合计月销售额未超过15万元的,免征增值税。其中,以1个季度为纳税期限的增值税小规模纳税人,季度销售额未超过45万元的,免征增值税。

小规模纳税人发生增值税应税交易行为,合计月销售额超过15万元,但扣除本期发生的销售不动产的销售额后未超过15万元的,其销售货物、服务、无形资产取得的销售额免征增值税。

(2) 其他个人采取一次性收取租金形式出租不动产,取得的租金收入可在租金对应的租赁期内平均分摊,分摊后的月租金收入不超过15万元的,免征增值税。

(3) 按照现行规定应当预缴增值税税款的小规模纳税人,凡在预缴地实现的月销售额未超过15万元的,当期无须预缴税款。

(六) 其他减免税规定

(1) 纳税人兼营免税、减税项目的,应当分别核算免税、减税项目的销售额;未分别核算销售额的,不得免税、减税。

(2) 纳税人发生应税销售行为适用免税规定的,可以放弃免税,依照规定缴纳增值税。放弃免税后,36个月内不得再申请免税。

(3) 纳税人发生应税销售行为同时适用免税和零税率规定的,纳税人可以选择适用免税或者零税率。

六、增值税的征收管理

增值税出口货物退(免)税制度

(一) 增值税纳税义务发生时间

1. 基本规定

(1) 纳税人销售货物、提供应税劳务或者发生应税行为,为收讫销售款项或者取得索取销售款项凭据的当天;先开具发票的,为开具发票的当天。

(2) 纳税人进口货物,为报关进口的当天。

(3) 增值税扣缴义务发生时间为纳税人增值税纳税义务发生的当天。

2. 具体规定

销售货物或者提供应税劳务的纳税义务发生时间,按销售结算方式的不同,具体为:

(1) 采取直接收款方式销售货物,不论货物是否发出,均为收到销售款或取得索取销售款凭据的当天。

纳税人在生产经营活动中采取直接收款方式销售货物,已将货物移送对方并暂估销售收入入账,但既未取得销售款或取得索取销售款凭据也未开具销售发票的,其增值税纳税义务发生时间为取得销售款或取得索取销售款凭据的当天;先开具发票的,为开具发票的当天。

(2) 采取托收承付和委托银行收款方式销售货物,为发出货物并办妥托收手续的当天。

(3) 采取赊销和分期收款方式销售货物,为书面合同约定收款日期的当天;无书面合同或者书面合同没有约定收款日期的,为货物发出的当天。

(4) 采取预收货款方式销售货物,为货物发出的当天;但生产销售其生产工期超过12个月的大型机械设备、船舶、飞机等货物,为收到预收款或者书面合同约定的收款日期的当天。

(5) 委托其他纳税人代销货物,为收到代销单位的代销清单或者收到全部或者部分货款的当天;未收到代销清单及货款的,其纳税义务发生时间为发出代销货物满180日的当天。

(6) 纳税人提供租赁服务采取预收款方式的,其纳税义务发生时间为收到预收款的当天。

(7) 纳税人从事金融商品转让的,为金融商品所有权转移的当天。

(8) 纳税人发生相关视同销售货物行为,为货物移送的当天。

(9) 纳税人发生视同销售劳务、服务、无形资产、不动产情形的,其纳税义务发生时间为劳务、服务、无形资产转让完成的当天或者不动产权属变更的当天。

(二) 纳税期限

1. 增值税纳税期限的规定

增值税的纳税期限规定为1日、3日、5日、10日、15日、1个月或者1个季度(2026年1月

1日起，改为10日、15日、1个月或者1个季度）。纳税人的具体纳税期限，由主管税务机关根据纳税人应纳税额的大小分别核定；不能按照固定期限纳税的，可以按次纳税。

【提示】 以1个季度为纳税期限的规定适用于小规模纳税人、银行、财务公司、信托投资公司、信用社，以及财政部和国家税务总局规定的其他纳税人。

2. 增值税报缴税款期限的规定

(1) 纳税人以1个月或者1个季度为纳税期的，自期满之日起15日内申报纳税；以1日、3日、5日、10日或者15日为1个纳税期的，自期满之日起5日内预缴税款，于次月1日起15日内申报纳税并结清上月应纳税款。

扣缴义务人解缴税款的期限，参照上述规定执行。

(2) 纳税人进口货物，应当自海关填发海关进口增值税专用缴款书之日起15日内缴纳税款。

(三) 纳税地点

一般情况下，增值税实行“就地纳税”原则，其具体规定如下。

1. 固定业户的纳税地点

(1) 固定业户应当向其机构所在地主管税务机关申报纳税。总机构和分支机构不在同一县(市)的，应当分别向各自所在地主管税务机关申报纳税；经国务院财政、税务主管部门或者其授权的财政、税务机关批准，可以由总机构汇总向总机构所在地主管税务机关申报纳税。

(2) 固定业户到外县(市)销售货物或者提供应税劳务的，应当向其机构所在地主管税务机关申请开具外出经营活动税收管理证明，向其机构所在地主管税务机关申报纳税。未开具证明的，应当向销售地或者劳务发生地主管税务机关申报纳税；未向销售地或者劳务发生地主管税务机关申报纳税的，由其机构所在地主管税务机关补征税款。

【提示】 固定业户(指增值税一般纳税人)临时到外省、市销售货物的，必须向经营地税务机关出示外出经营活动税收管理证明，回原地纳税；需要向购货方开具专用发票的，也回原地补开。

2. 非固定业户的纳税地点

非固定业户销售货物或者提供应税劳务和应税行为，应当向销售地或者劳务和应税行为发生地主管税务机关申报纳税；未向销售地或者劳务和应税行为发生地主管税务机关申报纳税的，由其机构所在地或居住地主管税务机关补征税款。

3. 进口货物的纳税地点

进口货物，应当由进口人或其代理人向报关地海关申报纳税。扣缴义务人应当向其机构所在地或者居住地的主管税务机关申报缴纳其扣缴的税款。

4. 其他情况

(1) 其他个人提供建筑服务、销售或者租赁不动产、转让自然资源使用权，应分别向建筑服务发生地、不动产所在地、自然资源所在地主管税务机关申报纳税。

(2) 扣缴义务人应当向其机构所在地或者居住地的税务机关申报缴纳其扣缴的税款。

七、增值税专用发票的使用规定

一般纳税人应通过增值税防伪税控系统使用专用发票。使用包括领购、开具、缴销、认证、稽核对比专用发票及其相应的数据电文。

(一) 专用发票的联次及用途

专用发票由基本联次或者基本联次附加其他联次构成，基本联次为3联：发票联、抵扣联和记账联。①发票联，是购买方核算采购成本和增值税进项税额的记账凭证；②抵扣联，是购买方报送主管税务机关认证和留存备查的凭证；③记账联，是销售方核算销售收入和增值税销项税额的记账凭证。其他联次用途，由一般纳税人自行确定。

（二）专用发票的领购

一般纳税人领购专用设备后，凭“最高开票限额申请表”“发票领购簿”到主管税务机关办理初始发行。所谓初始发行，是指主管税务机关将一般纳税人的企业名称、税务登记代码、开票限额、购票限量、购票人员姓名、密码、开票机数量及国家税务总局规定的其他信息等载入空白金税卡（或税盘）和 IC 卡的行为。一般纳税人凭“发票领购簿”、IC 卡和经办人身份证明领购专用发票。

一般纳税人有下列情形之一者，不得领购使用专用发票：

（1）会计核算不健全，即不能按会计制度和税务机关的要求准确核算增值税的销项税额、进项税额和应纳税额数据及其他有关增值税税务资料的。其中，有关增值税税务资料的内容，由省、自治区、直辖市和计划单列市税务局确定。

（2）有《税收征管法》规定的税收违法行为，拒不接受税务机关处理的。

（3）有下列行为之一，经税务机关责令限期改正而仍未改正的：①虚开增值税专用发票；②私自印制专用发票；③向税务机关以外的单位和个人买取专用发票；④借用他人专用发票；⑤未按《增值税专用发票使用规定》第十一条开具专用发票；⑥未按规定保管专用发票和专用设备；⑦未按规定申请办理防伪税控系统变更发行；⑧未按规定接受税务机关检查。有以上情形的，如已领购专用发票，主管税务机关应暂扣其结存的专用发票和 IC 卡。

（三）专用发票的使用管理

1. 增值税专用发票的开具要求

（1）项目齐全，与实际交易相符。

（2）字迹清楚，不得压线、错格。

（3）发票联和抵扣联加盖财务专用章或者发票专用章。

（4）按照增值税纳税义务的发生时间开具。

对不符合上述要求的专用发票，购买方有权拒收。

2. 增值税专用发票的开具范围

一般纳税人销售货物、劳务、服务、无形资产或者不动产，应向购买方开具专用发票，但属于下列情形之一的，不得开具增值税专用发票：

（1）商业企业一般纳税人零售的烟、酒、食品、服装、鞋帽（不包括劳保专用部分）、化妆品等消费品不得开具专用发票。

（2）增值税小规模纳税人发生应税行为，不得开具增值税专用发票，但购买方索取专用发票的，可向主管税务机关申请代开（可自行开具增值税专用发票的 8 个行业除外）。

（3）销售货物、劳务、无形资产或者不动产适用于免税规定的，不得开具专用发票，法律、法规及国家税务总局另有规定的除外。

（4）向消费者个人销售货物、劳务、服务、无形资产或不动产。

3. 增值税专用发票的开具限额

专用发票实行最高开票限额管理。最高开票限额，是指单份专用发票开具的销售额合计数不得达到的上限额度。

最高开票限额由一般纳税人申请，税务机关依法审批。最高开票限额为 10 万元及以下的，由区县级税务机关审批；最高开票限额为 100 万元的，由地市级税务机关审批；最高开票限额为 1 000 万元及以上的，由省级税务机关审批。防伪税控系统的具体发行工作由区县级税务机关负责。

税务机关审批最高开票限额时应进行实地核查。批准使用最高开票限额为10万元及以下的，由区县级税务机关派人实地核查；批准使用最高开票限额为100万元的，由地市级税务机关派人实地核查；批准使用最高开票限额为1 000万元及以上的，由地市级税务机关派人实地核查后将核查资料报省级税务机关审核。

一般纳税人申请最高开票限额时，需填报"最高开票限额申请表"。

(四) 新办纳税人实行增值税电子专用发票

(1) 自2020年12月21日起，在天津、河北、上海、江苏、浙江、安徽、广东、重庆、四川、宁波和深圳等11个地区的新办纳税人中实行专用发票电子化，受票方范围为全国。其中，宁波、石家庄和杭州等3个地区已试点纳税人开具增值税电子专用发票(以下简称电子专票)的受票方范围扩至全国。

自2021年1月21日起，在北京、山西、内蒙古、辽宁、吉林、黑龙江、福建、江西、山东、河南、湖北、湖南、广西、海南、贵州、云南、西藏、陕西、甘肃、青海、宁夏、新疆、大连、厦门和青岛等25个地区的新办纳税人中实行专票电子化，受票方范围为全国。

(2) 电子专票由各省税务局监制，采用电子签名代替发票专用章，属于增值税专用发票，其法律效力、基本用途、基本使用规定等与增值税纸质专用发票(以下简称纸质专票)相同。

(3) 自各地专票电子化实行之日起，本地区需要开具增值税纸质普通发票、增值税电子普通发票、纸质专票、电子专票、纸质机动车销售统一发票和纸质二手车销售统一发票的新办纳税人，统一领取税务UKey开具发票。税务机关向新办纳税人免费发放税务UKey，并依托增值税电子发票公共服务平台，为纳税人提供免费的电子专票开具服务。

(4) 税务机关按照电子专票和纸质专票的合计数，为纳税人核定增值税专用发票领用数量。电子专票和纸质专票的增值税专用发票(增值税税控系统)最高开票限额应当相同。

(5) 纳税人开具增值税专用发票时，既可以开具电子专票，也可以开具纸质专票。受票方索取纸质专票的，开票方应当开具纸质专票。

任务三　消费税法律制度

消费税是一个古老的税种，其雏形最早产生于古罗马帝国时期。

在我国现行税制结构体系中，消费税是与增值税配套的一个税种。根据《中华人民共和国消费税暂行条例》(1993年12月13日国务院令第135号发布，2008年11月5日国务院第34次常务会议修订通过)(以下简称《消费税暂行条例》)规定，消费税是指对我国境内从事生产、委托加工和进口应税消费品的单位和个人，就其销售额或销售数量，在特定环节征收的一种税。简单地说，就是对特定的消费品和消费行为征收的一种间接税。2008年12月15日财政部、国家税务总局令第51号发布《中华人民共和国消费税暂行条例实施细则》(以下简称《消费税暂行条例实施细则》)。

一、消费税的纳税人

在中华人民共和国境内生产、委托加工和进口《消费税暂行条例》规定的消费品的单位和个人，以及国务院确定的销售《消费税暂行条例》规定的消费品的其他单位和个人，均为消费税的纳税人。其中，在中华人民共和国境内，是指生产、委托加工和进口属于应当缴纳消费税的消费品的起运地或者所在地在境内；单位，是指企业、行政单位、事业单位、军事单位、社会团体及其他单位；个人，是指个体工商户及其他个人。

电子烟消费税生产环节、批发环节消费税纳税人的规定：

(1) 电子烟生产环节消费税纳税人是指取得烟草专卖生产企业许可证,并取得或经许可使用他人电子烟产品注册商标(以下简称持有商标)的企业。其中,取得或经许可使用他人电子烟产品注册商标应当依据《中华人民共和国商标法》的有关规定确定。

【注意】 按照有关规定,通过代加工方式生产电子烟的,由持有商标的企业申报缴纳消费税。因此,只从事代加工电子烟产品业务的企业不属于电子烟消费税纳税人。

(2) 电子烟批发环节消费税纳税人是指取得烟草专卖批发企业许可证并经营电子烟批发业务的企业。

二、消费税的征税范围

(一) 生产应税消费品

生产应税消费品在生产销售环节征税。纳税人将生产的应税消费品换取生产资料、消费资料、投资入股、偿还债务,以及用于连续生产应税消费品以外的其他方面都应缴纳消费税。

【提示】 生产销售环节是消费税征收的主要环节。

工业企业以外的单位和个人的下列行为视为应税消费品的生产行为,按规定征收消费税:①将外购的消费税非应税产品以消费税应税产品对外销售的;②将外购的消费税低税率应税产品以高税率应税产品对外销售的。

(二) 委托加工应税消费品

委托加工应税消费品,是指委托方提供原料和主要材料,受托方只收取加工费和代垫部分辅助材料加工的应税消费品。由受托方提供原材料或其他情形的一律不能视同委托加工应税消费品。

【提示】 对于由受托方提供原材料生产的应税消费品,或者受托方先将原材料卖给委托方,然后再接受加工的应税消费品,以及由受托方以委托方名义购进原材料生产的应税消费品,不论在财务上是否做销售处理,都不得作为委托加工应税消费品,而应当按照销售自制应税消费品缴纳消费税。

委托加工的应税消费品,除受托方为个人外,由受托方向委托方交货时代收代缴税款;委托个人加工的应税消费品,由委托方收回后缴纳消费税。

(三) 进口应税消费品

单位和个人进口应税消费品,于报关进口时由海关代征消费税。

(四) 批发应税消费品

卷烟消费税在生产和批发两个环节征收。

自 2009 年 5 月 1 日起,在卷烟批发环节加征一道从价税,在我国境内从事卷烟批发业务的单位和个人,批发销售的所有牌号规格的卷烟,按其销售额(不含增值税)征收 5%的消费税。纳税人应将卷烟销售额与其他商品销售额分开核算,未分开核算的,一并征收消费税。纳税人销售给纳税人以外的单位和个人的卷烟于销售时纳税。纳税人之间销售的卷烟不缴纳消费税。卷烟批发企业的机构所在地,总机构与分支机构不在同一地区的,由总机构申报纳税。

自 2015 年 5 月 10 日起,将卷烟批发环节从价税税率由 5%提高至 11%,并按 0.005 元/支加征从量税。纳税人兼营卷烟批发和零售业务的,应当分别核算批发和零售环节的销售额、销售数量;未分别核算批发和零售环节销售额、销售数量的,按照全部销售额、销售数量计征批发环节消费税。

【提示】 烟草批发企业将卷烟销售给"零售单位"的,要加征一道 11%的从价税,并按 0.005 元/支加征从量税;烟草批发企业将卷烟销售给其他烟草"批发企业"的,不缴纳消费税。烟草批发企业在计算应纳税额时，不得扣除卷烟中已含的生产环节的消费税税款。

消费税属于价内税，一般情况下只征收一次，只有“卷烟”和“超豪华小汽车”例外。其中，卷烟在生产环节、批发环节征收两次消费税，但这两个环节一般不是同一个纳税人，卷烟生产企业是生产环节的纳税人，批发企业是批发环节的纳税人。其中，生产环节实行从价定率和从量定额相结合的复合计征方法，自 2015 年 5 月 10 日起批发环节也复合计征。

(五) 零售应税消费品

经国务院批准，自 1995 年 1 月 1 日起，金银首饰消费税由生产销售环节征收改为零售环节征收。改在零售环节征收消费税的金银首饰仅限于金基、银基合金首饰以及金、银和金基、银基合金的镶嵌首饰。自 2002 年 1 月 1 日起，对钻石及钻石饰品消费税的纳税环节由生产环节、进口环节后移至零售环节。自 2003 年 5 月 1 日起，铂金首饰消费税改为零售环节征收。在零售环节适用的税率为 5%，在纳税人销售金银首饰、铂金首饰、钻石及钻石饰品时征收。其计税依据是不含增值税的销售额。

对既销售金银首饰又销售非金银首饰的生产、经营单位，应将两类商品划分清楚，分别核算销售额。凡划分不清楚或不能分别核算的，在生产环节销售的，一律从高适用税率征收消费税；在零售环节销售的，一律按金银首饰征收消费税。金银首饰与其他产品组成成套消费品销售的，应按销售额全额征收消费税。

金银首饰连同包装物一起销售的，无论包装物是否单独计价，也无论会计上如何核算，均应并入金银首饰的销售额，计征消费税。

带料加工的金银首饰，应按受托方销售的同类金银首饰的销售价格确定计税依据征收消费税。没有同类金银首饰销售价格的，按照组成计税价格计算纳税。

纳税人采用以旧换新(含翻新改制)方式销售的金银首饰，应按实际收取的不含增值税的全部价款确定计税依据征收消费税。

【提示】 上述以旧换新(含翻新改制)方式销售金银首饰计税依据的规定其实质是抵减了旧的部分的价值。这与增值税对于金银首饰的相关规定是一致的。

另外，自 2016 年 12 月 1 日起，“小汽车”税目下增设“超豪华小汽车”子税目。征收范围为每辆零售价格 130 万元(不含增值税)及以上的乘用车和中轻型商用客车，即乘用车和中轻型商用客车子税目中的超豪华小汽车。对超豪华小汽车，在生产(进口)环节按现行税率征收消费税的基础上，在零售环节加征消费税，税率为 10%。将超豪华小汽车销售给消费者的单位和个人为超豪华小汽车零售环节的纳税人。

三、消费税税目

我国消费税的税目共有 15 个，其中，有些税目还包括若干子目。

(一) 烟

烟，是指以烟叶为原料加工生产的特殊消费品。本税目下设卷烟、雪茄烟和烟丝 3 个子目。

(1) 卷烟。卷烟按价格和来源分为两类：①甲类卷烟，是指每标准条(200 支)不含增值税调拨价在 70 元(含)以上的卷烟、进口卷烟和政府规定的其他卷烟(如白包卷烟、手工卷烟)；②乙类卷烟，是指每标准条不含增值税调拨价在 70 元以下的卷烟。

(2) 雪茄烟。雪茄烟包括各种规格、型号的雪茄烟。

(3) 烟丝。烟丝包括以烟叶为原料生产加工的未经卷制的散装烟，如斗烟、莫合烟、烟末、水烟、黄红烟丝等。

(4) 电子烟。电子烟是指用于产生气溶胶供人抽吸等的电子传输系统，包括烟弹、烟具以及烟弹与烟具组合销售的电子烟产品。烟弹是指含有雾化物的电子烟组件。烟具是指将雾化物雾化为可吸入气溶胶的电子装置。

(二) 酒

酒,是指酒精度在1度以上的各种酒类饮料。本税目下设白酒、黄酒、啤酒、其他酒4个子目。

(1) 白酒,是指以高粱、玉米、大米、小麦、薯类等为原料,经过糖化、发酵后,采用蒸馏方法酿制的酒,包括粮食白酒和薯类白酒。

(2) 黄酒,是指以糯米、粳米、玉米、大米、小麦、薯类等为原料,经加温、糖化、发酵压榨酿制的酒。其征税范围包括各种原料酿制的黄酒和酒度超过12度(含)的土甜酒。

(3) 啤酒,是指以大麦或其他粮食为原料,加入啤酒花,经糖化、发酵、过滤酿制的含有二氧化碳的酒。其征税范围包括各种包装和散装的啤酒。

【提示】 饮食业、商业、娱乐业举办的啤酒屋(啤酒坊)利用啤酒生产设备生产的啤酒,应征消费税。对无醇啤酒、啤酒源、菠萝啤酒和果酒比照啤酒征税。

(4) 其他酒,是指除白酒、黄酒、啤酒以外的,酒精度在1度以上的各种酒,包括糠麸白酒、其他原料白酒、土甜酒、复制酒、果木酒、汽酒、药酒等。根据规定,对以蒸馏酒或食用酒精为酒基,同时符合以下条件的配制酒,按“其他酒”适用税率征收消费税:①具有国家相关部门批准的国食健字或卫字健字文号;②酒精度低于38度(含)。

以发酵酒为酒基,酒精度低于29度(含)的酿制酒,也按“其他酒”征税。其他配制酒,按白酒税率征收消费税。

【提示】 调味料酒不征收消费税。

(三) 高档化妆品

高档化妆品,是指生产(进口)环节销售(完税)价格(不含增值税)在10元/毫升(克)或15元/片(张)及以上的美容、修饰类化妆品和护肤类化妆品,包括高档美容、修饰类化妆品,高档护肤类化妆品和成套化妆品。

【提示】 舞台、戏剧、影视演员化妆用的上妆油、卸妆油、油彩,不属于消费税征税范围。

自2016年10月1日起,取消对普通美容、修饰类化妆品征收消费税。

(四) 贵重首饰及珠宝玉石

贵重首饰包括以金、银、白金、宝石、珍珠、钻石、翡翠、珊瑚、玛瑙等贵重、稀有物质及其他金属、人造宝石等制作的纯金银首饰及镶嵌首饰。

珠宝玉石包括钻石、珍珠、松石、青金石、欧泊石、橄榄石、长石、玉、石英、玉髓、石榴石、锆石、尖晶石、黄玉、碧玺、金禄玉、刚玉、琥珀、珊瑚、煤玉、龟甲、合成刚玉、合成宝石、双合石、玻璃仿制品。

【提示】 宝石坯是经采掘、打磨、初级加工的珠宝玉石半成品,应按规定征收消费税。

(五) 鞭炮、焰火

鞭炮,是指多层纸密裹火药,接以药引线制成的一种爆炸品;焰火,是指烟火剂。

【提示】 体育上用的发令纸、鞭炮药引线,不属于本税目征税范围。

(六) 成品油

本税目下设汽油、柴油、溶剂油、航空煤油、石脑油、润滑油、燃料油7个子目。

(1) 汽油,是指用原油或其他原料生产的辛烷值不小于66的可用作汽油发动机燃料的各种轻质汽油。以汽油、汽油组分调和生产的甲醇汽油、乙醇汽油也属于本税目。

(2) 柴油,是指用原油或其他原料生产的倾点或凝点在−50 ℃至30 ℃的可用作柴油发动机燃料的各种轻质柴油和以柴油组分为主、经调和精制可以用作柴油发动机的非标油。

自2009年1月1日起,对同时符合下列条件的纯生物柴油免征消费税:①生产原料中废弃的动物油和植物油用量所占比重不低于70%；②生产的纯生物柴油符合国家《柴油机燃料调和生物柴油(BD100)》标准。

对不符合规定的生物柴油，或者以柴油、柴油组分调和生产的生物柴油也照章征收消费税。

(3) 溶剂油，是用原油或其他原料生产的用于涂料、油漆生产、食用油加工、印刷油墨、皮革、农药、橡胶、化妆品生产和机械清洗、胶粘行业的轻质油。橡胶填充油、溶剂油原料，属于溶剂油征税范围。

(4) 航空煤油也叫喷气燃料，是以原油或其他原料生产的用于喷气发动机和喷气推进系统燃料的各种轻质油。

(5) 石脑油也叫化工轻油，是以原油或其他原料生产的用于化工原料的轻质油。

(6) 润滑油，是用原油或其他原料生产的用于内燃机、机械加工过程的润滑产品。

(7) 燃料油也叫重油、渣油，是用原油或其他原料生产的主要用于电厂发电、船舶锅炉用燃料、加热炉燃料、冶金和其他工业炉燃料的各类燃料油。自2012年11月1日起，催化料、焦化料属于燃料油的征税范围，应征收消费税。

自2009年1月1日起，对成品油生产企业在生产成品油过程中，作为燃料、动力及原料消耗掉的自产成品油，免征消费税。对用于其他用途或直接对外销售的成品油照章征收消费税。

(七) 摩托车

本税目包括轻便摩托车、摩托车。

(1) 轻便摩托车是指最大设计车速不超过50千米/小时、发动机气缸总工作容积不超过50毫升的两轮机动车。

(2) 摩托车是指最大设计车速超过50千米/小时、发动机气缸总工作容积超过50毫升、空车重量不超过400千克的两轮或三轮机动车。

【提示】 自2014年12月1日起，汽车轮胎和气缸容量250毫升(不含)以下的小排量摩托车不再征收消费税。

(八) 小汽车

本税目下设乘用车、中轻型商用客车和超豪华小汽车3个子目。

(1) 乘用车包括含驾驶员座位在内最多不超过9个座位(含)的、在设计和技术特性上用于载运乘客和货物的各类乘用车。

(2) 中轻型商用客车包括含驾驶员座位在内的座位数在10～23座(含23座)的、在设计和技术特性上用于载运乘客和货物的各类中轻型商用客车。用排气量小于1.5升(含)的乘用车底盘(车架)改装、改制的车辆属于乘用车征收范围。用排气量大于1.5升的乘用车底盘(车架)或用中轻型商用客车底盘(车架)改装、改制的车辆属于中轻型商用客车征收范围。

【提示】 车身长度大于7米(含)，并且座位在10～23座(含)以下的商用客车，不属于中轻型商用客车，不征收消费税。

(3) 超豪华小汽车为每辆零售价格130万元(不含增值税)及以上的乘用车和中轻型商用客车，即乘用车和中轻型商用客车子税目中的超豪华小汽车。

【提示】 电动汽车、沙滩车、雪地车、卡丁车、高尔夫车，不征收消费税。

(九) 高尔夫球及球具

高尔夫球及球具，是指从事高尔夫球运动所需的各种专用装备，包括高尔夫球、高尔夫球杆、高尔夫球包(袋)等。高尔夫球杆的杆头、杆身和握把属于本税目征税范围。

（十）高档手表

高档手表，是指不含增值税销售价格每只在10 000元（含）以上的各类手表。

（十一）游艇

游艇，是指艇身长度大于8米（含）小于90米（含），内置发动机，可以在水上移动，主要用于水上运动和休闲娱乐等非牟利活动的各类机动艇。

（十二）木制一次性筷子

木制一次性筷子，是指以木材为原料，经锯断、浸泡、旋切、刨切、烘干、筛选、包装等环节加工而成的一次性使用的筷子。未经打磨、倒角的木制一次性筷子属于本税目征税范围。

（十三）实木地板

实木地板，是指以木材为原料，经锯割、干燥、刨光、截断、开榫等工序加工而成的地面装饰材料，包括各类规格的实木地板、实木指接地板、实木复合地板及用于装饰墙壁、天棚的侧端面为榫、槽的实木装饰板。未经涂饰的素板属于本税目征税范围。

（十四）电池

电池是一种将化学能、光能等直接转换为电能的装置，一般由电极、电解质、容器、极端，通常还有隔离层组成的基本功能单元，以及用一个或多个基本功能单元装配成的电池组，包括原电池、蓄电池、燃料电池、太阳能电池和其他电池。

对无汞原电池、金属氢化物镍蓄电池（又称氢镍蓄电池或镍氢蓄电池）、锂原电池、锂离子蓄电池、太阳能电池、燃料电池和全钒液流电池，免征消费税。

自2016年1月1日起，对铅蓄电池按4%税率征收消费税。

（十五）涂料

涂料，是指涂于物体表面能形成具有保护、装饰或特殊性能的固态涂膜的一类液体或固体材料的总称。对施工状态下挥发性有机物（Volatile Organic Compounds，VOC）含量低于420克/升（含）的涂料，免征消费税。

外购电池、涂料大包装改成小包装或者外购电池、涂料不经加工只贴商标的行为，视同应税消费税品的生产行为。

四、消费税税率

我国现行消费税税率有比例税率、定额税率和复合税率三种。适用定额税率的税目：啤酒、黄酒、成品油；适用复合税率的税目：卷烟、白酒。各种应税消费品的具体税率如表4-4所示。

表4-4　消费税税目税率表

税　目	税　率
一、烟	
1. 卷烟	
(1) 甲类卷烟（生产环节）	56%加0.003元/支（生产环节）
(2) 乙类卷烟（生产环节）	36%加0.003元/支（生产环节）
(3) 甲类卷烟和乙类卷烟（批发环节）	11%加0.005元/支（批发环节）
2. 雪茄烟（生产环节）	36%（生产环节）
3. 烟丝（生产环节）	30%（生产环节）

（续表）

税　目	税　率
4. 电子烟	
（1）生产（进口）环节	36%
（2）批发环节	11%
二、酒	
1. 白酒（含粮食白酒和薯类白酒）	20%加0.5元/500克（或者500毫升）
2. 黄酒	240元/吨
3. 啤酒	
（1）甲类啤酒	250元/吨
（2）乙类啤酒	220元/吨
4. 其他酒	10%
三、高档化妆品	15%
四、贵重首饰及珠宝玉石	
1. 金银首饰、铂金首饰和钻石及钻石饰品（零售环节）	5%（零售环节）
2. 其他贵重首饰和珠宝玉石	10%
五、鞭炮、焰火	15%
六、成品油	
1. 汽油	1.52元/升
2. 柴油	1.2元/升
3. 航空煤油	1.2元/升
4. 石脑油	1.52元/升
5. 溶剂油	1.52元/升
6. 润滑油	1.52元/升
7. 燃料油	1.2元/升
七、摩托车	
1. 气缸容量（排气量，下同）为250毫升的	3%
2. 气缸容量为250毫升以上的	10%
八、小汽车	
1. 乘用车	
（1）气缸容量（排气量，下同）在1.0升（含1.0升）以下的	1%
（2）气缸容量在1.0升至1.5升（含1.5升）的	3%
（3）气缸容量在1.5升至2.0升（含2.0升）的	5%

（续表）

税 目	税 率
(4) 气缸容量在2.0升至2.5升(含2.5升)的	9%
(5) 气缸容量在2.5升至3.0升(含3.0升)的	12%
(6) 气缸容量在3.0升至4.0升(含4.0升)的	25%
(7) 气缸容量在4.0升以上的	40%
2. 中轻型商用客车	5%
3. 超豪华小汽车(零售环节)	10%(零售环节),生产环节同乘用车和中轻型商用客车
九、高尔夫球及球具	10%
十、高档手表	20%
十一、游艇	10%
十二、木制一次性筷子	5%
十三、实木地板	5%
十四、电池	4%
十五、涂料	4%

【提示】 15个税目中,黄酒、啤酒、成品油实行的是单一的定额税率,其他大多数应税消费品均为单一的比例税率。特别要注意的是,卷烟、白酒实行“复合税率”复合征收(“复合税率”是同时适用比例税率与定额税率的一种特殊形式,其本身并不是一种税率)。

【注意】 对纳税人兼营不同税率的应税消费品,应当分别核算不同税率应税消费品的销售额或销售数量。未分别核算销售额或销售数量的,或者将不同税率的应税消费品组成成套消费品销售的,应从高适用税率征收。

(1) 纳税人兼营不同税率应税消费品的,应分别核算其销售额和销售数量;未分别核算的,从高适用税率。

(2) 配制酒(露酒)是指以发酵酒、蒸馏酒或食用酒精为酒基,加入可食用或药食两用的辅料或食品添加剂,进行调配、混合或再加工制成的,改变了其原酒基风格的饮料酒。①以蒸馏酒或食用酒精为酒基,同时符合以下条件的配制酒,按消费税税目税率表“其他酒”适用税率10%征收消费税。具有国家相关部门批准的国食健字或卫食健字文号;酒精度低于38度(含)。②以发酵酒为酒基,酒精度低于20度(含)的配制酒,按消费税税目税率表“其他酒”适用税率10%征收消费税。③其他配制酒,按消费税税目税率表“白酒”适用税率征收消费税。上述蒸馏酒或食用酒精为酒基是指酒基中蒸馏酒或食用酒精的比重超过80%(含);发酵酒为酒基是指酒基中发酵酒的比重超过80%(含)。

(3) 纳税人自产自用的卷烟应当按照纳税人生产的同牌号规格的卷烟销售价格确定征税类别和适用税率。

(4) 卷烟由于接装过滤嘴、改变包装或其他原因提高销售价格后,应按照新的销售价格确定征税类别和适用税率。

(5) 委托加工的卷烟按照受托方同牌号规格卷烟的征税类别和适用税率征税。没有同牌号规格卷烟的,一律按卷烟最高税率征税。

(6) 残次品卷烟应当按照同牌号规格正品卷烟的征税类别确定适用税率。

(7) 下列卷烟不分征税类别一律按照56%卷烟税率征税,并按照定额每标准箱150元计算征税:①白包卷烟;②手工卷烟;③未经国务院批准纳入计划的企业和个人生产的卷烟。

五、消费税应纳税额的计算

(一) 实行从量定额的应税消费品计税依据的确定

从量定额计征消费税通常以每单位应税消费品的重量、容积或数量为计税依据,并按每单位应税消费品规定固定税额。不同应税行为应税数量按下列规定确定:

(1) 销售应税消费品的,为应税消费品的销售数量。

(2) 自产自用应税消费品的,为应税消费品的移送使用数量。

(3) 委托加工应税消费品的,为纳税人收回的应税消费品数量。

(4) 进口应税消费品的,为海关核定的应税消费品进口数量。

(二) 实行从价定率的应税消费品计税依据的确定

1. 销售额的范围

销售额,是指纳税人销售应税消费品向购买方收取的全部价款和价外费用,不包括应向购买方收取的增值税税款。价外费用,是指价外向购买方收取的手续费、补贴、基金、集资费、返还利润、奖励费、违约金、滞纳金、延期付款利息、赔偿金、代收款项、代垫款项、包装费、包装物租金、储备费、优质费、运输装卸费以及其他各种性质的价外收费。但下列项目不包括在销售额内:

(1) 同时符合以下条件的代垫运输费用:承运部门的运输费用发票开具给购买方的;纳税人将该项发票转交给购买方的。

(2) 同时符合以下条件代为收取的政府性基金或者行政事业性收费:由国务院或者财政部批准设立的政府性基金,由国务院或者省级人民政府及其财政、价格主管部门批准设立的行政事业性收费;收取时开具省级以上财政部门印制的财政票据;所收款项全额上缴财政。

2. 含增值税销售额的换算

应税消费品在缴纳消费税的同时,与一般货物一样,还应缴纳增值税。应税消费品的销售额,不包括应向购货方收取的增值税税款。如果纳税人应税消费品的销售额中未扣除增值税税款或者因不得开具增值税专用发票而发生价款和增值税税款合并收取的,在计算消费税时,应将含增值税的销售额换算为不含增值税税款的销售额。其换算公式为:

应税消费品的销售额 = 含增值税的销售额 ÷ (1 + 增值税税率或者征收率)

【提示】 在使用换算公式时,应根据纳税人的具体情况分别使用增值税税率或征收率。如果消费税的纳税人同时又是增值税一般纳税人的,应适用13%的增值税税率;如果消费税的纳税人是增值税小规模纳税人的,应适用3%的征收率。

(三) 复合计征销售额和销售数量的确定

卷烟和白酒实行从价定率和从量定额相结合的复合计征办法征收消费税。

销售额为纳税人生产销售卷烟、白酒向购买方收取的全部价款和价外费用。销售数量为纳税人生产销售、进口、委托加工、自产自用卷烟、白酒的销售数量、海关核定数量、委托方收回数量和移送使用数量。纳税人通过自设非独立核算门市部销售的自产应税消费品,应当按照门市部对外销售额或者销售数量计征消费税。

(四) 特殊情形下销售额和销售数量的确定

(1) 纳税人应税消费品的计税价格明显偏低并无正当理由的,由税务机关核定计税价格。

其核定权限规定如下：①卷烟、白酒和小汽车的计税价格由国家税务总局核定，送财政部备案；②其他应税消费品的计税价格由省、自治区和直辖市税务局核定；③进口的应税消费品的计税价格由海关核定。

(2) 纳税人通过自设非独立核算门市部销售的自产应税消费品，应当按照门市部对外销售额或者销售数量征收消费税。

(3) 纳税人用于换取生产资料和消费资料、投资入股和抵偿债务等方面的应税消费品，应当以纳税人同类应税消费品的最高销售价格作为计税依据计算消费税。

(4) 白酒生产企业向商业销售单位收取的"品牌使用费"是随着应税白酒的销售而向购货方收取的，属于应税白酒销售价款的组成部分，因此，不论企业采取何种方式或以何种名义收取价款，均应并入白酒的销售额中缴纳消费税。

(5) 实行从价计征办法征收消费税的应税消费品连同包装销售的，无论包装物是否单独计价以及在会计上如何核算，均应并入应税消费品的销售额中缴纳消费税。

如果包装物不作价随同产品销售，而是收取押金，此项押金则不应并入应税消费品的销售额中征税。但对因逾期未收回的包装物不再退还的或者已收取的时间超过12个月的押金，应并入应税消费品的销售额，缴纳消费税。

对包装物既作价随同应税消费品销售，又另外收取押金的包装物的押金，凡纳税人在规定的期限内没有退还的，均应并入应税消费品的销售额，按照应税消费品的适用税率缴纳消费税。

对酒类生产企业销售酒类产品而收取的包装物押金，无论押金是否返还及会计上如何核算，均应并入酒类产品销售额，征收消费税。

(6) 纳税人采用以旧换新(含翻新改制)方式销售的金银首饰，应按实际收取的不含增值税的全部价款确定计税依据征收消费税。

对既销售金银首饰，又销售非金银首饰的生产、经营单位，应将两类商品划分清楚，分别核算销售额。凡划分不清楚或不能分别核算的并在生产环节销售的，一律从高适用税率征收消费税；在零售环节销售的，一律按金银首饰征收消费税。

【注意】 金银首饰与其他产品组成成套消费品销售的，应按销售额全额征收消费税。

【提示】 金银首饰连同包装物销售的，无论包装是否单独计价，也无论会计上如何核算，均应并入金银首饰的销售额计征消费税。

带料加工的金银首饰，应按受托方销售同类金银首饰的销售价格确定计税依据征收消费税。没有同类金银首饰销售价格的，按照组成计税价格计算纳税。

(7) 纳税人销售的应税消费品，以人民币以外的货币结算销售额的，其销售额的人民币折合率可以选择销售额发生的当天或者当月1日的人民币汇率中间价。纳税人应在事先确定采取何种折合率，确定后1年内不得变更。

(五) 从价定率征收应纳税额的计算

从价定率征收，即根据不同的应税消费品确定不同的比例税率。其计算公式为：

$$应纳消费税税额 = 应税消费品的销售额 \times 比例税率$$

(1) 公式中的销售额，是指纳税人销售应税消费品向购买方收取的全部价款和价外费用，不包括应向购买方收取的增值税税款。价外费用，是指价外向购买方收取的手续费、补贴、基金、集资费、返还利润、奖励费、违约金、滞纳金、延期付款利息、赔偿金、代收款项、代垫款项、包装费、包装物租金、储备费、优质费、运输装卸费及其他各种性质的价外收费。但下列项目不包括在销售额内：①同时符合以下条件的代垫运输费用：承运部门的运输费用发票开具给购买方的；纳税人将该项发票转交给购买方的；②同时符合以下条件代为收取的政府性基金或者行政事业性收费：由国务院或者财政部批准设立的政府性基金，由国务院或者省级人民政府及其财政、价格主管部门批准设立的行政事业性收费；收取时开具省级以上财政部门印制的财政票据；所收款项全额上缴财政。

(2) 应税消费品在缴纳消费税的同时，与一般货物一样，还要缴纳增值税。因此，按照《中华人民共和国消费税暂行条例实施细则》(以下简称《消费税暂行条例实施细则》)的明确规定，应税消费品的销售额，不包括应向购买方收取的增值税税额。如果纳税人应税消费品的销售额中未扣除增值税税款或者因不得开具增值税专用发票而发生价款和增值税税款合并收取的，在计算消费税时，应当将含增值税的销售额换算为不含增值税的销售额。其换算公式为：

应税消费品的销售额 = 含增值税的销售额 ÷ (1 + 增值税税率或征收率)

【提示】 在从价定率征收方法下，应纳税额的计算取决于应纳消费税的销售额和适用税率两个因素，此处的“销售额”与增值税中的“销售额”基本一致(特殊情况除外)，销售额为纳税人销售应税消费品向购买方收取的全部价款和价外费用。“销售额”都是不含增值税(价外税)、但含消费税(价内税)的销售额。如果销售额为含增值税的销售额，必须换算成不含增值税的销售额。

做中学 4-12

甲实木地板厂为增值税一般纳税人。2023 年 6 月 1 日，向当地一家大型装修批发商场销售一批实木地板，开具增值税专用发票一张，发票上注明不含增值税销售额 20 万元，增值税税额 2.6 万元。实木地板的消费税税率为 5%。

要求：计算甲实木地板厂上述业务的应纳消费税。

解析：应纳消费税=20×5%=1(万元)

(六) 从量定额征收应纳税额的计算

从量定额征收，即根据不同的应税消费品确定不同的单位税额。其计算公式为：

应纳消费税额 = 应税消费品的销售数量 × 定额税率

公式中的销售数量，是指纳税人生产、委托加工或进口应税消费品的数量。

做中学 4-13

甲啤酒厂自产啤酒 40 吨，无偿提供给某啤酒节，已知每吨成本为 1 500 元，无同类产品售价。税务机关核定的消费税单位税额为 250 元/吨。

要求：计算甲啤酒厂上述业务的应纳消费税。

解析：应纳消费税=250×40=10 000(元)

(七) 从价定率和从量定额复合征收应纳税额的计算

从价定率和从量定额复合征收，即以两种方法计算的应纳税税额之和为该应税消费品的应纳税额。我国目前只对卷烟和白酒采用复合征收方法。其计算公式为：

应纳消费税额 = 应税消费品的销售额 × 比例税率 + 应税消费品的销售数量 × 定额税率

销售额为纳税人生产销售卷烟、白酒向购买方收取的全部价款和价外费用。销售数量为纳税人生产销售、进口、委托加工、自产自用卷烟或白酒的实际销售数量，海关核定的进口征税数量，委托方收回数量和移送使用数量。

做中学 4-14

甲公司是一家白酒生产企业，为增值税一般纳税人，2023 年 5 月销售粮食白酒 10 吨，取得不含增值税的销售额为 60 万元；销售薯类白酒 20 吨，取得不含增值税的销售额为 80 万元。白酒消费税的比例税率为 20%，定额税率为 0.5 元/500 克。

要求：计算甲公司本月的应纳消费税。

解析：从价定率应纳消费税＝(60＋80)×20%＝28(万元)

从量定额应纳消费税＝(10＋20)×1 000×2×0.5÷10 000＝3(万元)

应纳消费税合计＝28＋3＝31(万元)

(八) 应税消费品已纳税款的扣除

(1) 由于某些应税消费品是用外购已缴纳消费税的应税消费品连续生产出来的，在对这些连续生产出来的应税消费品计算征税时，税法规定应当按照当期生产领用数量计算准予扣除的外购应税消费品已缴纳的消费税税款。扣除范围包括如下内容：①外购已税烟丝生产的卷烟；②外购已税高档化妆品生产的高档化妆品；③外购已税珠宝、玉石生产的贵重首饰及珠宝、玉石；④外购已税鞭炮、焰火生产的鞭炮、焰火；⑤外购已税杆头、杆身和握把为原料生产的高尔夫球杆；⑥外购已税木制一次性筷子为原料生产的木制一次性筷子；⑦外购已税实木地板为原料生产的实木地板；⑧外购已税汽油、柴油、石脑油、燃料油、润滑油为原料生产的应税成品油。

做中学 4-15

甲卷烟厂为增值税一般纳税人，2023 年 5 月从乙公司购进烟丝，取得增值税专用发票，注明不含税价款 70 万元，其中，60%用于生产 A 牌卷烟(甲类卷烟)；本月销售 A 牌卷烟 80 箱(标准箱)，取得不含税销售额 700 万元。甲类卷烟消费税从价税率为 56%，从量税率为 150 元/标准箱，烟丝消费税税率为 30%。

要求：计算甲卷烟厂上述业务的应纳消费税。

解析：卷烟的消费税实行复合计征，外购已税烟丝连续生产卷烟的，已纳消费税可以扣除。

应纳消费税 ＝ 700 × 56% ＋ 150 × 80 ÷ 10 000 － 70 × 30% × 60% ＝ 380.6(万元)

(2) 委托加工的应税消费品，委托方用于连续生产应税消费品的，所纳税款准予按规定抵扣；直接出售的，不再缴纳消费税。委托方将收回的应税消费品，以不高于受托方的计税价格出售的，委托加工的应税消费品收回后直接出售的，不再缴纳消费税；委托方以高于受托方的计税价格出售的，不属于直接出售，需按照规定申报缴纳消费税，在计税时准予扣除受托方已代收代缴的消费税。委托个人加工的应税消费品，由受托方收回后缴纳消费税。

委托加工的应税消费品因为已由受托方代收代缴消费税，因此，委托方收回货物后用于连续生产应税消费品的，其已纳税款准予按照规定从连续生产的应税消费品应纳税额中扣除。扣除范围包括如下内容：①以委托加工收回的已税烟丝为原料生产的卷烟；②以委托加工收回的已税高档化妆品为原料生产的高档化妆品；③以委托加工收回的已税珠宝、玉石为原料生产的贵重首饰及珠宝、玉石；④以委托加工收回的已税鞭炮、焰火为原料生产的鞭炮、焰火；⑤以委托加工收回的已税杆头、杆身和握把为原料生产的高尔夫球杆；⑥以委托加工收回的已税木制一次性筷子为原料生产的木制一次性筷子；⑦以委托加工收回的已税实木地板为原料生产的实木地板；⑧以委托加工收回的已税汽油、柴油、石脑油、燃料油、润滑油为原料生产的应税成品油。

做中学 4-16

A 厂(增值税一般纳税人)2023 年 5 月购进原材料一批,取得的增值税专用发票上注明的不含税价款为 32 万元,全部将其提供给 B 厂(增值税一般纳税人)加工成高档化妆品。

提货时,支付的加工费及增值税共 2.26 万元,取得了 B 厂开具的增值税专用发票,同时 B 厂代收代缴了消费税(无同类商品售价)。

A 厂将收回高档化妆品的 2/3 用于连续加工生产高档化妆品。

本月出售自产高档化妆品,取得不含税收入 80 万元。高档化妆品消费税税率为 15%。

要求:(1) 计算 B 厂应代收代缴的消费税。

(2) 计算 B 厂的增值税销项税额。

(3) 计算 A 厂的应纳消费税。

(4) 计算 A 厂的应纳增值税。

解析:(1) B 厂应代收代缴的消费税=[32+2.26÷(1+13%)]÷(1−15%)×15%=6(万元)。

(2) B 厂的增值税销项税额=2.26÷(1+13%)×13%=0.26(万元)。

(3) A 厂应纳消费税=80×15%−6÷3×2=8(万元)。

(4) A 厂应纳增值税=80×13%−32×13%−2.26÷(1+13%)×13%=5.98(万元)。

【注意】 增值税与消费税抵扣的不同点:在计算增值税一般纳税人的当期增值税应纳税额时,如果取得了增值税专用发票并通过认证的,可以全额抵扣,与当期“生产领用数量”无关,增值税采用的是“购进扣税法”;但在计算消费税时,对于外购或委托加工收回的应税消费品用于连续生产应税消费品的,准予抵扣的消费税与当期“生产领用数量”有关,强调配比原则。增值税与消费税抵扣的相同点:消费税抵扣的目的和增值税一样,也是避免重复征税。

(九) 自产自用应税消费品应纳税额的计算

纳税人自产自用应税消费品用于连续生产应税消费品的,不纳税;凡用于其他方面的,一律于移送使用时,按照纳税人生产的同类消费品的销售价格或使用数量计算缴纳消费税。若为从量征收,则应按自产自用应税消费品的移送使用数量计算纳税;若为从价征收,则应按照纳税人生产的同类消费品的销售价格计算纳税,没有同类消费品销售价格的,按照组成计税价格计算纳税。

上述所称用于其他方面是指包括用于本企业连续生产非应税消费品、在建工程、管理部门、非生产机构、提供劳务、馈赠、赞助、集资、广告、样品、职工福利、奖励等方面。

(1) 实行从价定率办法计算纳税的自产自用应税消费品应纳税额的计算公式为:

应纳税额 = 同类应税消费品销售价格或者组成计税价格 × 比例税率

其中:

组成计税价格=(成本 + 利润) ÷ (1 − 比例税率)
=[成本 × (1 + 成本利润率)] ÷ (1 − 比例税率)

(2) 实行从量定额办法计算纳税的自产自用应税消费品应纳税额的计算公式为:

应纳税额 = 自产自用数量 × 定额税率

(3) 实行复合计税办法计算纳税的自产自用应税消费品应纳税额的计算公式为:

应纳税额 = 同类应税消费品销售价格或者组成计税价格 × 比例税率 + 自产自用数量 × 定额税率

其中:

组成计税价格＝(成本＋利润＋自产自用数量×定额税率)÷(1－比例税率)
＝[成本×(1＋成本利润率)＋自产自用数量×定额税率]÷(1－比例税率)

【注意】 用于连续生产的应税消费品，是指作为生产最终应税消费品的直接材料，并构成最终产品实体的应税消费品，如卷烟厂生产的烟丝用于本厂连续生产卷烟等。因为最终产品卷烟也是应税消费品，需要缴纳消费税，所以在领用烟丝环节就没有必要纳税(外购烟丝或委托加工烟丝用于连续生产卷烟则可以按规定扣除已纳税款)，避免重复征税(消费税一般只征一次)。

式中：成本是指应税消费品的产品生产成本；利润是指根据应税消费品的全国平均成本利润率计算的利润。具体规定如表4-5所示。

表4-5　平均利润率

货物名称	利润率	货物名称	利润率
1. 甲类卷烟	10%	11. 烟丝	5%
2. 乙类卷烟	5%	12. 粮食白酒	10%
3. 雪茄烟	5%	13. 薯类白酒	5%
4. 其他酒	5%	14. 游艇	10%
5. 高档化妆品	5%	15. 木质一次性筷子	5%
6. 鞭炮、焰火	5%	16. 实木地板	5%
7. 贵重首饰及珠宝玉石	6%	17. 乘用车	8%
8. 摩托车	6%	18. 中轻型商务车	5%
9. 高尔夫球及球具	10%	19. 电池	4%
10. 高档手表	20%	20. 涂料	7%

做中学4-17

某白酒厂2023年6月，将新研制的白酒3吨作为元旦福利发放给企业职工，该白酒无同类产品市场销售价格。已知该批白酒生产成本为35 000元，成本利润率为5%，白酒消费税比例税率为20%，定额税率为0.5元/500克。

要求：计算该批白酒应纳消费税税额。

解析：没有同类消费品销售价格的，按照组成计税价格计算纳税。计算过程如下：

组成计税价格＝[35 000×(1＋5%)＋(3×2 000×0.5)]÷(1－20%)＝49 687.5(元)

应纳消费税税额＝49 687.5×20%＋3×2 000×0.5＝12 937.5(元)

(十) 委托加工应税消费品应纳税额的计算

委托加工的应税消费品，按照受托方的同类消费品的销售价格计算纳税；没有同类消费品销售价格的，按照组成计税价格计算纳税。

(1) 实行从价定率办法计算纳税的委托加工应税消费品应纳税额的计算公式为：

应纳税额＝同类应税消费品销售价格或者组成计税价格×比例税率

其中：

组成计税价格 =(材料成本 + 加工费)÷(1 - 比例税率)

(2) 实行从量定额办法计算纳税的委托加工应税消费品应纳税额的计算公式为:

应纳税额 = 委托加工数量 × 定额税率

(3) 实行复合计税办法计算纳税的委托加工应税消费品应纳税额的计算公式为:

应纳税额 = 同类应税消费品销售价格或者组成计税价格 × 比例税率 + 委托加工数量 × 定额税率

其中:

组成计税价格 =(材料成本 + 加工费 + 委托加工数量 × 定额税率)÷(1 - 比例税率)

【注意】 "材料成本"是指委托方所提供加工的材料实际成本。凡未提供材料成本或所在地主管税务机关认为材料成本不合理的,税务机关有权重新核定材料成本。"加工费"是指受托方加工应税消费品向委托方收取的全部费用(包括代垫的辅助材料实际成本)。

【提示】 委托加工应税消费品,委托方不涉及缴纳增值税的问题。

做中学 4-18

甲酒厂为增值税一般纳税人,2023 年 5 月从农业生产者手中收购粮食,农产品收购发票上注明价款 70 000 元。甲酒厂将收购的粮食从收购地直接运往异地的乙酒厂(增值税一般纳税人)全部用于生产加工白酒。6 月白酒加工完毕,甲酒厂收回白酒 8 吨,取得乙酒厂开具的防伪税控增值税专用发票,注明加工费为 10 000 元,代垫辅料价值为 5 000 元,加工的白酒当地无同类产品市场价格。白酒消费税比例税率为 20%,定额税率为 0.5 元/500 克。

要求:(1) 计算乙酒厂应代收代缴的消费税。

(2) 计算乙酒厂的增值税销项税额。

(3) 计算甲酒厂可抵扣的增值税。

解析:(1) 纳税人购进农产品,原适用 10%扣除率的,扣除率调整为 9%。纳税人购进用于生产销售或委托加工 13%税率货物的农产品,按照 10%的扣除率计算进项税额。因此,甲酒厂从农业生产者手中收购粮食用于生产销售或委托加工 10%税率的白酒,增值税扣除率为 9%。

乙酒厂应代收代缴的消费税 =[8×1 000×2×0.5+70 000×(1-10%)+(10 000+5 000)]÷(1-20%)×20%+8×1 000×2×0.5 = 29 500(元)

(2) 乙酒厂的增值税销项税额=(10 000+5 000)×13%=1 950(元)。

(3) 甲酒厂可抵扣的增值税额=70 000×9%+1 950=8 250(元)。

(十一) 批发、零售应税消费品应纳税额的计算

1. 批发环节应纳税额的计算

批发环节的应税消费品只有卷烟。2015 年 5 月 10 日起,全国卷烟批发环节从价税税率由原来的 5%提高至 11%,并按 0.005 元/支加征从量税。此外,在批发环节卷烟应纳税额的计算还应注意以下问题:

(1) 卷烟批发企业之间销售的卷烟不缴纳消费税。只有将卷烟从批发商销售给零售商等其他单位和个人时才缴纳消费税。

(2) 卷烟批发企业在计算缴纳消费税时,不得扣除该批卷烟在生产环节已纳的消费税税款。

做中学 4-19

美禄烟草销售公司为增值税一般纳税人，持有烟草批发许可证，2023 年 6 月从卷烟厂批发乙类卷烟 300 条，每标准条 200 支。美禄烟草销售公司将其中的 200 条转手销售给烟草批发商乙，取得含税销售收入 12.87 万元。另外 100 条销售给烟草零售商丙专卖店，取得不含税的销售收入 6 万元。

要求：计算美禄烟草销售公司当月应缴纳的消费税。

解析：由于乙为烟草批发商，烟草批发商之间销售卷烟不征消费税，因此，美禄烟草销售公司当月应缴纳的消费税＝60 000×11%＋100×200×0.005＝6 700(元)。

2. 零售环节应纳税额的计算

零售环节应纳税额的计算仅对应于“金银首饰、铂金首饰和钻石及钻石饰品”。超豪华小汽车在现行税率基础上，在零售环节加征一道消费税。

超豪华小汽车零售环节消费税应纳税额计算公式为：

应纳税额 ＝ 零售环节销售额(不含增值税，下同)×零售环节税率

国内汽车生产企业直接销售给消费者的超豪华小汽车，消费税税率按照生产环节税率和零售环节税率加总计算。消费税应纳税额计算公式为：

应纳税额 ＝ 销售额×(生产环节税率＋零售环节税率)

纳税人采用以旧换新(含翻新改制)方式销售的金银首饰，应按实际收取的不含增值税的全部价款确定计税依据征收消费税。

对既销售金银首饰，又销售非金银首饰的生产、经营单位，应将两类商品划分清楚，分别核算销售额。凡划分不清楚或不能分别核算并在生产环节销售的，一律从高适用税率征收消费税；在零售环节销售的，一律按金银首饰征收消费税。

金银首饰与其他产品组成成套消费品销售的，应按销售额全额征收消费税。

金银首饰连同包装物销售的，无论包装是否单独计价，也无论会计上如何核算，均应并入金银首饰的销售额计征消费税。

带料加工的金银首饰，应按受托方销售同类金银首饰的销售价格确定计税依据征收消费税。没有同类金银首饰销售价格的，按照组成计税价格计算纳税。

做中学 4-20

银熙金店采用“以旧换新”方式零售纯金手镯一副，新手镯对外售价为 12 000 元，旧手镯作价 4 500 元，从消费者手中收取新旧差价款 7 500 元；清洗金银首饰取得含税收入 5 265 元；为个人提供带料加工金银首饰业务，取得含税收入 6 000 元。

要求：计算该金店上述业务应纳的消费税。

解析：根据税法的规定，纳税人采用以旧换新(含翻新改制)方式销售的金银首饰，应按实际收取的不含增值税的全部价款确定计税依据征收消费税；修理、清洗金银首饰不征收消费税；为个人提供带料加工金银首饰业务，视同零售，征收消费税，故具体计算如下：

应纳消费税 ＝ (7 500＋6 000)÷(1＋13%)×5% ≈ 597.35(元)

做中学 4-21

南锦卷烟厂为增值税一般纳税人,2023 年 8 月发生下列经济业务:

(1) 向农业生产者收购烟叶 20 吨,实际成本(已含烟叶税和价外补贴)为 57.42 万元。将上述烟叶委托白河烟丝加工厂加工成烟丝,支付加工费 8 万元(不含增值税),并代收代缴消费税(已知无同类产品的销售价格)。

(2) 当月进口甲类卷烟 60 个标准箱,关税完税价格为 60 万元,缴纳关税 12 万元,当月销售该批卷烟,取得不含税销售收入 160 万元。

(3) 本月将收回烟丝的 30%对外销售给一家小规模的贸易公司,开具的普通发票上注明的销售额为 27.84 万元。其余部分全部当月生产领用。

(4) 本月生产领用以前外购烟丝 140 万元(不含增值税),继续加工卷烟。

(5) 本月出售 1 000 个标准箱的蓝牌卷烟(每箱 250 条,每条 200 支),开具的增值税专用发票上注明的销售额为 900 万元。

(6) 本月厂庆发给职工白包卷烟 5 个标准箱(每箱 250 条,每条 200 支),每箱不含增值税价格为 3 万元。

烟丝消费税税率为 30%,卷烟消费税定额税率为每支 0.003 元,甲类卷烟比例税率为 56%,乙类卷烟比例税率为 36%。

要求:根据上述资料计算南锦卷烟厂当月应缴纳的消费税。

解析:业务(1)委托加工环节的应税消费品,没有同类消费品销售价格的应按照组成计税价格计算纳税。具体计算如下:

组成计税价格 = (57.42 + 8) ÷ (1 − 30%) ≈ 93.46(万元)

白河烟丝加工厂(受托方)代收代缴的消费税 = 93.46 × 30% ≈ 28.04(万元)

业务(2)中涉及进口卷烟,其应纳消费税的具体计算如下:

南锦卷烟厂进口环节应缴纳的消费税 = (60 + 12 + 0.003 × 50 000 × 60 ÷ 10 000) ÷ (1 − 56%) × 56% + 0.003 × 50 000 × 60 ÷ 10 000 ≈ 93.68(万元)

业务(3)至业务(6)涉及计算本月销售环节的应纳消费税。

根据业务(3),收回后对外出售部分烟丝的组成计税价格为 93.46×30%≈28.04(万元)>出售价格 27.84÷(1+13%)≈24.64(万元),因此,其属于委托加工收回后直接对外出售,不需要缴纳消费税。

业务(5)中未明确销售卷烟的类别,因此,要按如下步骤计算:

a. 确认出售卷烟的类别和税率。每条蓝牌卷烟的单价=9 000 000÷(1 000×250)=36(元)<70(元),属于乙类卷烟。

b. 计算生产、销售该类卷烟的应纳税额。应纳税额=1 000×0.003×50 000÷10 000+900×36%=339(万元)。

业务(6)中白包卷烟一律按照 56%卷烟税率征税,并按照定额每标准箱 150 元计算征税。

应纳税额 = 5 × 0.003 × 50 000 ÷ 10 000 + 3 × 5 × 56% = 8.475(万元)

根据业务(1)和业务(4),计算委托加工和外购烟丝已纳税款的扣除额。

准予抵扣的税额 = 28.04 × 70% + 140 × 30% = 61.628(万元)

因此,本月应纳的消费税额=93.68+339+8.475−61.628=379.527(万元)。

做中学 4-22

泰隆金店(增值税一般纳税人)主要经营金银首饰零售业务,兼营金银首饰的来料加工、翻新改制、以旧换新、清洗、修理业务。2023 年 7 月,其主要发生下列业务:

(1) 向消费者个人销售纯金首饰取得销售收入 150 万元,销售纯金首饰的同时收取的包装盒价款为 0.75 万元。

(2) 接受消费者委托加工金项链 5 条,收到委托方提供的黄金价值 2.5 万元,本月已将加工完毕的金项链移交给委托人,收取不含税加工费 1 250 元,代垫辅助料件不含税价款为 750 元,受托方无同类金项链销售价格。

(3) 向消费者个人销售镀金首饰,取得销售收入 2.34 万元;向消费者个人销售铂金首饰,取得销售收入 7 万元。

(4) 采取以旧换新方式向消费者个人销售纯金项链,新金项链售价为 1.8 万元,旧金项链作价 1.2 万元,取得新旧项链差价款 0.6 万元。

(5) 上月外购珠宝玉石一批,取得的增值税专用发票上注明的价款为 60 万元,当月将其中的 50%用于加工金银镶嵌首饰。

(6) 当月取得金银首饰修理、清洗业务含税收入 1.13 万元。

要求:根据上述资料,计算该金店当月应纳的消费税。

解析:业务(1)金银首饰在零售环节缴纳消费税。

$$该业务应纳消费税 = (150 + 0.75) \div (1 + 13\%) \times 5\% \approx 6.67(万元)$$

业务(2)带料加工金银首饰,受托方无同类售价,按组成计税价格征收消费税,计算如下:

$$应纳消费税 = (2.5 + 0.125 + 0.075) \div (1 - 5\%) \times 5\% \approx 0.14(万元)$$

业务(3)镀金首饰不属于金银首饰,在零售环节不征收消费税;铂金首饰属于金银首饰税目,应在零售环节征收消费税。

$$应纳消费税 = 7 \div (1 + 13\%) \times 5\% \approx 0.31(万元)$$

业务(4)纳税人采用以旧换新方式销售金银首饰,应按实际收取的不含增值税的全部价款确定计税依据计算消费税。

$$应纳消费税 = 0.6 \div (1 + 13\%) \times 5\% \approx 0.027(万元)$$

业务(5)外购珠宝玉石用于生产金银镶嵌首饰,已纳消费税不得扣除。

业务(6)金银首饰的清洗、修理不缴纳消费税。

因此,本月该金店应缴纳的消费税合计=6.67+0.14+0.31+0.027=7.147(万元)。

(十二) 进口应税消费品应纳税额的计算

进口的应税消费品按照组成计税价格或进口数量和规定的税率计算纳税。

(1) 实行从价定率办法计算纳税的进口应税消费品应纳税额的计算公式为:

$$应纳税额 = 组成计税价格 \times 比例税率$$

其中:

$$组成计税价格 = (关税完税价格 + 关税) \div (1 - 比例税率)$$

(2) 实行从量定额办法计算纳税的进口应税消费品应纳税额的计算公式为:

$$应纳税额 = 海关核定的应税消费品的进口数量 \times 定额税率$$

(3) 实行复合计税办法计算纳税的进口应税消费品应纳税额的计算公式为:

$$应纳税额=组成计税价格\times比例税率+海关核定的应税消费品的进口数量\times定额税率$$

其中：

$$组成计税价格=\left(\begin{matrix}关税完税\\价格\end{matrix}+关税+\begin{matrix}海关核定的应税消费品\\的进口数量\end{matrix}\times定额税率\right)\div\left(1-\begin{matrix}消费税\\比例税率\end{matrix}\right)$$

【注意】 消费税在自产自用、委托加工、进口三种情况下的组成计税价格的共同特点是都除以“1－比例税率”，这是因为分子部分本身不包含消费税，而消费税属于价内税(指的是消费税应当包含在价格即计税依据当中)，其计税依据中应当包含消费税本身，这样除以“1－比例税率”就相当于加上了消费税。

六、消费税的征收管理

(一) 消费税纳税义务发生时间

1. 纳税人销售应税消费品

纳税人销售应税消费品的，按不同的销售结算方式确定，分别为：

(1) 采取赊销和分期收款结算方式的，为书面合同约定的收款日期的当天；书面合同没有约定收款日期或者无书面合同的，为发出应税消费品的当天。

(2) 采取预收货款结算方式的，为发出应税消费品的当天。

(3) 采取托收承付和委托银行收款方式的，为发出应税消费品并办妥托收手续的当天。

(4) 采取其他结算方式的，为收讫销售款或者取得索取销售款凭据的当天。

2. 纳税人自产自用应税消费品

纳税人自产自用应税消费品的，为移送使用的当天。

3. 纳税人委托加工应税消费品

纳税人委托加工应税消费品的，为纳税人提货的当天。

4. 纳税人进口应税消费品

纳税人进口应税消费品的，为报关进口的当天。

(二) 纳税地点

(1) 纳税人销售的应税消费品，以及自产自用的应税消费品，除国务院财政、税务主管部门另有规定外，应当向纳税人机构所在地或者居住地的主管税务机关申报纳税。

(2) 委托加工的应税消费品，除受托方为个人外，由受托方向机构所在地或者居住地的主管税务机关解缴消费税税款。受托方为个人的，由委托方向其机构所在地的主管税务机关申报纳税。

(3) 进口的应税消费品，由进口人或者其代理人向报关地海关申报纳税。

(4) 纳税人到外县(市)销售或者委托外县(市)代销自产应税消费品的，于应税消费品销售后，向机构所在地或者居住地主管税务机关申报纳税。

(5) 纳税人的总机构与分支机构不在同一县(市)的，应当分别向各自机构所在地的主管税务机关申报纳税。

纳税人的总机构与分支机构不在同一县(市)，但在同一省(自治区、直辖市)范围内的，经省(自治区、直辖市)财政厅(局)、税务局审批同意，可以由总机构汇总向总机构所在地主管税务机关申报缴纳消费税。

省(自治区、直辖市)财政厅(局)、税务局应将审批同意的结果，上报财政部、国家税务总局备案。

(6) 纳税人销售的应税消费品，如因质量等原因由购买者退回，经机构所在地或者居住地主管税务机关审核批准后，可退还已缴纳的消费税税款，但不能自行直接抵减应纳税款。

(7) 纳税人直接出口的应税消费品办理免税后，发生退关或者国外退货，进口时已予以免税的，经机构所在地或者居住地主管税务机关批准，可暂不办理补税，待其转为国内销售时，再申报补缴消费税。

出口的应税消费品办理退税后，发生退关或者国外退货，进口时予以免税的，报关出口者必须及时向其机构所在地或者居住地税务机关申报补缴已退还的消费税税款。

(8) 个人携带或者邮寄进境的应税消费品的消费税，连同关税一并计征，具体办法由国务院关税税则委员会会同有关部门制定。

(三) 纳税期限

消费税的纳税期限分别为 1 日、3 日、5 日、10 日、15 日、1 个月或者 1 个季度。纳税人的具体纳税期限，由主管税务机关根据纳税人应纳税额的大小分别核定；不能按照固定期限纳税的，可以按次纳税。

纳税人以 1 个月或者 1 个季度为 1 个纳税期的，自期满之日起 15 日内申报纳税；以 1 日、3 日、5 日、10 日或者 15 日为 1 个纳税期的，自期满之日起 5 日内预缴税款，于次月 1 日起至 15 日内申报纳税并结清上月应纳税款。

纳税人进口应税消费品，应当自海关填发海关进口消费税专用缴款书之日起 15 日内缴纳税款。

任务四　城市维护建设税、教育费附加和地方教育附加法律制度

一、城市维护建设税

城市维护建设税是对从事市场经营，缴纳增值税、消费税的单位和个人征收的一种税。

中华人民共和国成立以来，我国城市维护和建设在不同时期都取得了较大成绩，但是国家在城市建设方面一直资金不足。1979 年之前，我国用于城市维护建设的资金由当时的工商税附加、城市公用事业附加和国拨城市维护费组成。1979 年，国家开始在部分大中城市试行从上年工商利润中提取 5%用于城市维护和建设，但是未能从根本上解决问题。1981 年，国务院在批转财政部关于改革工商税制的设想中提出，根据城市建设需要，开征城市维护建设税，作为县以上城市和工矿区市政建设的专项资金。1985 年 2 月 8 日，国务院正式颁布《中华人民共和国城市维护建设税暂行条例》，并于 1985 年 1 月起在全国范围内施行。2020 年 8 月 11 日第十三届全国人民代表大会常务委员会第二十一次会议通过《中华人民共和国城市维护建设税法》。

1. 城市维护建设税的征收范围

城市维护建设税的征收范围比较广，具体包括城市市区、县城、建制镇以及税法规定征收增值税和消费税的其他地区。城市、县城、建制镇的范围，应以行政区划为标准，不能随意扩大或缩小各自行政区域的管辖范围。

2. 城市维护建设税的纳税人

城市维护建设税的纳税人是在征税范围内从事工商经营，并缴纳增值税、消费税的单位和个人。不论是国有企业、集体企业、私营企业、个体工商业户，还是其他单位和个人，只要缴纳了增值税、消费税中的任何一种税，都必须同时缴纳城市维护建设税。

个体商贩及个人在集市上出售商品，对其征收临时经营的增值税，是否同时按其实缴税额征收城市维护建设税，由各省、自治区、直辖市人民政府根据实际情况确定。

3. 城市维护建设税的税收优惠

(1) 对进口货物或者境外单位和个人向境内销售劳务、服务、无形资产缴纳的增值税、消费税税额,不征收城市维护建设税。

(2) 对由于减免增值税、消费税而发生的退税,同时退还已纳的城市维护建设税,但对出口产品退还增值税、消费税的,不退还已缴纳的城市维护建设税;生产企业出口货物实行免、抵、退税办法后,经国家税务局正式审核批准的当期免抵的增值税税额应纳入城市维护建设税和教育费附加的计征范围,分别按规定的税(费)率征收城市维护建设税和教育费附加。

(3) 对增值税、消费税实行先征后返、先征后退、即征即退办法的,除另有规定外,对随增值税和消费税附征的城市维护建设税和教育费附加,一律不予退(返)还。

(4) 根据国民经济和社会发展的需要,国务院对重大公共基础设施建设、特殊产业和群体以及重大突发事件应对等情形可以规定减征或者免征城市维护建设税,报全国人民代表大会常务委员会备案。

4. 城市维护建设税的税率

城市维护建设税实行地区差别比例税率。按照纳税人所在地的不同,税率分别规定为7%、5%、1%三个档次。不同地区的纳税人,适用不同档次的税率。具体适用范围是:

(1) 纳税人所在地在城市市区的,税率为7%。

(2) 纳税人所在地在县城、建制镇的,税率为5%。

(3) 纳税人所在地不在城市市区、县城、建制镇的,税率为1%。

城市维护建设税的适用税率,一般规定按纳税人所在地的适用税率执行。但对下列两种情况,可按纳税人缴纳增值税、消费税所在地的规定税率就地缴纳城市维护建设税:

(1) 由受托方代收、代扣增值税、消费税的单位和个人。

(2) 流动经营等无固定纳税地点的单位和个人。

5. 城市维护建设税的计税依据

城市维护建设税的计税依据,是纳税人实际缴纳的增值税和消费税税额。

【提示】 纳税人因违反缴纳增值税和消费税有关规定而加收的滞纳金和罚款,不作为城市维护建设税的计税依据,但纳税人在被查补增值税和消费税和被处以罚款时,应同时对其城市维护建设税进行补税、征收滞纳金和罚款。

6. 城市维护建设税应纳税额的计算

城市维护建设税应纳税额的计算公式为:

应纳税额 =(实际缴纳的增值税 + 实际缴纳的消费税)× 适用税率

做中学 4-23

甲公司为国有企业,位于某市东城区,2022年11月应缴增值税90 000元,实际缴纳增值税80 000元;应缴消费税70 000元,实际缴纳消费税60 000元。已知适用的城市维护建设税税率为7%。

要求:计算该公司当月应纳城市维护建设税税额。

解析:根据城市维护建设税法律制度规定,城市维护建设税以纳税人实际缴纳的增值税和消费税之和为计税依据。

应纳城市维护建设税税额 =(80 000 + 60 000)× 7% = 9 800(元)

7. 城市维护建设税的征收管理

城市维护建设税的征收管理、纳税环节等事项,比照增值税、消费税的有关规定执行。

根据税法规定的原则,针对一些比较复杂并有特殊性的纳税地点,财政部和国家税务总局作了以下规定：

（1）纳税人直接缴纳增值税和消费税的，在缴纳地缴纳城市维护建设税。

（2）代征、代扣、代缴增值税、消费税的企业单位，同时也要代征、代扣、代缴城市维护建设税。没有代扣城市维护建设税的，应由纳税单位或个人回到其所在地申报纳税。

（3）对流动经营等无固定纳税地点的单位和个人，应随同增值税、消费税在经营地按适用税率缴纳。

城市维护建设税按月或者按季计征。不能按固定期限计征的，可以按次计征。实行按月或者按季计征的，纳税人应当于月度或者季度终了之日起15日内申报并缴纳税款。实行按次计征的，纳税人应当于纳税义务发生之日起15日内申报并缴纳税款。扣缴义务人解缴税款的期限，依照上述规定执行。

二、教育费附加和地方教育附加

教育费附加是以单位和个人缴纳的增值税、消费税税额为计税依据征收的一种附加费。教育费附加名义上是一种专项资金，但实质上具有税的性质。为了调动各种社会力量办教育的积极性，开辟多种渠道筹措教育经费，国务院于1986年4月28日颁布了《征收教育费附加的暂行规定》，并于同年7月1日起在全国范围内征收教育费附加。

1. 教育费附加和地方教育附加的征收范围和计税依据

教育费附加对缴纳增值税、消费税的单位和个人征收，以其实际缴纳的增值税、消费税税额为计税依据，分别与增值税、消费税同时缴纳。自2010年12月1日起，对外商投资企业、外国企业及外籍个人开始征收教育费附加。

2. 教育费附加和地方教育附加的税收优惠

（1）对海关进口的产品征收的增值税、消费税，不征收教育费附加。

（2）对由于减免增值税、消费税而发生退税的，可以同时退还已征收的教育费附加。但对出口产品退还增值税、消费税的，不退还已征的教育费附加。

3. 教育费附加和地方教育附加计征比率

随着经济的发展，社会各界对各级教育投入的需求也在增加，与此相适应，教育费附加计征比率也经历了一个由低到高的变化过程。1986年开征时，比率为1%；1990年5月增至2%；自1994年1月1日至今，教育费附加比率为3%。根据《财政部关于统一地方教育附加政策有关问题的通知》（财综〔2010〕98号），各地统一开征地方教育费附加，地方教育费附加的征收标准统一为单位和个人（包括外商投资企业、外国企业和外籍个人）实际缴纳的增值税、消费税税额的2%。

4. 教育费附加的计算

教育费附加的计算公式为：

应纳教育费附加＝（实际缴纳的增值税税额＋实际缴纳的消费税税额）×征收比率

做中学 4-24

某大型国有商场2022年12月应缴纳增值税260 000元，实际缴纳增值税200 000元，实际缴纳消费税100 000元。已知适用的教育费附加税率为3%。

要求：计算该商场当月应纳教育费附加。

解析：应纳教育费附加＝（200 000＋100 000）×3%＝9 000（元）

任务五　车辆购置税法律制度

车辆购置税，是对在中国境内购置规定车辆的单位和个人征收的一种税。就其性质而言，属于直接税的范畴。《中华人民共和国车辆购置税法》(以下简称《车购税法》)于2018年12月29日第十三届全国人民代表大会常务委员会第七次会议通过，自2019年7月1日起施行。

一、车辆购置税的纳税人

在我国境内购置规定的车辆(以下简称应税车辆)的单位和个人，为车辆购置税的纳税人。购置，包括购买、进口、自产、受赠、获奖或者以其他方式取得并自用应税车辆的行为。

【提示】 “单位”，包括国有企业、集体企业、私营企业、股份制企业、外商投资企业、外国企业以及其他企业、事业单位、社会团体、国家机关、部队以及其他单位；“个人”，包括个体工商户以及其他个人。

二、车辆购置税的征收范围

在中华人民共和国境内购置汽车、有轨电车、汽车挂车、排气量超过150毫升的摩托车(以下简称应税车辆)的单位和个人，为车辆购置税的纳税人，应当依照规定缴纳车辆购置税。

三、车辆购置税的税率

车辆购置税实行一次性征收。购置已征车辆购置税的车辆，不再征收车辆购置税。车辆购置税采用10%的比例税率。

四、车辆购置税的计税依据

车辆购置税的计税依据为应税车辆的计税价格。计税价格根据不同情况，按照下列规定确定：

(1) 纳税人购买自用的应税车辆的计税价格，为纳税人支付给销售者的全部价款和价外费用，不包括增值税税款。

【注意】 价外费用是指销售方价外向购买方收取的基金、集资费、违约金(延期付款利息)和手续费、包装费、储存费、优质费、运输装卸费、保管费以及其他各种性质的价外收费，但不包括销售方代办保险等而向购买方收取的保险费，以及向购买方收取的代购买方缴纳的车辆购置税、车辆牌照费。

(2) 纳税人进口自用的应税车辆的计税价格的计算公式为：

计税价格 = 关税完税价格 + 关税 + 消费税

(3) 纳税人自产、受赠、获奖或者以其他方式取得并自用的应税车辆的计税价格，由主管税务机关参照国家税务总局规定的最低计税价格核定。

【提示】 最低计税价格，是指国家税务总局依据机动车生产企业或者经销商提供的车辆价格信息，参照市场平均交易价格核定的车辆购置税计税价格。

(4) 纳税人购买自用或者进口自用应税车辆，申报的计税价格低于同类型应税车辆的最低计税价格，又无正当理由的，计税价格为国家税务总局核定的最低计税价格。

(5) 国家税务总局未核定最低计税价格的车辆，计税价格为纳税人提供的有效价格证明注明的价格。有效价格证明注明的价格明显偏低的，主管税务机关有权核定应税车辆的计税价格。

五、车辆购置税应纳税额的计算

车辆购置税实行从价定率的方法计算应纳税额。其计算公式为：

应纳税额 ＝ 计税依据 × 税率

进口应税车辆应纳税额 ＝（关税完税价格 ＋ 关税 ＋ 消费税）× 税率

【提示】 纳税人购买自用应税车辆的计税价格，为纳税人实际支付给销售者的全部价款，不包括增值税税款。

做中学 4-25

北京长江有限责任公司2023年5月10日从美国购买发动机号码为2568456、车架号码为666231的别克轿车一辆。该公司进口报关时，经海关核定的关税完税价格为300 000元，进口关税税率为20%，消费税税率为25%。该公司于2022年5月25日对车辆购置税进行纳税申报。

要求：计算北京长江有限责任公司应纳的车辆购置税。

解析：应纳关税＝300 000×20%＝60 000(元)

组成计税价格＝(300 000＋60 000)÷(1－25%)＝480 000(元)

应纳增值税＝480 000×13%＝62 400(元)

应纳消费税＝480 000×25%＝120 000(元)

应纳车辆购置税＝480 000×10%＝48 000(元)

六、车辆购置税的税收优惠

下列车辆免征车辆购置税：①依照法律规定应当予以免税的外国驻华使馆、领事馆和国际组织驻华机构及其外交人员自用的车辆；②中国人民解放军和中国人民武装警察部队列入武器装备订货计划的车辆；③悬挂应急救援专用号牌的国家综合性消防救援车辆；④设有固定装置的非运输专用作业车辆；⑤城市公交企业购置的公共汽电车辆。

根据国民经济和社会发展的需要，国务院可以规定减征或者其他免征车辆购置税的情形，报全国人民代表大会常务委员会备案。

七、车辆购置税的征收管理

(一) 纳税申报

为使车购税法顺利实施，国家税务总局、公安部决定自2019年6月1日起，将应用车辆购置税电子完税信息办理车辆注册登记业务的试点地区范围扩大到全国，同时决定自2019年7月1日起，按照《车购税法》的规定，在全国范围内正式实施应用车辆购置税电子完税信息办理车辆注册登记业务，全面取消纸质车辆购置税完税证明。

(1) 在试点期间内，试点地区的纳税人新办车辆购置税纳税业务，税务机关不再打印、发放纸质车辆购置税完税证明。

(2) 纳税人在试点前办理的车辆购置税纳税业务，在试点期间办理需重新出具车辆购置税完税证明的相关业务，税务机关仍然出具纸质车辆购置税完税证明。

(3) 纳税人办理完成车辆购置税纳税业务后，可以直接前往公安机关交通管理部门办理车辆注册登记手续。

(4) 对纳税人在试点前办理的车辆购置税纳税业务，在试点期间既可以凭借纸质车辆购置税完税证明办理车辆注册登记业务，也可以凭借车辆购置税完税电子信息直接办理车辆注册登记业务。

(5) 纳税人在试点期间新办车辆购置税纳税业务，在申请办理车辆购置税退税业务时，不再需要提供纸质车辆购置税完税证明正本、副本。

(6) 规定自全面取消纸质车辆购置税完税证明后，纳税人如需要纸质车辆购置税完税证明的，可以选择办税服务厅或者电子税务局等税务官方互联网平台查询、打印车辆购置税完税证明（电子版）。

(二) 纳税期限及缴税方法

车辆购置税的纳税义务发生时间为纳税人购置应税车辆的当日。纳税人应当自纳税义务发生之日起 60 日内申报缴纳车辆购置税。

(三) 纳税地点

纳税人应当在向公安机关交通管理部门办理车辆注册登记前，缴纳车辆购置税。

纳税人应当向车辆登记注册地的主管税务机关申报纳税；购置不需要办理车辆登记注册手续的应税车辆，应当向纳税人所在地的主管税务机关申报纳税。

(四) 退税办理

已缴纳车辆购置税的车辆，发生下列情形之一的，准予纳税人申请退税：

(1) 车辆退回生产企业或者经销商的，纳税人申请退税时，主管税务机关自纳税人办理纳税申报之日起，按已缴纳税款每满 1 年扣减 10%计算退税额；未满 1 年的，按已缴纳税款全额退税。

(2) 符合免税条件的设有固定装置的非运输车辆但已征税的。

(3) 其他依据法律、法规的规定应予退税的情形。

其他退税情形，纳税人申请退税时，主管税务机关依据有关规定计算退税额。

任务六　关税法律制度

一、关税的概念

动漫视频

关税

关税是海关依法对进出境的货物、物品征收的一种商品税。关税法是调整关税征纳关系的法律规范的总称。我国现行关税法主要包括《中华人民共和国海关法》(以下简称《海关法》)的有关规定，以及《中华人民共和国进出口关税条例》(以下简称《进出口关税条例》)和《中华人民共和国海关进出口税则》(以下简称《海关进出口税则》)。关税是海关对进出口国境(或关境)的货物、物品，就其流转额征收的一种税。

【注意】 在通常情况下关境即是国境。关境与国境有时不完全一致。

【提示】 关税一般分为进口关税、出口关税和过境关税。我国目前对进出境货物征收的关税分为进口关税和出口关税两类。

二、关税的纳税人

(1) 贸易性商品的纳税人：经营进出口货物的收、发货人。具体包括：①外贸进出口公司；②工贸或农贸结合的进出口公司；③其他经批准经营进出口商品的企业。

(2) 物品的纳税人包括：①入境旅客随身携带的行李、物品的持有人；②各种运输工具上服务人员入境时携带自用物品的持有人；③馈赠物品以及其他方式入境个人物品的所有人；④个人邮递物品的收件人。

【提示】 接受纳税人委托办理货物报关等有关手续的代理人，可以代办纳税手续。

三、关税征税的对象和税目

关税的课税对象是进出境的货物、物品。对从境外采购进口的原产于中国境内的货物，也应按规定收进口关税。

关税的税目、税率都由《海关进出口税则》规定。它包括三个主要部分：归类总规则、进口税率表、出口税率表，其中归类总规则是进出口货物分类的具有法律效力的原则和方法。进出口税则中的商品分类目录为关税税目。按照税则归类总规则及其归类方法，每一种商品都能找到一个最适合的对应税目。

四、关税的税率

（一）关税税率的种类

关税的税率分为进口税率和出口税率两种。其中进口税率又分为普通税率、最惠国税率、协定税率、特惠税率、关税配额税率和暂定税率。进口货物适用何种关税税率是以进口货物的原产地为标准的。进口关税一般采用比例税率，实行从价计征的办法，但对啤酒、原油等少数货物则实行从量计征。对广播用录像机、放像机、摄像机等实行从价加从量的复合税率。具体如表4-6所示。

（二）税率的确定

《进出口关税条例》规定，进出口货物应当依照税则规定的归类原则归入合适的税号，并按照适用的税率征税。

（1）进出口货物，应当按照纳税义务人申报进口或者出口之日实施的税率征税。

表4-6　　进口关税税率表

进口关税税率	最惠国税率	（1）原产于与我国共同适用最惠国条款的世界贸易组织成员国或地区的进口货物 （2）原产于与我国签订含有相互给予最惠国待遇的双边贸易协定的国家或者地区的进口货物 （3）原产于我国的进口货物
	协定税率	对原产于与我国签订含有关税优惠条款的区域性贸易协定的国家或地区的进口货物，按协定税率征收关税
	特惠税率	对原产于与我国签订含有特殊关税优惠条款的贸易协定的国家或地区的进口货物，按特惠税率征收关税
	关税配额税率	关税配额是进口国限制进口货物数量的措施，把征收关税和进口配额相结合以限制进口；对于在配额内进口的货物可以适用较低的关税配额税率，对于配额之外的则适用较高税率
	暂定税率	在最惠国税率的基础上，对于一些国内需要降低进口关税的货物，以及出于国际双边关系的考虑需要个别安排的进口货物，可以实行暂定税率
	普通税率	（1）原产于未与我国共同适用最惠国条款的世界贸易组织成员国或地区，未与我国订有相互给予最惠国待遇、关税优惠条款贸易协定和特殊关税优惠条款贸易协定的国家或者地区的进口货物，适用普通税率 （2）原产地不明的货物，适用普通税率

（2）进口货物到达前，经海关核准先行申报的，应当按照装载此货物的运输工具申报进境之日实施的税率征税。

（3）进出口货物的补税和退税，适用该进出口货物原申报进口或者出口之日所实施的税率，但下列情况除外：

a. 按照特定减免税办法批准予以减免税的进口货物，后因情况改变经海关批准转让或出售或移作他用需予补税的，适用海关接受纳税人再次填写报关单申报办理纳税及有关手续之日实施的税率征税。

b. 加工贸易进口料、件等属于保税性质的进口货物，如经批准转为内销，应按向海关申报转为内销之日实施的税率征税；如未经批准擅自转为内销，则按海关查获日期所实施的税率征税。

c. 暂时进口货物转为正式进口需予补税的，应按其申报正式进口之日实施的税率征税。

d. 分期支付租金的租赁进口货物，分期缴税时，适用海关接受纳税人再次填写报关单申报办理纳税及有关手续之日实施的税率征税。

e. 溢卸、误卸货物事后确定需征税时，应按原运输工具申报进口日期所实施的税率征税。如原进口日期无法查明的，可按确定补税当天实施的税率征税。

f. 对由于税则归类的改变、完税价格的审定或其他工作差错而需补税的，应按原征税日期实施的税率征税。

g. 经批准缓税进口的货物以后缴税时，不论是分期还是一次缴清税款，都应按货物原进口之日实施的税率征税。

h. 查获的走私进口货物需补税时，应按查获日期实施的税率征税。

五、关税的计税依据

我国对进出口货物主要采取从价计征的办法，以商品价格为标准征收关税。因此，关税主要以进出口货物的完税价格作为计税依据。

（一）一般贸易项下进口货物关税完税价格

一般贸易项下进口的货物将以海关审定的成交价格为基础的到岸价格作为完税价格。所谓到岸价格，是指包括货价以及货物运抵我国关境内输入地点起卸前的包装费、运费、保险费和其他劳务费等费用的一种价格，其中还应包括为了在境内生产、制造、使用或出版、发行而向境外支付的与该进口货物有关的专利、商标、著作权，以及专有技术、计算机软件和资料等费用。

而成交价格是一般贸易项下进口货物的买方为购买该项货物向卖方实际支付或应当支付的价格。但在计算以成交价格为基础进口货物关税完税价格时，需要注意以下几点。

1. 下列项目未包含在进口货物成交价格中，应一并计入完税价格

（1）由买方负担的下列费用：①由买方负担的除购货佣金以外的佣金和经纪费用；②由买方负担的与该货物视为一体的容器费用；③由买方负担的包装材料和包装劳务费用。

在货物成交过程中，进口人在成交价格外另支付给卖方的佣金，应计入成交价格，而向境外采购代理人支付的买方佣金则不能列入，如已包括在成交价格中应予以扣除。卖方付给进口人的正常回扣，应从成交价格中扣除。卖方违反合同规定延期交货的罚款，卖方在货价中冲减时，罚款则不能从成交价格中扣除。

（2）与该货物有关并作为该货物向中华人民共和国境内销售的条件，应当由买方直接或间接支付的特许权使用费。

（3）与该货物的生产和向我国境内销售有关的，在境外开发、设计等相关服务的费用。

（4）卖方直接或间接从买方对该货物进口后转售、处置或使用所得中获得的收益。

2. 进口货物的价款中单独列明的下列税收、费用，不计入该货物的完税价格

（1）厂房、机械或者设备等货物进口后发生的建设、安装、装配、维修或者技术援助费用，但是保修费用除外。

(2) 进口货物运抵中华人民共和国境内输入地起卸后发生的运输及其相关费用、保险费。

(3) 进口关税、进口环节海关代征税及其他国内税。

(4) 为在境内复制进口货物而支付的费用。

(5) 境内外技术培训及境外考察费用。

(6) 同时符合下列条件的为进口货物融资产生的利息费用:①利息费用是买方为购买进口货物而融资所产生的;②有书面融资协议的;③利息费用单独列明的;④纳税义务人可以证明有关利率不高于在融资当时、当地此类交易通常应当具有的利率水平,且没有融资安排的相同或者类似进口货物的价格与进口货物的实付、应付价格非常接近的。

为避免低报、瞒报价格偷逃关税,进口货物的到岸价格不能确定时,本着公正、合理原则,海关应当按照规定估定完税价格。其计算公式为:

$$\text{进口货物完税价格}=\text{成交价格}+\text{采购费用(包括货物运抵中国关境内输入地起卸前的运输、保险和其他劳务等费用)}\pm\text{调整项目}$$

(二) 特殊贸易下进口货物的完税价格

对于某些特殊、灵活的贸易方式(如寄售等)下进口的货物,在进口时没有"成交价格"可作依据,为此,《进出口关税条例》对这些进口货物制定了确定其完税价格的方法,主要有:

1. 运往境外加工的货物的完税价格

出境时已向海关报明,并在海关规定期限内复运进境的,以加工后货物进境时的到岸价格与原出境货物价格的差额作为完税价格。若无法得到原出境货物的到岸价格,可以用与原出境货物相同或类似货物的再进境时的到岸价格,或用原出境货物申报出境时的离岸价格代替。如果这些方法都不行,则可用原出境货物在境外支付的工缴费加上运抵中国关境输入点起卸前的包装费、运费、保险费和其他劳务费等作为完税价格。

2. 运往境外修理的机械器具、运输工具或者其他货物的完税价格

出境向海关报明并在海关规定期限内复运进境的,以经海关审定的境外修理费和料件费作为完税价格。

3. 租赁方式进口货物的完税价格

(1) 以租金方式对外支付的租赁货物,在租赁期间内以海关审查确定的货物租金作为完税价格。

(2) 留购的租赁货物,以海关审定的留购价格作为完税价格。

(3) 承租人申请一次性缴纳税款的,经海关同意,按照一般进口货物估价办法的规定估定完税价格。

4. 留购的进口货样

对于境内留购的进口货样、展览品和广告陈列品,以海关审定的留购价格作为完税价格。对于留购货样、展览品和广告陈列品的买方,除按留购价格付款外,又直接或间接给卖方一定利益的,海关可以另行确定上述货物的完税价格。

5. 逾期未出境的暂进口货物的完税价格

对于经海关批准暂时进口的施工机械、工程车辆、供安装使用的仪器和工具、电视或电影摄制机械,以及盛装的货物容器等,若入境超过半年仍留在国内使用的,应自第 7 个月起,按月征收进口关税,其关税价格按原货进口时到岸价格确定。每月的税款计算公式为:

$$\text{每月关税}=\text{货物原到岸价格}\times\text{关税税率}\times 1\div 48$$

6. 转让出售减免税货物予以补税的完税价格

按照特定减免税办法予以减税或免税进口的货物,在转让或出售时需予补税时,应当以海关审定的货物原进口时的价格，扣除折旧部分作为完税价格。其计算公式为：

$$\text{完税价格}=\text{海关审定的该货物原进口时的价格}\times\left[1-\text{补税时实际已使用的时间(月)}\div(\text{管理年限}\times 12)\right]$$

补税时实际已进口的时间按月计算，不足 1 个月但是超过 15 日的，按照 1 个月计算，不超过 15 日的，不予计算。

(三) 出口货物的完税价格

出口货物应当以海关审定的货物售予境外的离岸价格，扣除出口关税后作为完税价格。其计算公式为：

$$\text{出口货物完税价格}=\text{离岸价格}\div(1+\text{出口税率})$$

而离岸价格应以该项货物运离关境前的最后一个口岸的离岸价格作为实际离岸价格。若该项货物从内地起运，则从内地口岸至最后出境口岸所支付的国内段运输费用、保险费及其他相关费用应予扣除。但在确认出口货物的完税价格时，应注意以下几点：

(1) 在货物价款中单独列明的货物运至中华人民共和国境内输出地点装载后的运输及费用、保险费不应计入完税价格。

(2) 离岸价格不包括装船以后发生的费用。

(3) 出口货物在成交价格以外支付给国外的佣金应予扣除，未单独列明的则不予扣除。

(4) 出口货物在成交价格以外，买方还另行支付的货物包装费，应计入成交价格。

(5) 出口关税不应计入出口货物的完税价格。

(四) 进出口货物完税价格的审定及相关税费的核定

1. 进出口货物完税价格的审定

对于进出口货物的收发货人或其代理人向海关申报进出口货物的成交价格明显偏低，而又不能提供合法证据和正当理由的；申报价格明显低于海关掌握的相同或类似货物的国际市场上公开成交的价格，而又不能提供合法证据和正当理由的；经海关调查认定买卖双方之间有特殊经济关系或对货物的使用、转让订有特殊条件或特殊安排，影响成交价格的，以及其他特殊成交情况，海关认为需要估价的，则按以下方法依次估定完税价格：

(1) 相同货物成交价格法，即以从同一出口国家或者地区购进的相同货物的成交价格作为该被估货物完税价格的价格依据。采用这种比照价格时，相同货物必须已经在被估价货物进口时或大约同时向进口国进口。若有好几批相同货物完全符合条件，应采用其中最低的价格。另外，相同货物与被估货物在商业水平、数量、运输方式、运输距离等贸易上的差别也要做调整。

(2) 类似货物成交价格法，即以从同一出口国家或者地区购进的类似货物的成交价格作为被估货物的完税价格的依据。选择相似货物时，主要应考虑货物的品质、信誉和现有商标。

(3) 国际市场价格法，即以与进口货物相同或类似货物在国际市场上公开的成交价格作为该进口货物的完税价格。

(4) 国内市场价格倒扣法，即以与进口货物相同或类似货物在国内市场上的批发价格，扣除合理的税、费、利润后的价格，作为该货物的完税价格依据。

(5) 合理方法估定的价格。如果按照上述几种方法顺序估价仍不能确定其完税价格，则可由海关按照合理方法估定，即它是以客观量化的数据资料为基础审查确定进口货物完税价格的估价方法。

海关在采用合理方法确定进口货物的完税价格时，不得使用以下价格：①境内生产的货物在境内的销售价格；②可供选择的价格中较高的价格；③货物在出口地市场的销售价格；④以计算价格估价方法规定的有关各项之外的价值或费用计算的价格；⑤出口到第三国或地区的货物的销售价格；⑥最低限价或武断、虚构的价格。

2. 进出口货物相关费用的核定

(1) 进口货物的运费。进口货物的运费应当按照实际支付的费用计算。如果进口货物的运费无法确定，海关应当按照该货物的实际运输成本或者该货物进口同期运输行业公布的运费率(额)计算运费。运输工具作为进口货物，利用自身动力进境的，海关在审查确定完税价格时，不再另行计入运费。

(2) 进口货物的保险费。进口货物的保险费应当按照实际支付的费用计算。如果进口货物的保险费无法确定或者未实际发生，海关应当按照"货价"和"运费"两者总额的3‰计算保险费，其计算公式为：

$$保险费 = (货价 + 运费) \times 3‰$$

邮运进口的货物，应当以邮费作为运输及其相关费用、保险费。

(3) 其他相关费用。以境外边境口岸价格条件成交的铁路或者公路运输进口货物，海关应当按照境外边境口岸价格的1%计算运输及其相关费用、保险费。

六、关税应纳税额的计算

(一) 从价税计算方法

从价税是最普遍的关税计征方法，它以进(出)口货物的完税价格作为计税依据。进(出)口货物应纳关税税额的计算公式为：

$$关税应纳税额 = 应税进(出)口货物数量 \times 单位完税价格 \times 适用税率$$

(二) 从量税计算方法

从量税是以进口商品的数量为计税依据的一种关税计征方法。其应纳关税税额的计算公式为：

$$关税应纳税额 = 应税进口货物数量 \times 关税单位税额$$

(三) 复合税计算方法

复合税是对某种进口货物同时使用从价和从量计征的一种关税计征方法。其应纳关税税额的计算公式为：

$$关税应纳税额 = 应税进口货物数量 \times 关税单位税额 + 应税进口货物数量 \times 单位完税价格 \times 适用税率$$

(四) 滑准税计算方法

滑准税，是指关税的税率随着进口商品价格的变动而反方向变动的一种税率形式，即价格越高，税率越低，税率为比例税率。因此，实行滑准税率的进口商品应纳关税税额的计算方法与从价税的计算方法相同。其计算公式为：

$$关税应纳税额 = 应税进口货物数量 \times 单位完税价格 \times 滑准税税率$$

七、关税的减免

(一) 法定减免税

法定减免税是税法中明确列出的减税或免税。符合税法规定可予减免税的进出口货物，纳税义务人无须提出申请，海关可按规定直接予以减免税。海关对法定减免税货物一般不进行后续管理。

(1) 下列进出口货物,免征关税:①关税税额在人民币 50 元以下的一票货物;②无商业价值的广告品和货样;③外国政府、国际组织无偿赠送的物资;④在海关放行前损失的货物;⑤进出境运输工具装载的途中必需的燃料、物料和饮食用品。

在海关放行前遭受损坏的货物,可以根据海关认定的受损程度减征关税。

因品质或者规格等原因,出口货物自出口之日起 1 年内原状复运进境的,不征收进口关税;进口货物自进口之日起 1 年内原状复运出境的,不征收出口关税。

(2) 下列进出口货物,可以暂不缴纳关税:①在展览会、交易会、会议及类似活动中展示或者使用的货物;②文化、体育交流活动中使用的表演、比赛用品;③进行新闻报道或者摄制电影、电视节目使用的仪器、设备及用品;④开展科研、教学、医疗活动使用的仪器、设备及用品;⑤在第①项至第④项所列活动中使用的交通工具及特种车辆;⑥货样;⑦供安装、调试、检测设备时使用的仪器、工具;⑧盛装货物的容器;⑨其他用于非商业目的的货物。

以上货物在进境或者出境时纳税人向海关缴纳相当于应纳税款的保证金或者提供其他担保的,可以暂不缴纳关税,并应当自进境或者出境之日起 6 个月内复运出境或者复运进境;经纳税人申请,海关可以根据海关总署的规定延长复运出境或者复运进境的期限。暂准进境货物在规定的期限内未复运出境的,或者暂准出境货物在规定的期限内未复运进境的,海关应当依法征收关税。

(3) 有下列情形之一的,纳税义务人自缴纳税款之日起 1 年内,可以申请退还关税,并应当以书面形式向海关说明理由,提供原缴款凭证及相关资料:①已征进口关税的货物,因品质或者规格原因,原状退货复运出境的;②已征出口关税的货物,因品质或者规格原因,原状退货复运进境,并已重新缴纳因出口而退还的国内环节有关税收的;③ 已征出口关税的货物,因故未装运出口、申报退关的。

(二) 特定减免税

特定减免税也称政策性减免税,是指在法定减免税以外,由国务院或国务院授权的机关颁布法规、规章特别规定的减免税。特定减免税货物一般有地区、企业和用途的限制,海关需要进行后续管理,并进行减免税统计,主要有:①科教用品;②残疾人专用品;③扶贫、慈善捐赠物资;④加工贸易产品;⑤边境贸易进口物资;⑥保税区进出口货物;⑦出口加工区进出口货物;⑧进口设备;⑨特定行业或用途的减免税政策规定货物;⑩特定地区减免税政策规定货物。

(三) 临时减免税

临时减免税,是指在法定和特定减免税以外的其他减免税,即由国务院根据《中华人民共和国海关法》(以下简称《海关法》)对某个单位、某类商品、某个项目或某批进出口货物的特殊情况给予特别照顾,一案一批,专文下达的减免税。一般有单位、品种、期限、金额或数量等限制,不能比照执行。

八、关税的征收管理

(1) 关税是在货物实际进出境时,即在纳税人按进出口货物通关规定向海关申报后、海关放行前一次性缴纳。

(2) 纳税期限:在海关签发税款缴款凭证当日起 15 日内(星期日和法定节假日除外)缴纳税款。逾期不缴的,除依法追缴外,由海关自到期次日起至缴清税款之日止,按日征收欠缴税额万分五的滞纳金。

滞纳金自关税缴纳期限届满之日起,至纳税人缴清关税之日止,按滞纳税款万分之五的比例按日征收,周末或法定节假日不予扣除。其计算公式为:

$$关税滞纳金金额 = 滞纳关税税额 \times 0.5‰ \times 滞纳天数$$

滞纳金的起征点为 50 元。

(3) 自 2016 年 6 月 1 日起，旅客携运进出境的行李物品有下列情形之一的，海关暂不予放行：①旅客不能当场缴纳进境物品税款的；②进出境的物品属于许可证件管理的范围，但旅客不能当场提交的；③进出境的物品超出自用合理数量，按规定应当办理货物报关手续或其他海关手续，其尚未办理的；④对进出境物品的属性、内容存疑，需要由有关主管部门进行认定、鉴定、验核的；⑤按规定暂不予以放行的其他行李物品。

(4) 退税、补征和追缴：多征可以从缴纳税款之日起的 1 年内申请退税；少征或漏征税款，海关有权在 1 年内予以补征；如因收发货人或其代理人违反规定而造成少征或漏征税款的，海关在 3 年内可以追缴。

应知考核

一、单项选择题

1. 甲公司为增值税一般纳税人，2022 年 10 月采取以旧换新方式销售 100 台 W 型家电，该型家电同期含增值税销售价格为 5 650 元/台，扣减旧家电收购价格后实际收取增值税价格 5 141.5 元/台。已知增值税税率为 13% ，计算甲公司当月该业务增值税销项税额的下列算式中，正确的是(　　)。(2023 年)

A. 100×5 141.5×13%=66 839.5(元)　　B. 100×5 650+(1+13%)×13%=65 000(元)

C. 100×5 650×13%=73 450(元)　　D. 100×5 141.5+(1+13%)×13%=59 150(元)

2. 甲鞭炮厂为增值税一般纳税人，2019 年 8 月受托加工一批焰火，委托方提供原材料 48 025 元。甲鞭炮厂收取含增值税加工费 9 605 元，甲鞭炮厂无同类焰火销售价格，已知增值税税率为 13%，消费税税率为 15%。计算甲鞭炮厂该笔业务应代收代缴消费税额。下列算式中，正确的是(　　)。(2021 年)

A. [48 025+9 605/(1+13%)]×15%=8 478.75(元)

B. [48 025+9 605/(1+13%)]/(1−15%)×15%=9 975(元)

C. (48 025+9 605)×15%=2 044.5(元)

D. (48 025+9 605)/(1+13%)/(1−15%)×15%=9 000(元)

3. 2022 年 10 月甲汽车厂从境外乙公司进口一批滚动轴承，该批滚动轴承的货价为 4 600 万元，运抵我国关境内输入地点起卸前的运费及保险费 276 万元。已知关税税率为 8%，计算甲汽车厂关税税额的下列算式中，正确的是(　　)。(2023 年)

A. (4 600+276)×8%=390.08(万元)　　B. 4 600−(1−8%)×8%=400(万元)

C. 4 600×8%=368(万元)　　D. (4 600−276)×8%=345.92(万元)

4. 甲酒厂为增值税一般纳税人。2021 年 3 月销售白酒取得含税价款 5 000 元，另收取包装物押金为 20 元，本月没收三个月前收取的包装物押金 25 元。已知增值税税率为 13%。计算甲酒厂当月增值税销项税额的下列算式中，正确的是(　　)。(2022 年)

A. (5 000+20)+(1+13%)×13%=577.52 (元)

B. (5 000+25)+(1+13%)×13%=578.10 (元)

C. (5 000+20+25)+(1+13%)×13%=580.40 (元)

D. 5 000+(1+13%)×13%=575.22(元)

5. 2022 年 9 月甲汽车制造公司将自产的一辆新款小汽车转为自用，该新款小汽车无同类应税车辆销售价格，成本为 44 万元/辆，已知消费税税率为 12%，车辆购置税税率为 10%，成本利润率为 8%。计算甲汽车销售前应缴纳车辆的购置税税额的下列算式中，正确的是(　　)。(2023 年)

A. 44×(1+5%)×10%=4.62(万元)

B. 44×10%=4.4(万元)

C. 44÷(1−12%)×10%=5(万元)

D. 44×(1+8%)÷(1−12%)×10%=5.4(万元)

6. 根据消费税法律制度的规定，下列各项中，不征收消费税的是(　　)，(2022 年)

A. 酒厂用于交易会样品的自产果酒
B. 烟草批发商将卷烟销售给另一批发商
C. 日化厂用于职工奖励的自产高档化妆品
D. 为经营单位以外的单位和个人加工金银首饰

7. 甲植物油厂为增值税一般纳税人，2022 年 7 月从农民手中收购一批花生，农产品收购发票上注明买价为 182 000 元，甲植物油厂当月将收购的花生 80%用于加工食用植物油，剩余的部分用于无偿赠送给客户。已知购进农产品按 9%的扣除率计算进项税额，计算甲植物油厂当月上述业务准予抵扣的进项税额的下列算式中，正确的是（　　）。（2023 年）
A. 182 000×9%＝16 380（元）
B. 182 000÷(1－9%)×9%＝18 000(元)
C. 182 000×9%×80%＝13 104(元)
D. 182 000÷(1－9%)×9%×80%＝14 400(元)

8. 根据增值税法律制度的规定，下列情形中，应缴纳增值税的是（　　）。（2023 年）
A. 孙某将购买 1 年的一套住房对外销售
B. 钱某销售一套自建自用的住房
C. 涉及家庭财产分割的陈某无偿向其妻子转让一套住房
D. 甲公司为配合国家住房制度改革而按房改成本价出售住房

9. 根据消费税法律制度的规定，下列各项中，应征收消费税的是（　　）。（2021 年）
A. 超市零售白酒
B. 汽车厂销售自产电动汽车
C. 地板厂销售自产实木地板
D. 百货公司零售高档化妆品

10. 甲住房租赁公司为增值税一般纳税人，2022 年 10 月向个人出租住房取得含增值税租金收入 6 394 500 元，甲住房租赁公司选择适用简易计税方法计税。已知向个人出租住房按照 5%的征收率减按 1.5%计算缴纳增值税，计算甲住房租赁公司当月上述业务应缴纳增值税额的下列算式中，正确的是（　　）。（2023 年）
A. 6 394 500÷(1＋1.5%)×5%＝315 000(元)
B. 6 394 500×5%＝319 725(元)
C. 6 394 500÷(1＋5%)×1.5%＝91 350(元)
D. 6 394 500×1.5%＝95 917.5(元)

二、多项选择题

1. 在零售环节缴纳消费税的有（　　）。（2022 年）
A. 卷烟
B. 白酒
C. 钻石珠宝
D. 超豪华小轿车

2. 根据增值税法律制度的规定，境外 P 国 W 公司发生的下列业务中，属于在境内销售无形资产或者不动产的有（　　）。（2023 年）
A. 将其在境内使用的经销权转让给境内乙公司
B. 将其位于 P 国的办公楼出售给境内丁公司
C 向境内甲公司转让一项完全在境内使用的专利
D. 向境外 Q 国的丙公司销售位于境内的办公楼

3. 根据车辆购置税法律制度的规定，下列各项中，属于车辆购置税征收范围的有（　　）。（2021 年）
A. 排气量 125 毫升的摩托车
B. 汽车挂车
C. 有轨电车
D. 汽车

4. 根据增值税法律制度的规定，下列各项中，不征收增值税的有（　　）。（2019 年）
A. 物业管理单位收取的物业费
B. 被保险人获得的医疗保险赔付
C. 保险人取得的财产保险费收入
D. 物业管理单位代收的住宅专项维修资金

5. 根据增值税法律制度的规定，下列关于包装物押金和租金的说法中，正确的有（　　）。（2021 年）
A. 对销售啤酒而收取的 1 年以上的押金，无论是否退还均并入销售额征税

B. 包装物押金是含税收入，在并入销售额征税时，需要先将该押金换算为不含税收入，再计算应纳增值税款
C. 包装物押金不同于包装物租金，包装物租金属于价外费用，在销售货物时随同货款一并计算增值税税款
D. 对销售除啤酒、黄酒外的其他酒类产品而收取的包装物押金，无论是否返还以及会计上如何核算，均应并入当期销售额征收增值税

6. 根据消费税法律制度的规定，下列各项中，属于消费税的征税范围的有（　　）。(2021 年)
A. 销售高尔夫球　B. 零售超豪华小汽车　C. 销售高档化妆品　D. 调味料酒

7. 根据增值税法律制度的规定，一般纳税人提供的下列服务中，可以选择适用简易计税方法的有（　　）。(2020 年)
A. 收派服务　B. 仓储服务
C. 电影放映服务　D. 文化体育服务

8. 根据增值税法律制度的规定，下列各项中，不可以从销项税额中抵扣进项税额的有（　　）。(2021 年)
A. 因管理不善被盗材料所支付的增值税税款　B. 购进用于集体福利所支付的增值税税款
C. 购进生产用电力所支付的增值税税款　D. 购进用于个人消费的材料所支付的增值税税款

9. 根据消费税法律制度的规定，白酒生产企业销售自产白酒收取的下列款项中，应并入销售额计征消费税的有（　　）。(2023 年)
A. 包装物租金　B. 增值税税款　C. 品牌使用费　D. 优质费

10. 根据增值税法律制度的规定，下列关于小规模纳税人征税规定的表述中，不正确的有（　　）。(2020 年)
A. 如需要开具增值税专用发票必须请税务机关代开
B. 应税服务年销售额为 600 万元的其他个人为增值税小规模纳税人
C. 符合一般纳税人条件的企业性单位可以选择按照小规模纳税人纳税
D. 除另有规定外，纳税人登记为一般纳税人后不得转为小规模纳税人

三、判断题

1. 将建筑物的广告位出租给其他单位用于发布广告，应按照“广告服务”税目计缴增值税。(2018 年)　（　　）
2. 融资性售后回租业务，应按照“租赁服务”税目计缴增值税。(2018 年)　（　　）
3. 增值税起征点的适用范围限于个人，且不适用于登记为一般纳税人的个体工商户。(2018 年)　（　　）
4. 根据消费税法律制度的规定，企业小汽车自用生产的汽油不交消费税。(2021 年)　（　　）
5. 增值税一般纳税人外购的货物因违反法律法规被依法销毁的，其进项税额不得从销项税额中抵扣。(2023 年)　（　　）
6. 甲公司进口汽车自用，应在进口环节向海关申报缴纳车辆购置税。(2021 年)　（　　）
7. 商业企业一般纳税人零售烟、酒，可开具增值税专用发票。(2018 年)　（　　）
8. 中国境外单位或者个人在境内发生应税行为，在境内未设有经营机构的，以购买方为增值税扣缴义务人。(2018 年)　（　　）
9. 汽车制造厂将一台自产小汽车投资入股汽车租赁公司，应按照该小汽车的生产成本作为计税依据计算消费税。(2023 年)　（　　）
10. 增值税起征点适用于个体工商户。(2021 年)　（　　）

应会考核

（一）甲公司为增值税一般纳税人，主要从事货物运输、装卸搬运和仓储服务。2019 年 9 月有关经营情况如下：

(1) 提供货物运输服务，取得含增值税价款 2 180 000 元，同时收取包装费 10 900 元。
(2) 提供装卸搬运服务，取得含增值税价款 41 200 元。
(3) 提供仓储服务，取得含增值税价款 82 400 元。
(4) 出租一处闲置仓库，取得含增值税租金 52 500 元，该仓库系甲公司 2006 年 4 月购入。

(5) 采取预收款方式向乙公司出租1辆纳入"营改增"试点之日前取得的运输车辆。9月16日签订有形动产租赁合同,租期3个月。9月20日收到乙公司支付的租赁费,9月23日向乙公司开具增值税专用发票,9月28日向乙公司交付出租的运输车辆。

(6) 将资金贷与关联企业丙公司使用,取得利息150 000元。

(7) 无偿为关联企业丙公司提供仓储服务,同类仓储服务含增值税价款1 090元。

(8) 因公司车辆发生交通事故,获得保险赔付20 000元。

(9) 取得存款利息1 750元。

已知:销售交通运输服务增值税税率为9%。

要求:根据上述资料,不考虑其他因素,分析回答下列小题。(2021年)

1. 计算甲公司当月提供货物运输服务增值税销项税额的下列算式中,正确的是(　　)。

A. 2 180 000×9%=196 200(元)

B. 2 180 000÷(1+9%)×9%=180 000(元)

C. (2 180 000+10 900)÷(1+9%)×9%=180 900(元)

D. (2 180 000+10 900)×9%=197 181(元)

2. 甲公司提供的下列服务中,可以选择适用简易计税方法计税的是(　　)。

A. 向乙公司出租运输车辆　　B. 出租闲置仓库

C. 提供装卸搬运服务　　D. 提供仓储服务

3. 甲公司当月采取预收款方式出租运输车辆。增值税纳税义务发生时间是(　　)。

A. 9月20日　　B. 9月28日　　C. 9月16日　　D. 9月23日

4. 甲公司当月发生的下列业务中,属于不征收增值税项目的是(　　)。

A. 将资金贷与关联企业丙公司使用取得利息150 000元

B. 取得存款利息1 750元

C. 无偿为关联企业丙公司提供仓储服务

D. 获得保险赔付20 000元

(二) 甲公司为增值税一般纳税人,主要从事小汽车的制造和销售业务。2019年7月有关经营情况如下:

(1) 销售1辆定制的自产小汽车,取得含增值税价款226 000元,另收取手续费33 900元。

(2) 将10辆自产小汽车对外投资,小汽车生产成本9万元/辆,甲公司同类小汽车不含增值税最高销售价格17万元/辆、平均销售价格15万元/辆、最低销售价格12万元/辆。

(3) 采取预收货款方式销售给4S店一批自产小汽车,6日签订合同,11日收到预收款,16日发出小汽车,21日开具发票。

(4) 生产中轻型商用客车180辆,其中171辆用于销售、3辆用于广告、2辆用于本公司管理部门,4辆用于赞助。

已知:小汽车消费税税率为5%,适用增值税税率为13%。(2020年)

1. 计算甲公司当月销售定制的自产小汽车应缴纳消费税税额的下列算式中,正确的是(　　)。

A. (226 000+33 900)×5%=12 995(元)

B. 226 000÷(1+13%)×5%=10 000(元)

C. (226 000+33 900)÷(1+13%)×5%=11 500(元)

D. 226 000×5%=11 300(元)

2. 计算甲公司当月以自产小汽车对外投资应缴纳消费税税额的下列算式中,正确的是(　　)。

A. 10×15×5%=7.5(万元)　　B. 10×12×5%=6(万元)

C. 10×9×5%=4.5(万元)　　D. 10×17×5%=8.5(万元)

3. 甲公司当月采取预收货款方式销售自产小汽车,消费税的纳税义务发生时间为(　　)。

A. 2019年7月6日　　B. 2019年7月11日

C. 2019年7月16日　　D. 2019年7月21日

（三）甲公司为增值税一般纳税人，从事白酒生产与销售，去年5月有关经营业务如下：

（1）进口设备一台，关税完税价113 000元。

（2）收回一批委托加工酒精，支付加工费取得增值税专用发票300 000元，税额39 000元，收回的酒精全部用于生产W品牌的白酒并专用于销售，共计15 000瓶，每瓶500克，取得不含增值税销售额1 500 000元，同时收取的白酒包装物押金22 600元。

（3）将自产一批白酒用于职工福利，为生产该批白酒购进原材料，取得增值税专用发票注明税额1 300元；购进一批白酒馈赠给客户，取得增值税专用发票注明税额2 340元；购买空调用于职工食堂，取得增值税专用发票注明税额1 950元。

已知：增值税税率为13%，关税税率为5%，白酒的消费税从价税率为20%，从量税率0.5元/500克，取得相关扣税凭证均符合规定，并于当月抵扣。

要求：根据上述资料，不考虑其他因素，分析回答下列小题。（2022年）

1. 下列计算进口设备应缴纳的增值税的算式中，正确的是（　　）。

A. [11 3 000÷(1+13%)+113 000÷(1+13%)×5%]×13%=13 650(元)

B. 113 000÷(1+13%)×13%=13 000(元)

C. (113 000+113 000×5%)×13%=15 425.5(元)

D. 11 300×13%=14 690(元)

2. 下列计算当月销售W白酒应缴纳的增值税销项税额的算式中，正确的是（　　）。

A. 1 500 000×13%=195 000(元)

B. 1 500 000×(1+13%)×13%=220 350(元)

C. 1 500 000×13%+22 600÷(1+13%)×13%=197 600(元)

D. (1 500 000−22 600)×13%=192 062(元)

3. 下列计算当月销售W白酒应缴纳的消费税的算式中，正确的是（　　）。

A. [1 500 000×13%+22 600÷(1+13%)]×20%=30 400(元)

B. [1 500 000×13%+22 600÷(1+13%−300 000)]×20%+15 000×0.5=251 500(元)

C. [1 500 000+22 600÷(1+13%−300 000)]×20%+15 000×0.5=311 500(元)

D. 1 500 000×20%+15 000×0.5=307 500(元)

4. 当月准予抵扣的进项税包括（　　）。

A. 赠送客户的白酒　　　　B. 支付加工费的进项税额

C. 生产白酒领用的原材料　　　　D. 购进空调

（四）甲化妆品公司为增值税一般纳税人，主要从事各类化妆品的生产销售与加工业务，2022年10月有关经营情况如下：

（1）与乙公司签订买卖合同，销售自产M型高档化妆品3 000盒，每盒不含增值税售价1 000元。其销售况如下：采取直接收款方式销售2 000盒，已取得销售款并开具发票；采取分期收款方式销售1 000盒，合同约定本月应收取300销售款，但截至月底只收到100盒销售款，甲化妆品公司未开具发票。

（2）与丙公司签订买卖合同，销售成套化妆品500盒，每盒不含增值税售价1 700元，每盒中包含自制Y型高档化妆品和外购的工艺品各一套，不含增值税售价分别1 615元、85元。

（3）与丁商贸公司签订承揽合同，受托加工其定制的高档化妆品，按合同约定，丁商贸公司提供原料成本212 500元，甲化妆品公司收取不含增值税加工费63 750元，其中包含代垫的辅助材料5 100元。化妆品公司无同类高档化妆品销售价格。丁商贸公司已于当月提货。

已知：高档化妆品消费税税率为15%。

要求：根据上述资料，不考虑其他因素，分析回答下列小题。（2023年）

1. 计算甲化妆品公司当月销售自产M型高档化妆品应缴纳消费税额的下列算式中，正确的是（　　）。

A. 3 000×1 000×15%=450 000(元)

B. 2 000×1 000×15%=300 000(元)

C. (2 000+100)×1 000×15%=315 000(元)

D. (2 000+300)×1 000×15%=345 000(元)

2. 计算甲化妆品公司当月销售成套化妆品应缴纳消费税额的下列算式中,正确的是(　　)。

A. 500×1 615×15%=121 125(元)

B. 500×1 700−(1−15%)×15%=150 000(元)

C. 500×1 615−(1−15%)×15%=142 500(元)

D. 500×1 700×15%=127 500(元)

3. 计算甲化妆品公司当月受托为丁商贸公司加工定制的高档化妆品应代收代缴消费税税额的下列算式中,正确的是(　　)。

A. (212 500+63 750)×15%=41 437.5(元)

B. (212 500+63 750−5 100)−(1−15%)×15%=47 850(元)

C. 212 500−(1−15%)×15%=37 500(元)

D. (212 500+63 750)−(1−15%)×15%=48 750(元)

4. 甲化妆品公司当月销售及受托加工业务涉及的下列税务处理中,正确的是(　　)。

A. 与乙公司签订的买卖合同印花税计税依据=3 000×1 000=3 000 000(元)

B. 销售及受托加工业务当月增值税销售额=(2 000+300)×1 000+500×1 700+63 750=3 213 750(元)

C.与丙公司签订的买卖合同印花税计税依据= 500×1 700=850 000(元)

D. 与丁商贸公司签订的承揽合同印花税计税依据=212 500+63 750=276 250(元)

项目五 所得税法律制度

知识目标

了解：企业所得税税率、特别纳税调整和纳税申报表；个人所得税税率。

熟悉：企业所得税纳税人、税收优惠和征收管理；企业重组业务企业所得税处理；个人所得税纳税人、税收优惠和征收管理。

掌握：企业所得税征税对象；企业所得税应纳税所得额、应纳税额的计算；企业所得税中相关资产的税务处理；个人所得税纳税人的纳税义务；个人所得税所得来源的确定；个人所得税应税所得项目；个人所得税应纳税所得额的确定和应纳税额的计算。

技能目标

具备掌握企业所得税法律制度的应纳税所得额和应纳税额的计算、收入总额、不征税收入和免税收入、准予扣除项目、不得扣除项目、准予限额扣除项目、亏损弥补、非居民企业的应纳税所得额、企业资产的所得税处理的能力。

素质目标

运用所学的企业所得税、个人所得税法律制度基本原理知识研究相关案例，培养和提高学生在特定业务情境中分析问题与决策设计的能力；结合行业规范或标准，运用企业所得税法知识分析行为的善恶，强化学生的职业道德素质。

思政引例

从业务活动判断企业纳税

思政元素

在美国设立的丁公司，实际管理机构设在美国，但在北京设立了机构、场所从事生产经营活动。2019 年，丁公司发生下列业务：①在北京设立的机构、场所取得了来源于中国境内的所得；②在北京设立的机构、场所取得了来源于境外但与该机构、场所有实际联系的所得；③丁公司在美国的实际管理机构直接将一项专利的使用权转让给上海的 B 公司（该所得与在北京设立的机构、场所没有实际联系）。

思考：丁公司的上述业务是否应在我国纳税？适用的企业所得税税率是多少？

动漫视频

企业所得税

知识精讲

任务一　企业所得税法律制度

企业所得税是对企业和其他取得收入的组织的生产经营所得和其他所得征收的一种税。企业所得税法是调整企业所得税征纳关系的法律规范的总称。2007 年 3 月 16 日第十届全国人民代表大会第五次会议通过、2017 年 2 月 24 日第十二届全国人大常委会第二十六次会议修正、2018 年 12 月 29 日第十三届全国人大常委会第七次会议修改的《中华人民共和国企业所得税法》（以下简称《企业所得税法》），2007 年 12 月 6 日国务院发布、2019 年 4 月 23 日国务院令第 714 号修订的《中华人民共和国企业所得税法实施条例》（以下简称《企业所得税法实施条例》），以及国家财政、税务主管部门制定、发布的系列部门规章和规范性文件，构成了我国企业所得税法律制度的主要内容。

一、企业所得税的纳税人

企业所得税纳税人，是指在我国境内的企业和其他取得收入的组织，包括各类企业、事业单位、社会团体、民办非企业单位和从事经营活动的其他组织。

【注意】 个人独资企业、合伙企业属于自然人性质企业，不具有法人资格，不是企业所得税纳税人。

为了有效行使税收管辖权，最大限度维护税收利益，我国企业所得税法选择了收入来源地管辖权和居民管辖权相结合的混合管辖权方式，采用了登记注册地标准和实际管理机构标准相结合的办法，把企业分为居民企业和非居民企业，分别承担不同的纳税义务。

（一）居民企业

居民企业，是指依法在中国境内成立，或者依照外国法律成立但实际管理机构在中国境内的企业。

这里的企业包括国有企业、集体企业、私营企业、联营企业、股份制企业、外商投资企业、外国企业以及有生产经营所得的其他组织。实际管理机构，是指对企业的生产经营、人员、账务、财产等实施实质性全面管理和控制的机构。

（二）非居民企业

非居民企业，是指依照外国（地区）法律成立且实际管理机构不在中国境内，但在中国境内设立机构、场所，或在中国境内未设立机构、场所，但有来源于中国境内所得的企业。

“机构、场所”，是指在中国境内从事生产经营活动的机构、场所，包括：①管理机构、营业机构、办事机构；②工厂、农场、开采自然资源的场所；③提供劳务的场所；④从事建筑、安装、装配、修理、勘探等工程作业的场所；⑤其他从事生产经营活动的机构、场所。

非居民企业委托营业代理人在中国境内从事生产经营活动的，包括委托单位或者个人经常代其签订合同，或者储存、交付货物等，该营业代理人视为非居民企业在中国境内设立的机构、场所。

二、企业所得税的征税对象

学中做

企业所得税征税对象，是指企业取得的生产经营所得、其他所得和清算所得。

（一）居民企业的征税对象

居民企业负无限纳税义务，应就来源于中国境内、境外的所得向中国境内缴纳企业所得税。“所得”包括销售货物所得、提供劳务所得、转让财产所得、股息红利等权益性投资所得、利息所得、租金所得、特许权使用费所得、接受捐赠所得和其他所得。

（二）非居民企业的征税对象

非居民企业负有限纳税义务。非居民企业在中国境内设立机构、场所的，应当就其所设机构、场所取得的来源于中国境内的所得，以及发生在中国境外但与其所设机构、场所有实际联系的所得，缴纳企业所得税。非居民企业在中国境内未设立机构、场所，或者虽设立机构、场所但取得的所得与其所设机构、场所没有实际联系的，应当就其来源于中国境内的所得缴纳企业所得税。

“实际联系”，是指非居民企业在中国境内设立的机构、场所拥有据以取得所得的股权、债权，以及拥有、管理、控制据以取得所得的财产等。

（三）来源于中国境内、境外所得的确定原则

根据企业所得税法及其实施条例的规定，所得来源地的确定应遵循如下原则：

（1）销售货物所得，为交易活动发生地。

(2) 提供劳务所得,为劳务发生地。

(3) 财产转让所得:不动产转让所得,为不动产所在地;动产转让所得,为转让动产的企业或机构、场所所在地;权益性投资资产转让所得,为被投资企业所在地。

(4) 股息、红利等权益性投资所得,为分配所得的企业所在地。

(5) 利息、租金、特许权使用费所得,为负担、支付所得的企业或机构、场所所在地,或负担、支付所得的个人住所地。

(6) 其他所得,由国务院财政、税务主管部门确定。

三、企业所得税的税率

(一) 基本税率

企业所得税实行比例税率。企业所得税的基本税率为25%,适用于居民企业和在中国境内设有机构、场所且取得的所得与其所设机构、场所有实际联系的非居民企业。

(二) 优惠税率

(1) 对符合条件的小型微利企业,减按20%的税率征收企业所得税。

【提示】 自2022年1月1日至2024年12月31日,对小型微利企业年应纳税所得额超过100万元但不超过300万元的部分,减按25%计入应纳税所得额,按20%的税率缴纳企业所得税。

(2) 对国家需要重点扶持的高新技术企业、经认定的技术先进型服务企业(服务贸易类),减按15%的税率征收企业所得税。

(3) 非居民企业在中国境内未设立机构、场所的,或者虽设立机构、场所但取得的所得与其所设机构、场所没有实际联系的所得,适用税率为20%,但实际征税时减按10%的税率征收企业所得税,以支付人为扣缴义务人。

(4) 自2019年1月1日至2023年12月31日,对符合条件的从事污染防治的第三方企业减按15%的税率征收企业所得税。

我国企业所得税实行比例税率,具体适用税率如表5-1所示。

表5-1 企业所得税适用税率汇总表

企业类型		所得来源	税率
居民企业	一般企业	境内、境外所得	25%
	小型微利企业		20%
	国家重点扶持的高新技术企业		15%
非居民企业	在我国境内设立机构、场所的	与机构、场所有实际联系的境内、境外所得	25%
		与机构、场所没有实际联系的境内所得	10%
	在我国境内没有设立机构、场所的	境内所得	10%

注:小型微利企业减按20%税率,国家重点扶持的高新技术企业减按15%税率征收企业所得税是一种税收优惠。详细内容见税收优惠部分。

四、企业所得税应纳税所得额的计算

应纳税所得额是企业所得税的计税依据,按照《企业所得税法》的规定,应纳税所得额为企业每一个纳税年度的收入总额,减除不征税收入、免税收入、各项扣除,以及允许弥补的以前年度亏损后的余额。其计算公式为:

应纳税所得额 = 收入总额 − 不征税收入 − 免税收入 − 各项扣除 − 以前年度亏损

企业应纳税所得额的计算，以权责发生制为原则，属于当期的收入和费用的，不论款项是否收付，均作为当期的收入和费用；不属于当期的收入和费用的，即使款项已经在当期收付，均不作为当期的收入和费用。在计算应纳税所得额时，企业财务、会计处理办法与税收法律法规的规定不一致的，应当依照税收法律法规的规定计算。

(一) 收入总额

企业收入总额是指以货币形式和非货币形式从各种来源取得的收入，具体包括：销售货物收入，提供劳务收入，转让财产收入，股息、红利等权益性投资收益，利息收入，租金收入，特许权使用费收入，接受捐赠收入以及其他收入。

企业取得的货币形式收入，包括现金、存款、应收账款、应收票据、准备持有至到期的债券投资以及债务的豁免等；企业取得的非货币形式收入，包括固定资产、生物资产、无形资产、股权投资、存货、不准备持有至到期的债券投资、劳务以及有关权益等。非货币形式收入应当按照公允价值确定收入额。

1. 销售货物收入

销售货物收入是指企业销售商品、产品、原材料、包装物、低值易耗品以及其他存货取得的收入。除法律法规另有规定外，企业销售货物收入的确认，必须遵循权责发生制原则和实质重于形式原则。

(1) 符合收入确认条件，采取下列商品销售方式的，应按以下规定确认收入实现的时间：①销售商品采用托收承付方式的，在办妥托收手续时确认收入。②销售商品采用预收款方式的，在发出商品时确认收入。③销售商品需要安装和检验的，在购买方接受商品以及安装和检验完毕时确认收入。如果安装程序比较简单，可在发出商品时确认收入。④销售商品采用支付手续费方式委托代销的，在收到代销清单时确认收入。

(2) 采用售后回购方式销售商品的，销售的商品按售价确认收入，回购的商品作为购进商品处理。有证据表明不符合销售收入确认条件的，如以销售商品方式进行融资，收到的款项应确认为负债，回购价格大于原售价的，差额应在回购期间确认为利息费用。

(3) 销售商品以旧换新的，销售商品时应当按照销售商品收入确认条件确认收入，回收的商品作为购进商品处理。

(4) 企业为促进商品销售而在商品价格上给予的价格扣除属于商业折扣，商品销售涉及商业折扣的，应当按照扣除商业折扣后的金额确定销售商品收入金额。

(5) 债权人为鼓励债务人在规定的期限内付款而向债务人提供的债务扣除属于现金折扣，销售商品涉及现金折扣的，应当按扣除现金折扣前的金额确定销售商品收入金额，现金折扣在实际发生时作为财务费用扣除。

(6) 企业因售出商品的质量不合格等原因而在售价上给予的减让属于销售折让。企业因售出商品质量、品种不符合要求等原因而发生的退货属于销售退回。企业已经确认销售收入的售出商品发生销售折让和销售退回的，应当在发生当期冲减当期销售商品收入。

(7) 采取买一赠一方式组合销售本企业商品时，应将总的销售金额按照各商品公允价值的比例来分摊确认各商品的销售收入。

2. 提供劳务收入

提供劳务收入，是指提供增值税劳务、“营改增”服务的收入，具体包括企业从事建筑安装、修理修配、交通运输、仓储租赁、金融保险、邮电通信、咨询经纪、文化体育、科学研究、技术服务、教育培训、餐饮住宿、中介代理、卫生保健、社区服务、旅游、娱乐、加工以及其他劳务服务活动取得的收入。

企业在各个纳税期末，提供劳务交易的结果能够可靠估计的，应采用完工进度(百分比)法确认提供劳务收入。企业应按照从接受劳务方已收或应收的合同或协议价款确定劳务收入总额，根据纳税期末提供劳务收入总额乘以完工进度扣除以前纳税年度累计已确认劳务收入后的金额，确认当期劳务收入；同时，按照劳务估计总成本乘以完工进度扣除以前纳税期间累计已确认劳务成本后的金额，结转当期劳务成本。

3. 转让财产收入

转让财产收入，是指企业转让固定资产、生物资产、无形资产、股权、债权等财产取得的收入。转让财产收入应当按照从财产受让方已收或应收的合同或协议价款确认收入。

4. 股息、红利等权益性投资收益

股息、红利等权益性投资收益，是指企业因权益性投资从被投资方取得的收入。除国务院财政、税务主管部门另有规定外，企业取得股息、红利等权益性投资收益，应当按照被投资方作出利润分配决定的日期确认收入的实现。

5. 利息收入

利息收入，是指企业将资金提供他人使用但不构成权益性投资，或者因他人占用本企业资金取得的收入，包括存款利息、贷款利息、债券利息、欠款利息等收入。企业应当按照合同约定的债务人应付利息的日期确认收入的实现，按照有关借款合同或协议约定的金额确定利息收入金额。

6. 租金收入

租金收入，是指企业提供固定资产、包装物或者其他有形资产的使用权取得的收入。企业应当按照合同约定的承租人应付租金的日期确认收入的实现，以有关租赁合同或协议约定的金额全额确定租金收入。如果交易合同或协议中约定租赁期限跨年度，且租金提前一次性支付，出租人可将上述已确认的收入，在租赁期内分期均匀计入相关年度。

7. 特许权使用费收入

特许权使用费收入，是指企业提供专利权、非专利技术、商标权、著作权以及其他特许权的使用权取得的收入。企业应当按照合同约定的特许权使用人应付特许权使用费的日期确认收入的实现，以有关使用合同或协议约定的金额全额确认特许权使用费收入。

8. 接受捐赠收入

接受捐赠收入，是指企业接受的来自其他企业、组织或者个人无偿赠与的货币性资产、非货币性资产。企业应当按照实际收到捐赠资产的日期确认收入的实现。

企业以买一赠一等方式组合销售本企业商品的，不属于捐赠，应将总的销售金额按各项商品的公允价值的比例来分摊确认各项销售收入。

9. 其他收入

其他收入，是指企业取得《企业所得税法》具体列举的收入外的其他收入，包括企业资产溢余收入、逾期未退包装物押金收入、确实无法偿付的应付款项、已作坏账损失处理后又收回的应收款项、债务重组收入、补贴收入、违约金收入、汇兑收益等。企业应当按照实际收入额或相关资产的公允价值确定其他收入金额。

10. 特殊收入的确认

(1) 以分期收款方式销售货物，按照合同约定的收款日期确认收入的实现。

(2) 企业受托加工制造大型机械设备、船舶、飞机，以及从事建筑、安装、装配工程业务或者提供其他劳务等，持续时间超过 12 个月的，按照纳税年度内完工进度或者完成的工作量确认收入的实现。

(3) 采取产品分成方式取得收入，按照企业分得产品的日期确认收入的实现，其收入额按照产品的公允价值确定。

(4) 企业发生非货币性资产交换，以及将货物、财产、劳务用于捐赠、偿债、赞助、集资、广告、样品、职工福利或者利润分配等用途，应当视同销售货物、转让财产或者提供劳务，按照公允价值确定其收入，但国务院财政、税务主管部门另有规定的除外。

(5) 企业以买一赠一等方式组合销售本企业商品的，不属于捐赠，应将总的销售金额按各项商品的公允价值的比例来分摊确认各项的销售收入。

(二) 不征税收入

不征税收入，是指从性质和根源上不属于企业营利性活动带来的经济利益，不作为应纳税所得额组成部分的收入，不应列为征收范围的收入。

1. 财政拨款

财政拨款，是指各级人民政府对纳入预算管理的事业单位、社会团体等组织拨付的财政资金，但国务院和国务院财政、税务主管部门另有规定的除外。

县级以上人民政府将国有资产无偿划入企业，且指定专门用途并按规定进行管理的，企业可将其带来的收入作为不征税收入进行企业所得税处理。其中，该项资产属于非货币性资产的，应按政府确定的接收价值计算不征税收入。

2. 依法收取并纳入财政管理的行政事业性收费、政府性基金

行政事业性收费，是指依照法律法规等有关规定，经国务院相关部门批准，在实施社会公共管理，以及在向公民、法人或者其他组织提供特定公共服务的过程中，向特定对象收取并纳入财政管理的费用。政府性基金，是指企业依照法律、行政法规等有关规定，代政府收取的具有专项用途的财政资金。

3. 国务院规定的其他不征税收入

国务院规定的其他不征税收入，是指企业取得的，由国务院财政、税务主管部门规定专项用途并经国务院批准的财政性资金。财政性资金是指企业取得的来源于政府及其有关部门的财政补助、补贴、贷款贴息，以及其他各类财政专项资金，包括直接减免的增值税和即征即退、先征后退、先征后返的各种税收，但不包括企业按规定取得的出口退税款。

县级以上人民政府将国有资产无偿划入企业，凡指定专门用途并按规定进行管理的，企业可作为不征税收入进行企业所得税处理。其中，该项资产属于非货币性资产的，应按政府确定的接收价值计算不征税收入。

从2018年9月20日起，对社保基金会及养老基金投资管理机构在国务院批准的投资范围内，运用养老基金投资取得的归属于养老基金的投资收入，作为企业所得税不征税收入。

从2018年9月20日起，对社保基金取得的直接股权投资收益、股权投资基金收益，作为企业所得税不征税收入。

【提示】 不征税收入是根本不属于企业所得税征税范围的收入，现在不纳税，以后也不会纳税。免税收入是属于企业所得税征税范围的收入，但是现在的政策是免税的，以后有可能会征税。

(三) 税前扣除项目

1. 税前扣除项目的原则

企业实际发生的与取得收入有关的、合理的支出，包括成本、费用、税金、损失和其他支出，准予在计算应纳税所得额时扣除。合理的支出，是指符合生产经营活动常规，应当计入当期损益或者有关资产成本的必要的和正常的支出。除另有规定外，企业实际发生的成本、费用、税金、损失和其他支出，不得重复扣除。

企业发生的支出应当区分收益性支出和资本性支出。收益性支出在发生当期直接扣除；资本性支出应当分期扣除或者计入相关资产成本通过折旧、摊销分期扣除，不得在发生当期直接扣除。

企业的不征税收入用于支出所形成的费用或者财产，不得扣除或者计算对应的折旧、摊销扣除。

2. 基本扣除项目

1）成本

成本，是指企业在生产经营活动中发生的销售成本、销货成本、业务支出以及其他耗费，即企业销售商品（产品、材料、下脚料、废料、废旧物资等）、提供劳务、转让固定资产、无形资产的成本。

销售成本是指生产性企业在生产产品的过程中，为生产产品所耗费的原材料、直接人工以及为生产在产品所耗费的辅助材料、物料等的成本。

销货成本是指商品流通企业销售货物的成本，由企业所销货物的买价加上可直接归属于销售货物所发生的支出组成。

业务支出是指服务业企业提供服务的过程中发生的支出，包括直接耗费的原材料成本、服务人员的工资薪金等直接可归属于服务的其他支出。

其他耗费是指凡是企业在生产产品、销售劳务等过程中耗费的其他直接相关支出，如果没有列入费用的范畴，都允许作为其他耗费列入成本，在计算企业所得税时税前扣除。

2）费用

费用，是指企业在生产经营活动中发生的销售费用、管理费用和财务费用，已经计入成本的有关费用除外。

销售费用是指应由企业负担的为销售商品而发生的费用，包括广告费、运输费、装卸费、包装费、展览费、保险费、销售佣金、供销手续费、经营性租赁费，以及销售部门发生的差旅费、工资、福利费等费用。

管理费用是指企业的行政管理部门为管理组织经营活动提供各项支援性服务而发生的费用。

财务费用是指企业为筹集经营性资金而发生的费用，包括利息净支出、汇兑净损失、金融机构手续费以及其他非资本化支出。

3）税金

税金，是指企业发生的除企业所得税和允许抵扣的增值税以外的各项税金及其附加，即纳税人按照规定缴纳的消费税、资源税、土地增值税、关税、城市维护建设税、教育费附加、房产税、车船税、城镇土地使用税、印花税等税金及附加。企业缴纳的增值税属于价外税，故不在扣除之列。

【提示】（1）五税两费：已缴纳的消费税、城市维护建设税、资源税、土地增值税、出口关税、教育费附加、地方教育附加，在“税金及附加”科目中核算，在税前是允许当期扣除的。

（2）增值税为价外税，在计算应纳税所得额时不得扣除。

（3）企业缴纳的房产税、车船税、城镇土地使用税、印花税等，也记入“税金及附加”科目，允许税前扣除。

（4）企业缴纳的契税、耕地占用税、进口关税、车辆购置税已经计入相关资产成本，不得在当期一次性扣除，应在以后各期分摊扣除。

4）损失

损失，是指企业在生产经营活动中发生的固定资产和存货的盘亏、毁损、报废损失，转让财产损失，呆账损失，坏账损失，由自然灾害等不可抗力因素造成的损失以及其他损失。

企业发生的损失，减除责任人赔偿和保险赔款后的余额，依照国务院财政、税务主管部门的规定扣除。企业已经作为损失处理的资产，在以后纳税年度又全部收回或者部分收回的，应当计入当期收入。

【提示】 外购货物发生的由盘亏、毁损、报废等原因形成的进项税额转出，应作为损失在企业所得税前扣除。

5）其他支出

其他支出，是指除成本、费用、税金、损失外，企业在生产经营活动中发生的与生产经营活动有关的、合理的支出。

3. 扣除项目标准

在计算应纳税所得额时，下列项目可按照实际发生额或规定标准扣除。

1）工资、薪金支出

企业发生的合理的工资、薪金支出，准予扣除。工资、薪金，是指企业每一个纳税年度支付给在本企业任职或者受雇的员工的所有现金形式或者非现金形式的劳动报酬，包括基本工资、奖金、津贴、补贴、年终加薪、加班工资，以及与员工任职或者受雇有关的其他支出。

【提示】 工资、薪金总额不包括"五险一金"和"三项经费"。

2）职工福利费、工会经费、职工教育经费和党组织工作经费

企业发生的职工福利费、工会经费、职工教育经费和党组织工作经费按标准扣除。未超过标准的，按实际发生数额扣除；超过扣除标准的，只能按标准扣除。

（1）企业发生的职工福利费支出，不超过工资、薪金总额14%的部分，准予扣除。列入企业员工工资薪金制度、固定与工资薪金一起发放的福利性补贴，符合国家税务总局相关规定的，可作为企业发生的工资、薪金支出，按规定在税前扣除。不能同时符合上述条件的福利性补贴，应按规定计算限额税前扣除。企业的职工福利费包括以下内容：①尚未实行分离办社会职能的企业，其内设福利部门所发生的设备、设施和人员费用，包括职工食堂、职工浴室、理发室、医务所、托儿所、疗养院等集体福利部门的设备、设施维修保养费用和福利部门工作人员的工资薪金、社会保险费、住房公积金、劳务费等。②为职工卫生保健、生活、住房、交通等所发放的各项补贴和非货币性福利，包括企业向职工发放的因公外地就医费用、未实行医疗统筹企业职工医疗费用、职工供养直系亲属医疗补贴、供暖费补贴、职工防暑降温费、职工困难补贴、救济费、职工食堂经费补贴、职工交通补贴等。③按照相关规定发放的其他职工福利费，包括丧葬补助费、抚恤费、安家费、探亲假路费等。

企业发放的职工福利费，应该单独设置账册，进行准确核算。没有单独设置账册准确核算的，税务机关应责令企业在规定的期限内改正。逾期仍未改正的，税务机关可对企业发放的职工福利费进行合理的核定。

【提示】 企业职工福利费开支项目，包括供暖费补贴、职工防暑降温费、职工困难补贴、职工食堂经费补贴、职工交通补贴等。

（2）企业拨缴的工会经费，不超过工资、薪金总额2%的部分，准予扣除。

（3）企业发生的职工教育经费支出，不超过工资、薪金总额8%的部分，准予在计算企业所得税应纳税所得额时扣除；超过部分，准予在以后纳税年度结转扣除。①职工福利费和工会经费超标部分不得在本年扣除，也不得结转到以后纳税年度扣除，属于永久性差异。②职工教育经费支出超标部分属于时间性差异，准予在以后纳税年度结转扣除。

3）社会保险费

（1）企业依照国务院有关主管部门或者省级人民政府规定的范围和标准为职工缴纳的基本养老保险费、基本医疗保险费、失业保险费、工伤保险费、生育保险费等基本社会保险费和住房公积金，准予扣除。

(2) 企业为投资者或在本企业任职或者受雇的全体员工支付的补充养老保险费、补充医疗保险费，分别在不超过职工工资总额5%的标准内的部分，准予扣除；超过部分，不得扣除。

(3) 企业依照国家有关规定为特殊工种职工支付的人身安全保险费和符合国务院财政、税务主管部门规定可以扣除的商业保险费准予扣除。

(4) 企业参加财产保险，按照规定缴纳的保险费，准予扣除。企业为投资者或职工支付的商业保险费，不得扣除。

(5) 企业参加雇主责任险、公众责任险等责任保险，按照规定缴纳的保险费，准予在企业所得税前扣除。

4) 借款费用

借款费用是指企业因借款而发生的利息及其他相关成本，包括借款利息、折价或者溢价的摊销、辅助费用及因外币借款而发生的汇兑差额。

借款费用的扣除方式。企业在生产经营活动中发生的合理的、不需要资本化的借款费用，应作为财务费用，准予扣除。

企业为购置、建造固定资产、无形资产和经过12个月以上的建造才能达到预定可销售状态的存货而发生借款的，在有关资产购置、建造期间发生的合理的借款费用，应予以资本化，作为资本性支出计入有关资产的成本，可依照规定扣除。

5) 汇兑损失

企业在货币交易中，以及纳税年度终了时将人民币以外的货币性资产、负债按照期末即期人民币汇率中间价折算为人民币时产生的汇兑损失，除已经计入有关资产成本以及与向所有者进行利润分配相关的部分外，准予扣除。

6) 公益性捐赠支出

公益性捐赠，是指企业通过公益性社会组织或者县级以上人民政府及其部门等国家机关，用于《中华人民共和国公益事业捐赠法》规定的公益事业或《中华人民共和国慈善法》规定的慈善活动的捐赠。

企业发生的公益性捐赠支出，不超过年度利润总额12%的部分，准予扣除；超过年度利润总额12%的部分，准予结转以后3年内在计算应纳税所得额时扣除。年度利润总额，是指企业依照国家统一会计制度的规定计算的年度会计利润。纳税人直接向受赠人的捐赠，不得在企业所得税前扣除，应作纳税调增处理。

自2019年1月1日至2025年12月31日，企业通过公益性社会组织或者县级(含县级)以上人民政府及其组成部门和直属机构，用于目标脱贫地区的扶贫捐赠支出，准予在计算企业所得税应纳税所得额时据实扣除。在政策执行期间内，目标脱贫地区实现脱贫的，可继续适用上述政策，企业同时发生扶贫捐赠支出和其他公益性捐赠支出，在计算公益性捐赠支出年度扣除限额时，符合条件的扶贫捐赠支出不计算在内。

用于公益事业的捐赠支出，是指《中华人民共和国公益事业捐赠法》规定的向公益事业的捐赠支出，具体范围包括：①救助灾害、救济贫困、扶助残疾人等困难的社会群体和个人的活动；②教育、科学、文化、卫生、体育事业；③环境保护、社会公共设施建设；④促进社会发展和进步的其他社会公共和福利事业。

企业事业单位、社会团队以及其他组织捐赠住房作为廉租住房的，视同公益性捐赠，按上述规定执行。

7) 业务招待费

企业发生的与生产经营活动有关的业务招待费支出，按照发生额的60%扣除，但最高不得超过当年销售(营业)收入的5‰。

企业在筹建期间，发生的与筹办活动有关的业务招待费支出，可按实际发生额的60%计入企业筹办费，按有关规定在税前扣除。

对从事股权投资业务的企业(包括集团公司总部、创业投资企业等)，其从被投资企业分配的股息、红利以及股权转让收入，可以按规定的比例计算业务招待费扣除限额。

8) 广告费和业务宣传费

企业发生的符合条件的广告费和业务宣传费支出，除国务院财政、税务主管部门另有规定外，不超过当年销售(营业)收入15%的部分，准予扣除；超过部分，准予在以后纳税年度结转扣除。

自2016年1月1日至2020年12月31日，对化妆品制造或销售、医药制造和饮料制造(不含酒类制造)企业发生的广告费和业务宣传费支出，不超过当年销售(营业)收入30%的部分，准予扣除；超过部分，准予在以后纳税年度结转扣除。烟草企业的烟草广告费和业务宣传费支出，一律不得在计算应纳税所得额时扣除。

企业申报扣除的广告费支出应与赞助支出严格区分。企业申报扣除的广告费支出，必须符合下列条件：广告是通过工商部门批准的专门机构制作的，已实际支付费用并已取得相应发票，通过一定的媒体传播。

【注意】 计算业务招待费、广告费税前扣除限额的依据相同，都是销售(营业)收入，不包括营业外收入。

企业筹建期间发生的广告费和业务宣传费，按实际发生额计入企业筹办费，按规定税前扣除。

【提示】 广告费和业务宣传费支出，超过扣除限额部分准予结转至以后纳税年度扣除。这与职工教育经费的处理一致，它们均为时间性差异。

9) 环境保护专项资金

企业依照法律、行政法规的有关规定提取的用于环境保护、生态恢复等方面的专项资金，准予扣除。但是，专项资金提取后改变用途的，不得扣除。

10) 租赁费

企业根据生产经营活动需要租入固定资产支付的租赁费，按照以下方法扣除：

(1) 以经营租赁方式租入固定资产发生的租赁费支出，按照租赁期限均匀扣除。经营租赁是指所有权不转移的租赁。

(2) 以融资租赁方式租入固定资产发生的租赁费支出，按照规定构成融资租入固定资产价值的部分应当提取折旧费用分期扣除。融资租赁是指在实质上转移与一项资产所有权有关的全部风险和报酬的一种租赁。

11) 劳动保护费

企业发生的合理的劳动保护支出，准予扣除。

12) 有关资产的费用

企业转让各类固定资产发生的费用，允许扣除。企业按规定计算的固定资产折旧费、无形资产和递延资产的摊销费，准予扣除。

13) 总机构分摊的费用

非居民企业在中国境内设立的机构、场所，就其在中国境外总机构发生的与该机构、场所生产经营有关的费用，能够提供总机构出具的费用汇集范围、定额分配依据和方法等证明文件，并合理分摊的，准予扣除。

14) 资产损失

企业当期发生的固定资产和流动资产盘亏、毁损净损失，由其提供清查盘存资料，经主管税务机关审核后，准予扣除；企业因存货盘亏、毁损、报废等原因不得从销项税额中抵扣的进项税额，应视同企业的财产损失，准予与存货损失一起在所得税前按规定扣除。

15）手续费及佣金支出

企业发生与生产经营有关的手续费及佣金支出，不超过按以下规定计算限额的部分，准予扣除；除保险企业外，超过限额的部分，不得扣除：

(1) 保险企业发生与其经营活动有关的手续费及佣金支出，不超过当年全部保费收入扣除退保金等后余额的18%(含本数)的部分，在计算应纳税所得额时准予扣除；超过部分，允许结转以后纳税年度扣除。

(2) 其他企业。按与具有合法经营资格的中介服务机构或个人(不含交易双方及其雇员、代理人和代表等)所签订服务协议或合同确认的收入金额的5%计算限额。

(3) 从事代理服务，主营业务收入为手续费、佣金的企业(如证券、期货、保险代理等企业)。其为取得该类收入而实际发生的营业成本(包括手续费及佣金支出)，准予在企业所得税前据实扣除。

企业应与具有合法经营资格的中介服务企业或个人签订代办协议或合同，并按规定支付手续费及佣金。除委托个人代理外，企业以现金等非转账方式支付的手续费及佣金不得在税前扣除。企业为发行权益性证券支付给有关证券承销机构的手续费及佣金不得在税前扣除。企业不得将手续费及佣金支出计入回扣、业务提成、返利、进场费等。企业已计入固定资产、无形资产等相关资产的手续费及佣金支出，应当通过折旧、摊销等方式分期扣除，不得在发生当期直接扣除。

企业支付的手续费及佣金不得直接冲减服务协议或合同金额，并如实入账。企业应当如实向当地主管税务机关提供当年手续费及佣金计算分配表和其他相关资料，并依法取得合法、真实的凭证。

16）利息费用

企业在生产经营活动中发生的下列利息支出，准予扣除：

(1) 非金融企业向金融企业借款的利息支出、金融企业的各项存款利息支出和同业拆借利息支出、企业经批准发行债券的利息支出可据实扣除。

(2) 非金融企业向非金融企业借款的利息支出，不超过按照金融企业同期同类贷款利率计算的数额的部分可据实扣除，超过部分不许扣除。金融企业，是指各类银行、保险公司及经中国人民银行批准从事金融业务的非银行金融机构。

(3) 凡企业投资者在规定期限内未缴足其应缴资本额的，该企业对外借款所发生的利息，相当于投资者实缴资本额与在规定期限内应缴资本额的差额应计付的利息，其不属于企业合理的支出，应由企业投资者负担，不得在计算企业应纳税所得额时扣除。

(4) 企业向股东或其他与企业有关联关系的自然人借款的利息支出，应根据《企业所得税法》及《财政部 国家税务总局关于企业关联方利息支出税前扣除标准有关税收政策问题的通知》规定的条件，计算企业所得税扣除额。

企业向除股东或其他与企业有关联关系的自然人以外的内部职工或其他人员借款的利息支出，其借款情况同时符合以下条件的，其利息支出在不超过按照金融企业同期同类贷款利率计算的数额的部分，准予扣除。①企业与个人之间的借贷是真实、合法、有效的，并且不具有非法集资目的或其他违反法律、法规的行为；②企业与个人之间签订了借款合同。

17）保险费

(1) 企业参加财产保险，按照规定缴纳的保险费，准予扣除。

(2) 除企业依照国家有关规定为特殊工种职工支付的人身安全保险费和国务院财政、税务主管部门规定可以扣除的其他商业保险费外，企业为投资者或职工支付的商业保险费，不得扣除。

(3) 企业参加雇主责任险、公众责任险等责任保险，按照规定缴纳的保险费，准予在企业所得税税前扣除。

(4) 企业职工因公出差乘坐交通工具发生的人身意外保险费支出，准予企业在计算应纳税额时扣除。

18) 党组织工作经费

国有企业(包括国有独资、全资和国有资本绝对控股、相对控股企业)纳入管理费用的党组织工作经费，实际支出不超过职工年度工资薪金总额1%的部分，可以据实在企业所得税前扣除。

非公有制企业党组织工作经费纳入管理费用，实际支出不超过职工年度工资薪金总额1%的部分，可以据实在企业所得税前扣除。

19) 准予扣除的其他项目

依照有关法律、行政法规和国家有关税法的规定准予扣除的其他项目主要包括会员费、合理的会议费、差旅费、违约金、诉讼费用等。

4. 不得扣除项目

在计算应纳税所得额时，下列支出不得扣除：

(1) 向投资者支付的股息、红利等权益性投资收益款项。

(2) 企业所得税税款。

(3) 税收滞纳金，是指纳税人因违反税收法规，被税务机关处以的滞纳金。

(4) 罚金、罚款和被没收财物的损失，是指纳税人违反国家有关法律、法规规定，被有关部门处以的罚款，以及被司法机关处以的罚金和被没收的财物。

(5) 超过规定标准的捐赠支出。

(6) 赞助支出，具体是指企业发生的与生产经营活动无关的各种非广告性质支出。

(7) 未经核定的准备金支出，具体是指不符合国务院财政、税务主管部门规定的各项资产减值准备、风险准备等准备金支出。

(8) 企业之间支付的管理费、企业内营业机构之间支付的租金和特许权使用费，以及非银行企业内营业机构之间支付的利息，不得扣除。

(9) 与取得收入无关的其他支出。

5. 亏损弥补

亏损，是指企业将每一个纳税年度的收入总额减除不征税收入、免税收入和各项扣除后小于零的数额。税法规定，企业某一纳税年度发生的亏损可以用下一年度的所得弥补，下一年度的所得不足以弥补的，可以逐年延续弥补，但最长不得超过5年。企业在汇总计算应缴纳的企业所得税时，其境外营业机构的亏损不得抵减境内营业机构的盈利。

自2018年1月1日起，当年具备高新技术企业或科技型中小企业资格的企业，其具备资格年度之前5个年度发生的尚未弥补完的亏损，准予结转以后年度弥补，最长结转年限由5年延长至10年。

6. 非居民企业的应纳税所得额

在中国境内未设立机构、场所的，或者虽设立机构、场所但取得所得与其所设机构、场所没有实际联系的非居民企业，其取得的来源于中国境内的所得，按照下列方法计算其应纳税所得额：

(1) 股息、红利等权益性投资收益和利息、租金、特许权使用费所得，以收入全额为应纳税所得额。

(2) 转让财产所得，以收入全额减除财产净值后的余额为应纳税所得额；财产净值，是指有关资产、财产的计税基础减除已经按照规定扣除的折旧、折耗、摊销、准备金等后的余额。

(3) 其他所得，参照前两项规定的方法计算应纳税所得额。

非居民企业在中国境内设立的机构、场所，就其中国境外总机构发生的与该机构、场所生产经营有关的费用，能够提供总机构出具的费用汇集范围、定额、分配依据和方法等证明文件并合理分摊的，准予扣除。

五、资产的税务处理

(一) 固定资产的税务处理

固定资产，是指企业为生产产品、提供劳务、出租或者经营管理而持有的，使用时间超过12个月的非货币性资产，包括房屋、建筑物、机器、机械、运输工具，以及其他与生产经营活动有关的设备、器具、工具等。在计算其应纳税所得额时，企业按照规定计算的固定资产折旧，准予扣除。

1. 不得计算折旧扣除的固定资产

下列固定资产不得计算折旧扣除：

(1) 房屋、建筑物以外未投入使用的固定资产。

(2) 以经营租赁方式租入的固定资产。

(3) 以融资租赁方式租出的固定资产。

(4) 已足额提取折旧仍继续使用的固定资产。

(5) 与经营活动无关的固定资产。

(6) 单独估价作为固定资产入账的土地。

(7) 其他不得计算折旧扣除的固定资产。

2. 固定资产的计税基础

根据固定资产来源的不同，其计税基础分别规定为：

(1) 外购的固定资产，以购买价款和支付的相关税费以及直接归属于使该资产达到预定用途发生的其他支出为计税基础。

(2) 自行建造的固定资产，以竣工结算前发生的支出为计税基础。

(3) 融资租入的固定资产，以租赁合同约定的付款总额和承租人在签订租赁合同过程中发生的相关费用为计税基础，租赁合同未约定付款总额的，以该资产的公允价值和承租人在签订租赁合同过程中发生的相关费用为计税基础。

(4) 盘盈的固定资产，以同类固定资产的重置完全价值为计税基础。

(5) 通过捐赠、投资、非货币性资产交换、债务重组等方式取得的固定资产，以该资产的公允价值和支付的相关税费为计税基础。

(6) 改建的固定资产，除已足额提取折旧的固定资产和经营租入固定资产的改建支出外，以改建过程中发生的改建支出增加计税基础。

3. 固定资产折旧的计提方法

固定资产采用直线法计提的折旧，准予扣除。企业应当自固定资产投入使用月份的次月起计提折旧；停止使用的固定资产，应当自停止使用月份的次月起停止计提折旧。企业应当根据固定资产的性质和使用情况，合理确定固定资产的预计净残值。固定资产的预计净残值一经确定，不得变更。

4. 固定资产折旧的计提年限

除国务院财政、税务主管部门另有规定外，固定资产计提折旧的最低年限如下：

(1) 房屋、建筑物为20年。

(2) 飞机、火车、轮船、机器、机械和其他生产设备为10年。

(3) 与生产经营活动有关的器具、工具、家具等为 5 年。

(4) 飞机、火车、轮船以外的运输工具为 4 年。

(5) 电子设备为 3 年。

5. 固定资产折旧的企业所得税处理

(1) 企业固定资产会计折旧年限如果短于税法规定的最低折旧年限，其按会计折旧年限计提的折旧高于按税法规定的最低折旧年限计提的折旧部分，应调增当期应纳税所得额；企业固定资产会计折旧年限已期满且会计折旧已提足，但税法规定的最低折旧年限尚未到期且税收折旧尚未足额扣除的，其未足额扣除的部分准予在剩余的税收折旧年限继续按规定扣除。

(2) 企业固定资产会计折旧年限如果长于税法规定的最低折旧年限，其折旧应按会计折旧年限计算扣除，税法另有规定的除外。

(3) 企业按会计规定提取的固定资产减值准备，不得税前扣除，其折旧仍按税法确定的固定资产计税基础计算扣除。

(4) 企业按税法规定实行加速折旧的，其按加速折旧办法计提的折旧额可全额在税前扣除。

(5) 石油天然气开采企业在计提油气资产折耗（折旧）时，由于会计与税法规定的计算方法不同导致的折耗（折旧）差异，应按税法规定进行纳税调整。

（二）生产性生物资产的税务处理

生产性生物资产，是指企业为生产农产品、提供劳务或者出租等而持有的生物资产，包括经济林、薪炭林、产畜和役畜等。

1. 生产性生物资产的计税基础

(1) 外购的生产性生物资产，以购买价款和支付的相关税费为计税基础。

(2) 通过捐赠、投资、非货币性资产交换、债务重组等方式取得的生产性生物资产，以该资产的公允价值和支付的相关税费为计税基础。

2. 生产性生物资产的折旧方法

生产性生物资产按照直线法计提的折旧，准予扣除。企业应当自生产性生物资产投入使用月份的次月起计提折旧；停止使用的生产性生物资产，应当自停止使用月份的次月起停止计提折旧。

企业应当根据生产性生物资产的性质和使用情况，合理确定生产性生物资产的预计净残值。生产性生物资产的预计净残值一经确定，不得变更。

3. 生产性生物资产的最低折旧年限

(1) 林木类生产性生物资产为 10 年。

(2) 畜类生产性生物资产为 3 年。

（三）无形资产的税务处理

无形资产，是指企业为生产产品、提供劳务、出租或者经营管理而持有的、没有实物形态的非货币性长期资产，包括专利权、商标权、著作权、土地使用权、非专利技术、商誉等。

1. 无形资产的计税基础

(1) 外购的无形资产，以购买价款和支付的相关税费以及可直接归属于使该资产达到预定用途发生的其他支出为计税基础。

(2) 自行开发的无形资产，以开发过程中该资产符合资本化条件后至达到预定用途前发生的支出为计税基础。

(3) 通过捐赠、投资、非货币性资产交换、债务重组等方式取得的无形资产，以该资产的公允价值和支付的相关税费为计税基础。

2. 无形资产的摊销范围

(1) 在计算应纳税所得额时，企业按照规定计算的无形资产摊销费用，准予扣除。

(2) 下列无形资产不得计算摊销费用予以扣除:①自行开发的支出已在计算应纳税所得额时扣除的无形资产;②自创商誉;③与经营活动无关的无形资产;④其他不得计算摊销费用予以扣除的无形资产。

3. 无形资产的摊销方法及年限

无形资产按照直线法计算的摊销费用,准予扣除。无形资产的摊销年限不得低于10年。作为投资或者受让的无形资产,有关法律规定或者合同约定了使用年限的,可以按照规定或者约定的使用年限分期摊销。外购商誉的支出,在企业整体转让或者清算时,准予扣除。

(四) 长期待摊费用的税务处理

长期待摊费用,是指企业发生的应在一个年度以上或几个年度进行摊销的费用。在计算应纳税所得额时,企业发生的下列支出作为长期待摊费用,按照规定计算摊销,准予扣除。

1. 固定资产改建支出的摊销

固定资产的改建支出是指改变房屋或建筑物结构、延长使用年限等发生的支出。

(1) 已足额提取折旧的固定资产的改建支出,按照固定资产预计尚可使用年限分期摊销。

(2) 经营租入固定资产的改建支出,按照合同约定的剩余租赁期限分期摊销。

2. 固定资产大修理支出的摊销

固定资产大修理支出是指同时符合下列条件的支出:

(1) 修理支出达到取得固定资产时的计税基础的50%以上。

(2) 修理后固定资产的使用年限延长2年以上。

企业发生的固定资产大修理支出,按照固定资产尚可使用年限分期摊销。

3. 其他应当作为长期待摊费用的支出

自支出发生月份的次月起,分期摊销,摊销年限不得少于3年。

(五) 投资资产的税务处理

投资资产,是指企业对外进行权益性投资和债权性投资形成的资产。企业对外投资期间,投资资产的成本在计算应纳税所得额时不得扣除。企业在转让或者处置投资资产时,投资资产的成本,准予扣除。

投资资产按照以下方式确定成本:

(1) 通过支付现金方式取得的投资资产,以购买价款为成本。

(2) 通过支付现金以外的方式取得的投资资产,以该资产的公允价值和支付的相关税费为成本。

(六) 存货的税务处理

存货,是指企业持有以备出售的产品或者商品,处在生产过程中的在产品,在生产或者提供劳务过程中耗用的材料和物料等。

存货按照下列方法确定成本:

(1) 通过支付现金方式取得的存货,以购买价款和支付的相关税费为成本。

(2) 通过支付现金以外的方式取得的存货,以该存货的公允价值和支付的相关税费为成本。

(3) 生产性生物资产收获的农产品,以产出或者采收过程中发生的材料费、人工费和分摊的间接费用等必要支出为成本。

企业使用或者销售存货,按照规定计算的存货成本,准予在计算应纳税所得额时扣除。

企业使用或者销售的存货成本计算方法,可以在先进先出法、加权平均法、个别计价法中选用一种。计价方法一经选用,不得随意变更。

(七) 资产损失的税务处理

资产损失,是指企业在生产经营活动中实际发生的、与取得应税收入有关的资产损失。它包括现金损失,存款损失,坏账损失,贷款损失,股权投资损失,固定资产和存货的盘亏、毁损、报废、被盗损失,由自然灾害等不可抗力因素造成的损失以及其他损失。企业发生上述资产损失,应在按税法规定实际确认或者实际发生的当年申报扣除。

企业以前年度发生的资产损失未能在当年税前扣除的,可以按照规定,向税务机关说明并进行专项申报扣除。其中,已发生的实际资产损失,准予追补至该项损失发生年度扣除,其追补确认期限一般不得超过5年。企业因以前年度实际资产损失未在税前扣除而多缴的企业所得税税款,可在追补确认年度企业所得税应纳税款中予以抵扣,不足抵扣的,向以后年度递延抵扣。

企业境内、境外营业机构发生的资产损失应分开核算,对境外营业机构由于发生资产损失而产生的亏损,不得在计算境内应纳税所得额时扣除。

六、企业所得税应纳税额的计算

企业所得税应纳税额的计算公式为:

应纳税额 = 应纳税所得额 × 适用税率 − 减免税额 − 抵免税额

企业取得的下列所得已在境外缴纳的所得税税额,可以从当期应纳税额中抵免:

(1) 居民企业来源于中国境外的应税所得。

(2) 非居民企业在中国境内设立机构、场所,取得发生在中国境外但与该机构、场所有实际联系的应税所得。

已在境外缴纳的所得税税额是指企业来源于中国境外的所得依照中国境外税收法律以及相关规定应当缴纳并已经实际缴纳的企业所得税性质的税款。

企业已在境外缴纳的所得税税额未超过抵免限额的,按照实际已缴纳税额抵免;超过抵免限额的部分,可以在以后5个年度内,用每年度抵免限额抵免当年应抵税额后的余额进行抵补。

除国务院财政、税务主管部门另有规定外,该抵免限额应当分国(地区)不分项计算。

从2017年1月1日起,企业可以选择采用分国(地区)不分项法,也可选择采用不分国(地区)不分项法计算其来源于境外的应纳税所得额,并按照有关规定分别计算其可抵免境外所得税额和抵免限额。上述方法一经选择,5年内不得改变。5个年度是指从企业取得来源于中国境外的所得,已经在中国境外缴纳企业所得税性质的税额超过抵免限额的当年的次年起连续5个纳税年度。

居民企业从其直接或间接控制的外国企业分得的来源于中国境外的股息、红利等权益性投资收益,外国企业在境外实际缴纳的所得税税额中属于该项所得负担的部分,可以作为该居民企业的可抵免境外所得税额,在规定的抵免限额内抵免。

直接控制是指居民企业直接持有外国企业20%以上的股份。间接控制是指居民企业以间接持股方式持有外国企业20%以上的股份,具体认定办法由国务院财政、税务主管部门另行制定。

七、企业所得税的税收优惠

(一) 免税收入

(1) 国债利息收入。为鼓励企业积极购买国债,支援国家建设,税法规定,企业因购买国债所得的利息收入,免征企业所得税。

(2) 符合条件的居民企业之间的股息、红利等权益性投资收益。股息、红利等权益性投资收益是指居民企业直接投资于其他居民企业取得的投资收益,不包括连续持有居民企业公开发行并上市流通的股票不足12个月取得的投资收益。

(3) 在中国境内设立机构、场所的非居民企业从居民企业取得的与该机构、场所有实际联系的股息、红利等权益性投资收益。内地居民企业投资者通过沪港通投资在中国香港联交所上市的股票取得的股息、红利所得，计入其收入总额，依法计征企业所得税。其中，内地居民企业连续持有 H 股满 12 个月取得的股息、红利所得，免征企业所得税。

(4) 符合条件的非营利组织的收入。符合条件的非营利组织的收入，是指非营利组织在开展业务活动的过程中所获得的非营利性收入，不包括非营利组织从事营利性活动取得的收入，但国务院财政、税务主管部门另有规定的除外。

(二) 免征与减征优惠

1. 企业从事下列项目的所得，免征企业所得税

(1) 蔬菜、谷物、薯类、油料、豆类、棉花、麻类、糖料、水果、坚果的种植。

(2) 农作物新品种的选育。

(3) 中药材的种植。

(4) 林木的培育和种植。

(5) 牲畜、家禽的饲养。

(6) 林产品的采集。

(7) 灌溉、农产品初加工、兽医、农技推广、农机作业和维修等农、林、牧、渔服务业项目。

(8) 远洋捕捞。

2. 企业从事下列项目的所得，减半征收企业所得税

(1) 花卉、茶以及其他饮料作物和香料作物的种植。

(2) 海水养殖、内陆养殖。

3. 从事国家重点扶持的公共基础设施项目的投资经营所得

国家重点扶持的公共基础设施项目，是指《公共基础设施项目企业所得税优惠目录》规定的港口码头、机场、铁路、公路、城市公共交通、电力、水利等项目。

(1) 企业从事上述国家重点扶持的公共基础设施项目的投资经营所得，自项目取得第一笔生产经营收入所属纳税年度起，第 1 年至第 3 年免征企业所得税，第 4 年至第 6 年减半征收企业所得税。

(2) 企业承包经营、承包建设和内部自建自用上述项目，不得享受上述企业所得税优惠。

4. 从事符合条件的环境保护、节能节水项目的所得

符合条件的环境保护、节能节水项目，包括公共污水处理、公共垃圾处理、沼气综合开发利用、节能减排技术改造、海水淡化等。项目的具体条件和范围由国务院财政、税务主管部门会同国务院有关部门制定，报国务院批准后公布施行。

环境保护、节能节水项目的所得，自项目取得第一笔生产经营收入所属纳税年度起“三免三减半”，即第 1 年至第 3 年免征企业所得税，第 4 年至第 6 年减半征收企业所得税。在减免税期限内转让的，受让方自受让之日起，可在剩余期限内享受规定的减免税优惠；减免税期限届满后转让的，受让方不得就该项目重复享受减免税待遇。

5. 符合条件的技术转让所得

(1) 一个纳税年度内，居民企业技术转让所得不超过 500 万元的部分，免征企业所得税；超过 500 万元的部分，减半征收企业所得税。

(2) 技术转让的范围，包括居民企业转让专利技术、计算机软件著作权、集成电路布图设计权、植物新品种、生物医药新品种、5 年(含)以上非独占许可使用权，以及财政部和国家税务总局确定的其他技术。其计算公式为：

$$技术转让所得 = 技术转让收入 - 技术转让成本 - 相关税费$$

6. 合格境外机构投资者所得

从2014年11月17日起，对合格境外机构投资者(QFII)、人民币合格境外机构投资者(RQFII)取得的来源于中国境内的股票等权益性投资资产转让所得，暂免征收企业所得税。

7. 非居民企业所得

在中国境内未设立机构、场所的，或者虽设立机构、场所但取得的所得与其所设机构、场所没有实际联系的非居民企业，其取得的来源于中国境内的所得，减按10%的税率征收企业所得税。下列所得可以免征企业所得税：

(1) 外国政府向中国政府提供贷款取得的利息所得。

(2) 国际金融组织向中国政府和居民企业提供优惠贷款取得的利息所得。

(3) 经国务院批准的其他所得。

(三) 小型微利企业所得

自2021年1月1日至2022年12月31日，小型微利企业无论是按查账征收方式还是按核定征收方式缴纳企业所得税，对年应纳税所得额不超过100万元的部分，减按25%计入应纳税所得额，按20%的税率缴纳企业所得税；对年应纳税所得额超过100万元但不超过300万元的部分，减按50%计入应纳税所得额，按20%的税率缴纳企业所得税。

小型微利企业是指从事国家非限制和禁止行业，且同时符合年度应纳税所得额不超过300万元、从业人数不超过300人、资产总额不超过5 000万元等三个条件的企业。

【提示】 小型微利企业所得税统一实行按季度预缴。

(四) 国家需要重点扶持的高新技术企业所得

(1) 国家需要重点扶持的高新技术企业，减按15%的税率征收企业所得税。

(2) 自2018年1月1日起，对经认定的技术先进型服务企业(服务贸易类)，减按15%的税率征收企业所得税。

(五) 加计扣除

企业的下列支出，可以在计算应纳税所得额时加计扣除。

1. 开发新技术、新产品、新工艺的研发费用

研发费用，是指企业为开发新技术、新产品、新工艺发生的研究开发费用。企业开展研发活动实际发生的研发费用，未形成无形资产计入当期损益的，在按规定据实扣除的基础上，自2018年1月1日至2023年12月31日，再按照实际发生额的75%在税前加计扣除；形成无形资产的，在上述期间按照无形资产成本的175%在税前摊销。

制造业企业开展研发活动中实际发生的研发费用，未形成无形资产计入当期损益的，在按规定据实扣除的基础上，自2021年1月1日起，再按照实际发生额的100%在税前加计扣除；形成无形资产的，自2021年1月1日起，按照无形资产成本的200%在税前摊销。

下列行业不适用税前加计扣除政策：①烟草制造业；②住宿和餐饮业；③批发和零售业；④房地产业；⑤租赁和商务服务业；⑥娱乐业；⑦财政部和国家税务总局规定的其他行业。

2. 安置残疾人员及国家鼓励安置的其他就业人员所支付的工资

企业安置残疾人员的，在按照支付给残疾职工工资据实扣除的基础上，按照支付给残疾职工工资的100%加计扣除。企业安置国家鼓励安置的其他就业人员所支付的工资的加计扣除办法，由国务院另行规定。

(六) 加速折旧优惠

企业的固定资产由于技术进步等原因，确需加速折旧的，可以缩短折旧年限或者采取加速折旧的方法。可以采用加速折旧方法的固定资产包括：由于技术进步，产品更新换代较快的固定资产；常年处于强震动、高腐蚀状态的固定资产。

采取缩短折旧年限方法的，最低折旧年限不得低于规定折旧年限的 60%；加速折旧方法可以采取双倍余额递减法或者年数总和法。

固定资产加速折旧税收优惠如下：

(1) 对下列 6 个行业的企业 2014 年 1 月 1 日后新购进的固定资产，可按规定年限的 60%缩短折旧年限，也可采取双倍余额递减法或年数总和法计提折旧：①生物药品制造业；②专用设备制造业；③铁路、船舶、航空航天和其他运输设备制造业；④计算机、通信和其他电子设备制造业；⑤仪器仪表制造业；⑥信息传输、软件和信息技术服务业等。

(2) 在 2014 年 1 月 1 日后新购进的专门用于研发的仪器、设备，单位价值不超过 100 万元的，允许一次性计入当期成本费用在计算应纳税所得额时扣除，不再分年度计算折旧；单位价值超过 100 万元的，可按 60%缩短折旧年限或采取加速折旧的方法；持有的单位价值不超过 5 000 元的固定资产，允许一次性计入当期成本费用在计算应纳税所得额时扣除。

(3) 轻工、纺织、机械、汽车四个领域重点行业企业：①2015 年 1 月 1 日后新购进的固定资产，固定资产投入使用当年的主营业务收入占收入总额的比重超过 50%(不含)的，允许缩短折旧年限或采取加速折旧的方法。②对小型微利企业 2015 年 1 月 1 日后新购进的研发和生产经营共用的仪器、设备，单位价值不超过 100 万元的，允许一次性计入当期成本费用在计算应纳税所得额时扣除；单位价值超过 100 万元的，可由企业选择缩短折旧年限或采取加速折旧的方法。

自 2019 年 1 月 1 日起，上述固定资产加速折旧优惠的行业范围，扩大至全部制造业领域。

企业在 2018 年 1 月 1 日至 2023 年 12 月 31 日期间新购进的设备、器具(除房屋、建筑物以外的固定资产)，单位价值不超过 500 万元的，允许一次性计入当期成本费用在计算应纳税所得额时扣除，不再分年度计提折旧。

(七) 减计收入

(1) 企业以《资源综合利用企业所得税优惠目录》规定的资源作为主要原材料，生产非国家限制和禁止并符合国家和行业相关标准的产品取得的收入，减按 90%计入收入总额。前述所称原材料占生产产品材料的比重不得低于前述优惠目录规定的标准。

(2) 自 2019 年 6 月 1 日至 2025 年 12 月 31 日，提供社区养老、托育、家政服务取得的收入，在计算应纳税所得额时，减按 90%计入收入总额。

(八) 抵免应纳税额

购置并实际使用《环境保护专用设备企业所得税优惠目录》《节能节水专用设备企业所得税优惠目录》和《安全生产专用设备企业所得税优惠目录》规定的环境保护、节能节水和安全生产专用设备，该专用设备投资额的 10%可以从企业当年的应纳税额中抵免；当年不足抵免的，可以在以后 5 个纳税年度结转抵免。享受上述优惠的企业，应当购置并实际投入使用上述规定的专用设备；若企业购置的专用设备在 5 年内转让、出租的，应当停止享受企业所得税优惠，并补缴已经抵免的企业所得税税款。

购置并实际使用的环境保护、节能节水和安全生产专用设备，包括承租方企业以融资租赁方式租入的，并在融资租赁合同中约定租赁期届满时租赁设备所有权转移给承租方企业，且符合规定条件的上述专用设备。凡融资租赁期届满后租赁设备所有权未转移至承租方企业的，承租方企业应停止享受抵免企业所得税优惠，并补缴已经抵免的企业所得税税款。

(九) 西部大开发税收优惠

自 2021 年 1 月 1 日至 2030 年 12 月 31 日，对设在西部地区的鼓励类产业企业减按 15%的税率征收企业所得税。鼓励类产业企业是指以《西部地区鼓励类产业目录》中规定的产业项目为主营业务，且其主营业务收入占企业收入总额 60%以上的企业。

(十) 海南自由贸易港企业所得税优惠

自2020年1月1日至2024年12月31日，对海南自由贸易港实行以下企业所得税优惠政策：

对注册在海南自由贸易港并实质性运营的鼓励类产业企业，减按15%的税率征收企业所得税。鼓励类产业企业，是指以海南自由贸易港鼓励类产业目录中规定的产业项目为主营业务，且其主营业务收入占企业收入总额60%以上的企业；实质性运营，是指企业的实际管理机构设在海南自由贸易港，并对企业生产经营、人员、账务、财产等实施实质性全面管理和控制。对不符合实质性运营的企业，不得享受优惠；对总机构设在海南自由贸易港的符合条件的企业，仅就其设在海南自由贸易港的总机构和分支机构的所得，适用15%税率；对总机构设在海南自由贸易港以外的企业，仅就其设在海南自由贸易港内的符合条件的分支机构的所得，适用15%的税率。

对在海南自由贸易港设立的旅游业、现代服务业、高新技术产业企业新增境外直接投资取得的所得，免征企业所得税。新增境外直接投资所得应当符合以下条件：

(1) 从境外新设分支机构取得的营业利润；或从持股比例超过20%(含)的境外子公司分回的，与新增境外直接投资相对应的股息所得。

(2) 被投资国(地区)的企业所得税法定税率不低于5%。

对在海南自由贸易港设立的企业，新购置(含自建、自行开发)固定资产或无形资产，单位价值不超过500万元(含)的，允许一次性计入当期成本费用在计算应纳税所得额时扣除，不再分年度计算折旧和摊销；新购置(含自建、自行开发)固定资产或无形资产，单位价值超过500万元的，可以缩短折旧，摊销年限或采取加速折旧、摊销的方法。固定资产，是指除房屋、建筑物以外的固定资产。

(十一) 债券利息减免税

(1) 对企业取得的2012年及以后年度发行的地方政府债券利息收入，免征企业所得税。

(2) 对企业投资者持有2019—2023年发行的铁路债券取得的利息收入，减半征收企业所得税。铁路债券是指以国家铁路集团有限公司为发行和偿还主体的债券，包括中国铁路建设债券、中期票据、短期融资券等债务融资工具。

企业重组业务企业所得税处理

(3) 自2018年11月7日至2025年1月6日，对境外机构投资境内债券市场取得的债券利息收入暂免征收企业所得税。

企业所得税特别纳税调整

八、企业所得税的征收管理

(一) 纳税地点

1. 居民企业的纳税地点

除税收法律、行政法规另有规定外，居民企业以企业登记注册地为纳税地点；但登记注册地在境外的，以实际管理机构所在地为纳税地点；居民企业在中国境内设立不具有法人资格的营业机构的，应当汇总计算并缴纳企业所得税。

2. 非居民企业的纳税地点

非居民企业在中国境内设立机构、场所取得的所得，以及发生在中国境外但与其所设机构、场所有实际联系的所得，应当以机构、场所所在地为纳税地点；非居民企业在中国境内未设立机构场所，或者虽设立机构、场所但取得的所得与其所设机构、场所没有实际联系的非居民企业，以扣缴义务人所在地为纳税地点；非居民企业在中国境内设立两个或者两个以上机构、场所的，经税务机关审核批准，可以选择由其主要机构、场所汇总缴纳企业所得税。

非居民企业经批准汇总缴纳企业所得税后，需要增设、合并、迁移、关闭机构或场所，或者停止机构、场所业务的，应当事先由负责汇总申报缴纳企业所得税的主要机构、场所向其所在地税务机关报告；需要变更汇总缴纳企业所得税的主要机构、场所的，依照前述规定办理。

(二) 纳税期限

企业所得税按年计征，分月或者分季预缴，年终汇算清缴，多退少补。纳税年度自公历1月1日至12月31日。

企业应当自年度终了之日起5个月内，向税务机关报送年度企业所得税纳税申报表，并汇算清缴，结清应缴应退税款。

企业一个纳税年度中间开业，或者终止经营活动，使该纳税年度的实际经营期不足12个月的，应当以其实际经营期为1个纳税年度。企业在年度中间终止经营活动的，应当自实际经营终止之日起60日内，向税务机关办理当期企业所得税汇算清缴。依法清算时，应当以清算期间作为一个纳税年度。

(三) 纳税申报

按月或按季预缴的，应当自月份或者季度终了之日起15日内，向税务机关报送预缴企业所得税纳税申报表，预缴税款。

企业所得以人民币以外的货币计算的，预缴企业所得税时，应当按照月度或者季度最后1日的人民币汇率中间价，将其折合成人民币计算应纳税所得额。

任务二 个人所得税法律制度

个人所得税是以个人取得的各项应税所得为征税对象征收的一种税。个人，是指区别于法人的自然人，既包括作为要素所有者的个人，如财产所有者个人，也包括作为经营者的个人，如个体工商户、合伙企业的合伙人及独资企业的业主。所得，是指个人通过各种方式所获得的一切利益。

中华人民共和国成立以来，我国长期对个人所得税实行不课征的政策。党的十一届三中全会以后，我国实行对外开放，为了维护国家的税收权益，根据国际惯例，1980年9月10日，第五届全国人民代表大会第三次会议审议通过并颁布《中华人民共和国个人所得税法》，首次对个人所得开征个人所得税。1986年至1987年，国务院先后颁布了《中华人民共和国城乡个体工商业户所得税暂行条例》和《中华人民共和国个人收入调节税暂行条例》，至此形成了个人所得税、城乡个体工商业户所得税和个人收入调节税“三税并存”的个人所得税征收制度格局。为了统一规范个人所得税制度，第八届全国人大常务委员会第四次会议在对原有三部个人所得税法律制度修改、合并的基础上，于1993年10月31日修订并颁布了修改后的《中华人民共和国个人所得税法》。之后的1999年、2005年、2007年和2011年，全国人民代表大会又分别对《中华人民共和国个人所得税法》进行了修订。我国现行个人所得税的主要法律依据是2011年6月30日第十一届全国人民代表大会常务委员会通过的《中华人民共和国个人所得税法》(以下简称《个人所得税法》)和2011年7月19日国务院修订的《中华人民共和国个人所得税法实施条例》(以下简称《个人所得税法实施条例》)。中华人民共和国国务院令第707号颁布修订后的《中华人民共和国个人所得税法实施条例》，自2019年1月1日起施行。

一、个人所得税的纳税人

个人所得税的纳税人以住所和居住时间为标准，分为居民个人和非居民个人。

在中国境内有住所，是指因户籍、家庭、经济利益关系而在中国境内习惯性居住；所称从中国境内和中国境外取得的所得,分别是指来源于中国境内的所得和来源于中国境外的所得。

除国务院财政、税务主管部门另有规定外,下列所得,不论支付地点是否在中国境内,均为来源于中国境内的所得:

(1) 因任职、受雇、履约等而在中国境内提供劳务取得的所得。

(2) 将财产出租给承租人在中国境内使用而取得的所得。

(3) 许可各种特许权在中国境内使用而取得的所得。

(4) 转让中国境内的不动产、土地使用权取得的所得,转让对中国境内企事业单位和其他经济组织投资形成的权益性资产取得的所得,在中国境内转让动产以及其他财产取得的所得。

(5) 从中国境内企事业单位和其他经济组织或者居民个人取得的利息、股息、红利所得。

(一) 居民个人

在中国境内有住所,或者无住所而一个纳税年度内在中国境内居住累计满183天的个人,为居民个人。居民个人从中国境内和境外取得的所得,依照规定缴纳个人所得税。

在中国境内无住所的个人,在中国境内居住累计满183天的年度连续不满6年的,经向主管税务机关备案,其来源于中国境外且由境外单位或者个人支付的所得,免予缴纳个人所得税;在中国境内居住累计满183天的任一年度中有一次离境超过30天的,其在中国境内居住累计满183天的年度的连续年限重新起算。

(二) 非居民个人

在中国境内无住所又不居住,或者无住所而一个纳税年度内在中国境内居住累计不满183天的个人,为非居民个人。非居民个人从中国境内取得的所得,依照规定缴纳个人所得税。

在中国境内无住所,且在一个纳税年度中在中国境内连续或者累计居住不超过90天的个人,其来源于中国境内的所得,由境外雇主支付并且不由该雇主在中国境内的机构、场所负担的部分,免予缴纳个人所得税。

二、个人所得税应税所得项目

居民个人取得下列第(一)项至第(四)项所得(以下称综合所得),按纳税年度合并计算个人所得税;非居民个人取得下列第(一)项至第(四)项所得,按月或者按次分项计算个人所得税。纳税人取得下列第(五)项至第(九)项所得,分别计算个人所得税。

(一) 工资、薪金所得

工资、薪金所得,是指个人因任职或者受雇而取得的工资、薪金、奖金、年终加薪、劳动分红、津贴、补贴以及与任职或者受雇有关的其他所得。

根据我国目前个人收入的构成情况,税法规定对于一些不属于工资、薪金性质的补贴、津贴或者不属于纳税人本人工资、薪金所得项目的收入,不予征税。这些项目包括:

(1) 独生子女补贴。

(2) 执行公务员工资制度未纳入基本工资总额的补贴、津贴差额和家属成员的副食品补贴。

(3) 托儿补助费。

(4) 差旅费津贴、误餐补助。其中,误餐补助是指按照财政部的规定,个人因公在城区、郊区工作,不能在工作单位或返回就餐的,根据实际误餐顿数,按规定的标准领取的误餐费。

【注意】 单位以误餐补助名义发给职工的补助、津贴不能包括在内。

(5) 外国来华留学生领取的生活津贴费、奖学金,不属于工资、薪金范畴,不征个人所得税。

(二) 劳务报酬所得

劳务报酬所得,是指个人从事劳务取得的所得。其内容包括设计、装潢、安装、制图、化验、测试、医疗、法律、会计、咨询、讲学、翻译、审稿、书画、雕刻、影视、录音、录像、演出、表演、广告、展览、技术服务、介绍服务、经纪服务、代办服务以及其他劳务。

区分“劳务报酬所得”和“工资、薪金所得”，主要看是否存在雇佣与被雇佣的关系。“工资、薪金所得”是个人从事非独立劳动，从所在单位(雇主)领取的报酬，存在雇佣与被雇佣的关系，即在机关、团体、学校、部队、企事业单位及其他组织中任职、受雇而得到的报酬。而“劳务报酬所得”是指个人独立从事某种技艺，独立提供某种劳务而取得的报酬，一般不存在雇佣关系。

(1) 个人兼职取得的收入应按照“劳务报酬所得”项目缴纳个人所得税。

(2) 律师以个人名义聘请其他人员为其工作而支付的报酬，应由该律师按照“劳务报酬所得”项目代扣代缴个人所得税。

(三) 稿酬所得

稿酬所得是指个人因其作品以图书、报刊形式出版、发表而取得的所得。这里所说的作品包括文学作品、书画作品、摄影作品，以及其他作品。作者去世后，财产继承人取得的遗作稿酬，也应征收个人所得税。

(四) 特许权使用费所得

特许权使用费所得，是指个人提供专利权、商标权、著作权、非专利技术以及其他特许权的使用权取得的所得。提供著作权的使用权取得的所得，不包括稿酬所得。

(1) 对于作者将自己的文字作品手稿原件或复印件公开拍卖(竞价)取得的所得，属于提供著作权的使用权取得的所得，应按“特许权使用费所得”项目征收个人所得税。

(2) 对于剧本作者从电影、电视剧的制作单位取得的剧本使用费，不再区分剧本的使用方是否为其任职单位，统一按照特许权使用费所得项目计算缴纳个人所得税。

(3) 对于个人取得的专利赔偿所得，应按“特许权使用费所得”项目缴纳个人所得税。

(五) 经营所得

经营所得，是指：

(1) 个体工商户从事生产、经营活动取得的所得，个人独资企业投资人、合伙企业的个人合伙人来源于境内注册的个人独资企业、合伙企业生产、经营的所得。个体工商户以业主为个人所得税纳税义务人。

(2) 个人依法从事办学、医疗、咨询以及其他有偿服务活动取得的所得。

(3) 个人对企业、事业单位承包经营、承租经营以及转包、转租取得的所得。

承包项目可分为多种，如生产经营、采购、销售、建筑安装等各种承包。转包包括全部转包或部分转包。

(4) 个人从事其他生产、经营活动取得的所得。例如，个人因从事彩票代销业务而取得的所得，或者从事个体出租车运营的出租车驾驶员取得的收入，都应按照“经营所得”项目计征个人所得税。这里所说的从事个体出租车运营包括，出租车属个人所有，但挂靠出租汽车经营单位或企事业单位，驾驶员向挂靠单位缴纳管理费的，或出租汽车经营单位将出租车所有权转移给驾驶员的。

(六) 利息、股息、红利所得

利息、股息、红利所得，是指个人拥有债权、股权而取得的利息、股息、红利所得。利息，是指个人拥有债权而取得的利息，包括存款利息、贷款利息和各种债券的利息。按税法的规定，个人取得的利息所得，除国债和国家发行的金融债券利息外，应当依法缴纳个人所得税。股息、红利，是指个人拥有股权取得的股息、红利。按照一定的比率对每股发放的息金为股息；公司、企业应分配的利润，按股份分配的为红利。股息、红利所得，除另有规定外，都应当缴纳个人所得税。

(七) 财产租赁所得

财产租赁所得，是指个人出租不动产、机器设备、车船以及其他财产取得的所得。

(1) 个人取得的财产转租收入,属于"财产租赁所得"的征税范围,由财产转租人缴纳个人所得税。

(2) 房地产开发企业与商店购买者个人签订协议规定,房地产开发企业按优惠价格出售其开发的商店给购买者个人,但购买者个人在一定期限内必须将购买的商店无偿提供给房地产开发企业对外出租使用。其实质是购买者个人以所购商店交由房地产开发企业出租而取得的房屋租赁收入支付了部分购房价款。对购买者个人少支出的购房价款,应视同个人财产租赁所得,按照"财产租赁所得"项目征收个人所得税。每次财产租赁所得的收入额,按照少支出的购房价款和协议规定的租赁月份数平均计算确定。

(八) 财产转让所得

财产转让所得,是指个人转让有价证券、股权、合伙企业中的财产份额、不动产、机器设备、车船以及其他财产取得的所得。

对个人取得的各项财产转让所得,除股票转让所得外,都要征收个人所得税。具体规定如下:

(1) 股票转让所得。对股票转让所得暂不征收个人所得税。

(2) 量化资产股份转让。集体所有制企业在改制为股份合作制企业时,对职工个人以股份形式取得的拥有所有权的企业量化资产,暂缓征收个人所得税;待个人将股份转让时,就其转让收入额,减除个人取得该股份时实际支付的费用支出和合理转让费用后的余额,按"财产转让所得"项目计征个人所得税。

(3) 个人将投资于在中国境内成立的企业或组织(不包括个人独资企业和合伙企业)的股权或股份,转让给其他个人或法人的行为,按照"财产转让所得"项目,依法计算缴纳个人所得税,具体包括以下情形:①出售股权;②公司回购股权;③发行人首次公开发行新股时,被投资企业股东将其持有的股份以公开发行方式一并向投资者发售;④股权被司法或行政机关强制过户;⑤以股权对外投资或进行其他非货币性交易;⑥以股权抵偿债务;⑦其他股权转移行为。

(4) 个人因各种原因终止投资、联营、经营合作等行为,从被投资企业或合作项目、被投资企业的其他投资者以及合作项目的经营合作人取得股权转让收入、违约金、补偿金、赔偿金及以其他名目收回的款项等,均属于个人所得税应税收入,应按照"财产转让所得"项目适用的税率计算缴纳个人所得税。

(5) 个人以非货币性资产投资,属于个人转让非货币性资产和投资同时发生。对个人转让非货币性资产的所得,应按照"财产转让所得"项目依法计算缴纳个人所得税。

(6) 纳税人收回转让的股权征收个人所得税的方法:①股权转让合同履行完毕、股权已作变更登记,且所得已经实现的,转让人取得的股权转让收入应当依法缴纳个人所得税。转让行为结束后,当事人双方签订并执行解除原股权转让合同、退回股权的协议,是另一次股权转让行为,对前次转让行为征收的个人所得税税款不予退回。②股权转让合同未履行完毕,因执行仲裁委员会作出的解除股权转让合同及补充协议的裁决、停止执行原股权转让合同,并原价收回已转让股权的,由于其股权转让行为尚未完成、收入未完全实现,随着股权转让关系的解除,股权收益不复存在,纳税人不应缴纳个人所得税。

(7) 自2010年1月1日起,对个人转让限售股取得的所得,按照"财产转让所得"适用20%的比例税率征收个人所得税。个人转让限售股,以每次限售股转让收入,减除股票原值和合理税费后的余额,为应纳税所得额,其计算公式为:

$$应纳税所得额 = 限售股转让收入 - (限售股原值 + 合理税费)$$

$$应纳税额 = 应纳税所得额 \times 20\%$$

式中:限售股转让收入,是指转让限售股股票实际取得的收入。限售股原值,是指限售股买入时的买入价及按照规定缴纳的有关费用。合理税费,是指转让限售股过程中发生的印花税、佣金、过户费等与交易有关的税费。

(8) 个人通过招标、竞拍或其他方式购置债权以后,通过相关司法或行政程序主张债权而取得的所得,应按照“财产转让所得”项目缴纳个人所得税。

(9) 个人通过网络收购玩家的虚拟货币,加价后向他人出售取得的收入,属于个人所得税应税所得,应按照“财产转让所得”项目计算缴纳个人所得税。

(九) 偶然所得

偶然所得,是指个人得奖、中奖、中彩以及其他偶然性质的所得。得奖是指参加各种有奖竞赛活动,取得名次得到的奖金;中奖、中彩是指参加各种有奖活动,如有奖销售、有奖储蓄或者购买彩票,经过规定程序,抽中、摇中号码而取得的奖金。偶然所得应缴纳的个人所得税税款,一律由发奖单位或机构代扣代缴。

(1) 对个人购买社会福利有奖募捐奖券、体育彩票一次中奖收入不超过 1 万元的,暂免征收个人所得税;超过 1 万元的,按全额征税。

(2) 企业对累积消费达到一定额度的顾客,给予额外抽奖机会,个人的获奖所得,按照“偶然所得”项目,全额适用 20%的税率缴纳个人所得税。

(3) 个人取得单张有奖发票奖金所得超过 800 元的,应全额按照“偶然所得”项目征收个人所得税。税务机关或其指定的有奖发票兑奖机构,是有奖发票奖金所得个人所得税的扣缴义务人。

(4) 个人为单位或他人提供担保获得收入,按照“偶然所得”项目计算缴纳个人所得税。

(5) 房屋产权所有人将房屋产权无偿赠与他人的,受赠人因无偿受赠房屋取得的受赠收入,按照“偶然所得”项目计算缴纳个人所得税。符合以下情形的,对当事双方不征收个人所得税:①房屋产权所有人将房屋产权无偿赠与配偶、父母、子女、祖父母、外祖父母、孙子女、外孙子女、兄弟姐妹;②房屋产权所有人将房屋产权无偿赠与对其承担直接抚养或者赡养义务的抚养人或者赡养人;③房屋产权所有人死亡,依法取得房屋产权的法定继承人、遗嘱继承人或者受遗赠人。

对受赠人无偿受赠房屋计征个人所得税时,其应纳税所得额为房地产赠与合同上标明的赠与房屋价值减除赠与过程中受赠人支付的相关税费后的余额。赠与合同标明的房屋价值明显低于市场价格或房地产赠与合同未标明赠与房屋价值的,税务机关可依据受赠房屋的市场评估价格或采取其他合理方式确定受赠人的应纳税所得额。

(6) 企业在业务宣传、广告等活动中,随机向本单位以外的个人赠送礼品(包括网络红包,下同),以及企业在年会、座谈会、庆典以及其他活动中向本单位以外的个人赠送礼品,个人取得的礼品收入,按照“偶然所得”项目计算缴纳个人所得税,但企业赠送的具有价格折扣或折让性质的消费券、代金券、抵用券、优惠券等礼品除外。

三、个人所得税的税率

(一) 综合所得,适用 3%~45%的超额累进税率

综合所得个人所得税税率表如表 5-2 所示。

表 5-2　　综合所得个人所得税税率表

级数	全年应纳税所得额	税率	速算扣除数/元
1	不超过 36 000 元的	3%	0

（续表）

级数	全年应纳税所得额	税率	速算扣除数/元
2	超过 36 000 元至 144 000 元的部分	10%	2 520
3	超过 144 000 元至 300 000 元的部分	20%	16 920
4	超过 300 000 元至 420 000 元的部分	25%	31 920
5	超过 420 000 元至 660 000 元的部分	30%	52 920
6	超过 660 000 元至 960 000 元的部分	35%	85 920
7	超过 960 000 元的部分	45%	181 920

注：(1) 本表所称全年应纳税所得额是指依照《个人所得税法》第六条的规定，居民个人取得综合所得以每一纳税年度收入额减除费用 6 万元以及专项扣除、专项附加扣除和依法确定的其他扣除后的余额。

(2) 非居民个人取得工资、薪金所得，劳务报酬所得，稿酬所得和特许权使用费所得，依照本表按月换算后计算应纳税额。

(二) 个体工商户、个人独资企业、合伙企业以及个人从事其他生产经营活动的经营所得，适用 5%～35%的五级超额累进税率

经营所得适用个人所得税税率表如表 5-3 所示。

表 5-3　　经营所得适用个人所得税税率表

级数	全年应纳税所得额	税率	速算扣除数/元
1	不超过 30 000 元的	5%	0
2	超过 30 000 元至 90 000 元的部分	10%	1 500
3	超过 90 000 元至 300 000 元的部分	20%	10 500
4	超过 300 000 元至 500 000 元的部分	30%	40 500
5	超过 500 000 元的部分	35%	65 500

注：本表所称全年应纳税所得额是指依照《个人所得税法》第六条的规定，以每一纳税年度的收入总额减除成本、费用以及损失后的余额。

四、个人所得税应纳税所得额的确定

由于个人所得税的应税项目不同，并且取得某项所得所需费用也不相同，因此，计算个人所得税应纳税所得额，需按不同应税项目分项计算。以某项应税项目的收入额减去税法规定的该项目费用减除标准后的余额，为该应税项目的应纳税所得额。两个以上的个人共同取得同一项目收入的，应当对每个人取得的收入分别按照个人所得税法的规定计算纳税。

(一) 每次收入的确定

个人所得税的征收方法有三种：一是按年计征，如经营所得、居民个人取得的综合所得；二是按月计征，如非居民个人取得的工资、薪金所得；三是按次计征，如利息、股息、红利所得，财产租赁所得，偶然所得，非居民个人取得的劳务报酬所得，稿酬所得，特许权使用费所得。

关于"次"的具体规定如下：

(1) 非居民个人取得劳务报酬所得、稿酬所得、特许权使用费所得，根据不同所得项目的特点，分别规定如下：

a. 凡属于一次性收入的，以取得该项收入为一次，按次确定应纳税所得额。例如，提供设计、

安装、装潢、制图、化验等劳务，往往是接受客户的委托，按照客户的要求，完成一次劳务后取得收入，因此，属于一次性的收入，应以每次提供劳务取得的收入为一次。

就稿酬来看，以每次出版、发表取得的收入为一次，不论出版单位是预付还是分笔支付稿酬，或者加印该作品后再付稿酬，均应合并其稿酬所得按一次计征个人所得税。

就特许权使用费来看，以某项使用权的一次转让所取得的收入为一次。一个非居民个人，可能不仅拥有一项特许权利，而且每一项特许权的使用权也可能不止一次地向我国境内提供。因此，对特许权使用费所得的“次”的界定，明确为每一项使用权的每次转让所取得的收入为一次。如果该次转让取得的收入是分笔支付的，则应将各笔收入相加为一次的收入，计征个人所得税。

b. 凡属于同一项目连续性收入的，以一个月内取得的收入为一次，据以确定应纳税所得额。例如，某歌手与一家酒吧签约，2020 年全年每天到酒吧演唱一次，每次演出后付酬 300 元。在计算其劳务报酬所得时，应将其视为同一事项的连续性收入，以其 1 个月内取得的收入为一次计征个人所得税，而不能以每天取得的收入为一次。

(2) 财产租赁所得，以 1 个月内取得的收入为一次。

(3) 利息、股息、红利所得，以支付利息、股息、红利时取得的收入为一次。

(4) 偶然所得，以每次收入为一次。

(二) 应纳税所得额和费用减除标准

1. 居民个人取得综合所得

居民个人取得综合所得，以每年收入额减除费用 60 000 元以及专项扣除、专项附加扣除和依法确定的其他扣除后的余额，为应纳税所得额。

1) 专项扣除

专项扣除包括居民个人按照国家规定的范围和标准缴纳的基本养老保险、基本医疗保险、失业保险等社会保险费和住房公积金等。

2) 专项附加扣除

专项附加扣除包括子女教育、继续教育、大病医疗、住房贷款利息或者住房租金、赡养老人、3 岁以下婴幼儿照护等支出。取得综合所得和经营所得的居民个人可以享受专项附加扣除。

(1) 子女教育。纳税人年满 3 岁的子女接受学前教育和学历教育的相关支出，按照每个子女每月 2 000 元(每年 24 000 元)的标准定额扣除。

学前教育包括年满 3 岁至小学入学前教育；学历教育包括义务教育(小学、初中教育)、高中阶段教育(普通高中、中等职业、技工教育)、高等教育(大学专科、大学本科、硕士研究生、博士研究生教育)。

父母可以选择由其中一方按扣除标准的 100%扣除，也可以选择由双方分别按扣除标准的 50%扣除，具体扣除方式在一个纳税年度内不得变更。

纳税人子女在中国境外接受教育的，纳税人应当留存境外学校录取通知书、留学签证等相关教育的证明资料备查。

计算时间：学前教育阶段，自子女年满 3 周岁当月至小学入学前一个月；学历教育阶段，自子女接受全日制学历教育入学的当月至全日制学历教育结束的当月。

(2) 继续教育。纳税人在中国境内接受学历(学位)继续教育的支出，在学历(学位)继续教育期间按照每月 400 元(每年 4 800 元)定额扣除。同一学历(学位)继续教育的扣除期限不能超过 48 个月(4 年)。纳税人接受技能人员职业资格继续教育、专业技术人员职业资格继续教育支出，在取得相关证书的当年，按照 3 600 元定额扣除。

个人接受本科及以下学历(学位)继续教育，符合税法规定扣除条件的，可以选择由其父母扣除，也可以选择由本人扣除。

纳税人接受技能人员职业资格继续教育、专业技术人员职业资格继续教育的，应当留存相关证书等资料备查。

计算时间：学历（学位）继续教育，自在中国境内接受学历（学位）继续教育入学的当月至学历（学位）继续教育结束的当月。技能人员职业资格继续教育、专业技术人员职业资格继续教育，为取得相关证书的当年。

上述规定的学历教育和学历（学位）继续教育的期间，包含因病或其他非主观原因休学但学籍继续保留的休学期间，以及施教机构按规定组织实施的寒暑假等假期。

（3）大病医疗。在一个纳税年度内，纳税人发生的与基本医保相关的医药费用支出，扣除医保报销后个人负担（指医保目录范围内的自付部分）累计超过 15 000 元的部分，由纳税人在办理年度汇算清缴时，在 80 000 元限额内据实扣除。

纳税人发生的医药费用支出可以选择由本人或者其配偶扣除；未成年子女发生的医药费用支出可以选择由其父母一方扣除。纳税人及其配偶、未成年子女发生的医药费用支出，应按前述规定分别计算扣除额。

纳税人应当留存医药服务收费及医保报销相关票据原件（或复印件）等资料备查。医疗保障部门应当向患者提供在医疗保障信息系统记录的本人年度医药费用信息查询服务。

计算时间：医疗保障信息系统记录的医药费用实际支出的当年。

（4）住房贷款利息。纳税人本人或配偶，单独或共同使用商业银行或住房公积金个人住房贷款，为本人或其配偶购买中国境内住房，发生的首套住房贷款利息支出，在实际发生贷款利息的年度，按照每月 1 000 元（每年 12 000 元）的标准定额扣除，扣除期限最长不超过 240 个月（20 年）。纳税人只能享受一套首套住房贷款利息扣除。

所称首套住房贷款是指购买住房享受首套住房贷款利率的住房贷款。

经夫妻双方约定，可以选择由其中一方扣除，具体扣除方式在确定后，一个纳税年度内不得变更。

夫妻双方婚前分别购买住房发生的首套住房贷款，其贷款利息支出，婚后可以选择其中一套购买的住房，由购买方按扣除标准的 100％扣除，也可以由夫妻双方对各自购买的住房分别按扣除标准的 50％扣除，具体扣除方式在一个纳税年度内不得变更。

纳税人应当留存住房贷款合同、贷款还款支出凭证备查。

计算时间：自贷款合同约定开始还款的当月至贷款全部归还或贷款合同终止的当月。

（5）住房租金。纳税人在主要工作城市没有自有住房而发生的住房租金支出，可以按照以下标准定额扣除：直辖市、省会（首府）城市、计划单列市以及国务院确定的其他城市，扣除标准为每月 1 500 元（每年 18 000 元）。除上述所列城市外，市辖区户籍人口超过 100 万人的城市，扣除标准为每月 1 100 元（每年 13 200 元）；市辖区户籍人口不超过 100 万人的城市，扣除标准为每月 800 元（每年 9 600 元）。

市辖区户籍人口，以国家统计局公布的数据为准。

所称主要工作城市是指纳税人任职受雇的直辖市、计划单列市、副省级城市、地级市（地区、州、盟）全部行政区域范围；纳税人无任职受雇单位的，为受理其综合所得汇算清缴的税务机关所在城市。

夫妻双方主要工作城市相同的，只能由一方扣除住房租金支出。

住房租金支出由签订租赁住房合同的承租人扣除。

纳税人及其配偶在一个纳税年度内不得同时分别享受住房贷款利息专项附加扣除和住房租金专项附加扣除。

纳税人应当留存住房租赁合同、协议等有关资料备查。

计算时间：自租赁合同（协议）约定的房屋租赁期开始的当月至租赁期结束的当月。提前终止合同(协议)的,以实际租赁期限为准。

(6) 赡养老人。纳税人赡养一位及以上被赡养人的赡养支出,统一按以下标准等额扣除:纳税人为独生子女的,按照每月 3 000 元的标准定额扣除;纳税人为非独生子女的,由其与兄弟姐妹分摊每月 3 000 元的扣除额度,每人分摊的额度最高不得超过每月 1 500 元。可以由赡养人均摊或者约定分摊,也可以由被赡养人指定分摊。约定或者指定分摊的须签订书面分摊协议,指定分摊优于约定分摊。具体分摊方式和额度在一个纳税年度内不得变更。

所称被赡养人是指年满 60 岁的父母,以及子女均已去世的年满 60 岁的祖父母、外祖父母。

计算时间:自被赡养人年满 60 周岁的当月至赡养义务终止的年末。

上述所称父母,是指生父母、继父母、养父母;子女,是指婚生子女、非婚生子女、继子女、养子女。父母之外的其他人担任未成年人的监护人的,比照执行。

(7) 3 岁以下婴幼儿照护。纳税人照护 3 岁以下婴幼儿子女的相关支出,按照每个婴幼儿每月 2 000 元的标准定额扣除。

父母可以选择由其中一方按扣除标准的 100%扣除,也可以选择由双方分别按扣除标准的 50%扣除,具体扣除方式在一个纳税年度内不能变更。

计算时间:3 岁以下婴幼儿照护,为婴幼儿出生的当月至年满 3 周岁的前一个月。这一期限,起始时间与婴幼儿出生月份保持一致,终止时间与子女教育专项附加扣除时间有效衔接,纳税人终止享受 3 岁以下婴幼儿照护专项附加扣除后,可按规定接续享受子女教育专项附加扣除。

【提示】 3 岁以下婴幼儿照护个人所得税专项附加扣除自 2022 年 1 月 1 日起实施。

3) 依法确定的其他扣除

依法确定的其他扣除,包括个人缴付符合国家规定的企业年金、职业年金,个人购买符合国家规定的商业健康保险、税收递延型商业养老保险的支出,以及国务院规定可以扣除的其他项目。

(1) 企业年金、职业年金。企业年金和职业年金是指事业单位及其工作人员在依法参加基本养老保险的基础上,建立的补充养老保险制度。

个人因出境定居而一次性领取的年金个人账户资金,或个人死亡后,其指定的受益人或法定继承人一次性领取的年金个人账户余额,适用综合所得税率表计算纳税。对个人除上述特殊原因外一次性领取年金个人账户资金或余额的,适用月度税率表计算纳税。

(2) 商业健康保险。对取得工资薪金所得、连续性劳务报酬所得的个人,以及取得个体工商户生产经营所得、对企事业单位的承包承租经营所得的个体工商户业主、个人独资企业投资者、合伙企业合伙人和承包承租经营者购买符合规定的商业健康保险产品的支出,允许在当年(月)计算应纳税所得额时予以税前扣除,扣除限额为 2 400 元/年(200 元/月)。单位统一为员工购买符合规定的商业健康保险产品的支出,应分别计入员工个人工资薪金,视同个人购买,按上述限额予以扣除。

连续性劳务报酬所得,是指纳税人连续 3 个月以上(含 3 个月)为同一单位提供劳务而取得的所得。

对取得工资薪金所得或连续性劳务报酬所得的个人,单位统一(或自行)购买符合规定的商业健康保险产品的,扣缴单位自购买产品(或个人提交保单凭证)的次月起,在不超过 200 元/月的标准内按月扣除。一年内保费金额超过 2 400 元的部分,不得税前扣除。以后年度续保时,按上述规定执行。个人自行退保时,应及时告知扣缴义务人。

个体工商户业主、企事业单位承包承租经营者、个人独资企业和合伙企业自然人投资者自行购买符合条件的商业健康保险产品的,在不超过 2 400 元/年的标准内据实扣除。一年内保费金额超过 2 400 元的部分,不得税前扣除。以后年度续保时,按上述规定执行。

(3) 税收递延型商业养老保险。对试点地区个人通过个人商业养老资金账户购买符合规定的商业养老保险产品的支出,允许在一定标准内税前扣除;记入个人商业养老资金账户的投资收益,暂不征收个人所得税;个人领取商业养老金时再征收个人所得税。

(4) 个人养老金。个人缴费享受税前扣除优惠时,以个人养老金信息管理服务平台出具的扣除凭证为扣税凭据。取得工资薪金所得、按累计预扣法预扣预缴个人所得税劳务报酬所得的,其缴费可以选择在当年预扣预缴或次年汇算清缴时在限额标准内据实扣除。选择在当年预扣预缴的,应及时将相关凭证提供给扣缴单位。扣缴单位应按照本公告有关要求,为纳税人办理税前扣除有关事项。取得其他劳务报酬、稿酬、特许权使用费等所得或经营所得的,其缴费在次年汇算清缴时在限额标准内据实扣除。个人按规定领取个人养老金时,由开立个人养老金资金账户所在市的商业银行机构代扣代缴其应缴的个人所得税。

【注意】 自2022年1月1日起,对个人养老金实施递延纳税优惠政策。在缴费环节,个人向个人养老金资金账户的缴费,按照12 000元/年的限额标准,在综合所得或经营所得中据实扣除;在投资环节,计入个人养老金资金账户的投资收益暂不征收个人所得税;在领取环节,个人领取的个人养老金,不并入综合所得,单独按照3%的税率计算缴纳个人所得税,其缴纳的税款计入"工资、薪金所得"项目。

【提示】 专项扣除、专项附加扣除和依法确定的其他扣除,以居民个人一个纳税年度的应纳税所得额为限额;一个纳税年度扣除不完的,不得结转以后年度扣除。

2. 非居民个人取得工资、薪金所得

非居民个人的工资、薪金所得,以每月收入额减除费用5 000元后的余额为应纳税所得额;劳务报酬所得、稿酬所得、特许权使用费所得,以每次收入额为应纳税所得额。

3. 经营所得

经营所得,以每一纳税年度的收入总额减除成本、费用以及损失后的余额,为应纳税所得额。

所称成本、费用,是指生产、经营活动中发生的各项直接支出和分配计入成本的间接费用以及销售费用、管理费用、财务费用;所称损失,是指生产、经营活动中发生的固定资产和存货的盘亏、毁损、报废损失,转让财产损失,坏账损失,自然灾害等不可抗力因素造成的损失以及其他损失。

对个体工商户业主、个人独资企业和合伙企业自然人投资者的生产经营所得依法计征个人所得税时,个体工商户业主、个人独资企业和合伙企业自然人投资者本人的费用扣除标准统一确定为60 000元/年(5 000元/月)。

对企事业单位的承包经营、承租经营所得,以每一纳税年度的收入总额,减除必要费用后的余额为应纳税所得额。每一纳税年度的收入总额,是指纳税义务人按照承包经营、承租经营合同规定分得的经营利润和工资、薪金性质的所得;所说的减除必要费用,是指按年减除60 000元。

4. 财产租赁所得

财产租赁所得,每次收入不超过4 000元的,减除费用为800元;每次收入在4 000元以上的,减除20%的费用,其余额为应纳税所得额。

5. 财产转让所得

财产转让所得,以转让财产的收入额减除财产原值和合理费用后的余额,为应纳税所得额。财产原值,是指以下内容:

(1) 有价证券,为买入价以及买入时按照规定缴纳的有关费用。

(2) 建筑物,为建造费或者购进价格以及其他有关费用。

(3) 土地使用权,为取得土地使用权所支付的金额、开发土地的费用以及其他有关费用。

(4) 机器设备、车船,为购进价格、运输费、安装费以及其他有关费用。

(5) 其他财产,参照以上方法确定。

纳税义务人未提供完整、准确的财产原值凭证,不能正确计算财产原值的,由主管税务机关核定其财产原值。

合理费用,是指卖出财产时按照规定支付的有关费用。

6. 利息、股息、红利所得和偶然所得

利息、股息、红利所得和偶然所得,以每次收入额为应纳税所得额。

(三) 公益慈善事业捐赠的扣除

(1) 个人通过中华人民共和国境内公益性社会组织、县级以上人民政府及其部门等国家机关,向教育、扶贫、济困等公益慈善事业的捐赠(以下简称公益捐赠),发生的公益捐赠支出,可以按照个人所得税法有关规定在计算应纳税所得额时扣除。

(2) 个人发生的公益捐赠支出金额,按照下列规定确定:

a. 捐赠货币性资产的,按照实际捐赠金额确定。

b. 捐赠股权、房产的,按照个人持有股权、房产的财产原值确定。

c. 捐赠除股权、房产以外的其他非货币性资产的,按照非货币性资产的市场价格确定。

(3) 居民个人按照以下规定扣除公益捐赠支出:

a. 居民个人发生的公益捐赠支出可以在财产租赁所得、财产转让所得、利息股息红利所得、偶然所得(以下统称分类所得)、综合所得或者经营所得中扣除。在当期一个所得项目扣除不完的公益捐赠支出,可以按规定在其他所得项目中继续扣除。

b. 居民个人发生的公益捐赠支出,在综合所得、经营所得中扣除的,扣除限额分别为当年综合所得、当年经营所得应纳税所得额的 30%;在分类所得中扣除的,扣除限额为当月分类所得应纳税所得额的 30%。

c. 居民个人根据各项所得的收入、公益捐赠支出、适用税率等情况,自行决定在综合所得、分类所得、经营所得中扣除公益捐赠支出的顺序。

(4) 居民个人在综合所得中扣除公益捐赠支出的,应按照以下规定处理:

a. 居民个人取得工资薪金所得的,可以选择在预扣预缴时扣除,也可以选择在年度汇算清缴时扣除。

居民个人选择在预扣预缴时扣除的,应按照累计预扣法计算扣除限额,其捐赠当月的扣除限额为截至当月累计应纳税所得额的 30%(全额扣除的从其规定,下同)。个人从两处以上取得工资薪金所得,选择其中一处扣除,选择后当年不得变更。

b. 居民个人取得劳务报酬所得、稿酬所得、特许权使用费所得的,预扣预缴时不扣除公益捐赠支出,统一在汇算清缴时扣除。

c. 居民个人取得全年一次性奖金、股权激励等所得,且按规定采取不并入综合所得而单独计税方式处理的,公益捐赠支出扣除比照本公告分类所得的扣除规定处理。

(5) 居民个人发生的公益捐赠支出,可在捐赠当月取得的分类所得中扣除。当月分类所得应扣除未扣除的公益捐赠支出,可以按照以下规定追补扣除:

a. 扣缴义务人已经代扣但尚未解缴税款的,居民个人可以向扣缴义务人提出追补扣除申请,退还已扣税款。

b. 扣缴义务人已经代扣且解缴税款的,居民个人可以在公益捐赠之日起 90 日内提请扣缴义务人向征收税款的税务机关办理更正申报追补扣除,税务机关和扣缴义务人应当予以办理。

c. 居民个人自行申报纳税的,可以在公益捐赠之日起 90 日内向主管税务机关办理更正申报追补扣除。

居民个人捐赠当月有多项多次分类所得的,应先在其中一项一次分类所得中扣除。已经在分类所得中扣除的公益捐赠支出，不再调整到其他所得中扣除。

(6) 在经营所得中扣除公益捐赠支出，应按以下规定处理：

a. 个体工商户发生的公益捐赠支出，在其经营所得中扣除。

b. 个人独资企业、合伙企业发生的公益捐赠支出，其个人投资者应当按照捐赠年度合伙企业的分配比例(个人独资企业分配比例为100%)，计算归属于每一个人投资者的公益捐赠支出，个人投资者应将其归属的个人独资企业、合伙企业公益捐赠支出和本人需要在经营所得扣除的其他公益捐赠支出合并，在其经营所得中扣除。

c. 在经营所得中扣除公益捐赠支出的，可以选择在预缴税款时扣除，也可以选择在汇算清缴时扣除。

d. 经营所得采取核定征收方式的，不扣除公益捐赠支出。

(7) 非居民个人发生的公益捐赠支出，未超过其在公益捐赠支出发生的当月应纳税所得额30%的部分，可以从其应纳税所得额中扣除。扣除不完的公益捐赠支出，可以在经营所得中继续扣除。

非居民个人按规定可以在应纳税所得额中扣除公益捐赠支出而未实际扣除的，可按照上述规定追补扣除。

(8) 国务院规定对公益捐赠全额税前扣除的，按照规定执行。个人同时发生按30%扣除和全额扣除的公益捐赠支出，自行选择扣除次序。

(9) 公益性社会组织、国家机关在接受个人捐赠时，应当按照规定开具捐赠票据；个人索取捐赠票据的，应予以开具。

个人发生公益捐赠时不能及时取得捐赠票据的，可以暂时凭公益捐赠银行支付凭证扣除，并向扣缴义务人提供公益捐赠银行支付凭证复印件。个人应在捐赠之日起90日内向扣缴义务人补充提供捐赠票据，如果个人未按规定提供捐赠票据的，扣缴义务人应在30日内向主管税务机关报告。

机关、企事业单位统一组织员工开展公益捐赠的，纳税人可以凭汇总开具的捐赠票据和员工明细单扣除。

(10) 个人通过扣缴义务人享受公益捐赠扣除政策，应当告知扣缴义务人符合条件可扣除的公益捐赠支出金额，并提供捐赠票据的复印件，其中捐赠股权、房产的还应出示财产原值证明。扣缴义务人应当按照规定在预扣预缴、代扣代缴税款时予以扣除，并将公益捐赠扣除金额告知纳税人。

个人自行办理或扣缴义务人为个人办理公益捐赠扣除的，应当在申报时一并报送《个人所得税公益慈善事业捐赠扣除明细表》。个人应留存捐赠票据，留存期限为5年。

个人通过非营利的社会团体和国家机关向教育事业、红十字事业、农村义务教育、公益性青少年活动场所、福利性或非营利性的老年服务机构的捐赠，准予在缴纳个人所得税前的所得额中全额扣除。

(四) 应纳税所得额的其他规定

(1) 劳务报酬所得、稿酬所得、特许权使用费所得以收入减除20%的费用后的余额为收入额。稿酬所得的收入额减按70%计算。个人兼有不同的劳务报酬所得，应当分别减除费用，计算缴纳个人所得税。

(2) 个人所得的形式，包括现金、实物、有价证券和其他形式的经济利益；所得为实物的，应当按照取得的凭证上所注明的价格计算应纳税所得额，无凭证的实物或者凭证上所注明的价格明显偏低的，参照市场价格核定应纳税所得额；所得为有价证券的，根据票面价格和市场价格核定应纳税所得额；所得为其他形式的经济利益的，参照市场价格核定应纳税所得额。

(3) 对个人从事技术转让、提供劳务等过程中所支付的中介费，如能提供有效、合法凭证的，允许从其所得中扣除。

五、个人所得税应纳税额的计算

(一) 居民个人综合所得应纳税额的计算

(1) 工资、薪金所得全额计入收入额;而劳务报酬所得、特许权使用费所得的收入额为实际取得劳务报酬、特许权使用费收入的 80%;此外,稿酬所得的收入额在扣除 20%费用的基础上,再减按 70%计算,即稿酬所得的收入额为实际取得稿酬收入的 56%。

(2) 居民个人取得的综合所得,以每一纳税年度的收入额减除费用 60 000 元以及专项扣除、专项附加扣除和依法确定的其他扣除后的余额,为应纳税所得额。

居民个人综合所得应纳税额的计算公式为:

应纳税额 = ∑(每一级数的全年应纳税所得额 × 对应级数的适用税率)

= ∑[(每一级数的全年收入额 − 60 000 元 − 专项扣除 − 享受的专项附加扣除 − 享受的其他扣除) × 对应级数的适用税率]

或:

应纳税额 = 全年应纳税所得额 × 适用税率 − 速算扣除数

= (全年收入额 − 60 000 元 − 专项扣除 − 享受的专项附加扣除 − 享受的其他扣除) × 适用税率 − 速算扣除数

做中学 5-1

小张 2022 年工资总额为 15 万元,缴纳社保和住房公积金 3 万元,除住房贷款利息专项附加扣除外,该纳税人不享受其余专项附加扣除和税法规定的其他扣除。

要求:计算其当年应纳个人所得税税额。

解析:全年应纳税所得额=150 000−60 000−30 000−12 000=48 000(元)

应纳税额=48 000×10%−2 520=2 280(元)

做中学 5-2

小刘为独生子女,其 2022 年工资总额为 26 万元,缴纳社保和住房公积金 6 万元,取得劳务报酬 1 万元、稿酬 1 万元。该纳税人有两个孩子在读小学,且均由其扣除子女教育专项附加扣除。该纳税人的父母健在且均已年满 60 岁。

要求:计算其当年应纳个人所得税税额。

解析:全年应纳税所得额=260 000−60 000−60 000+10 000×(1−20%)+10 000×(1−20%)×70%−24 000×2−36 000=69 600(元)

应纳税额=69 600×10%−2 520=4 440(元)

(二) 非居民个人取得工资、薪金所得,劳务报酬所得,稿酬所得和特许权使用费所得应纳税额的计算

非居民个人取得的劳务报酬所得、稿酬所得、特许权使用费所得均以收入减除 20%的费用后的余额为收入额。其中,稿酬所得的收入额减按 70%计算。

非居民个人取得的工资、薪金所得,以每月收入额减除费用 5 000 元后的余额为应纳税所得额;劳务报酬所得、稿酬所得、特许权使用费所得,以每次收入额为应纳税所得额。

做中学 5-3

在某外商投资企业工作的英国专家为非居民个人,2023 年 2 月取得由该企业发放的工资 10 400 元人民币,此外还从别处取得劳务报酬 5 000 元人民币。

要求:计算当月该专家应纳个人所得税税额。

解析:该专家当月工资、薪金所得应纳税额=(10 400−5 000)×10%−210=330(元)

该专家当月劳务报酬所得应纳税额=5 000×(1−20%)×10%−210=190(元)

(三) 经营所得应纳税额的计算

经营所得应纳税额的计算公式为:

应纳税额= 全年应纳税所得额 × 适用税率 − 速算扣除数

或 =(全年收入总额 − 成本、费用以及损失)× 适用税率 − 速算扣除数

1. 个体工商户应纳税额的计算

个体工商户应纳税所得额的计算,以权责发生制为原则,属于当期的收入和费用,不论款项是否收付,均作为当期的收入和费用;不属于当期的收入和费用,即使款项已经在当期收付,均不作为当期收入和费用。财政部、国家税务总局另有规定的除外。其基本规定如下:

1) 计税基本规定

(1) 个体工商户的生产、经营所得,以每一纳税年度的收入总额,减除成本、费用、税金、损失、其他支出以及允许弥补的以前年度亏损后的余额,为应纳税所得额。

(2) 个体工商户从事生产经营以及与生产经营有关的活动(以下简称生产经营活动)取得的货币形式和非货币形式的各项收入,为收入总额。这包括销售货物收入、提供劳务收入、转让财产收入、利息收入、租金收入、接受捐赠收入、其他收入。其他收入包括个体工商户资产溢余收入、逾期一年以上的未退包装物押金收入、确实无法偿付的应付款项、已作坏账损失处理后又收回的应收款项、债务重组收入、补贴收入、违约金收入、汇兑收益等。

(3) 成本,是指个体工商户在生产经营活动中发生的销售成本、销货成本、业务支出以及其他耗费。

(4) 费用,是指个体工商户在生产经营活动中发生的销售费用、管理费用和财务费用,已经计入成本的有关费用除外。

(5) 税金,是指个体工商户在生产经营活动中发生的除个人所得税和允许抵扣的增值税以外的各项税金及其附加。

(6) 损失,是指个体工商户在生产经营活动中发生的固定资产和存货的盘亏、毁损、报废损失,转让财产损失,坏账损失,自然灾害等不可抗力因素造成的损失以及其他损失。

个体工商户发生的损失,减除责任人赔偿和保险赔款后的余额,参照财政部、国家税务总局有关企业资产损失税前扣除的规定扣除。

个体工商户已经作为损失处理的资产,在以后纳税年度又全部收回或者部分收回时,应当计入收回当期的收入。

(7) 其他支出,是指除成本、费用、税金、损失外,个体工商户在生产经营活动中发生的与生产经营活动有关的、合理的支出。

(8) 个体工商户发生的支出应当区分收益性支出和资本性支出。收益性支出在发生当期直接扣除;资本性支出应当分期扣除或者计入有关资产成本,不得在发生当期直接扣除。

所称支出,是指与取得收入直接相关的支出。

除税收法律法规另有规定外,个体工商户实际发生的成本、费用、税金、损失和其他支出,不

得重复扣除。

(9) 个体工商户的下列支出不得扣除：个人所得税税款；税收滞纳金；罚金、罚款和被没收财物的损失；不符合扣除规定的捐赠支出；赞助支出；用于个人和家庭的支出；与取得生产经营收入无关的其他支出；国家税务总局规定不准扣除的支出。其中，赞助支出是指个体工商户发生的与生产经营活动无关的各种非广告性质的支出。

(10) 个体工商户在生产经营活动过程中，应当分别核算生产经营费用和个人、家庭生活费用。对于生产经营与个人、家庭生活混用难以分清的费用，其 40%视为与生产经营有关的费用，准予扣除。

(11) 个体工商户纳税年度发生的亏损，准予向以后年度结转，用以后年度的生产经营所得弥补，但结转年限最长不得超过 5 年。亏损，是指个体工商户依照税法规定计算的应纳税所得额小于零的数额。

(12) 个体工商户使用或者销售存货，按照规定计算的存货成本，准予在计算应纳税所得额时扣除。

(13) 个体工商户转让资产，该项资产的净值准予在计算应纳税所得额时扣除。

(14) 个体工商户与企业联营而分得的利润，按“利息、股息、红利所得”项目征收个人所得税。

(15) 个体工商户和从事生产、经营的个人，取得与生产经营活动无关的各项应税所得，应按规定分别计算征收个人所得税。

2) 扣除项目及标准

(1) 个体工商户实际支付给从业人员的、合理的工资薪金支出，准予扣除。个体工商户业主的费用扣除标准为 60 000 元/年。个体工商户业主的工资薪金支出不得税前扣除。

(2) 个体工商户按照国务院有关主管部门或者省级人民政府规定的范围和标准为其业主和从业人员缴纳的基本养老保险费、基本医疗保险费、失业保险费、生育保险费、工伤保险费和住房公积金，准予扣除。

个体工商户为从业人员缴纳的补充养老保险费、补充医疗保险费，分别在不超过从业人员工资总额 5%标准内的部分据实扣除；超过部分，不得扣除。

个体工商户业主本人缴纳的补充养老保险费、补充医疗保险费，以当地(地级市)上年度社会平均工资的 3 倍为计算基数，分别在不超过该计算基数 5%标准内的部分据实扣除；超过部分，不得扣除。

(3) 除个体工商户依照国家有关规定为特殊工种从业人员支付的人身安全保险费和财政部、国家税务总局规定可以扣除的其他商业保险费外，个体工商户业主本人或者为从业人员支付的商业保险费，不得扣除。

(4) 个体工商户在生产经营活动中发生的合理的、不需要资本化的借款费用，准予扣除。

个体工商户为购置、建造固定资产、无形资产和经过 12 个月以上的建造才能达到预定可销售状态的存货发生借款的，在有关资产购置、建造期间发生的合理的借款费用，应当作为资本性支出计入有关资产的成本并按规定扣除。

(5) 个体工商户在生产经营活动中发生的下列利息支出，准予扣除：向金融企业借款的利息支出；向非金融企业和个人借款的利息支出，不超过按照金融企业同期同类贷款利率计算的数额的部分。

(6) 个体工商户在货币交易中，以及纳税年度终了时将人民币以外的货币性资产、负债按照期末即期人民币汇率中间价折算为人民币时产生的汇兑损失，除已经计入有关资产成本部分外，准予扣除。

(7) 个体工商户向当地工会组织拨缴的工会经费、实际发生的职工福利费支出、职工教育经费支出分别在工资薪金总额的 2%、14%、2.5%的标准内据实扣除。

工资薪金总额是指允许在当期税前扣除的工资薪金支出数额。

职工教育经费的实际发生数额超出规定比例当期不能扣除的数额,准予在以后纳税年度结转扣除。

个体工商户业主本人向当地工会组织缴纳的工会经费、实际发生的职工福利费支出、职工教育经费支出,以当地(地级市)上年度社会平均工资的 3 倍为计算基数,分别在 2%、14%、2.5%的标准内据实扣除。

(8) 个体工商户发生的与生产经营活动有关的业务招待费,按照实际发生额的 60%扣除,但最高不得超过当年销售(营业)收入的 5‰。业主自申请营业执照之日起至开始生产经营之日止所发生的业务招待费,按照实际发生额的 60%计入个体工商户的开办费。

(9) 个体工商户每一纳税年度发生的与其生产经营活动直接相关的广告费和业务宣传费不超过当年销售(营业)收入15%的部分,可以据实扣除;超过部分,准予在以后纳税年度结转扣除。

(10) 个体工商户代其从业人员或者他人负担的税款,不得税前扣除。

(11) 个体工商户按照规定缴纳的摊位费、行政性收费、协会会费等,按实际发生数额扣除。

(12) 个体工商户根据生产经营活动需要租入固定资产支付的租赁费,按照以下方法扣除:以经营租赁方式租入固定资产发生的租赁费支出,按照租赁期限均匀扣除;以融资租赁方式租入固定资产发生的租赁费支出,按照规定构成融资租入固定资产价值的部分应当提取折旧费用,分期扣除。

(13) 个体工商户参加财产保险,按照规定缴纳的保险费,准予扣除。

(14) 个体工商户发生的合理的劳动保护支出,准予扣除。

(15) 个体工商户自申请营业执照之日起至开始生产经营之日止所发生符合规定的费用,除为取得固定资产、无形资产的支出,以及应计入资产价值的汇兑损益、利息支出外,作为开办费,个体工商户可以选择在开始生产经营的当年一次性扣除,也可以自生产经营月份起在不短于 3 年期限内摊销扣除,但扣除方法一经选定,不得改变。

开始生产经营之日为个体工商户取得第一笔销售(营业)收入的日期。

(16) 个体工商户通过公益性社会团体或者县级以上人民政府及其部门,用于《中华人民共和国公益事业捐赠法》规定的公益事业的捐赠,捐赠额不超过其应纳税所得额 30%的部分可以据实扣除。

财政部、国家税务总局规定可以全额在税前扣除的捐赠支出项目,按有关规定执行。

个体工商户直接对受益人的捐赠不得扣除。

公益性社会团体的认定,按照财政部、国家税务总局、民政部有关规定执行。

(17) 个体工商户研究开发新产品、新技术、新工艺所发生的开发费用,以及研究开发新产品、新技术而购置单台价值在 10 万元以下的测试仪器和试验性装置的购置费准予直接扣除;单台价值在 10 万元以上(含 10 万元)的测试仪器和试验性装置,按固定资产管理,不得在当期直接扣除。

做中学 5-4

大家庭酒店为个体经营户,账证比较健全,2022 年 12 月取得营业额 320 000 元,购进菜、肉、蛋、面粉、大米等原料的费用为 90 000 元,电费、水费、房租、煤气费等费用为 25 000 元,缴纳其他税费合计 9 600 元。当月支付给 4 名雇员工资共 48 000 元。1～11 月累计应纳税所得额为 155 600 元(未扣除业主费用减除标准),1～11 月累计已预缴个人所得税 20 620 元。除经营所得外,业主本人没有其他收入,且 2022 年全年享受赡养老人专项附加扣除。假设不考虑专项扣除和符合税法规定的其他扣除。

要求：计算该个体经营户12月应缴纳的个人所得税。

解析：全年应纳税所得额＝320 000－90 000－25 000－9 600－48 000＋155 600－60 000－24 000＝219 000(元)

全年应纳个人所得税＝219 000×20％－10 500＝33 300(元)

2020年12月应纳个人所得税＝33 300－20 620＝12 680(元)

2. 个人独资企业和合伙企业应纳税额的计算

个人独资企业和合伙企业生产经营所得个人所得税应纳税额的计算有以下两种方法：

1）查账征收

(1) 自2019年1月1日起，个人独资企业和合伙企业自然人投资者的生产经营所得依法计征个人所得税时，个人独资企业和合伙企业自然人投资者本人的费用扣除标准统一确定为60 000元/年，即5 000元/月。投资者的工资不得在税前扣除。

(2) 投资者及其家庭发生的生活费用不允许在税前扣除。投资者及其家庭发生的生活费用与企业生产经营费用混合在一起，并且难以划分的，全部视为投资者个人及其家庭发生的生活费用，不允许在税前扣除。

(3) 企业生产经营和投资者及其家庭生活共用的固定资产，难以划分的，由主管税务机关根据企业的生产经营类型、规模等具体情况，核定准予在税前扣除的折旧费用的数额或比例。

(4) 企业向其从业人员实际支付的合理的工资、薪金支出，允许在税前据实扣除。

(5) 企业拨缴的工会经费、发生的职工福利费、职工教育经费支出分别在工资薪金总额2％、14％、2.5％的标准内据实扣除。

(6) 每一纳税年度发生的广告费和业务宣传费用不超过当年销售(营业)收入15％的部分，可据实扣除；超过部分，准予在以后纳税年度结转扣除。

(7) 每一纳税年度发生的与其生产经营业务直接相关的业务招待费支出，按照发生额的60％扣除，但最高不得超过当年销售(营业)收入的5‰。

(8) 企业计提的各种准备金不得扣除。

(9) 投资者兴办两个或两个以上企业，并且企业性质全部是独资的，年度终了后，汇算清缴时，应纳税款的计算按以下方法进行：汇总其投资兴办的所有企业的经营所得作为应纳税所得额，以此确定适用税率，计算出全年经营所得的应纳税额，再根据每个企业的经营所得占所有企业经营所得的比例，分别计算出每个企业的应纳税额和应补缴税额。其计算公式为：

$$\text{应纳税所得额} = \sum \text{各个企业的经营所得}$$

$$\text{应纳税额} = \text{应纳税所得额} \times \text{适用税率} - \text{速算扣除数}$$

$$\text{本企业应纳税额} = \text{应纳税额} \times \text{本企业的经营所得} \div \sum \text{各个企业的经营所得}$$

$$\text{本企业应补缴的税额} = \text{本企业应纳税额} - \text{本企业预缴的税额}$$

(10) 投资者兴办两个或两个以上企业的，根据前述规定准予扣除的个人费用，由投资者选择在其中一个企业的生产经营所得中扣除。

(11) 企业的年度亏损，允许用本企业下一年度的生产经营所得弥补，下一年度所得不足弥补的，允许逐年延续弥补，但最长不得超过5年。

投资者兴办两个或两个以上企业的，企业的年度经营亏损不能跨企业弥补。

(12) 投资者来源于中国境外的生产经营所得，已在境外缴纳所得税的，可以按照个人所得税法的有关规定计算扣除已在境外缴纳的所得税。

2）核定征收

核定征收方式包括定额征收、核定应税所得率征收以及其他合理的征收方式。

(1) 有下列情形之一的，主管税务机关应采取核定征收方式征收个人所得税：企业依照国家有关规定应当设置但未设置账簿的；企业虽设置账簿，但账目混乱或者成本资料、收入凭证、费用凭证残缺不全，难以查账的；纳税人发生纳税义务，未按照规定的期限办理纳税申报，经税务机关责令限期申报，逾期仍不申报的。

(2) 实行核定应税所得率征收方式的，应纳所得税额的计算公式为：

应纳所得税额 = 应纳税所得额 × 适用税率

应纳税所得额 = 收入总额 × 应税所得率

= 成本费用支出额 ÷ (1 − 应税所得率) × 应税所得率

应税所得率应按规定的标准执行(表 5-4)。

表 5-4　　个人所得税核定征收应税所得率表

行　业	应税所得率
工业、交通运输业、商业	5%～20%
建筑业、房地产开发业	7%～20%
饮食服务业	7%～25%
娱乐业	20%～40%
其他行业	10%～30%

企业经营多种业务的，无论其经营项目是否单独核算，均应根据其主营项目确定其适用的应税所得率。

(3) 实行核定征收的投资者，不能享受个人所得税的优惠政策。

(4) 实行查账征收方式的个人独资企业和合伙企业改为核定征收方式后，在查账征收方式下认定的年度经营亏损未弥补完的部分，不得再继续弥补。

(5) 个体工商户、个人独资企业和合伙企业因在纳税年度中间开业、合并、注销及其他原因，导致该纳税年度的实际经营期不足 1 年的，对个体工商户业主、个人独资企业投资者与合伙企业自然人合伙人的生产经营所得计算个人所得税时，以其实际经营期为 1 个纳税年度。投资者本人的费用扣除标准，应按照其实际经营月份数，以每月 5 000 元的减除标准确定。其计算公式为：

应纳税所得额 = 该年度收入总额 − 成本、费用及损失 − 当年投资者本人的费用扣除额

当年投资者本人的费用扣除额 = 月减除费用(5 000 元 / 月) × 当年实际经营月份数

应纳税额 = 应纳税所得额 × 税率 − 速算扣除数

【提示】 个人独资企业和合伙企业对外投资分回的利息或者股息、红利，不并入企业的收入，而应单独作为投资者个人取得的利息、股息、红利所得，按“利息、股息、红利所得”项目计算缴纳个人所得税。

企业进行清算时，投资者应当在注销登记之前，向主管税务机关结清有关税务事宜。企业的清算所得应当视为年度生产经营所得，由投资者依法缴纳个人所得税。

(四) 财产租赁所得应纳税额的计算

1. 应纳税所得额

财产租赁所得一般以个人每次取得的收入，定额或定率减除规定费用后的余额为应纳税所

得额。每次收入不超过 4 000 元的，定额减除费用 800 元；每次收入在 4 000 元以上的，定额减除 20%的费用。财产租赁所得以 1 个月内取得的收入为一次。

在确定财产租赁所得的应纳税所得额时，纳税人在出租财产过程中缴纳的税金和教育费附加，可持完税(缴款)凭证，从其财产租赁收入中扣除。准予扣除的项目除了规定费用和有关税费外，还准予扣除能够提供有效、准确的凭证，证明由纳税人负担的该出租财产实际开支的修缮费用。允许扣除的修缮费用，以每次 800 元为限。一次扣除不完的，准予在下一次继续扣除，直到扣完为止。

个人出租财产取得的财产租赁收入，在计算缴纳个人所得税时，应依次扣除以下费用：①财产租赁过程中缴纳的税金和国家能源交通重点建设基金、国家预算调节基金、教育费附加；②由纳税人负担的该出租财产实际开支的修缮费用；③税法规定的费用扣除标准。

财产租赁所得应纳税所得额的计算公式为：

(1) 每次(月)收入不超过 4 000 元的：

$$应纳税所得额 = 每次(月)收入额 - 准予扣除项目 - 修缮费用(800 元为限) - 800 元$$

(2) 每次(月)收入超过 4 000 元的：

$$应纳税所得额 = [每次(月)收入额 - 准予扣除项目 - 修缮费用(800 元为限)] \times (1 - 20\%)$$

2. 个人房屋转租应纳税额的计算

个人将承租房屋转租取得的租金收入，属于个人所得税应税所得，应按“财产租赁所得”项目计算缴纳个人所得税，具体规定为：

(1) 取得转租收入的个人向房屋出租方支付的租金，凭房屋租赁合同和合法支付凭据允许在计算个人所得税时，从该项转租收入中扣除。

(2) 有关财产租赁所得个人所得税税前扣除税费的扣除次序调整为：①财产租赁过程中缴纳的税费；②向出租方支付的租金；③由纳税人负担的租赁财产实际开支的修缮费用；④税法规定的费用扣除标准。

3. 应纳税额的计算方法

财产租赁所得适用 20%的比例税率。但对个人按市场价格出租的居民住房取得的所得，自 2001 年 1 月 1 日起暂减按 10%的税率征收个人所得税。其应纳税额的计算公式为：

$$应纳税额 = 应纳税所得额 \times 适用税率$$

做中学 5-5

小王于 2023 年 1 月将其自有的面积为 150 平方米的公寓按市场价出租给张某居住。每月租金收入 6 500 元，全年租金收入 78 000 元。

要求：计算小王全年租金收入应缴纳的个人所得税(不考虑其他税费)。

解析：每月应纳税额=6 500×(1−20%)×10%=520(元)

全年应纳税额=520×12=6 240(元)

【提示】 如果对租金收入计征城市维护建设税、房产税和教育费附加等，还应将其从收入中先扣除后再计算应缴纳的个人所得税。

做中学 5-6

假定在[做中学 6-5]中，当年 2 月该公寓因下水道堵塞找人修理，发生修理费用 1 000 元，有维修人员的正式收据。

要求：计算2月和3月的应纳税额。

解析：2月应纳税额=(6 500−800)×(1−20%)×10%=456(元)

3月应纳税额=(6 500−200)×(1−20%)×10%=504(元)

(五) 财产转让所得应纳税额的计算

1. 一般情况下财产转让所得应纳税额的计算

财产转让所得应纳税额的计算公式为：

应纳税额 = 应纳税所得额 × 适用税率 = (收入总额 − 财产原值 − 合理税费) × 20%

做中学 5-7

张三建房一幢，造价360 000元，支付其他费用50 000元。建成后，张三将房屋出售，售价600 000元，在售房过程中按规定支付交易费等相关税费35 000元。

要求：计算其应纳个人所得税税额。

解析：应纳税所得额=财产转让收入−财产原值−合理费用=600 000−(360 000+50 000)−35 000=155 000(元)

应纳税额=155 000×20%=31 000(元)

2. 个人住房转让所得应纳税额的计算

自2006年8月1日起，个人转让住房所得应纳个人所得税的计算具体规定如下：

(1) 以实际成交价格为转让收入。纳税人申报的住房成交价格明显低于市场价格且无正当理由的，税务机关依法有权根据有关信息核定其转让收入，但必须保证各税种计税价格一致。

(2) 纳税人可凭原购房合同、发票等有效凭证经税务机关审核后，允许从其转让收入中减除房屋原值、转让住房过程中缴纳的税金及有关合理费用。

转让住房过程中缴纳的税金是指纳税人在转让住房时实际缴纳的城市维护建设税、教育费附加、土地增值税、印花税等税金。

合理费用是指纳税人按照规定实际支付的住房装修费用、住房贷款利息、手续费、公证费等费用。

(3) 纳税人未提供完整、准确的房屋原值凭证不能正确计算房屋原值和应纳税额的，税务机关可对其实行核定征收。具体比例由省级税务局或者省级税务局授权的地市级税务局根据纳税人出售住房的所处区域、地理位置、建造时间、房屋类型、住房平均价格水平等因素，在住房转让收入1%～3%的幅度内确定。

3. 个人转让股权应纳税额的计算

个人转让股权，以股权转让收入减除股权原值和合理费用后的余额为应纳税所得额，按"财产转让所得"项目缴纳个人所得税。合理费用是指股权转让时按照规定支付的有关税费。

4. 个人转让债券类债权时原值的确定

转让债券类债权，采用加权平均法确定其应予减除的财产原值和合理费用。即以纳税人购进的同一种类债券买入价和买进过程中缴纳的税费总和，除以纳税人购进的该种类债券数量之和，乘以纳税人卖出的该种类债券数量，再加上卖出该种类债券过程中缴纳的税费。用公式表示为：

$$\frac{\text{一次卖出某一种类债券}}{\text{允许扣除的买入价和费用}} = \frac{\text{纳税人购进的该种类债券买入价和}}{\text{买进过程中缴纳的税费总和}} \times \frac{\text{一次卖出的该}}{\text{种类债券的数量}} \div \frac{\text{纳税人购进的该}}{\text{种类债券总数量}} + \frac{\text{卖出该种类债券}}{\text{过程中缴纳的税费}}$$

(六) 利息、股息、红利所得和偶然所得应纳税额的计算

利息、股息、红利所得和偶然所得应纳税额的计算公式为：

应纳税额＝应纳税所得额×适用税率
＝每次收入额×20%

(七) 应纳税额计算中的特殊问题处理

1. 全年一次性奖金的规定

全年一次性奖金是指行政机关、企事业单位等扣缴义务人根据其全年经济效益和对雇员全年工作业绩的综合考核情况，向雇员发放的一次性奖金。一次性奖金包括年终加薪、实行年薪制和绩效工资办法的单位根据考核情况兑现的年薪和绩效工资。

居民个人取得全年一次性奖金，在 2023 年 12 月 31 日前，可选择不并入当年综合所得，按以下计税办法纳税，由扣缴义务人于发放时代扣代缴。

将居民个人取得的全年一次性奖金，除以 12 个月，按其商数依照按月换算后的综合所得税率表确定适用税率和速算扣除数。在一个纳税年度内，对每一个纳税人，该计税办法只允许采用一次。

实行年薪制和绩效工资的单位，居民个人取得年终兑现的年薪和绩效工资按上述方法执行。居民个人取得全年一次性奖金，也可以选择并入当年综合所得计算纳税。

居民个人取得除全年一次性奖金以外的其他各种名目的奖金，如半年奖、季度奖、加班奖、先进奖、考勤奖等，一律与当月工资、薪金收入合并，按税法规定缴纳个人所得税。

自 2024 年 1 月 1 日起，居民个人取得全年一次性奖金，应并入当年综合所得计算缴纳个人所得税。全年一次性资金个人所得税优惠政策执行至 2027 年 12 月 31 日。

做中学 5-8

居民个人李四 2022 年 12 月 31 日一次性领取年终含税奖金 60 000 元。李四选择全年一次性奖金不并入当年综合所得计算纳税。

要求：计算李四取得年终奖金应缴纳的个人所得税。

解析：(1) 年终奖金适用的税率和速算扣除数为：60 000÷12＝5 000(元)，根据按月换算后的综合所得七级超额累进税率，确定适用的税率和速算扣除数分别为 10%和 210 元。

(2) 年终奖金应缴纳的个人所得税为：

应纳税额＝年终奖金收入×适用税率－速算扣除数＝60 000×10%－210＝5 790(元)

2. 中央企业负责人取得年度绩效薪金延期兑现收入和任期奖励的规定

《国资委管理的中央企业名单》中列举的中央企业负责人，在 2023 年 12 月 31 日前，任期结束后取得的绩效薪金 40%的部分和任期奖励，参照上述居民个人取得全年一次性奖金的计税规定执行；2024 年 1 月 1 日之后的政策另行明确。

3. 雇主为雇员负担全年一次性奖金部分税款有关个人所得税的计算方法

(1) 雇主为雇员负担全年一次性奖金部分个人所得税税款，属于雇员额外增加了收入，应将雇主负担的这部分税款并入雇员的全年一次性奖金，换算为应纳税所得额后，按照规定方法计征个人所得税。

(2) 将不含税全年一次性奖金换算为应纳税所得额的计算方法。

a. 雇主为雇员定额负担税款的计算公式为：

应纳税所得额＝雇员取得的全年一次性奖金＋雇主替雇员定额负担的税款
－当月工资薪金低于费用扣除标准的差额

b. 雇主为雇员按一定比例负担税款的计算公式为：

$$\text{应纳税所得额} = \left(\text{未含雇主负担税款的全年一次性奖金收入} - \text{当月工资薪金低于费用扣除标准的差额} - \text{不含税级距的速算扣除数 A} \times \text{雇主负担比例}\right) \div \left(1 - \text{不含税级距的适用税率 A} \times \text{雇主负担比例}\right)$$

（3）将应纳税所得额除以12，根据其商数找出对应的适用税率B和速算扣除数B，据以计算税款。其计算公式为：

$$\text{应纳税额} = \text{应纳税所得额} \times \text{适用税率 B} - \text{速算扣除数 B}$$

$$\text{实际缴纳税额} = \text{应纳税额} - \text{雇主为雇员负担的税额}$$

（4）雇主为雇员负担的个人所得税款，应属于个人工资薪金的一部分，凡单独作为企业管理费用列支的，在计算企业所得税时不得税前扣除。

4. 对在中国境内无住所的个人一次取得数月奖金或年终加薪、劳动分红（以下简称奖金，不包括应按月支付的奖金）的计税方法

对在中国境内无住所的个人取得的奖金，可单独作为1个月的工资、薪金所得计算纳税。由于对每月的工资、薪金所得计税时已按月扣除了费用，因此，对上述奖金不再减除费用，全额作为应纳税所得额直接按适用税率计算应纳税额，并且不再按居住天数进行划分计算。

六、个人所得税的税收优惠

（一）免税项目

（1）省级人民政府、国务院部委和中国人民解放军军以上单位，以及外国组织、国际组织颁发的科学、教育、技术、文化、卫生、体育、环境保护等方面的奖金。

（2）国债和国家发行的金融债券利息。其中，国债利息，是指个人持有中华人民共和国财政部发行的债券而取得的利息；国家发行的金融债券利息，是指个人持有经国务院批准发行的金融债券而取得的利息所得。

（3）按照国家统一规定发给的补贴、津贴，是指按照国务院规定发放的政府特殊津贴、院士津贴、资深院士津贴，以及国务院规定免征个人所得税的其他补贴、津贴。

（4）福利费、抚恤金、救济金。其中，福利费是指根据国家有关规定，从企业、事业单位、国家机关、社会团体提留的福利费或者从工会经费中支付给个人的生活补助费；救济金是指国家民政部门支付给个人的生活困难补助费。

（5）保险赔款。

（6）军人的转业费、复员费。

（7）按照国家统一规定发给干部、职工的安家费、退职费、退休工资、离休工资、离休生活补助费。其中，退职费是指符合《国务院关于工人退休、退职的暂行办法》规定的退职条件，并按该办法规定的退职费标准所领取的退职费。

（8）依照我国有关法律规定应予免税的各国驻华使馆、领事馆的外交代表、领事官员和其他人员的所得。

（9）中国政府参加的国际公约、签订的协议中规定免税的所得。

（10）按照国家规定，单位为个人缴付和个人缴付的住房公积金、基本医疗保险费、基本养老保险费、失业保险费，从纳税义务人的应纳税所得额中扣除。

（11）按照国家有关城镇房屋拆迁管理办法规定的标准，个人取得的拆迁补偿款免征个人所得税。

(12) 经国务院财政部门批准免税的其他所得。

(二) 减税项目

有下列情形之一的,可以减征个人所得税,减征幅度和期限由省、自治区、直辖市人民政府规定:①残疾、孤老人员和烈属的所得;②因严重自然灾害造成重大损失的项目;③其他经国务院财政部门批准减免的项目。

(三) 暂免征税项目

根据《财政部　国家税务总局关于个人所得税若干政策问题的通知》和有关文件的规定,对下列所得暂免征收个人所得税:

(1) 外籍个人以非现金形式或实报实销形式取得的住房补贴、伙食补贴、搬迁费、洗衣费。

(2) 外籍个人按合理标准取得的境内、境外出差补贴。

(3) 外籍个人取得的语言训练费、子女教育费等,经当地税务机关审核批准为合理的部分。

(4) 外籍个人从外商投资企业取得的股息、红利所得。

(5) 凡符合下列条件之一的外籍专家取得的工资、薪金所得,可免征个人所得税:①根据世界银行专项借款协议,由世界银行直接派往我国工作的外国专家;②联合国组织直接派往我国工作的专家;③为联合国援助项目来华工作的专家;④援助国派往我国专为该国援助项目工作的专家;⑤根据两国政府签订的文化交流项目来华工作 2 年以内的文教专家,其工资、薪金所得由该国政府机构负担的;⑥根据我国大专院校国际交流项目来华工作 2 年以内的文教专家,其工资、薪金所得由该国负担的;⑦通过民间科研协定来华工作的专家,其工资、薪金所得由该国政府机构负担的。

(6) 对股票转让所得,暂不征收个人所得税。

(7) 个人举报、协查各种违法、犯罪行为而获得的奖金。

(8) 个人办理代扣代缴手续,按规定取得的扣缴手续费。

(9) 个人转让自用达 5 年以上,并且是唯一的家庭生活用房取得的所得,暂免征收个人所得税。

(10) 达到离休、退休年龄,但确因工作需要,适当延长离休、退休年龄的高级专家(指享受国家发放的政府特殊津贴的专家、学者),其在延长离休、退休年龄期间的工资、薪金所得,视同离休、退休工资,免征个人所得税。

(11) 对国有企业职工,因企业依照《中华人民共和国企业破产法》宣告破产,从破产企业取得的一次性安置费收入,免予征收个人所得税。

(12) 职工与用人单位解除劳动关系取得的一次性补偿收入(包括用人单位发放的经济补偿金、生活补助费和其他补助费用),在当地上年职工年平均工资 3 倍数额内的部分,可免征个人所得税。

(13) 个人领取原提存的住房公积金、基本医疗保险金、基本养老保险金,以及失业保险金,免予征收个人所得税。

(14) 对工伤职工及其近亲属按照《工伤保险条例》规定取得的工伤保险待遇,免征个人所得税。

(15) 自 2008 年 10 月 9 日(含)起,对储蓄存款利息所得暂免征收个人所得税。

(16) 个体工商户、个人独资企业和合伙企业或个人从事种植业、养殖业、饲养业、捕捞业取得的所得,暂不征收个人所得税。

(17) 企业在销售商品(产品)和提供服务过程中向个人赠送礼品,属于下列情形之一的,不征收个人所得税:①企业通过价格折扣、折让方式向个人销售商品(产品)和提供服务;②企业在向个人销售商品(产品)和提供服务的同时给予赠品,如通信企业对个人购买手机赠话费、入网费，或者购话费赠手机等；③企业对累积消费达到一定额度的个人按消费积分反馈礼品。

税收法律、行政法规、部门规章和规范性文件中明确规定纳税人享受减免税必须经税务机关审批的，或者纳税人无法准确判断其取得的所得是否应享受个人所得税减免的，必须经主管税务机关按照有关规定审核或批准后，方可减免个人所得税。

(18) 对参加新型冠状病毒感染的肺炎疫情防治工作的医务人员和防疫工作者按照政府规定标准取得的临时性工作补助和奖金，免征个人所得税。政府规定标准包括各级政府规定的补助和奖金标准。对省级及省级以上人民政府规定的对参与疫情防控人员的临时性工作补助和奖金，比照执行。

单位发给个人用于预防新型冠状病毒感染的肺炎的药品、医疗用品和防护用品等实物(不包括现金)，不计入工资、薪金收入，免征个人所得税。

(19) 自2020年1月1日至2024年12月31日，对在海南自由贸易港工作的高端人才和紧缺人才，其个人所得税实际税负超过15%的部分，予以免征。享受上述优惠政策的所得包括来源于海南自由贸易港的综合所得、经营所得以及经海南省认定的人才补贴性所得。

(20) 自2019年7月1日至2024年6月30日，个人持有全国中小企业股份转让系统挂牌公司的股票，持股期限超过1年的，对股息红利所得暂免征收个人所得税。

七、个人所得税的征收管理

(一) 个人所得税的代扣代缴

个人所得税以所得人为纳税人，以支付所得的单位或者个人为扣缴义务人。

纳税人有中国居民身份证号码的，以中国居民身份证号码为纳税人识别号；纳税人没有中国居民身份证号码的，由税务机关赋予其纳税人识别号。扣缴义务人扣缴税款时，纳税人应当向扣缴义务人提供纳税人识别号。

有下列情形之一的，纳税人应当依法办理纳税申报：

(1) 取得综合所得需要办理汇算清缴。

(2) 取得应税所得没有扣缴义务人。

(3) 取得应税所得，扣缴义务人未扣缴税款。

(4) 取得境外所得。

(5) 因移居境外注销中国户籍。

(6) 非居民个人在中国境内从两处以上取得工资、薪金所得。

(7) 国务院规定的其他情形。

扣缴义务人应当按照国家规定办理全员全额扣缴申报，并向纳税人提供其个人所得和已扣缴税款等信息。对扣缴义务人按照所扣缴的税款，付给2%的手续费。

(二) 个人所得税的汇算清缴

居民个人取得综合所得，按年计算个人所得税；有扣缴义务人的，由扣缴义务人按月或者按次预扣预缴税款；需要办理汇算清缴的，应当在取得所得的次年3月1日至6月30日内办理汇算清缴。预扣预缴办法由国务院税务主管部门制定。

取得综合所得需要办理汇算清缴，包括下列情形：

(1) 在两处或者两处以上取得综合所得，且综合所得年收入额减去专项扣除的余额超过6万元。

(2) 取得劳务报酬所得、稿酬所得、特许权使用费所得中一项或者多项所得，且综合所得年收入额减去专项扣除的余额超过6万元。

(3) 纳税年度内预缴税额低于应纳税额的。

居民个人向扣缴义务人提供专项附加扣除信息的，扣缴义务人按月预扣预缴税款时应当按照规定予以扣除，不得拒绝。

非居民个人取得工资、薪金所得，劳务报酬所得，稿酬所得和特许权使用费所得，有扣缴义务人的，由扣缴义务人按月或者按次代扣代缴税款，不办理汇算清缴。

纳税人取得经营所得，按年计算个人所得税，由纳税人在月度或者季度终了后15日内向税务机关报送纳税申报表，并预缴税款；在取得所得的次年3月31日前办理汇算清缴。

纳税人取得利息、股息、红利所得，财产租赁所得，财产转让所得和偶然所得，按月或者按次计算个人所得税，有扣缴义务人的，由扣缴义务人按月或者按次代扣代缴税款。

纳税人取得应税所得没有扣缴义务人的，应当在取得所得的次月15日内向税务机关报送纳税申报表，并缴纳税款。

纳税人取得应税所得，扣缴义务人未扣缴税款的，纳税人应当在取得所得的次年6月30日前，缴纳税款；税务机关通知限期缴纳的，纳税人应当按照期限缴纳税款。

居民个人从中国境外取得所得的，应当在取得所得的次年3月1日至6月30日内申报纳税。

非居民个人在中国境内从两处以上取得工资、薪金所得的，应当在取得所得的次月15日内申报纳税。

纳税人因移居境外注销中国户籍的，应当在注销中国户籍前办理税款清算。

扣缴义务人每月或者每次预扣、代扣的税款，应当在次月15日内缴入国库，并向税务机关报送扣缴个人所得税申报表。

纳税人办理汇算清缴退税或者扣缴义务人为纳税人办理汇算清缴退税的，税务机关审核后，按照国库管理的有关规定办理退税。申报退税应当提供本人在中国境内开设的银行账户。

应知考核

一、单项选择题

1. 根据企业所得税法律制度的规定，固定资产可以采取缩短折旧年限方法的，最低折旧年限不得低于税法规定折旧年限的(　　)。(2021年)

A. 40%　　B. 50%　　C. 60%　　D. 70%

2. 根据企业所得税法律制度的规定，在中国境内未设立机构、场所的非居民企业取得的来源于中国境内的下列所得中，以收入全部减除财产净值后的余额为应纳税所得额的是(　　)。(2021年)

A. 利息所得　　B. 转让财产所得

C. 股息、红利等权益性投资收益　　D. 特许权使用费收入

3. 根据个人所得税法律制度的规定，在中国境内无住所的下列外籍个人中，属于2022年度非居民个人的是(　　)。(2023年)

A. 迪克2022年6月7日入境，2022年12月20日离境，期间回国5天

B. 温蒂2021年10月11日入境，2022年7月20日离境

C. 蒂姆2002年7月1日入境，2022年12月1日离境

D. 朱莉2022年3月1日入境，2023年10月10日离境

4. 甲公司为增值税一般纳税人，2019年购置并实际使用《环境保护专用设备企业所得税优惠目录》中规定的环境保护专用设备，取得增值税专用发票注明价款300万元、税额39万元。甲公司2019年度企业所得税应纳税所得额为180万元。甲公司享受应纳税额抵免的企业所得税优惠。已知企业所得税税率为25%。甲公司2019年度应缴纳企业所得税税额为(　　)。(2021年)

A. 18万元　　B. 37.5万元　　C. 15万元　　D. 11.1万元

5. 某居民企业2018年计入成本、费用的实发工资总额为400万元，拨缴职工工会经费10万元，支出职工福

利费55万元、职工教育经费20万元。已知，企业发生的职工福利费支出、职工教育经费支出、工会经费支出，分别不超过工资薪金总额14%、8%、2%的部分准予扣除。该企业2018年计算应纳税所得额时准予在税前扣除的工资和三项经费合计的下列算式中，正确的是（　　）。（2021年）

A. 400＋400×14%＋400×2%＋400×8%＝496(万元)

B. 400＋55＋400×2%＋20＝483(万元)

C. 400＋55＋10＋20＝485(万元)

D. 400＋400×14%＋10＋20＝486(万元)

6. 根据企业所得税法律制度的规定，下列关于不同方式下销售商品收入金额确定的表述中，正确的是（　　）。（2021年）

A. 采用商业折扣方式销售商品的，按照商业折扣前的金额确定销售商品收入金额

B. 采用现金折扣方式销售商品的，按照现金折扣前的金额确定销售商品收入金额

C. 采用售后回购方式销售商品的，按照扣除回购商品公允价值后的余额确定销售商品收入金额

D. 采用以旧换新方式销售商品的，按照扣除回收商品公允价值后的余额确定销售商品收入金额

7. 居民个人郑某2022年1～10月累计工资收入150 000元，累计专项扣除27 000元，累计专项附加扣除10 000元，郑某1～9月工资、薪金所得累计已扣预缴个人所得税税额3 150元。已知工资、薪金所得预扣预缴个人所得税累计减除费用按照5 000元/月计算，累计预扣预缴应纳税所得额超过36 000元至144 000元的部分预扣率为10%，速算扣除数为2 520，计算郑某当年10月工资、薪金所得应预扣预缴个人所得税额的下列算式中，正确的是（　　）。（2023年）

A. (150 000－5 000×10－27 000－10 000)×10%－2 520－3 150＝630(元)

B. (150 000－10 000)×10%－2 520－3 150＝8 330(元)

C. (150 000－5 000×10－27 000－10 000)×10%－2 520＝3 780(元)

D. (150 000－5 000×10)×10%－2 520－3 150＝4 330(元)

8. 2022年6月居民个人王某取得从公开发行和转让市场购入的上市公司股票股息红利9 000元，之后王某将该股票转让，王某持有该股票的期限为7个月。已知利息、股息、红利所得个人所得税税率为20%，王某取得该股息红利应缴纳个人所得税税额为（　　）。（2023年）

A. 1 800元　　B. 2 250元　　C. 900元　　D. 1 080元

9. 根据个人所得税法律制度的规定，下列各项中，属于个人所得税居民纳税人的是（　　）。（2020年）

A. 出国留学5年归来已在国内工作半年并在工作地有住所的赵某

B. 在国内有房产，移民后一直居住在国外的钱某

C. 2019年12月30日在我国工作于2020年5月1日离境的迈克尔

D. 2019年12月入境，2020年1月离境的约翰

10. 甲公司对外销售W货物，价格100万元，给予购买方商业折扣10万元，销售Y货物，价格80万元，给予购买方现金折扣5万元，上述销售业务中，甲公司应确认的企业所得税收入总额为（　　）。（2023年）

A. 180万元　　B. 175万元　　C. 170万元　　D. 165万元

二、多项选择题

1. 根据企业所得税法律制度的规定，下列各项中，属于不征税收入的有（　　）。（2020年）

A. 国债利息收入

B. 居民企业直接投资于其他居民企业取得的投资收益

C. 财政拨款

D. 依法收取并纳入财政管理的行政事业性收费

2. 根据企业所得税法律制度的规定，企业依照国务院有关主管部门或省级人民政府规定的范围和标准为职工缴纳的下列社会保险费中，在计算企业所得税应纳税所得额时准予扣除的有（　　）。（2020年）

A. 基本养老保险费　　B. 工伤保险费

C. 失业保险费　　D. 基本医疗保险费

3. 根据企业所得税法律制度的规定，企业发生的下列利息支出，在计算企业所得税应纳税所得额时准予据

实扣除的有(　　)。(2021 年)

A. 金融企业的各项存款利息支出　　B. 金融企业的同业拆借利息支出

C. 企业经批准发行债券的利息支出　　D. 非金融企业向非金融企业借款的利息支出

4. 根据企业所得税法律制度的规定,下列关于收入确认时间的表述中,正确的有(　　)。(2021 年)

A. 接受捐赠收入,按照实际收到捐赠资产的日期确认收入的实现

B. 特许权使用费收入,按照实际收到特许权使用费的日期确认收入的实现

C. 销售货物采用预收款方式的,按照实际收到预收款的日期确认收入的实现

D. 利息收入,按照合同约定的债务人应付利息的日期确认收入的实现

5. 根据个人所得税法律制度的规定,个人取得的下列所得中,免征个人所得税的有(　　)。(2023 年)

A. 退休人员再任职取得的收入

B. 按照国家统一规定发给职工的退休金

C. 省级人民政府颁发的教育方面奖金

D. 按国务院规定发给的政府特殊津贴

6. 根据企业所得税法律制度的规定,下列关于固定资产计税基础的表述中,正确的有(　　)。(2023 年)

A. 自行建造的固定资产,以竣工结算前发生的支出为计税基础

B. 通过捐赠方式取得的固定资产,以该资产的公允价值和支付的相关税费为计税基础

C. 改建的固定资产,除法定的支出外,以改建过程中发生的改建支出增加计税基础

D. 盘盈的固定资产,以同类固定资产的重置完全价值为计税基础

7. 以下各项所得,适用累进税率形式的有(　　)。(2022 年)

A. 工资薪金所得　　B. 个体工商户生产经营所得

C. 财产转让所得　　D. 承包承租经营所得

8. 根据企业所得税法律制度的规定,下列各项中,在计算企业所得税应纳税所得额时,不得扣除的有(　　)。(2019 年)

A. 罚金　　B. 诉讼费用

C. 罚款　　D. 税收滞纳金

9. 经济学家李某取得的下列所得中,按照"稿酬所得"项目预扣预缴个人所得税的有(　　)。(2022 年)

A. 将自己的论文手稿原件拍卖取得的报酬

B. 应邀担任学术会议主讲嘉宾取得的报酬

C. 将自己的研究成果整理成文章发表取得的报酬

D. 将自己的摄影作品发表在书画杂志取得的报酬

10. 企业所得税可以税前扣除的有(　　)。(2020 年)

A. 违约金　　B. 母公司管理费

C. 诉讼费　　D. 罚款

三、判断题

1. 个人向红十字会捐赠的金额,在计算个人所得税时可以全部扣除。(2020 年)　　(　　)

2. 从事个体出租车运营的出租车驾驶员取得的收入,应按"经营所得"项目缴纳个人所得税。(2023 年)　　(　　)

3. 企业在汇总计算缴纳企业所得税时,其境外营业机构的亏损不得抵减境内营业机构的盈利。(2023 年)　　(　　)

4. 承租的住房位于直辖市、省会(首府)城市、计划单列市以及国务院确定的其他城市,住房租金专项扣除标准为每月 1 500 元。　　(　　)

5. 非居民个人在中国境内从两处以上取得工资、薪金所得的,应当在取得所得的次月 5 日内申报纳税。　　(　　)

6. 居民企业来源于中国境外的租金所得不征收企业所得税。(2018 年)　　(　　)

7. 企业职工因公出差乘坐交通工具发生的人身意外保险费支出,不得在计算企业所得税的应纳税所得额

时扣除。(2018 年) ( )

8. 企业投资期间,投资资产的成本在计算企业所得税应纳税所得额时不得扣除。(2017 年) ( )

9. 企业从事花卉种植的所得,减半征收企业所得税。(2017 年) ( )

10. 企业所得税按年计征,分月或者分季预缴,年终汇算清缴,多退少补。(2018 年) ( )

应会考核

不定项选择题

(一) 中国居民李某为境内 W 市某高校教师,在 W 市无自有房,2019 年全年在 W 市租房居住。2019 年李某有关收支情况如下:

(1) 全年工资 108 000 元,全年专项扣除 21 000 元,住房租金专项附加扣除由李某扣除。

(2) 5 月出版一部教材,取将稿酬 10 000 元。

(3) 6 月取得国债利息 2 700 元、定期储蓄存款利息 1 650 元。

(4) 8 月在上海证券交易所转让从上市公司公开发行取得的 Y 上市公司股票,取得转让所得 8 000 元。

(5) 9 月因在 Z 商城购买洗衣机,获得 Z 商城赠送的价值 80 元的洗衣液一桶。

(6) 12 月取得全年一次性奖金 30 000 元,选择不并入当年综合所得单独计算纳税。

已知:稿酬所得个人所得税预扣率为 20%,每次收入 4 000 元以上的,减除费用按 20%计算,收入额减按 70%计算。综合所得减除费用 60 000 元/年;稿酬所得以收入减除 20%的费用后的余额为收入额,收入额减按 70%计算;房屋租金专项附加扣除标准为 1 500 元/月。全年一次性奖金按照月换算后的综合所得税表确定适用税率和速算扣除系数。

要求:根据上述资料,不考虑其他因素,分析回答下列小题。(2021 年)

1. 计算李某 5 月出版教材稿酬所得应预扣预缴个人所得税额的下列算式中,正确的是( )。

A. 10 000×20%=2 000(元)　　B. 10 000×70%×20%=1 400(元)

C. 10 000×(1−20%)×20%=1 600(元)　　D. 10 000×(1−20%)×70%×20%=1 120(元)

2. 计算李某 2019 年度综合所得应缴纳个人所得税税额的下列算式中,正确的是( )。

A. [108 000+10 000×(1−20%)×70%−60 000−21 000−1 500×12]×3%=438(元)

B. (108 000−60 000−1 500×12)×3%=900(元)

C. (108 000+10 000×70%−60 000−2 100)×3%=1 020(元)

D. (108 000+10 000−60 000−1 500×12)×10%−2 520=1 480(元)

3. 李某的下列所得中,免予征收或不征收个人所得税的是( )。

A. 国债利息 2 700 元

B. 获得 Z 商城赠送的价值 80 元的洗衣液

C. 转让 Y 上市公司股票所得 8 000 元

D. 定期储蓄存款利息 1 650 元

4. 计算李某全年一次性奖金应缴纳个人所得税税额的下列算式中,正确的是( )。

A. (30 000−2 660)×25%=6 835(元)　　B. 30 000×25%=7 500(元)

C. 30 000×3%=900(元)　　D. 30 000×25%−2 660=4 840(元)

(二) 甲公司为居民企业,主要从事玻璃制造和销售业务,2020 年度有关经营情况如下:

(1) 发生一笔涉及商业折扣的销售业务,该笔业务为销售光伏玻璃一批,不含增值税售价 200 万元,扣除商业折扣 10 万元后实际收到销售价款 190 万元、增值税税额 24.7 万元。

(2) 实际发生合理的工资、薪金支出 1 000 万元,发生职工教育经费支出 70 万元。

(3) 计提未经核定的资产减值准备 20 万元;发生非广告性赞助支出 10 万元;发生诉讼费用 2 万元;员工因公出差乘坐交通工具发生的人身意外保险费支出 0.2 万元。

(4) 利润总额 2 400 万元。

已知:职工教育经费支出不超过工资薪金总额 8%的部分,准予在计算企业所得税应纳税所得额时扣除,上年度未扣除结转至本年扣除的职工教育经费支出 15 万元。

要求:根据上述资料,不考虑其他因素,分析回答下列小题。(2021 年)

1. 在计算甲公司 2020 年度企业所得税应纳税所得额时,采取商业折扣方式销售光伏玻璃业务收入计算正确的是(　　)。

A. 224.7 万元　　B. 190 万元　　C. 214.7 万元　　D. 200 万元

2. 在计算甲公司 2020 年度企业所得税应纳税所得额时,准予扣除的职工教育经费支出是(　　)。

A. 80 万元　　B. 55 万元　　C. 85 万元　　D. 70 万元

3. 在计算甲公司 2020 年度企业所得税应纳税所得额时,下列各项中,不得扣除的是(　　)。

A. 未经核定的资产减值准备 20 万元　　B. 非广告性赞助支出 10 万元

C. 诉讼费用 2 万元　　D. 人身意外保险费支出 0.2 万元

4. 计算甲公司 2020 年度企业所得税应纳税所得额的下列算式中,正确的是(　　)。

A. 2 400－15＋10＋0.2＝2 395.2(万元)

B. 2 400＋2＋0.2＝2 402.2(万元)

C. 2 400－(1 000×8%－70)＋20＋10＝2 420(万元)

D. 2 400＋20＋10＝2 430(万元)

(三) 公民周某为境内高校教师。2023 年度有关收支情况如下:

(1) 全年扣除个人按照规定缴纳的基本养老保险、基本医疗保险、失业保险和住房公积金后的工资合计 150 000 元。

(2) 应邀到甲公司做技术培训,取得税前劳务报酬 5 000 元。

(3) 取得体育彩票中奖收入 30 000 元。

(4) 取得 Z 商场按其累积消费积分反馈的价值 100 元的礼品。

(5) 取得教育部颁发的奖金 10 000 元。

(6) 取得一年期定期储蓄存款利息 1 200 元。

已知:综合所得的减除费用标准为每年 60 000 元,劳务报酬所得以收入减除费用后的余额为收入额,减除费用按 20%计算。劳务报酬所得预扣预缴个人所得税每次收入 4 000 元以上的,减除费用按 20%计算;应纳税所得额不超过 20 000 元的部分,适用 20%的预扣率,速算扣除数为 0;应纳税所得额超过 36 000 元至 144 000 元的部分,税率为 10%,速算扣除数为 2 520;应纳税所得额超过 144 000 元至 300 000 元的部分,税率为 20%,速算扣除数为 16 920 元。

要求:根据上述资料,不考虑其他因素,分析回答下列小题。(2022 年)

1. 计算甲公司应预扣预缴周某劳务报酬所得个人所得税税额的下列算式中,正确的是(　　)。

A. 5 000×(1－20%)×20%＝800(元)

B. 5 000×(1＋20%)×20%＝1 200(元)

C. 5 000×20%＝1 000(元)

D. 5 000＋(1－20%)×20%＝1 250(元)

2. 计算周某 2023 年度综合所得应缴纳个人所得税税额的下列算式中,正确的是(　　)。

A. [150 000＋5 000×(1－20%)－60 000]×10%－2 520＝6 880(元)

B. (150 000＋5 000－60 000)×10%－2 520＝6 980(元)

C. [(150 000＋5 000)×(1－20%)－6 000)]×10%－2 520＝3 880(元)

D. [150 000＋5 000×(1－20%)]×20%－16 920＝13 880(元)

3. 周某 2023 年度取得的下列所得中,无需缴纳个人所得税的是(　　)

A. Z 商场反馈的价值 100 元的礼品

B. 体育彩票中奖收入 30 000 元

C. 教育部颁发的奖金 10 000 元

D. 一年期定期储蓄存款利息 1 200 元

4. 周某 2023 年度取得的综合所得,办理汇算清缴的期限是(　　)。

A. 2023 年 12 月 1 日至 2024 年 2 月 28 日

B. 2024年1月1日至2024年6月30日

C. 2024年1月1日至2024年2月28日

D. 2024年3月1日至2024年6月30日

（四）甲公司为居民企业，主要从事建筑材料生产和销售业务。2023年有关经营情况如下：

（1）营业收入20 000万元。

（2）发生与生产经营活动有关的业务招待费支出260万元。

（3）发生合理的工资、薪金支出1 000万元，发生职工福利费支出180万元，职工教育经费支出100万元，拨缴工会经费20万元。

（4）7月购进的一台运输设备已于当月投入使用，该运输设备价值30万元，进项税额3.9万元已于当月申报抵扣；该运输设备当年计提折旧2.5万元。甲公司选择将该运输设备的价值一次性计入当期成本费用在计算应纳税所得额时扣除。

（5）转让一处经营用房产，缴纳增值税10万元，城市维护建设税、教育费附加、地方教育附加1.2万元，印花税0.1万元，土地增值税35万元。

已知：与生产经营活动有关的业务招待费支出，按照发生额的60%扣除，但最高不得超过当年销售（营业）收入的5‰。职工福利费支出、职工教育经费支出、拨缴的工会经费，分别不超过工资薪金总额14%、8%、2%的部分，准予在计算应纳税所得额时扣除。

根据上述资料，不考虑其他因素，分析回答下列小题。（2023年）

1. 在计算甲公司2023年度企业所得税应纳税所得额时，准予扣除的业务招待费支出是（　　）。

A. 100万元　　B. 260万元　　C. 256万元　　D. 156万元

2. 在计算甲公司2023年度企业所得税应纳税所得额时，准予扣除的职工福利费支出、职工教育经费支出、拨缴的工会经费合计是（　　）。

A. 260万元　　B. 240万元　　C. 280万元　　D. 300万元

3. 在计算甲公司2023年度企业所得税应纳税所得额时，购进并投入使用的运输设备纳税调整减少的金额是（　　）。

A. 33.9万元　　B. 36.4万元　　C. 32.5万元　　D. 27.5万元

4. 在计算甲公司2023年度企业所得税应纳税所得额时，甲公司转让经营用房产缴纳的下列税费中，准予扣除的是（　　）。

A. 土地增值税35万元

B. 城市维护建设税、教育费附加、地方教育附加1.2万元

C. 增值税10万元

D. 印花税0.1万元

项目六 财产和行为税法律制度

知识目标

了解：房产税税率；契税税率和征收管理；土地增值税税率和征收管理；城镇土地使用税税率；耕地占用税税率；车船税征税范围和税率；资源税征税范围、税目、税率和征收管理；环境保护税税率和征收管理；烟叶税法律制度；船舶吨税法律制度；印花税税率和征收管理。

熟悉：房产税纳税人、税收优惠和征收管理；契税纳税人和税收优惠；土地增值税纳税人和税收优惠；城镇土地使用税纳税人、计税依据、税收优惠和征收管理；耕地占用税纳税人、征税范围、计税依据、税收优惠和征收管理；车船税纳税人、税目、税收优惠和征收管理；资源税纳税人、计税依据和税收优惠；环境保护税纳税人、征税范围、计税依据和税收优惠；印花税纳税人和税收优惠。

掌握：房产税征税范围、计税依据和应纳税额的计算；契税征税范围、计税依据和应纳税额的计算；土地增值税征税范围、计税依据和应纳税额的计算；城镇土地使用税征税范围和应纳税额的计算；耕地占用税应纳税额的计算；车船税计税依据和应纳税额的计算；资源税应纳税额的计算；环境保护税应纳税额的计算；印花税征税范围、计税依据和应纳税额的计算。

技能目标

能够具备对财产和行为税税种进行计算的能力。

素质目标

运用所学的财产和行为税税种法律制度知识研究相关案例，培养和提高学生在特定业务情境中分析问题与决策设计的能力；结合行业规范或标准，运用法律知识分析行为的善恶，强化学生的职业道德素质。

思政引例

绿色税制

思政元素

我国在过去数十年中经历了粗放型发展模式，这种模式以自然资源的过度开采和环境污染为代价，由此带来严重的自然资源浪费与生态环境恶化。目前，我国经济正处于高速增长向高质量发展的转型期，优质的自然环境将为经济社会和谐发展带来新动力。在新时代下，树立绿色发展理念，以习近平总书记生态文明建设战略思想为统领，坚持“绿水青山就是金山银山”的宗旨和“保护为先、发展为要、民生为本”的方针，我国税制的“绿色化”进程明显提速。《中华人民共和国环境保护税法》自 2018 年 1 月 1 日起正式实施，《中华人民共和国资源税法》自 2020 年 9 月 1 日正式实施，以充分发挥税收在资源环境领域方面的调节作用，实现经济社会发展与资源可持续利用、生态环境良性发展的协调。

思考：如何充分发挥税收制度在资源环境领域的调节作用？在新经济高度发展的今天，树立财产和行为税法律制度与经济的高质量协同发展的观念，我们要具备哪些实操技能？

知识精讲

任务一 房产税法律制度

房产税法是调整房产税征纳关系的法律规范的总称。我国现行房产税法主要是 1986 年 9 月15 日国务院颁布的《中华人民共和国房产税暂行条例》(以下简称《房产税暂行条例》)。

自 2009 年 1 月 1 日起，废止《中华人民共和国城市房地产税暂行条例》，对外资企业及外籍个人的房产也开始征收房产税。在征税范围、计税依据、税率、税收优惠、征收管理等方面按照《房产税暂行条例》及有关规定执行。2021 年 10 月 23 日第十三届全国人大常委会第三十一次会议决定授权国务院在部分地区开展房地产税改革试点工作。授权的试点期限为5年。

房产税是以房屋为征税对象,按房屋的计税余值或租金收入为计税依据,向房产所有人征收的一种财产税。

一、房产税的征税对象及范围

房产税的征税对象是房屋。与房屋不可分割的各种附属设施或不单独计价的配套设施,也属于房屋,应一并征收房产税。独立于房屋之外的建筑物(如水塔、围墙、加油站罩棚等)不属于房屋,不征房产税。所谓房产,是以房屋形态表现的财产,是指有屋面和围护结构(有墙或两边有柱),能遮风避雨,可供人们在其中生产、工作、学习、娱乐、居住或储藏物资的场所。房产不等于建筑物。

房产税的征税范围为位于城市、县城、建制镇和工矿区的房屋,对坐落在农村的房屋暂不征收房产税。

(1) 城市,是指国务院批准设立的市,包括市区、郊区和市辖县县城,但不包括农村。

(2) 县城,是指未设立建制镇的县人民政府所在地。

(3) 建制镇,是指经省、自治区、直辖市人民政府批准设立的建制镇,但不包括所辖的行政村。

(4) 工矿区,是指工商业比较发达、人口比较集中,符合国务院规定的建制镇标准,但尚未设立建制镇的大中型工矿企业所在地。开征房产税的工矿区须经省、自治区、直辖市人民政府批准。

二、房产税的纳税人

房产税的纳税人是指在我国城市、县城、建制镇和工矿区(不包括农村)内拥有房屋产权的单位和个人,具体包括产权所有人、承典人、房产代管人或者使用人。

(1) 产权属于国家的,其经营管理的单位为纳税人。

(2) 产权属于集体和个人的,集体单位和个人为纳税人。

(3) 产权出典的,承典人为纳税人。

(4) 产权所有人、承典人均不在房产所在地的,房产代管人或者使用人为纳税人。

(5) 产权未确定以及租典(租赁、出典)纠纷未解决的,房产代管人或者使用人为纳税人。

(6) 纳税单位和个人无租使用房产管理部门、免税单位及纳税单位的房产,由使用人代为缴纳房产税。

(7) 房地产开发企业建造的商品房,在出售前,不征收房产税。但对出售前房地产开发企业已使用或者出租、出借的商品房应按规定征收房产税。

三、房产税的税率

我国现行房产税采用比例税率。

(1) 以房产原值一次减除10%～30%后的房产余值为计税依据的,年税率为1.2%。

(2) 以房产租金收入为计税依据的,税率为12%,但对个人出租住房,不区分用途,按4%的税率征收房产税。

四、房产税的税收优惠

(1) 国家机关、人民团体、军队自用的房产免征房产税。但上述免税单位的出租房产以及非自身业务使用的生产、营业用房,不属于免税范围。

(2) 由国家财政部门拨付事业经费(全额或差额)的单位(学校、医疗卫生单位、托儿所、幼儿园、敬老院以及文化、体育、艺术类单位)所有的、本身业务范围内使用的房产免征房产税。由国家财政部门拨付事业经费的单位,其经费来源实行自收自支后,从事业单位实行自收自支的年度起,免征房产税3年。上述单位所属的附属工厂、商店、招待所等不属于单位公务、业务的用房,应照章纳税。

(3) 宗教寺庙、公园、名胜古迹自用的房产免征房产税。宗教寺庙自用的房产,是指举行宗教仪式等的房屋和宗教人员使用的生活用房屋。公园、名胜古迹自用的房产,是指供公共参观游览的房屋及其管理单位的办公用房屋。宗教寺庙、公园、名胜古迹中附设的营业单位,如影剧院、饮食部、茶社、照相馆等所使用的房产及出租的房产,不属于免税范围,应照章征税。

(4) 个人所有非营业用的房产免征房产税。个人所有的非营业用房,主要是指居民住房,不论面积多少,一律免征房产税。

(5) 经财政部批准免税的其他房产。

a. 毁损不堪居住的房屋和危险房屋,经有关部门鉴定,在停止使用后,可免征房产税。

b. 纳税人因房屋大修导致连续停用半年以上的,在房屋大修期间免征房产税,免征税额由纳税人在申报缴纳房产税时自行计算扣除;并在申报表附表或备注栏中作相应说明。纳税人房屋大修停用半年以上需要免征房产税的,应在房屋大修前向主管税务机关报送相关的证明材料,包括大修房屋的名称、坐落地点,产权证编号,房产原值、用途、房屋大修的原因、大修合同及大修的起止时间等信息和资料,以备税务机关查验。具体报送材料由各省、自治区、直辖市和计划单列市税务局确定。

c. 在基建工地为基建工地服务的各种工棚、材料棚、休息棚和办公室、食堂、茶炉房、汽车房等临时性房屋,施工期间一律免征房产税。但工程结束后,施工企业将这种临时性房屋交还或估价转让给基建单位的,应从基建单位接收的次月起,照章纳税。

d. 对房管部门经租的居民住房,在房租调整改革之前收取租金偏低的,可暂缓征收房产税。对房管部门经租的其他非营业用房,是否给予照顾,由各省、自治区、直辖市根据当地具体情况按税收管理体制的规定办理。

e. 对高校学生公寓免征房产税。

f. 对非营利性医疗机构、疾病控制机构和妇幼保健机构等卫生机构自用的房产,免征房产税。

g. 老年服务机构自用的房产免征房产税。老年服务机构,是指专门为老年人提供生活照料、文化、护理、健身等多方面服务的福利性、非营利性的机构,主要包括老年社会福利院、敬老院(养老院)、老年服务中心、老年公寓(含老年护理院、康复中心、托老所)等。

h. 对按政府规定价格出租的公有住房和廉租住房,包括企业和自收自支事业单位向职工出租的单位自有住房,房管部门向居民出租的公有住房,落实私房政策中带户发还产权并以政府规定租金标准向居民出租的私有住房等,暂免征收房产税。

五、房产税的计税依据

学中做

房产税的计税依据是房产的计税余值或房产的租金收入。按照房产计税余值征税的,称为从价计征;按照房产租金收入征税的,称为从租计征。

(一) 从价计征

从价计征是以房产原值一次减除10%～30%后的余值作为计税依据的,具体减除幅度由省、自治区、直辖市人民政府确定。

房产原值,是指纳税人按照会计制度的规定,在会计账簿“固定资产”科目中记载的房屋原价。

对依照房产原值计税的房产,不论是否记载在会计账簿“固定资产”科目中,均应按照房屋原价计算缴纳房产税。房屋原价应根据国家有关会计制度的规定进行核算。对纳税人未按国家会计制度的规定核算并记载的,应按规定予以调整或重新评估。

(1) 对按照房产原值计税的房产,无论会计如何核算,房产原值均应包含地价,包括为取得土地使用权支付的价款、开发土地发生的成本费用等。宗地容积率低于0.5的,按房产建筑面积的2倍计算土地面积并据此确定计入房产原值的地价。其计算公式为:

$$容积率 = 总建筑面积 \div 土地面积$$

(2) 房产原值应包括与房屋不可分割的各种附属设备或一般不单独计算价值的配套设施。

a. 以房屋为载体,不可随意移动的附属设备和配套设施,如给排水、采暖、消防、中央空调、电气及智能化楼宇设备等,无论在会计核算中是否单独记账与核算,都应计入房产原值,计征房产税。

b. 对更换房屋附属设备和配套设施的,在将其价值计入房产原值时,可扣减原来相应设备和设施的价值。

c. 对附属设备和配套设施中易损坏、需要经常更换零配件的,更新后不再计入房产原值。

(3) 纳税人对原有房屋进行改建、扩建,要相应增加房产原值。

(4) 投资联营房产的计税依据。

a. 对以房产投资联营,投资者参与投资利润分红、共担风险的,按房产的余值作为计税依据计征房产税(被投资方是纳税人)。

b. 对以房产投资,收取固定收入、不承担联营风险的,实际上是以联营的名义取得房产租金,应由出租方按租金收入计算缴纳房产税。

c. 融资租赁的房产,由承租人自融资租赁合同约定开始日的次月起依照房产余值缴纳房产税。合同未约定开始日的,由承租人自合同签订的次月起依照房产余值缴纳房产税。

(5) 对居民住宅区内业主共有的经营性房产,由实际经营(包括自营和出租)的代管人或使用人缴纳房产税。其中:自营的,依照房产原值减除10%~30%后的余值计征;没有房产原值或不能将业主共有房产与其他房产的原值准确划分开的,由房产所在地税务机关参照同类房产核定房产原值;出租的,依照租金收入计征。

(6) 无租使用其他单位房产的应税单位和个人,依照房产余值代为缴纳房产税;产权出典的房产,由承典人依照房产余值缴纳房产税。

(7) 凡在房产税征收范围内的具备房屋功能的地下建筑,包括与地上房屋相连的地下建筑以及完全建在地面以下的建筑、地下人防设施等,均应当依照有关规定征收房产税。

对于与地上房屋相连的地下建筑,如房屋的地下室、地下停车场、商场的地下部分等,应将地下部分与地上房屋视为一个整体,按照地上房屋建筑的有关规定计算征收房产税。

(二) 从租计征

房屋出租的,以取得的租金收入作为计税依据。租金收入是房屋产权所有人出租房产使用权所得的报酬,包括货币收入、实物收入及其他形式的收入。

(1) 对出租房产,租赁双方签订的租赁合同约定有出租的地下建筑,按照出租地上房屋建筑的有关规定计算征收房产税。

(2) 如果是以劳务或者其他形式为报酬抵付房租收入的,应根据当地同类房产的租金水平,确定一个标准租金额从租计征。

(3) 合同约定免收租金期限的,免收租金期间由产权所有人按照房产原值缴纳房产税(区别于无租使用房产的规定)。

六、房产税应纳税额的计算

(1) 按房产余值从价计征的计算公式为:

应纳税额 = 房产原值 ×(1 - 扣除比例)× 税率(1.2%)

(2) 按租金收入从租计征的计算公式为:

应纳税额 = 房产租金收入 × 税率(12% 或 4%)

以人民币以外的货币为记账本位币的外资企业及外籍个人在缴纳房产税时,均应将其根据记账本位币计算的税款按照缴款上月最后一日的人民币汇率中间价折合成人民币。

做中学 6-1

位于建制镇的某公司主要经营农产品采摘、销售、观光业务,占地 3 万平方米。其中,采摘、观光的种植用地 2.5 万平方米,职工宿舍和办公用地 0.5 万平方米。房产原值 300 万元。该公司 2022 年发生以下业务:

(1) 全年取得旅游观光收入 150 万元、农产品零售收入 180 万元。

(2) 6 月 30 日签订房屋租赁合同一份,将价值 50 万元的办公室从 7 月 1 日起出租给他人使用,租期 12 个月,月租 0.2 万元,每月收租金 1 次。

(3) 8 月与保险公司签订农业保险合同一份,支付保险费 3 万元。

(4) 9 月与租赁公司签订融资租赁合同一份,租赁价值 30 万元的鲜果拣选机一台,租期 5 年,租金共计 40 万元,每年支付 8 万元。

该公司计算房产余值的扣除比例为 30%。

要求:计算 2022 年应缴纳的房产税。

解析:应缴纳房产税=300×(1-30%)×1.2%×50%×10 000+(300-50)×(1-30%)×1.2%×50%×10 000+0.2×6×12%×10 000=24 540(元)。

七、房产税的征收管理

1. 纳税义务发生时间

(1) 纳税人将原有房产用于生产经营,从生产经营之月起,缴纳房产税。

(2) 纳税人自行新建房屋用于生产经营,自建成之次月起,缴纳房产税。

(3) 纳税人委托施工企业建设的房屋,从办理验收手续之次月起,缴纳房产税。

(4) 纳税人购置新建商品房,自房屋交付使用之次月起,缴纳房产税。

(5) 纳税人购置存量房,自办理房屋权属转移、变更登记手续,房地产权属登记机关签发房屋权属证书之次月起,缴纳房产税。

(6) 纳税人出租、出借房产,自交付出租、出借房产之次月起,缴纳房产税。

(7) 房地产开发企业自用、出租、出借本企业建造的商品房,自房屋使用或交付之次月起,缴纳房产税。

(8) 纳税人因房产的实物或权利状态发生变化而依法终止房产税的纳税义务的,其应纳税款的计算应截止到房产的实物或权利状态发生变化的当月末。

2. 纳税期限

房产税实行按年计算、分期缴纳的征收方法,具体纳税期限由省、自治区、直辖市人民政府规定。

3. 纳税地点

房产税由纳税人向房产所在地税务机关缴纳。房产不在同一地方的纳税人,应按房产的坐落地点分别向房产所在地税务机关缴纳。

任务二　契税法律制度

契税，是指国家在土地、房屋权属转移时，按照当事人双方签订的合同(契约)，以及所确定价格的一定比例，向权属承受人征收的一种税。《中华人民共和国契税法》于2020年8月11日第十三届全国人民代表大会常务委员会第二十一次会议通过，自2021年9月1日起施行。

一、契税的征税范围

契税以在我国境内转移土地、房屋权属的行为作为征税对象。土地、房屋权属未发生转移的，不征收契税。契税的征税范围主要包括：

(1) 土地使用权出让。土地使用权出让，是指土地使用者向国家交付土地使用权出让费用，国家将国有土地使用权在一定年限内让与土地使用者的行为。

(2) 土地使用权转让。土地使用权转让，是指土地使用者以出售、赠与、互换或者其他方式将土地使用权转移给其他单位和个人的行为。土地使用权的转让不包括农村集体土地承包经营权的转移。

(3) 房屋买卖、赠与和交换。房屋买卖，是指房屋所有者将其房屋出售，由承受者交付货币、实物、无形资产或其他经济利益的行为。房屋赠与，是指房屋所有者将其房屋无偿转让给受赠者的行为。房屋交换，是指房屋所有者之间相互交换房屋的行为。

(4) 其他情形。除上述情形外，在实际中还有其他一些转移土地、房屋权属的形式，如以土地、房屋权属作价投资、入股，以土地、房屋权属抵债；以获奖方式承受土地、房屋权属；以预购方式或者预付集资建房款方式承受土地、房屋权属等。对于这些转移土地、房屋权属的形式，可以分别视同土地使用权转让、房屋买卖或者房屋赠与征收契税。再如，土地使用权受让人通过完成土地使用权转让方约定的投资额度或投资特定项目，以此获取低价转让或无偿赠与的土地使用权的，属于契税征收范围，其计税价格由征收机关参照纳税义务发生时当地的市场价格核定。此外，公司增资扩股中，对以土地、房屋权属作价入股或作为出资投入企业的，征收契税；企业破产清算期间，对非债权人承受破产企业土地、房屋权属的，征收契税。

【提示】 土地、房屋典当、继承、分拆(分割)、抵押以及出租等行为，不属于契税的征税范围。

二、契税的纳税人

契税的纳税人，是指在我国境内承受土地、房屋权属转移的单位和个人。契税由权属的承受人缴纳。这里所说的“承受”，是指以受让、购买、受赠、交换等方式取得土地、房屋权属的行为。

【提示】 “土地、房屋权属”，是指土地使用权和房屋所有权；“单位”，是指企业单位、事业单位、国家机关、军事单位和社会团体以及其他组织；“个人”，是指个体经营者和其他个人，包括中国公民和外籍人员。

转让房地产权属行为的转让方和承受方的纳税情况一览表，如表6-1所示。

表6-1　转让房地产权属行为的转让方和承受方的纳税情况一览表

转让方	承受方
(1) 增值税(销售不动产、转让土地使用权) (2) 城市维护建设税和教育费附加及地方教育附加 (3) 印花税(产权转移书据) (4) 土地增值税 (5) 企业所得税(或个人所得税)	(1) 印花税(产权转移书据) (2) 契税

三、契税的税率

契税采用比例税率，并实行3%～5%的幅度税率。具体税率由各省、自治区、直辖市人民政府在幅度税率规定的范围内，按照本地区的实际情况确定，以适应不同地区纳税人的负担水平和调控房地产交易的市场价格。

自2010年10月1日起，对个人购买普通住房，且该住房属于家庭唯一住房的，减半征收契税；对个人购买90平方米及以下普通住房，且该住房属于家庭唯一住房的，减按1%税率征收契税。

四、契税的税收优惠

有下列情形之一的，免征契税：

(1) 国家机关、事业单位、社会团体、军事单位承受土地、房屋权属用于办公、教学、医疗、科研、军事设施。

(2) 非营利性的学校、医疗机构、社会福利机构承受土地、房屋权属用于办公、教学、医疗、科研、养老、救助。

(3) 承受荒山、荒地、荒滩土地使用权用于农、林、牧、渔业生产。

(4) 婚姻关系存续期间夫妻之间变更土地、房屋权属。

(5) 法定继承人通过继承承受土地、房屋权属。

(6) 依照法律规定应当予以免税的外国驻华使馆、领事馆和国际组织驻华代表机构承受土地、房屋权属。

根据国民经济和社会发展的需要，国务院对居民住房需求保障、企业改制重组、灾后重建等情形可以规定免征或者减征契税，报全国人民代表大会常务委员会备案。

省、自治区、直辖市可以决定对下列情形免征或者减征契税：

(1) 因土地、房屋被县级以上人民政府征收、征用，重新承受土地、房屋权属；

(2) 因不可抗力灭失住房，重新承受住房权属。

五、契税的计税依据

按照土地、房屋权属转移的形式、定价方法的不同，契税的计税依据确定如下：

(1) 国有土地使用权出让、土地使用权出售、房屋买卖，以成交价格作为计税依据。

(2) 土地使用权赠与、房屋赠与，由征收机关参照土地使用权出售、房屋买卖的市场价格核定。

(3) 土地使用权交换、房屋交换，以交换土地使用权、房屋的价格差额作为计税依据。

(4) 以划拨方式取得土地使用权，经批准转让房地产时应补交的契税，以补交的土地使用权出让费用或土地收益作为计税依据。

六、契税应纳税额的计算

契税应纳税额依照省、自治区、直辖市人民政府确定的适用税率和税法规定的计税依据计算征收。其计算公式为：

$$\text{契税应纳税额} = \text{计税依据} \times \text{税率}$$

做中学 6-2

甲房地产开发公司与乙企业签订协议，协议约定：由甲房地产开发公司按照乙企业的要求建设厂房，并由甲房地产开发公司垫付资金，待工程完工由乙企业验收合格后，乙企业向甲房地产开发公司支付垫付资金的利息 100 万元，同时按照工程决算支付全部价款。甲房地产开发公司按乙企业的要求按期完成了工程。经决算，甲房地产开发公司共计垫付资金 1 000 万元，其中支付土地出让金 300 万元，支付被拆迁人的安置补助费 50 万元，委托拆迁，支付拆迁公司手续费 10 万元，支付城市配套费 20 万元。又以另外的 500 平方米土地使用权抵顶被拆迁企业丙公司的拆迁补偿费 50 万元，其余 620 万元支付了工程价款。乙企业对甲房地产开发公司支付的款项均无异议，且该工程已验收合格。

要求：计算各方应缴纳的契税（契税税率为 5%）。

解析：(1) 甲房地产开发公司接受委托代建房屋，应按规定为取得土地使用权支付的征地费用、开发费用、地租全额征收契税。

$$甲房地产开发公司应缴纳契税 = (300+50+20+50)\times 5\% = 21(万元)$$

(2) 企业委托建房，应按其支付的全部价款缴纳契税。

$$乙企业应缴纳契税 = 1\,100\times 5\% = 55(万元)$$

(3) 丙公司接受房地产开发公司的土地使用权，应缴纳契税。

$$丙公司应缴纳契税 = 50\times 5\% = 2.5(万元)$$

七、契税的征收管理

1. 纳税义务发生时间

契税的纳税义务发生时间是纳税人签订土地、房屋权属转移合同的当天，或者纳税人取得其他具有土地、房屋权属转移合同性质凭证的当天。

【注意】 纳税人应当在依法办理土地、房屋权属登记手续前申报缴纳契税。

2. 纳税地点

契税实行属地征收管理。纳税人发生契税纳税义务时，应向土地、房屋所在地的税务征收机关申报纳税。

任务三　土地增值税法律制度

土地增值税是对转让国有土地使用权、地上建筑物及其附着物并取得收入的单位和个人，就其转让房地产所取得的增值额征收的一种税。

一、土地增值税的征税范围

土地增值税的征税范围是有偿转让国有土地使用权及地上建筑物和其附着物产权所取得的增值额。

1. 一般规定

(1) 土地增值税只对转让国有土地使用权的行为征税，转让非国有土地和出让国有土地的行为不征税。

属于集体所有的土地，按现行规定须先由国家征用后才能转让，未经国家征用的集体土地不得转让。自行转让集体土地是一种违法行为，应由有关部门依照相关法律处理，而不纳入土地增值税的征收范围。

国有土地出让，是指国家以土地所有者的身份将土地使用权在一定的年限内让与土地使用者，并由土地使用者向国家支付土地出让金的行为。出让金收入在性质上属于政府凭借所有权在土地一级市场上收取的租金，所以，政府出让土地的行为及取得的收入不征收土地增值税。

(2) 土地增值税既对转让土地使用权的行为征税，也对转让地上建筑物和其他附着物产权的行为征税。

地上建筑物，是指建于土地上的一切建筑物，包括地上地下的各种附属设施，如厂房、仓库、住宅、地下室、围墙等。

附着物，是指附着于土地上、不能移动，一经移动即遭损坏的种植物、养殖物及其他物品。

(3) 土地增值税只对有偿转让的房地产征税。

2. 特殊规定

(1) 房地产继承、赠与。以继承、赠与等方式无偿转让房地产的行为，不征收土地增值税。但不征收土地增值税的房地产赠与行为只包括以下两种情况：

a. 赠与直系亲属或承担直接赡养义务人。

b. 公益性捐赠。公益性捐赠，是指房产所有人、土地使用权所有人通过中国境内的非营利的社会团体、国家机关将房屋产权、土地使用权赠与教育、民政和其他社会福利、公益事业的行为。

(2) 合作建房，对一方出地，另一方出资金，双方合作建房，建成后分房自用的，暂免征收土地增值税；建成后转让的，依法征收土地增值税。

(3) 交换房地产，这种行为既发生了房产产权、土地使用权的转移，交换双方又取得了实物形态的收入，按照规定征收土地增值税。但个人之间互换自有居住用房，经当地税务机关核实，可免征土地增值税。

(4) 房地产抵押，抵押期间不征土地增值税，抵押期满后，以房抵债发生房地产产权转移的，依法征收土地增值税。

(5) 房地产出租，没有发生房地产产权转移，不属于土地增值税征税范围。

(6) 房地产评估增值，没有发生房地产权属转让，不属于土地增值税征税范围。

(7) 国家收回土地使用权、征用地上建筑物及附着物，按政策规定可以免征土地增值税。

(8) 房地产的代建房行为，没有发生房地产产权转移，不属于土地增值税征税范围。

(9) 实质征税。土地使用者转让、抵押或置换土地，无论其是否取得了该土地的使用权属证书，无论其在转让、抵押或置换土地过程中是否与对方当事人办理了土地使用权属证书变更登记手续，只要土地使用者享有占有、使用、收益或处分该土地的权利，且有合同等证据表明其实质转让、抵押或置换了土地并取得了相应经济利益，土地使用者及其对方当事人应当依法缴纳土地增值税。

二、土地增值税的纳税人

土地增值税的纳税人为转让国有土地使用权、地上建筑物及其附着物(以下简称转让房地产)并取得收入的单位和个人。

单位包括各类企业单位、事业单位、国家机关和社会团体及其他组织；个人包括个体经营者。此外，还包括外商投资企业、外国企业、外国驻华机构及海外华侨、港澳台同胞和外国公民。

三、土地增值税的税率

土地增值税实行四级超率累进税率，如表 6-2 所示。

表 6-2　　土地增值税四级超率累进税率表

级　数	增值额与扣除项目金额的比率	税率	速算扣除系数
1	不超过 50%的部分	30%	0%
2	超过 50%至 100%的部分	40%	5%
3	超过 100%至 200%的部分	50%	15%
4	超过 200%的部分	60%	35%

四、土地增值税的税收优惠

(1) 建造普通标准住宅出售，其增值率未超过 20%的，免征土地增值税；增值率超过 20%的，应就其全部增值额按规定征收土地增值税。

自 2005 年 6 月 1 日起，普通标准住宅是指同时满足以下条件的住宅：①住宅小区建筑容积率在 1.0 以上；②单套建筑面积在 120 平方米以下；③实际成交价格低于同级别土地上住房平均交易价格 1.2 倍以下。各省、自治区、直辖市要根据实际情况，制定本地区享受普通住房具体标准，允许单套建筑面积和价格标准适当浮动，但向上浮动的比例不得超过上述标准的 20%。

对纳税人既建普通标准住宅又进行其他房地产开发的，应分别核算增值额；不分别核算增值额或不能准确核算增值额的，其建造的普通标准住宅不适用该免税规定。

(2) 因国家建设需要而被政府征用、收回的房地产，免征土地增值税。

(3) 对居民个人拥有的普通住宅，在其转让时暂免征土地增值税。

个人因工作调动或改善居住条件而转让原自用住房(非普通住宅)，经向税务机关申报核准，凡居住满 5 年或 5 年以上的，免征土地增值税；居住满 3 年未满 5 年的，减半征收土地增值税；居住未满 3 年的，按规定计征。

(4) 对企事业单位、社会团体以及其他组织转让旧房作为公租房房源，且增值额未超过扣除项目金额 20%的，免征土地增值税。

(5) 对个人之间互换自有居住用房地产的，经当地税务机关核实，可免征土地增值税。

五、土地增值税的计税依据

土地增值税的计税依据是纳税人转让房地产所取得的增值额。转让房地产的增值额，是纳税人转让房地产的收入减除税法规定的扣除项目金额后的余额。土地增值额的大小，取决于转让房地产的收入额和扣除项目金额两个因素。

(一) 应税收入的确定

根据《中华人民共和国土地增值税暂行条例》(以下简称《土地增值税暂行条例》)及其实施细则的规定，纳税人转让房地产取得的应税收入，应包括转让房地产的全部价款及有关的经济收益。从收入的形式来看，包括货币收入、实物收入和其他收入。

(二) 扣除项目及其金额

依照《土地增值税暂行条例》的规定，准予纳税人从房地产转让收入额减除的扣除项目金额具体包括以下内容：

(1) 取得土地使用权所支付的金额。取得土地使用权所支付的金额包括以下两方面：

a. 纳税人为取得土地使用权所支付的地价款。地价款的确定有三种方式：如果是以协议、招标、拍卖等出让方式取得土地使用权的，地价款为纳税人所支付的土地出让金；如果是以行政划拨方式取得土地使用权的，地价款为按照国家有关规定补缴的土地出让金；如果是以转让方式取得土地使用权的，地价款为向原土地使用权人实际支付的地价款。

b. 纳税人在取得土地使用权时按国家统一规定缴纳的有关费用和税金。指纳税人在取得土地使用权过程中为办理有关手续，必须按国家统一规定缴纳的有关登记、过户手续费和契税。

(2) 房地产开发成本。房地产开发成本，是指纳税人开发房地产项目实际发生的成本，包括土地的征用及拆迁补偿费、前期工程费、建筑安装工程费、基础设施费、公共配套设施费、开发间接费用等。

(3) 房地产开发费用。房地产开发费用，是指与房地产开发项目有关的销售费用、管理费用和财务费用。在计算土地增值税时，房地产开发费用并不是按照纳税人实际发生额进行扣除，应分别按以下两种情况扣除：

a. 财务费用中的利息支出，凡能够按转让房地产项目计算分摊并提供金融机构证明的，允许据实扣除，但最高不得超过按商业银行同类同期贷款利率计算的金额。其他房地产开发费用，在按规定(即取得土地使用权所支付的金额和房地产开发成本，下同)计算的金额之和的5%以内计算扣除。其计算公式为：

$$\text{允许扣除的房地产开发费用} = \text{利息} + \left(\begin{matrix}\text{取得土地使用权}\\\text{所支付的金额}\end{matrix} + \begin{matrix}\text{房地产}\\\text{开发成本}\end{matrix}\right) \times 5\%$$

b. 财务费用中的利息支出，凡不能按转让房地产项目计算分摊利息支出或不能提供金融机构证明的，房地产开发费用在按规定计算的金额之和的10%以内计算扣除。其计算公式为：

$$\text{允许扣除的房地产开发费用} = \left(\begin{matrix}\text{取得土地使用权}\\\text{所支付的金额}\end{matrix} + \begin{matrix}\text{房地产}\\\text{开发成本}\end{matrix}\right) \times 10\%$$

(4) 与转让房地产有关的税金。与转让房地产有关的税金，是指在转让房地产时缴纳的城市维护建设税、教育费附加、印花税。因转让房地产缴纳的教育费附加，也可视同税金予以扣除。

【提示】 需要明确的是，房地产开发企业按照《施工、房地产开发企业财务制度》有关规定，其在转让时缴纳的印花税已列入管理费用中，故在此不允许单独再扣除。其他纳税人缴纳的印花税(按产权转移书据所载金额的0.5‰贴花)允许在此扣除。

(5) 财政部确定的其他扣除项目。对从事房地产开发的纳税人可按规定计算的金额之和，加计20%扣除。此条优惠只适用于从事房地产开发的纳税人，除此之外的其他纳税人均不适用。其计算公式为：

$$\text{加计扣除费用} = (\text{取得土地使用权所支付的金额} + \text{房地产开发成本}) \times 20\%$$

(三) 旧房及建筑物的扣除金额

(1) 按评估价格扣除。其计算公式为：

$$\text{评估价格} = \text{重置成本} \times \text{成新度折扣率}$$

(2) 按购房发票金额计算扣除。纳税人转让旧房及建筑物，凡不能取得评估价格、但能提供购房发票的，经当地税务部门确认，《土地增值税暂行条例》规定的扣除项目的金额，可按发票所载金额并从购买年度起至转让年度止每年加计5%计算。对于纳税人购房时缴纳的契税，凡能够提供契税完税凭证的，准予作为“与转让房地产有关的税金”予以扣除，但不作为加计5%的基数。

六、土地增值税应纳税额的计算

(一) 应纳税额的计算公式

土地增值税按照纳税人转让房地产所取得的增值额和规定的税率计算征收。其计算公式为：

$$土地增值税应纳税额 = \sum(每级距的增值额 \times 适用税率)$$

由于分步计算比较烦琐，一般可以采用速算扣除法计算，即计算土地增值税税额，可按增值额乘以适用的税率减去扣除项目金额乘以速算扣除系数的简便方法计算。其计算公式为：

$$土地增值税应纳税额 = 增值额 \times 适用税率 - 扣除项目金额 \times 速算扣除系数$$

(二) 应纳税额的计算步骤

根据上述计算公式，土地增值税应纳税额的计算可分为以下四步：

(1) 计算增值额。其计算公式为：

$$增值额 = 房地产转让收入 - 扣除项目金额$$

(2) 计算增值率。其计算公式为：

$$增值率 = 增值额 \div 扣除项目金额 \times 100\%$$

(3) 确定适用税率。按照计算出的增值率，从土地增值税税率表中确定适用税率。

(4) 计算应纳税额。其计算公式为：

$$土地增值税应纳税额 = 增值额 \times 适用税率 - 扣除项目金额 \times 速算扣除系数$$

做中学 6-3

某企业转让一块土地的使用权，取得收入 560 万元。年初取得该土地使用权时支付金额 420 万元，转让时发生相关费用 6 万元，与转让土地使用权有关的税金 17 万元。

要求：计算应纳土地增值税为多少？

解析：第一步，土地使用权转让扣除项目＝420＋6＋17＝443(万元)；

第二步，土地增值额＝560－443＝117(万元)；

第三步，增值额与扣除项目金额之比＝117÷443×100%≈26.41%；

第四步，应纳土地增值税税额＝117×30%＝35.1(万元)。

七、土地增值税的征收管理

(一) 土地增值税的纳税期限

纳税人应在转让房地产合同签订后的 7 日内，到房地产所在地主管税务机关办理纳税申报，并向税务机关提交房屋及建筑物产权、土地使用权证书，土地转让、房产买卖合同、房地产评估报告及其他与转让房地产有关的资料，然后在税务机关规定的期限内缴纳土地增值税。

纳税人因经常发生房地产转让而难以在每次转让后申报的，经税务机关审核同意后，可以按月或按季定期进行纳税申报，具体期限由主管税务机关根据情况确定。

纳税人采取预售方式销售房地产的，对在项目全部竣工结算前转让房地产取得的收入，税务机关可以预征土地增值税。具体办法由各省、自治区、直辖市税务局根据当地情况制定。

对于纳税人预售房地产所取得的收入，凡当地税务机关规定预征土地增值税的，纳税人应当到主管税务机关办理纳税申报，并按规定比例预缴，待办理完土地增值税清算后，多退少补。

(二) 土地增值税的清算

1. 土地增值税的清算单位

土地增值税以国家有关部门审批的房地产开发项目为单位进行清算，对于分期开发的项目，以分期项目为单位清算。

开发项目中同时包含普通住宅和非普通住宅的，应分别计算增值额。

2. 土地增值税的清算条件

符合下列情形之一的，纳税人应进行土地增值税的清算：

(1) 房地产开发项目全部竣工、完成销售的。

(2) 整体转让未竣工决算房地产开发项目的。

(3) 直接转让土地使用权的。

符合下列情形之一的，主管税务机关可要求纳税人进行土地增值税清算：

(1) 已竣工验收的房地产开发项目，已转让的房地产建筑面积占整个项目可售建筑面积的比例在85%以上，或该比例虽未超过85%，但剩余的可售建筑面积已经出租或自用的。

(2) 取得销售(预售)许可证满3年仍未销售完毕的。

(3) 纳税人申请注销税务登记但未办理土地增值税清算手续的。

(4) 省级税务机关规定的其他情况。

【注意】 应当进行清算的情形是纳税人的开发项目已经完全转让。

(三) 土地增值税的纳税地点

土地增值税的纳税人应向房地产所在地主管税务机关办理纳税申报，并在税务机关核定的期限内缴纳土地增值税。

【提示】 “房地产所在地”是指房地产的坐落地。纳税人转让的房地产坐落在两个或两个以上地区的，应按房地产所在地分别申报纳税。

在实际工作中，纳税地点的确定又可分为以下两种情况：

(1) 纳税人是法人的。当转让的房地产坐落地与其机构所在地或经营所在地一致时，则在办理税务登记的原管辖税务机关申报纳税即可；如果转让的房地产坐落地与其机构所在地或经营所在地不一致时，则应在房地产坐落地所管辖的税务机关申报纳税。

(2) 纳税人是自然人的。当转让的房地产坐落地与其居住所在地一致时，则在居住所在地税务机关申报纳税；当转让的房地产坐落地与其居住所在地不一致时，在办理过户手续所在地的税务机关申报纳税。

任务四 城镇土地使用税法律制度

城镇土地使用税是以开征范围内的土地作为征税对象，以实际占用的土地面积作为计税依据，按规定税额对拥有土地使用权的单位和个人征收的一种税。

动漫视频

城镇土地使用税

一、城镇土地使用税的征税范围

城镇土地使用税的征税范围是税法规定的纳税区域内的土地。凡在城市、县城、建制镇、工矿区范围内的土地，不论是国家所有的土地，还是集体所有的土地，都属于城镇土地使用税的征税范围。

【提示】 城市，是指国务院批准设立的市。城市的征税范围包括市区和郊区。

县城，是指县人民政府所在地，县城的征税范围为县人民政府所在地的城镇。

建制镇，是经省级人民政府批准设立的建制镇，建制镇的征税范围为镇人民政府所在地的地区，但不包括镇政府所在地所辖行政村。

工矿区，是指工商业比较发达，人口比较集中，符合国务院规定的建制镇标准，但尚未设立建制镇的大中型工矿企业所在地。工矿区的设立必须经省级人民政府批准。

建立在城市、县城、建制镇和工矿区以外的工矿企业不需要缴纳城镇土地使用税。

自2009年1月1日起，公园、名胜古迹内的索道公司的经营用地，应按规定缴纳城镇土地使用税。

二、城镇土地使用税的纳税人

城镇土地使用税的纳税人，是指在税法规定的征税范围内使用土地的单位和个人。

【提示】 “单位”，包括国有企业、集体企业、私营企业、股份制企业、外商投资企业、外国企业以及其他企业和事业单位、社会团体、国家机关、军队以及其他单位；“个人”，包括个体工商户以及其他个人。

城镇土地使用税的纳税人，根据用地者的不同情况分别确定为：

(1) 城镇土地使用税由拥有土地使用权的单位或个人缴纳。

(2) 拥有土地使用权的纳税人不在土地所在地的，由代管人或实际使用人缴纳。

(3) 土地使用权未确定或权属纠纷未解决的，由实际使用人纳税。

(4) 土地使用权共有的，共有各方均为纳税人，由共有各方分别纳税。

土地使用权共有的，以共有各方实际使用土地的面积占总面积的比例，分别计算缴纳城镇土地使用税。

【提示】 用于租赁的房屋，由“出租方”缴纳城镇土地使用税。

三、城镇土地使用税的税率

城镇土地使用税采用定额税率，即采用有幅度的差别税额，按大、中、小城市和县城、建制镇、工矿区分别规定每平方米城镇土地使用税年应纳税额。

城镇土地使用税税率表如表6-3所示。

表6-3　城镇土地使用税税率表

级　别	人　口	每平方米税额(元)
大城市	50万人以上	1.5～30
中等城市	20万～50万人	1.2～24
小城市	20万人以下	0.9～18
县城、建制镇、工矿区		0.6～12

经省、自治区、直辖市人民政府批准，经济落后地区，城镇土地使用税的税额标准可以适当降低，但降低幅度不得超过上述规定最低税额的30%。经济发达地区，城镇土地使用税的税额标准可以适当提高，但须报经财政部批准。

四、城镇土地使用税的税收优惠

(一) 免征城镇土地使用税的用地

(1) 国家机关、人民团体、军队自用的土地。

(2) 由国家财政部门拨付事业经费的单位自用的土地。

(3) 宗教寺庙、公园、名胜古迹自用的土地。

(4) 市政街道、广场、绿化地带等公共用地。

(5) 直接用于农、林、牧、渔业的生产用地。

(6) 经批准开山填海整治的土地和改造的废弃土地，从使用的月份起免缴土地使用税5～10年。

（7）由财政部另行规定免税的能源、交通、水利设施用地和其他用地。

（二）税收优惠的特殊规定

1. 城镇土地使用税与耕地占用税的征税范围衔接

为避免对一块土地同时征收耕地占用税和城镇土地使用税，凡是缴纳了耕地占用税的，从批准征用之日起满1年后征收城镇土地使用税；征用非耕地因不需要缴纳耕地占用税，故应从批准征用之次月起征收城镇土地使用税。

2. 免税单位与纳税单位之间无偿使用的土地

对免税单位无偿使用纳税单位的土地（如公安、海关等单位使用铁路、民航等单位的土地），免征城镇土地使用税；对纳税单位无偿使用免税单位的土地，纳税单位应照章缴纳城镇土地使用税。

3. 房地产开发公司开发建造商品房的用地

房地产开发公司开发建造商品房的用地，除经批准开发建设经济适用房的用地外，对各类房地产开发用地一律不得减免城镇土地使用税。

4. 基建项目在建期间的用地

对基建项目在建期间使用的土地，原则上应征收城镇土地使用税。但对有些基建项目，特别是国家产业政策扶持发展的大型基建项目占地面积大，建设周期长，在建期间又没有经营收入，纳税确有困难的，可由各省、自治区、直辖市税务局根据具体情况予以免征或减征城镇土地使用税；对已经完工或已经使用的建设项目，其用地应照章征收城镇土地使用税。

5. 城镇内的集贸市场（农贸市场）用地

城镇内的集贸市场（农贸市场）用地，按规定应征收城镇土地使用税。为了促进集贸市场的发展及照顾各地的不同情况，各省、自治区、直辖市税务局可根据具体情况，自行确定对集贸市场用地征收或免征城镇土地使用税。

6. 防火、防爆、防毒等安全防范用地

对于各类危险品仓库、厂房所需的防火、防爆、防毒等安全防范用地，可由各省、自治区、直辖市税务局确定，暂免征收城镇土地使用税；对仓库库区、厂房本身用地，应依法征收城镇土地使用税。

7. 关闭、撤销的企业占地

企业关闭、撤销后，其占地未做他用的，经各省、自治区、直辖市税务局批准，可暂免征收城镇土地使用税；若土地转让给其他单位使用或企业重新用于生产经营的，应依照规定征收城镇土地使用税。

8. 搬迁企业的用地

（1）企业搬迁后原场地不使用的和企业范围内荒山等尚未利用的土地，免征城镇土地使用税。免征税额由企业在申报缴纳城镇土地使用税时自行计算扣除，并在申报表附表或备注栏中作相应说明。

（2）对搬迁后原场地不使用的和企业范围内荒山等尚未利用的土地，凡企业申报暂免征收城镇土地使用税的，应事先向土地所在地的主管税务机关报送有关部门的批准文件或认定书等相关证明材料，以备税务机关查验。具体报送材料，由各省、自治区、直辖市和计划单列市税务局确定。

（3）企业按上述规定暂免征收城镇土地使用税的土地开始使用时，应从使用的次月起自行计算和申报缴纳城镇土地使用税。

9. 企业的铁路专用线、公路等用地

对企业的铁路专用线、公路等用地除另有规定外，在企业厂区（包括生产、办公及生活区）以内的，应照章征收城镇土地使用税；在厂区以外、与社会公用地段未加隔离的，暂免征收城镇土地使用税。

10. 企业范围内的荒山、林地、湖泊等占地

对2014年以前已按规定免征城镇土地使用税的企业范围内的荒山、林地、湖泊等占地，自2014年1月1日起至2015年12月31日，按应纳税额减半征收城镇土地使用税；自2016年1月1日起，全额征收城镇土地使用税。

11. 中国物资储运总公司所属物资储运企业用地

对物资储运企业的仓库库房用地，办公、生活区用地，以及其他非直接从事储运业务的生产、经营用地，应按规定征收城镇土地使用税；对物资储运企业的露天货场、库区道路、铁路专用线等非建筑物用地，免征城镇土地使用税问题，可由省、自治区、直辖市税务局按照下述原则处理：

（1）对经营情况较好、有纳税能力的企业，应恢复征收城镇土地使用税。

（2）对经营情况差、纳税确有困难的企业，可在授权范围内给予适当减免城镇土地使用税的照顾。

12. 中国石油天然气总公司所属单位用地

（1）下列油气生产建设用地暂免征收城镇土地使用税：①石油地质勘探、钻井、井下作业、油气田地面工程等施工临时用地；②各种采油（气）井、注水（气）井、水源井用地；③油田内办公、生活区以外的公路、铁路专用线及输油（气、水）管道用地；④石油长输管线用地；⑤通信、输变电线路用地。

（2）在城市、县城、建制镇以外工矿区内的消防、防洪排涝、防风、防沙设施用地，暂免征收城镇土地使用税。

13. 林业系统用地

（1）对林区的育林地、运材道、防火道、防火设施用地，免征城镇土地使用税。

（2）林业系统的森林公园、自然保护区可比照公园免征城镇土地使用税。

（3）林业系统的林区贮木场、水运码头用地，原则上应按税法规定缴纳城镇土地使用税，考虑到林业系统目前的困难，为扶持其发展，暂予免征城镇土地使用税。

（4）除上述列举免税的土地外，对林业系统的其他生产用地及办公、生活区用地，均应征收城镇土地使用税。

14. 盐场、盐矿用地

（1）对盐场、盐矿的生产厂房、办公、生活区用地，应照章征收城镇土地使用税。

（2）盐场的盐滩、盐矿的矿井用地，暂免征收城镇土地使用税。

（3）对盐场、盐矿的其他用地，由各省、自治区、直辖市税务局根据实际情况，确定征收城镇土地使用税或给予定期减征、免征的照顾。

15. 矿山企业用地

（1）矿山的采矿场、排土场、尾矿库、炸药库的安全区，以及运矿运岩公路、尾矿输送管道及回水系统用地，免征城镇土地使用税。

（2）对位于城镇土地使用税征税范围内的煤炭企业已取得土地使用权，未利用的塌陷地，自2006年9月1日起恢复征收城镇土地使用税。

除上述规定外，对矿山企业的其他生产用地及办公、生活区用地，均应征收城镇土地使用税。

16. 电力行业用地

（1）火电厂厂区围墙内的用地，均应征收城镇土地使用税。对厂区围墙外的灰场、输灰管、输油（气）管道、铁路专用线用地，免征城镇土地使用税；厂区围墙外的其他用地，应照章征税。

（2）水电站的发电厂房用地（包括坝内、坝外式厂房），生产、办公、生活用地，应征收城镇土地使用税；对其他用地给予免税照顾。

（3）对供电部门的输电线路用地、变电站用地，免征城镇土地使用税。

17. 水利设施用地

（1）水利设施及其管护用地（如水库库区、大坝、堤防、灌渠、泵站等用地），免征城镇土地使用税；其他用地，如生产、办公、生活用地，应照章征税。

（2）对兼有发电的水利设施用地城镇土地使用税的征免，具体办法比照电力行业免征城镇土地使用税的有关规定办理。

18. 核工业总公司所属企业用地

对生产核系列产品的厂矿，为照顾其特殊情况，除生活区、办公区用地应依照规定征收城镇土地使用税外，其他用地暂免征收城镇土地使用税。

19. 中国海洋石油总公司及其所属公司用地

下列用地暂免征收城镇土地使用税：

（1）导管架、平台组块等海上结构物建造用地。

（2）码头用地。

（3）输油气管线用地。

（4）通信天线用地。

（5）办公、生活区以外的公路、铁路专用线、机场用地。

【提示】 除上述列举免税的土地外，其他在开征范围内的油气生产及办公、生活区用地，均应依照规定征收城镇土地使用税。

20. 民航机场用地

（1）机场飞行区（包括跑道、滑行道、停机坪、安全带、夜航灯光区）用地、场内外通信导航设施用地和飞行区四周排水水防洪设施用地，免征城镇土地使用税。

（2）在机场道路中，场外道路用地免征城镇土地使用税；场内道路用地依照规定征收城镇土地使用税。

（3）机场工作区（包括办公、生产和维修用地及候机楼、停车场）用地、生活区用地、绿化用地，均按照规定征收城镇土地使用税。

21. 老年服务机构自用的土地

老年服务机构，是指专门为老年人提供生活照料、文化、护理、健身等多方面服务的福利性、非营利性的机构，主要包括老年社会福利院、敬老院（养老院）、老年服务中心、老年公寓（含老年护理院、康复中心、托老所）等老年服务机构，其自用土地免征城镇土地使用税。

22. 邮政部门的土地

对邮政部门坐落在城市、县城、建制镇、工矿区范围内的土地，应当依法征收城镇土地使用税；对坐落在城市、县城、建制镇、工矿区范围以外的，尚在县邮政局内核算的土地，在单位财务账中划分清楚的，不征收城镇土地使用税。

23. 供热企业暂免征收城镇土地使用税

供热企业是指向居民供热并向居民收取采暖费的企业，包括专业供热企业、兼营供热企业、单位自供热及为小区居民供热的物业公司等，不包括从事热力生产但不直接向居民供热的企业。

24. 物流企业大宗商品仓储设施用地

自2020年1月1日起至2022年12月31日止，对物流企业自有的（包括自用和出租）大宗商品仓储设施用地，减按所属土地等级适用税额标准的50%计征城镇土地使用税。

25. 城市公交站场等运营用地

自2019年1月1日至2023年12月31日，对城市公交站场、道路客运站场、城市轨道交通系统运营用地,免征城镇土地使用税。

五、城镇土地使用税计税依据

城镇土地使用税的计税依据是纳税人实际占用的土地面积。土地面积以平方米为计量标准。具体按以下办法确定:

(1) 凡由省级人民政府确定的单位组织测定土地面积的,以测定的土地面积为准。

(2) 尚未组织测定,但纳税人持有政府部门核发的土地使用证书的,以证书确定的土地面积为准。

(3) 尚未核发土地使用证书的,应由纳税人据实申报土地面积,并据以纳税,待核发土地使用证书后再做调整。

六、城镇土地使用税应纳税额的计算

城镇土地使用税是以纳税人实际占用的土地面积作为计税依据,按照规定的适用税额计算征收。其年应纳税额计算公式为:

年应纳税额 = 实际占用应税土地面积(平方米)× 适用税额

做中学 6-4

某企业实际占地面积为 25 000 平方米,经税务机关核定,该企业所在地段适用的城镇土地使用税税率每平方米税额为 2 元。

要求:计算该企业全年应缴纳的城镇土地使用税税额。

解析:年应缴纳的城镇土地使用税税额=实际占用应税土地面积(平方米)×适用税额

=25 000×2=50 000(元)

七、城镇土地使用税的征收管理

1. 纳税义务发生时间

(1) 购置新建商品房,为房屋交付使用之次月。

(2) 购置存量房,为办理房屋权属转移、变更登记手续,房地产权属登记机关签发房屋权属证书之次月。

(3) 出租、出借房产,为交付出租、出借房产之次月。房地产开发企业自用、出租和出借本企业建造的商品房,为房屋使用或交付之次月。

(4) 以出让或转让方式有偿取得土地使用权的,为合同约定交付土地时间的次月;合同未约定交付土地时间的,为合同签订的次月。

(5) 新征用的土地,属于耕地的,自批准征用之日起满 1 年时纳税;属于非耕地的,自批准征用次月起纳税。

通过招标、拍卖、挂牌方式取得的建设用地,不属于新征用的耕地,纳税人应按照规定,从合同约定交付土地时间的次月起缴纳城镇土地使用税;合同未约定交付土地时间的,从合同签订的次月起缴纳城镇土地使用税。

2. 纳税期限

城镇土地使用税按年计算、分期缴纳。具体纳税期限由省、自治区、直辖市人民政府确定。

3. 纳税申报

纳税人应依照当地税务机关规定的期限,填写“城镇土地使用税纳税申报表”,将其占用土地的权属、位置、用途、面积和税务机关规定的其他内容，据实向当地税务机关办理纳税申报登记，并提供有关的证明材料。纳税人新征用的土地，必须于批准新征用之日起30日内申报登记。

4. 纳税地点

城镇土地使用税在土地所在地缴纳。纳税人使用的土地不属于同一省、自治区、直辖市管辖的，由纳税人分别向土地所在地的税务机关缴纳城镇土地使用税。在同一省、自治区、直辖市管辖范围内，纳税人跨地区使用的土地，其纳税地点由各省、自治区、直辖市税务局确定。

任务五 耕地占用税法律制度

为了用经济手段加强对耕地的管理，国务院于1987年4月1日发布《中华人民共和国耕地占用税暂行条例》(以下简称《耕地占用税暂行条例》)。2007年12月1日，国务院重新修改颁布《中华人民共和国耕地占用税暂行条例》；2008年2月26日，财政部、国家税务总局颁布《中华人民共和国耕地占用税暂行条例实施细则》(以下简称《耕地占用税暂行条例实施细则》)。耕地占用税指的是占用耕地建房的人或者拿耕地从事其他非农业建设的人，需要向其征收的相关税费。耕地占用税一般采用定额税率，其标准取决于人均占有耕地的数量和经济发展程度。2018年12月29日，第十三届全国人民代表大会常务委员会第七次会议通过《中华人民共和国耕地占用税法》，自2019年9月1日起施行。

一、耕地占用的税纳税人

我国境内占用耕地建房或者从事非农业建设的单位或者个人。

【提示】 “单位”，包括企业、事业单位、社会团体、国家机关、部队以及其他单位；“个人”，包括个体工商户、农村承包经营户以及其他个人。

二、耕地占用税的征税范围

耕地占用税的征税范围包括纳税人为建房或从事其他非农业建设而占用的国家所有和集体所有的耕地。

耕地，是指用于种植农作物的土地，包括菜地、园地。其中，园地包括花圃、苗圃、茶园、果园、桑园和其他种植经济林木的土地。

纳税人因建设项目施工或者地质勘查临时占用耕地，应当依规定缴纳耕地占用税。纳税人在批准临时占用耕地期满之日起1年内依法复垦、恢复种植条件的，全额退还已经缴纳的耕地占用税。

占用园地、林地、草地、农田水利用地、养殖水面、渔业水域滩涂以及其他农用地建设建筑物、构筑物或者从事非农业建设的，依规定缴纳耕地占用税。

占用规定的农用地的，适用税额可以适当低于本地区的适用税额，但降低的部分不得超过50%。具体适用税额由省、自治区、直辖市人民政府提出，报同级人民代表大会常务委员会决定，并报全国人民代表大会常务委员会和国务院备案。

占用规定的农用地建设直接为农业生产服务的生产设施，不缴纳耕地占用税。

税务机关应当与相关部门建立耕地占用税涉税信息共享机制和工作配合机制。县级以上地方人民政府自然资源、农业农村、水利等相关部门应当定期向税务机关提供农用地转用、临时占地等信息，协助税务机关加强耕地占用税征收管理。

税务机关发现纳税人的纳税申报数据资料异常或者纳税人未按照规定期限申报纳税的，可以提请相关部门进行复核，相关部门应当自收到税务机关复核申请之日起30日内向税务机关出具复核意见。

三、耕地占用税的税率

耕地占用税采用地区差别定额税率，如表 6-4 所示。

表 6-4　　耕地占用税平均税额表

人均耕地占用面积（以县级行政区域为单位）	每平方米年税额（元）
不超过 1 亩的地区	10～50
超过 1 亩但不超过 2 亩的地区	8～40
超过 2 亩但不超过 3 亩的地区	6～30
超过 3 亩以上的地区	5～25

经济特区、经济技术开发区和经济发达且人均耕地特别少的地区，适用税额可以适当提高，但最高不得超过规定的当地适用税额的 50%。

四、耕地占用税的计税依据

耕地占用税以纳税人实际占用的耕地面积作为计税依据，按照适用税额标准计算应纳税额，一次性缴纳。

纳税人实际占用耕地面积的核定以农用地转用审批文件为主要依据，必要时应当实地勘测。

五、耕地占用税应纳税额的计算

耕地占用税应纳税额的计算公式为：

应纳税额 = 实际占用耕地面积（平方米）× 适用税率

做中学 6-5

某市一家企业新占用 19 800 平方米耕地用于工业建设，所占耕地适用的定额税率为 20 元/平方米。
要求：计算该企业应纳的耕地占用税。
解析：应纳税额＝19 800×20＝396 000（元）

六、耕地占用税的税收优惠

（一）免征耕地占用税

下列项目占用耕地，可以免征耕地占用税：

（1）军事设施，包括地上、地下的军事指挥、作战工程；军用机场、港口、码头；营区、训练场、试验场；军用洞库、仓库；军用通信、侦察、导航、观测台站和测量、导航、助航标志；军用公路、铁路专用线，军用通信、输电线路，军用输油、输水管道；其他直接用于军事用途的设施。

（2）学校，包括县级以上人民政府教育行政部门批准成立的大学、中学、小学、学历性职业教育学校和特殊教育学校。学校内经营性场所和教职工住房占用耕地的，按照当地适用税率缴纳耕地占用税。

（3）幼儿园，包括在县级以上人民政府教育行政部门登记注册或者备案的幼儿园用于幼儿保育、教育的场所。

（4）养老院，包括经批准设立的养老院为老年人提供生活照顾的场所。

(5) 医院，包括县级以上人民政府卫生行政部门批准设立的医院用于提供医疗服务的场所及其配套设施。医院内职工住房占用耕地的，按照当地适用税率缴纳耕地占用税。

【提示】 农村烈士遗属、因公牺牲军人遗属、残疾军人以及符合农村最低生活保障条件的农村居民，在规定用地标准以内新建自用住宅，免征耕地占用税。

(二) 减征耕地占用税

下列项目占用耕地，可以减征耕地占用税：

(1) 铁路线路、公路线路、飞机场跑道、停机坪、港口、航道占用耕地，减按每平方米 2 元的税额征收耕地占用税。

(2) 农村居民占用耕地新建住宅，按照当地适用税额减半征收耕地占用税。

另外，农村居民经批准搬迁，原宅基地恢复耕种，新建住宅占用应税土地超过原宅基地面积的，对超过部分按照当地适用税额减半征收耕地占用税。

【注意】 免征或者减征耕地占用税后，纳税人改变原占地用途，不再属于免征或者减征耕地占用税情形的，应当按照当地适用税额补缴耕地占用税。

七、耕地占用税的征收管理

(一) 纳税义务发生时间

耕地占用税的纳税义务发生时间为纳税人收到自然资源主管部门办理占用耕地手续的书面通知的当日。自然资源主管部门凭耕地占用税完税凭证或者免税凭证和其他有关文件发放建设用地批准书。

(二) 纳税期限

纳税人应当自纳税义务发生之日起 30 日内申报缴纳耕地占用税。

(三) 纳税地点

耕地占用税由税务机关负责征收。

纳税人占用耕地或其他农用地，应当在耕地或其他农用地所在地申报纳税。

任务六　车船税法律制度

车船税是对在中华人民共和国境内属于车船税法规定的车辆、船舶的所有人或管理人征收的一种财产税。我国分别在 2011 年 2 月 25 日及 2011 年 12 月 5 日通过了《中华人民共和国车船税法》(以下简称《车船税法》)和《中华人民共和国车船税法实施条例》，自 2012 年 1 月 1 日起开始施行，2019 年 3 月 5 日修正《中华人民共和国车船税法实施条例》。

一、车船税的征税对象及范围

车船税的征税对象是车辆和船舶。车船税的征税范围有：

(1) 依法应当在车船登记管理部门登记的机动车辆和船舶。

(2) 依法不需要在车船登记管理部门登记的在单位内部场所行驶或者作业的机动车辆和船舶。

【提示】 境内单位和个人租入外国籍船舶的，不征收车船税。境内单位和个人将船舶出租到境外的，应依法征收车船税。

二、车船税纳税义务人及扣缴义务人

所谓纳税义务人，是在中华人民共和国境内，属于规定范围的车辆、船舶的所有人或者管理人。从事机动车第三者责任强制保险业务的保险机构为机动车车船税的扣缴义务人。

【提示】 外商投资企业、外国企业、华侨、港澳台同胞以及外籍个人也是车船税的纳税人。

三、车船税的税目与税额

车船税实行定额税率。适用的税额依照车船税税目税额表(表6-5)执行。具体适用税额由省、自治区、直辖市人民政府在规定子税目税额幅度内确定。

表6-5 车船税税目税额表

税目		计税单位	年基准税额	备注
乘用车〔按发动机气缸容量(排气量)分档〕	1.0升(含)以下的	每辆	60元至360元	核定载客人数9人(含)以下
	1.0升以上至1.6升(含)的		300元至540元	
	1.6升以上至2.0升(含)的		360元至660元	
	2.0升以上至2.5升(含)的		660元至1 200元	
	2.5升以上至3.0升(含)的		1 200元至2 400元	
	3.0升以上至4.0升(含)的		2 400元至3 600元	
	4.0升以上的		3 600元至5 400元	
商用车	客车	每辆	480元至1 440元	核定载客人数9人以上,包括电车
	货车	整备质量每吨	16元至120元	包括半挂牵引车、三轮汽车和低速载货汽车等
挂车		整备质量每吨	按照货车税额的50%计算	
其他车辆	专用作业车	整备质量每吨	16元至120元	不包括拖拉机
	轮式专用机械车		16元至120元	
摩托车		每辆	36元至180元	
船舶	机动船舶	净吨位每吨	3元至6元	拖船、非机动驳船分别按照机动船舶税额的50%计算
	游艇	艇身长度每米	600元至2 000元	

四、车船税的税收优惠

1. 法定减免

(1) 捕捞、养殖渔船,是指在渔业船舶管理部门登记为捕捞船或者养殖船的船舶。

(2) 军队、武装警察部队专用的车船,是指按照规定在军队、武装警察部队车船管理部门登记,并领取军队、武警牌照的车船。

(3) 警用车船,是指公安机关、国家安全机关、监狱、劳动教养管理机关和人民法院、人民检察院领取警用牌照的车辆和执行警务的专用船舶。

(4) 依照法律规定应当予以免税的外国驻华使领馆、国际组织驻华代表机构及其有关人员的车船。

(5) 悬挂应急救援专用号牌的国家综合性消防救援车辆和国家综合性消防救援船舶。

(6) 对使用新能源车船,免征车船税。免征车船税的新能源汽车是指纯电动商用车、插电式(含增程式)混合动力汽车、燃料电池商用车。纯电动乘用车和燃料电池乘用车不属于车船税征税范围,对其不征车船税。免征车船税的新能源汽车(不含纯电动乘用车和燃料电池乘用车),必须符合国家有关标准。

【提示】 对购置日期在2022年6月1日至2022年12月31日期间内且单车价格(不含增值税)不超过30万元的2.0升及以下排量乘用车,减半征收车辆购置税。

(7) 对节能汽车,减半征收车船税。

减半征收车船税的节能乘用车应同时符合以下标准:获得许可在中国境内销售的排量为1.6升以下(含1.6升)的燃用汽油、柴油的乘用车(含非插电式混合动力、双燃料和两用燃料乘用车);综合工况燃料消耗量应符合标准。

减半征收车船税的节能商用车应同时符合以下标准:获得许可在中国境内销售的燃用天然气、汽油、柴油的轻型和重型商用车(含非插电式混合动力、双燃料和两用燃料轻型和重型商用车);燃用汽油、柴油的轻型和重型商用车综合工况燃料消耗量应符合标准。

2. 特定减免

(1) 经批准临时入境的外国车船和香港特别行政区、澳门特别行政区、台湾地区的车船,不征收车船税。

(2) 按照规定缴纳船舶吨税的机动船舶,自《车船税法》实施之日起5年内免征车船税。

(3) 依法不需要在车船登记管理部门登记的机场、港口、铁路站场内部行驶或作业的车船,自《车船税法》实施之日起5年内免征车船税。

【提示】 对受严重自然灾害影响纳税困难以及有其他特殊原因确需减税、免税的,可以减征或者免征车船税。具体办法由国务院规定,并报全国人民代表大会常务委员会备案。

五、车船税的计税依据

(1) 乘用车、商用客车和摩托车,以辆数为计税依据。

(2) 商用货车、专用作业车和轮式专用机械车,以整备质量吨位数为计税依据。

(3) 机动船舶、非机动驳船、拖船,按净吨位数为计税依据;游艇按艇身长度为计税依据。

六、车船税应纳税额的计算

(1) 车船税各税目应纳税额的计算公式为:

乘用车、客车及摩托车的应纳税额 = 辆数×适用年基准税额

货车、专用作业车和轮式专用机械车的应纳税额 = 整备质量吨位数×适用年基准税额

机动船舶的应纳税额 = 净吨位数×适用年基准税额

拖船和非机动驳船的应纳税额 = 净吨位数×适用年基准税额×50%

游艇的应纳税额 = 艇身长度×适用年基准税额

(2) 购置的新车船,购置当年的应纳税额自纳税义务发生的当月起按月计算。计算公式为:

应纳税额 = 适用年基准税额×应纳税月份数÷12

应纳税月份数 = 12－纳税义务发生时间(取月份)+1

(3) 从事机动车第三者责任强制险业务的保险机构为机动车车船税的扣缴义务人，应当在收取保险费时依法代收车船税，并出具代收税款凭证。

(4) 已经缴纳船舶车船税的船舶在同一纳税年度内办理转让过户的，在原登记地不予退税，在新登记地凭完税凭证不再纳税，新登记地海事管理机构应记录上述船舶的完税凭证号和出具该凭证的税务机关或海事管理机构名称，并将完税凭证的复印件存档备查。

七、车船税的征收管理

1. 纳税义务发生时间

车船纳税义务发生时间为取得车船所有权或者管理权的当月，以购买车船的发票或者其他证明文件所载日期的当月为准。

2. 纳税申报

车船税按年申报缴纳，分月计算，一次性缴纳，纳税年度为公历1月1日至12月31日。

3. 纳税地点

车船税的纳税地点为车船的登记地或者车船税扣缴义务人所在地。纳税人自行申报缴纳的，应在车船的登记地缴纳车船税；扣缴义务人代收代缴车船税的，纳税地点为扣缴义务人所在地；依法不需要办理登记的车船，应在车船的所有人或者管理人所在地缴纳车船税。

任务七　资源税法律制度

资源税是对在我国领域及管辖海域从事应税矿产品开采和生产盐的单位和个人，以其应税产品的销售额或销售数量和自用数量为计税依据而征收的一种税，属于对自然资源占用课税的范畴。通过开征资源税，可以促进资源的合理开采、节约使用、有效配置。

我国从1984年开征资源税，历经数次改革，现行资源税法的基本规范，是2019年8月26日第十三届全国人民代表大会常务委员会第十二次会议通过，于2020年9月1日施行的《中华人民共和国资源税法》。

一、资源税的征税范围

资源税征税范围涉及下列5大类，涵盖了所有已经发现的矿种和盐。

(一) 能源矿产

(1) 原油，是指开采的天然原油，不包括人造石油。

(2) 天然气、页岩气、天然气水合物。

(3) 煤炭，包括原煤和以未税原煤加工的洗选煤。

(4) 煤成(层)气。

(5) 铀、钍。

(6) 油页岩、油砂、天然沥青、石煤。

(7) 地热。

(二) 金属矿产

(1) 黑色金属，包括铁、锰、铬、钒、钛。

(2) 有色金属，包括铜、铅、锌、锡、镍、锑、镁、钴、铋、汞；铝土矿；钨；钼；金、银；铂、钯、钌、锇、铱、铑；轻稀土；中重稀土；铍、锂、锆、锶、铷、铯、铌、钽、锗、镓、铟、铊、铪、铼、镉、硒、碲。

(三) 非金属矿产

(1) 矿物类，包括高岭土；石灰岩；磷；石墨；萤石、硫铁矿、自然硫；天然石英砂、脉石英、粉石英、水晶、工业用金刚石、冰洲石、蓝晶石、硅线石(矽线石)、长石、滑石、刚玉、菱镁矿、颜料矿物、天然碱、芒硝、钠硝石、明矾石、砷、硼、碘、溴、膨润土、硅藻土、陶瓷土、耐火粘土、铁矾土、凹凸棒石粘土、海泡石粘土、伊利石粘土、累托石粘土;叶蜡石、硅灰石、透辉石、珍珠岩、云母、沸石、重晶石、毒重石、方解石、蛭石、透闪石、工业用电气石、白垩、石棉、蓝石棉、红柱石、石榴子石、石膏;其他粘土(铸型用粘土、砖瓦用粘土、陶粒用粘土、水泥配料用粘土、水泥配料用红土、水泥配料用黄土、水泥配料用泥岩、保温材料用粘土)。

(2) 岩石类,包括大理岩、花岗岩、白云岩、石英岩、砂岩、辉绿岩、安山岩、闪长岩、板岩、玄武岩、片麻岩、角闪岩、页岩、浮石、凝灰岩、黑曜岩、霞石正长岩、蛇纹岩、麦饭石、泥灰岩、含钾岩石、含钾砂页岩、天然油石、橄榄岩、松脂岩、粗面岩、辉长岩、辉石岩、正长岩、火山灰、火山渣、泥炭;砂石(天然砂、卵石、机制砂石)。

(3) 宝玉石类,包括宝石、玉石、宝石级金刚石、玛瑙、黄玉、碧玺。

(四) 水气矿产

(1) 二氧化碳气、硫化氢气、氦气、氡气;

(2) 矿泉水。

(五) 盐

(1) 钠盐、钾盐、镁盐、锂盐;

(2) 天然卤水;

(3) 海盐。

二、资源税的纳税人

资源税的纳税义务人,是指在中华人民共和国领域和中华人民共和国管辖的其他海域开发应税资源的单位和个人。

这里所称单位,是指国有企业、集体企业、私营企业、股份制企业、其他企业和行政单位、事业单位、军事单位、社会团体及其他单位。这里所称个人,是指个体经营者和其他个人。其他单位和个人包括外商投资企业、外国企业和外籍个人。

资源税规定仅对在中国境内开采或生产应税产品的单位和个人征收。因此,进口的矿产品和盐不征收资源税。由于对进口应税产品不征收资源税,相应的,对出口应税产品也不免征或退还已纳资源税。

开采海洋或陆上油气资源的中外合作油气田,在 2011 年 11 月 1 日前已签订的合同继续缴纳矿区使用费,不缴纳资源税;合同期满后,依法缴纳资源税。

三、资源税的税目及税率

现行资源税包括 5 个税目,下设 164 个子税目。征税时,有的对原矿征税,有的对选矿征税,具体适用的征税对象按照《资源税税目税率表》(见表 6-6)的规定执行。

征税对象主要包括以下三类:

(1) 对原矿征税。

(2) 对选矿征税。

(3) 对原矿或选矿征税。纳税人以自采原矿(经过采矿过程采出后未进行选矿或者加工的矿石)直接销售,或者自用于应当缴纳资源税情形的,按照原矿计征资源税。纳税人以自采原矿洗选加工为选矿产品(通过破碎、切割、洗选、筛分、磨矿、分级、提纯、脱水、干燥等过程形成的产品,包括富集的精矿和研磨成粉、粒级成型、切割成型的原矿加工品)销售,或者将选矿产品自用于应当缴纳资源税情形的,按照选矿产品计征资源税,在原矿移送环节不缴纳资源税。对于无法区分原生岩石矿种的粒级成型砂石颗粒，按照砂石税目征收资源税。

表 6-6　　　　资源税税目税率表

税目			征税对象	税率
能源矿产	原油		原矿	6%
	天然气、页岩气、天然气水合物		原矿	6%
	煤		原矿或者选矿	2%～10%
	煤成(层)气		原矿	1%～2%
	铀、钍		原矿	4%
	油页岩、油砂、天然沥青、石煤		原矿或者选矿	1%～4%
	地热		原矿	1%～20%或者每立方米1～30元
金属矿产	黑色金属	包括铁、锰、铬、钒、钛	原矿或者选矿	1%～9%
	有色金属	铜、铅、锌、锡、镍、锑、镁、钴、铋、汞	原矿或者选矿	2%～10%
		铝土矿	原矿或者选矿	2%～9%
		钨	选矿	6.5%
		钼	选矿	8%
		金、银	原矿或者选矿	2%～6%
		铂、钯、钌、锇、铱、铑	原矿或者选矿	5%～10%
		轻稀土	选矿	7%～12%
		中重稀土	选矿	20%
		铍、锂、锆、锶、铷、铯、铌、钽、锗、镓、铟、铊、铪、铼、镉、硒、碲	原矿或者选矿	2%～10%
非金属矿产	矿物类	高岭土	原矿或者选矿	1%～6%
		石灰岩	原矿或者选矿	1%～6%或者每吨(或者每立方米)1～10元
		磷	原矿或者选矿	3%～8%
		石墨	原矿或者选矿	3%～12%
		萤石、硫铁矿、自然硫	原矿或者选矿	1%～8%
		天然石英砂、脉石英、粉石英、水晶、工业用金刚石、冰洲石、蓝晶石、硅线石(矽线石)、长石、滑石、刚玉、菱镁矿、颜料矿物、天然碱、芒硝、钠硝石、明矾石、砷、硼、碘、溴、膨润土、硅藻土、陶瓷土、耐火粘土、铁矾土、凹凸棒石粘土、海泡石粘土、伊利石粘土、累托石粘土	原矿或者选矿	1%～12%

（续表）

<table>
<tr><th colspan="3">税目</th><th>征税对象</th><th>税率</th></tr>
<tr><td rowspan="5">非金属矿产</td><td rowspan="2">矿物类</td><td>叶蜡石、硅灰石、透辉石、珍珠岩、云母、沸石、重晶石、毒重石、方解石、蛭石、透闪石、工业用电气石、白垩、石棉、蓝石棉、红柱石、石榴子石、石膏</td><td>原矿或者选矿</td><td>2%～12%</td></tr>
<tr><td>其他粘土（铸型用粘土、砖瓦用粘土、陶粒用粘土、水泥配料用粘土、水泥配料用红土、水泥配料用黄土、水泥配料用泥岩、保温材料用粘土）</td><td>原矿或者选矿</td><td>1%～5%或者每吨（或者每立方米）0.1～5元</td></tr>
<tr><td rowspan="2">岩石类</td><td>大理岩、花岗岩、白云岩、石英岩、砂岩、辉绿岩、安山岩、闪长岩、板岩、玄武岩、片麻岩、角闪岩、页岩、浮石、凝灰岩、黑曜岩、霞石正长岩、蛇纹岩、麦饭石、泥灰岩、含钾岩石、含钾砂页岩、天然油石、橄榄岩、松脂岩、粗面岩、辉长岩、辉石岩、正长岩、火山灰、火山渣、泥炭</td><td>原矿或者选矿</td><td>1%～10%</td></tr>
<tr><td>砂石（天然砂、卵石、机制砂石）</td><td>原矿或者选矿</td><td>1%～5%或者每吨（或者每立方米）0.1～5元</td></tr>
<tr><td>宝玉石类</td><td>宝石、玉石、宝石级金刚石、玛瑙、黄玉、碧玺</td><td>原矿或者选矿</td><td>4%～20%</td></tr>
<tr><td rowspan="2">水气矿产</td><td colspan="2">二氧化碳气、硫化氢气、氦气、氡气</td><td>原矿</td><td>2%～5%</td></tr>
<tr><td colspan="2">矿泉水</td><td>原矿</td><td>1%～20%或者每立方米1～30元</td></tr>
<tr><td rowspan="3">盐</td><td colspan="2">钠盐、钾盐、镁盐、锂盐</td><td>选矿</td><td>3%～15%</td></tr>
<tr><td colspan="2">天然卤水</td><td>原矿</td><td>3%～15%或者每吨（或者每立方米）1～10元</td></tr>
<tr><td colspan="2">海盐</td><td></td><td>2%～5%</td></tr>
</table>

资源税采用比例税率和定额税率两种形式。对《资源税税目税率幅度表》中列举名称的27种资源品目和未列举的其他金属矿实行从价计征。对经营分散、多为现金交易且难以控管的黏土、砂石，按照便利征管原则，仍实行从量定额计征。对未列举名称的其他非金属矿产品，按照从价计征为主、从量计征为辅的原则，由省级人民政府确定计征方式。资源税的税目、征税对象、税率依照《资源税税目税率幅度表》及财政部有关规定执行。

对《资源税税目税率幅度表》中列举名称的资源品目，由省级人民政府在规定的税率幅度内提出具体适用税率建议，报财政部、国家税务总局确定核准。对未列举名称的其他金属和非金属矿产品，由省级人民政府根据实际情况确定具体税目和适用税率，报财政部、国家税务总局备案。

纳税人开采或者生产不同税目应税产品的，应当分别核算不同税目应税产品的销售额或者销售数量；未分别核算或者不能准确提供不同税目应税产品的销售额或者销售数量的，从高适用税率。纳税人开采销售共伴生矿，共伴生矿与主矿产品销售额分开核算的，对共伴生矿暂不计征资源税；没有分开核算的，共伴生矿按主矿产品的税目和适用税率计征资源税。财政部、国家税务总局另有规定的，从其规定。

独立矿山、联合企业等收购未税矿产品的单位，按照本单位应税产品税额标准，依据收购的数量代扣代缴资源税。其他收购单位收购的未税矿产品，按税务机关核定的应税产品税额标准，依据收购的数量代扣代缴资源税。

四、资源税的税收优惠

(一) 免征资源税项目

有下列情形之一的，免征资源税：

(1) 开采原油以及在油田范围内运输原油过程中用于加热的原油、天然气。

(2) 煤炭开采企业因安全生产需要抽采的煤成(层)气。

(二) 减征资源税项目

有下列情形之一的，减征资源税：

(1) 从低丰度油气田开采的原油、天然气，减征 20%资源税。

(2) 高含硫天然气、三次采油和从深水油气田开采的原油、天然气，减征 30%资源税。

(3) 稠油、高凝油减征 40%资源税。

(4) 从衰竭期矿山开采的矿产品，减征 30%资源税。

根据国民经济和社会发展需要，国务院对有利于促进资源节约集约利用、保护环境等情形可以规定免征或者减征资源税，报全国人民代表大会常务委员会备案。

(三) 由省、自治区、直辖市人民政府决定的减税或者免税项目

有下列情形之一的，省、自治区、直辖市可以决定免征或者减征资源税：

(1) 纳税人开采或者生产应税产品过程中，因意外事故或者自然灾害等原因遭受重大损失。

(2) 纳税人开采共伴生矿、低品位矿、尾矿。

上述两项的免征或者减征资源税的具体办法，由省、自治区、直辖市人民政府提出，报同级人民代表大会常务委员会决定，并报全国人民代表大会常务委员会和国务院备案。

(四) 其他减税、免税项目

(1) 自 2018 年 4 月 1 日至 2023 年 12 月 31 日，对页岩气资源税(按 6%的规定税率)减征 30%。

(2) 自 2022 年 1 月 1 日至 2024 年 12 月 31 日，对增值税小规模纳税人可以在 50%的税额幅度内减征资源税。

(3) 自 2014 年 12 月 1 日至 2023 年 8 月 31 日，对充填开采置换出来的煤炭，资源税减征 50%。

【注意】 纳税人的免税、减税项目，应当单独核算销售额或者销售数量；未单独核算或者不能准确提供销售额或者销售数量的，不予免税或者减税。

纳税人开采或者生产同一应税产品，其中既有享受减免税政策的，又有不享受减免税政策的，按照免税、减税项目的产量占比等方法分别核算确定免税、减税项目的销售额或者销售数量。

【提示】 纳税人开采或者生产同一应税产品同时符合两项或者两项以上减征资源税优惠政策的，除另有规定外，只能选择其中一项执行。

五、资源税应纳税额的计算

资源税按照《资源税税目税率表》实行从价计征或者从量计征。《资源税税目税率表》中规定可以选择实行从价计征或者从量计征的，具体计征方式由省、自治区、直辖市人民政府提出，报同级人民代表大会常务委员会决定，并报全国人民代表大会常务委员会和国务院备案。

实行从价计征的，应纳税额按照应税产品的销售额乘以具体适用税率计算。实行从量计征

的，应纳税额按照应税产品的销售数量乘以具体适用税率计算。

(一) 从价定率征收资源税应纳税额的计算

按照从价定率方式计算资源税应纳税额，是以应税产品的销售额乘以纳税人具体适用的比例税率计算。其计算公式为：

$$应纳税额 = 销售额 \times 适用的比例税率$$

1. 销售额的概念

资源税应税产品的销售额，按照纳税人销售应税产品向购买方收取的全部价款确定，不包括增值税税款。

价外费用，包括价外向购买方收取的手续费、补贴、基金、集资费、返还利润、奖励费、违约金、滞纳金、延期付款利息、赔偿金、代收款项、代垫款项、包装费、包装物租金、储备费、优质费、运输装卸费以及其他各种性质的价外费用。

计入销售额中的相关运杂费用，凡取得增值税发票或者其他合法有效凭据的，准予从销售额中扣除。相关运杂费用是指应税产品从坑口或洗选(加工)地到车站、码头或购买方指定地点的运输费用、建设基金以及随运销产生的装卸、仓储、港杂费用。运杂费用应与销售额分别核算，凡未取得相应凭据或不能与销售额分别核算的，应当一并计征资源税。

纳税人开采或者生产应税产品自用的，应当视同销售缴纳资源税；但是，自用于连续生产应税产品的，不缴纳资源税。纳税人自用应税产品视同销售缴纳资源税的情形，包括纳税人以应税产品用于非货币性资产交换、捐赠、偿债、赞助、集资、投资、广告、样品、职工福利、利润分配或者连续生产非应税产品等。

纳税人有视同销售自用应税产品行为而无销售价格的，或者申报的应税产品销售价格明显偏低且无正当理由的，税务机关应按下列方法和顺序确定其应税产品销售额：

(1) 按纳税人最近时期同类产品的平均销售价格确定。

(2) 按其他纳税人最近时期同类产品的平均销售价格确定。

(3) 按后续加工非应税产品销售价格，减去后续加工环节的成本利润后确定。

(4) 按应税产品组成计税价格确定，其计算公式为：

$$组成计税价格 = 成本 \times (1 + 成本利润率) \div (1 - 资源税税率)$$

(5) 按其他合理方法确定。

纳税人与其关联企业之间的业务往来，应当按照独立企业之间的业务往来收取或者支付价款、费用。不按照独立企业之间的业务往来收取或者支付价款、费用，而减少其计税销售额的，税务机关可以按照《中华人民共和国税收征收管理法》及其实施细则的有关规定进行合理调整。

对同时符合以下条件代为收取的政府性基金或者行政事业性收费，纳税人在计算应税产品计税销售额时，可予以扣减：

(1) 由国务院或者财政部批准设立的政府性基金，由国务院或者省级人民政府及其财政、价格主管部门批准设立的行政事业性收费。

(2) 收取时开具省级以上财政部门印制的财政票据。

(3) 所收款项全额上缴财政。

2. 销售额的外币折算

纳税人以人民币以外的货币结算销售额的，应当折合成人民币计算。其销售额的人民币折合率可以选择销售额发生的当天或者当月 1 日的人民币汇率中间价。纳税人应事先确定采用何种折合率计算方法，确定后 1 年内不得变更。

为洗选煤自用的，视同销售洗选煤缴纳资源税。

3. 原矿与精矿(选矿)销售额的换算

征税对象为精矿(选矿)的,纳税人销售原矿时,应将原矿销售额换算为精矿(选矿)销售额缴纳资源税;征税对象为原矿的,纳税人销售自采原矿加工的精矿(选矿),应将精矿(选矿)销售额折算为原矿销售额缴纳资源税。换算比或折算率原则上应通过原矿售价、精矿(选矿)售价和选矿比计算,也可通过原矿销售额、加工环节平均成本和利润计算。

换算比或折算率应按简便可行、公平合理的原则,由省级财税部门确定,并报财政部、国家税务总局备案。

纳税人销售其自采原矿的,可采用成本法或市场法将原矿销售额换算为精矿(选矿)销售额计算缴纳资源税。

成本法的计算公式为:

精矿(选矿)销售额 = 原矿销售额 + 原矿加工为精矿(选矿)的成本 ×(1 + 成本利润率)

市场法的计算公式为:

精矿(选矿)销售额 = 原矿销售额 × 换算比

换算比 = 同类精矿(选矿)单位价格 ÷(原矿单位价格 × 选矿比)

选矿比 = 加工精矿(选矿)耗用的原矿数量 ÷ 精矿(选矿)数量

(二) 从量定额征收资源税应纳税额的计算

实行从量定额计征办法的应税产品,以销售数量为资源税计税依据。其计算公式为:

应纳税额 = 应税产品的销售数量 × 适用的定额税率

式中,应税产品的销售数量确定方式如下:

(1) 纳税人开采或者生产应税产品销售的,以实际销售数量为销售数量。

(2) 纳税人开采或者生产应税产品自用视同销售的,以移送时的自用数量为销售数量。视同销售自产自用包括用于非生产项目和生产非应税产品。

(3) 纳税人不能准确提供应税产品销售数量或移送使用数量的,以应税产品的产量或按主管税务机关确定的折算比换算成的数量为计征资源税的销售数量。

(三) 销售额或销售数量中外购金额或数量的扣除

纳税人外购应税产品与自采应税产品混合销售或者混合加工为应税产品销售的,在计算应税产品销售额或者销售数量时,准予扣减外购应税产品的购进金额或者购进数量;当期不足扣减的,可结转下期扣减。纳税人应当准确核算外购应税产品的购进金额或者购进数量,未准确核算的,一并计算缴纳资源税。

纳税人核算并扣减当期外购应税产品购进金额、购进数量,应当依据外购应税产品的增值税发票、海关进口增值税专用缴款书或者其他合法有效凭据。

六、资源税的征收管理

(一) 纳税义务发生时间

(1) 纳税人销售应税产品采取分期收款结算方式的,销售合同规定的收款日期的当天是纳税义务发生时间。

(2) 纳税人销售应税产品采取预收货款结算方式的,发出应税产品的当天是纳税义务发生时间。

(3) 纳税人销售应税产品采取其他结算方式的,其纳税义务发生时间,为收讫销售款或者取得索取销售款凭据的当天。

(4) 纳税人自产自用应税产品纳税义务发生时间为移送使用应税产品的当天。

(二) 纳税期限

资源税按月或者按季申报缴纳;不能按固定期限计算缴纳的,可以按次申报缴纳。

纳税人按月或者按季申报缴纳的,应当自月度或者季度终了之日起 15 日内,向税务机关办理纳税申报并缴纳税款;按次申报缴纳的,应当自纳税义务发生之日起 15 日内,向税务机关办理纳税申报并缴纳税款。

(三) 纳税地点

纳税人应当在矿产品的开采地或者海盐的生产地缴纳资源税。

任务八　环境保护税法律制度

环境保护税法是调整环境保护税征纳关系法律规范的总称。我国现行环境保护税的基本规范是 2016 年 12 月 25 日第十二届全国人民代表大会常务委员会第二十五次会议通过的《中华人民共和国环境保护税法》(以下简称《环境保护税法》)和 2017 年 12 月 30 日国务院颁布的《中华人民共和国环境保护税法实施条例》,自 2018 年 1 月 1 日起施行。同时,不再征收排污费。

(一) 环境保护税的纳税人

在我国领域和管辖的其他海域,直接向环境排放应税污染物的企业、事业单位和其他生产经营者为环境保护税的纳税人。

【注意】 居民个人不属于税法规定的企业、事业单位和其他生产经营者,不缴纳环境保护税。

(二) 环境保护税的征税范围

环境保护税是对我国领域以及管辖的其他海域,直接向环境排放应税污染物的企业、事业单位和其他生产经营者征收的一种税。它由英国经济学家庇古(A. C. Pigou)最先提出,荷兰是征收环境保护税比较早的国家。我国的环境保护税由排污费改革而来。

环境保护税针对应税污染物征税,是指《环境保护税法》所附《环境保护税税目税额表》《应税污染物和当量值表》规定的大气污染物、水污染物、固体废物和噪声。

大气污染物,是指向大气排放,导致大气污染的物质,包括二氧化硫、氮氧化物、粉尘等。

水污染物,是指直接或者间接向水体排放,能导致水体污染的物质,包括重金属、悬浮物、动植物油等。

固体废物,是指在生产、生活和其他活动中产生的丧失原有利用价值或者虽未丧失利用价值但被抛弃或者放弃的固态、半固态和置于容器中的气态的物品、物质以及法律和行政法规规定纳入固体废物管理的物品、物质,包括煤矸石、尾矿等。

噪声,是指工业噪声,即在工业生产活动中使用固定设备时产生的超过国家规定的环境噪声排放标准的、干扰周围生活环境的声音。

依法设立的城乡污水集中处理、生活垃圾集中处理场所超过国家和地方规定的排放标准向环境排放应税污染物的,应当缴纳环境保护税。

企业、事业单位和其他生产经营者储存或者处置固体废物不符合国家和地方环境保护标准的,应当缴纳环境保护税。

有下列情形之一的,不属于直接向环境排放污染物,不缴纳相应污染物的环境保护税:

(1) 企业、事业单位和其他生产经营者向依法设立的污水集中处理、生活垃圾集中处理场所排放应税污染物的。

(2) 企业、事业单位和其他生产经营者在符合国家和地方环境保护标准的设施、场所储存或者处置固体废物的。

对为社会公众提供生活污水处理服务的城乡污水集中处理场所,在达标排放的情况下给予免征环境保护税的优惠。但对服务工业园区企业的污水处理厂，需要缴纳环境保护税。

根据《环境保护税法》的规定，目前未将建筑施工噪声和交通噪声纳入征收范围。

(三) 环境保护税的税目与税额

环境保护税采用定额税率。环境保护税税目税额表如表 6-7 所示。

表 6-7　环境保护税税目税额表

税目		计税单位	税额
大气污染物		每污染当量	1.2～12 元
水污染物		每污染当量	1.4～14 元
固体废物	煤矸石	每吨	5 元
	尾矿	每吨	15 元
	危险废物	每吨	1 000 元
	冶炼渣、粉煤灰、炉渣、其他固体废物(含半固态、液态废物)	每吨	25 元
噪声	工业噪声	超标 1～3 分贝	每月 350 元
		超标 4～6 分贝	每月 700 元
		超标 7～9 分贝	每月 1 400 元
		超标 10～12 分贝	每月 2 800 元
		超标 13～15 分贝	每月 5 600 元
		超标 16 分贝以上	每月 11 200 元

注意事项：

(1) 一个单位边界上有多处噪声超标，根据最高一处超标声级计算应纳税额；当沿边界长度过 100 米有两处以上噪声超标，按照两个单位计算应纳税额。

(2) 一个单位有不同地点作业场所的，应当分别计算应纳税额，合并计征。

(3) 昼夜均超标的环境噪声，昼夜分别计算应纳税额，累计计征。

(4) 声源一个月内超标不足 15 天的，减半计算应纳税额。

(5) 夜间频繁突发和夜间偶然突发厂界超标噪声，按等效声级和峰值噪声两种指标中超标分贝值高的一项计算应纳税额。

(四) 环境保护税法的计税依据

环境保护税实行从量计征，即直接按征税对象的自然单位计算。

1. 应税污染物的计税依据确定方法

(1) 应税大气污染物、水污染物，按照污染物排放量折合的污染当量数确定。①应税大气污染物、水污染物当量数，以该污染物的排放量除以该污染物的污染当量值计算。每种应税大气污染物的具体污染当量值，依照《应税污染物和当量值表》执行。②每一排放口或者没有排放口的应税大气污染物，按照污染当量数从大到小排序，对前三项污染物征收环境保护税。③每一排放口的应税水污染物，按照《应税污染物和当量值表》，区分第一类水污染物和其他类水污染物，按照污染当量数从大到小排序，对第一类水污染物按照前五项征收环境保护税，对其他类水污染物按照前三项征收环境保护税。④纳税人有下列情形之一的，以其当期应税大气污染物、水污染物的产生量作为污染物的排放量：未依法安装使用污染物自动监测设备或者未将污染物自动监测设备与环境保护主管部门的监控设备联网；损毁或者擅自移动、改变污染物自动监测设备；篡改、伪造污染物监测数据；通过暗管、渗井、渗坑、灌注或者稀释排放以及不正常运行防治污染设施等方式违法排放应税污染物；进行虚假纳税申报。

(2) 应税固体废物按照固体废物的排放量确定。固体废物的排放量为当期应税固体废物的产生量减去当期应税固体废物的贮存量、处置量、综合利用量后的余额。固体废物的贮存量、处置量，是指在符合国家和地方环境保护标准的设施、场所贮存或者处置的固体废物数量；固体废物的综合利用量，是指按照国务院发展改革、工业和信息化主管部门关于资源综合利用要求以及国家和地方环境保护标准进行综合利用的固体废物数量。

纳税人有下列情形之一的，以其当期应税固体废物的产生量作为固体废物的排放量：①非法倾倒应税固体废物；②进行虚假纳税申报。

(3) 应税噪声按照超过国家规定标准的分贝数确定。

2. 应税污染物的计税依据特殊规定

(1) 应税大气污染物、水污染物、固体废物的排放量和噪声的分贝数，按照下列方法和顺序计算：①纳税人安装使用符合国家规定和监测规范的污染物自动监测设备的，按照污染物自动监测数据计算；②纳税人未安装使用污染物自动监测设备的，按照监测机构出具的符合国家有关规定和监测规范的监测数据计算；③因排放污染物种类多等原因不具备监测条件的，按照国务院环境保护主管部门规定的排污系数、物料衡算方法计算；④不能按照上述规定方法计算的，按照省、自治区、直辖市人民政府环境保护主管部门规定的抽样测算的方法核定计算。

(2) 从两个以上排放口排放应税污染物的，对每一排放口排放的应税污染物分别计算征收环境保护税；纳税人持有排污许可证的，其污染物排放口按照排污许可证载明的污染物排放口确定。

3. 应税污染物项目数的增加权限规定

省、自治区、直辖市人民政府根据本地区污染物减排的特殊需要，可以增加同一排放口征收环境保护税的应税污染物项目数，报同级人民代表大会常务委员会决定，并报全国人民代表大会常务委员会和国务院备案。

(五) 环境保护税法应纳税额计算

(1) 应税大气污染物的应纳税额为污染当量数乘以具体适用税额。其计算公式为：

污染当量数 = 该污染物的排放量(单位) ÷ 该污染物的污染当量值(单位)

应纳税额 = 污染当量数 × 定额税率

做中学 6-6

某纳税人当月排放汞及其化合物 1 000 千克，查询“应税污染物和当量值表”，汞及其化合物污染当量值(千克)为 0. 000 1，适用税额为每污染当量 12 元。

要求：计算该纳税人污染当量数及应纳税额。

解析：污染当量数=1 000÷0. 000 1=10 000 000(千克)

应纳税额=10 000 000×12=120 000 000(元)

(2) 应税水污染物的应纳税额为污染当量数乘以具体适用税额。

a. 一般污染物的污染当量计算。其计算公式为：

某污染物的污染当量数 = 该污染物的排放量(千克) ÷ 该污染物的污染当量值(千克)

b. pH 值、大肠菌群数、余氯量的污染当量数计算。其计算公式为：

某污染物的污染当量数 = 污水排放量(吨) ÷ 该污染物的污染当量值(吨)

c. 色度的污染当量数计算。其计算公式为：

色度的污染当量数＝污水排放量(吨)×色度超标倍数

d. 禽畜养殖业、小型企业和第三产业的污染当量数计算。其计算公式为：

污染当量数＝污染排放特征值÷污染当量值

(3) 应税固体废物的应纳税额为固体废物排放量乘以具体适用税额。

(4) 应税噪声的应纳税额为超过国家规定标准的分贝数对应的具体适用税额。

(六) 环境保护税法的税收减免优惠

(1) 暂予免征环境保护税的情形：①农业生产(不包括规模化养殖)排放应税污染物的；②机动车、铁路机车、非道路移动机械、船舶和航空器等流动污染源排放应税污染物的；③依法设立的城乡污水集中处理、生活垃圾集中处理场所排放相应应税污染物，不超过国家和地方规定的排放标准的；④纳税人综合利用的固体废物，符合国家和地方环境保护标准的；⑤国务院批准免税的其他情形。

(2) 部分减免环境保护税的情形：①纳税人排放应税大气污染物或者水污染物的浓度值低于国家和地方规定的污染物排放标准30%的，减按75%征收环境保护税。②纳税人排放应税大气污染物或者水污染物的浓度值低于国家和地方规定的污染物排放标准50%的，减按50%征收环境保护税。

上述应税大气污染物或者水污染物的浓度值，是指纳税人安装使用的污染物自动监测设备当月自动监测的应税大气污染物浓度值的小时平均值再平均所得数值或者应税水污染物浓度值的日平均值再平均所得数值，或者监测机构当月监测的应税大气污染物、水污染物浓度值的平均值。

(七) 环境保护税法的征收管理

1. 纳税义务发生时间

环境保护税的纳税义务发生时间为纳税人排放应税污染物的当日。

2. 纳税地点

纳税人应当向应税污染物排放地的税务机关申报缴纳环境保护税。

3. 纳税期限

环境保护税按月计算，按季申报缴纳；不能按固定期限计算缴纳的，可以按次申报缴纳。

纳税人申报缴纳时，应当向税务机关报送所排放应税污染物的种类、数量，大气污染物、水污染物的浓度值，以及税务机关根据实际需要要求纳税人报送的其他纳税资料。

纳税人按季申报缴纳的，应当自季度终了之日起15日内，向税务机关办理纳税申报并缴纳税款。纳税人按次申报缴纳的，应当自纳税义务发生之日起15日内，向税务机关办理纳税申报并缴纳税款。

4. 税务争议和税收法律责任

(1) 环境保护税由税务机关依照《税收征收管理法》和《环境保护税法》的有关规定征收管理。环境保护主管部门依照法律和有关环境保护法律法规的规定负责对污染物的监测管理。县级以上地方人民政府应当建立税务机关、环境保护主管部门和其他相关单位分工协作工作机制，加强环境保护税征收管理，保障税款及时足额入库。

(2) 环境保护主管部门和税务机关应当建立涉税信息共享平台和工作配合机制。环境保护主管部门应当将排污单位的排污许可、污染物排放数据、环境违法和受行政处罚情况等环境保护相关信息，定期交送税务机关。税务机关应当将纳税人的纳税申报、税款入库、减免税额、欠缴税款以及风险疑点等环境保护税涉税信息，定期交送环境保护主管部门。

任务九 烟叶税与船舶吨税法律制度

一、烟叶税法律制度

烟叶税税法是国家制定的用于调整烟叶税征收与缴纳之间权利及义务关系的法律规范。现行烟叶税的基本规范是2017年12月27日第十二届全国人民代表大会常务委员会第三十一次会议通过的《中华人民共和国烟叶税法》,自2018年7月1日起施行。

(一) 烟叶税的纳税人

烟叶税的纳税人为在中华人民共和国境内收购烟叶的单位。因为我国实行烟草专卖制度,所以烟叶税的纳税人具有特定性,一般是有权收购烟叶的烟草公司或者受其委托收购烟叶的单位。

(二) 烟叶税的征税范围

烟叶税的征税范围包括晾晒烟叶、烤烟叶。晾晒烟叶包括列入晾晒烟名录的晾晒烟叶和未列入晾晒烟名录的其他晾晒烟叶。

(三) 烟叶税的税率

烟叶税实行比例税率,税率为20%。

(四) 烟叶税的计税依据

烟叶税的计税依据是纳税人收购烟叶实际支付的价款总额,具体包括纳税人支付给烟叶生产销售单位和个人的烟叶收购价款和价外补贴。价外补贴统一暂按烟叶收购价款的10%计入收购金额。收购金额的计算公式为:

$$收购金额 = 收购价款 \times (1 + 10\%)$$

(五) 烟叶税应纳税额的计算

烟叶税应纳税额的计算公式为:

$$\begin{aligned}应纳税额 &= 烟叶收购金额 \times 税率 \\ &= 烟叶收购价款 \times (1 + 10\%) \times 税率\end{aligned}$$

(六) 烟叶税的征收管理

1. 纳税义务发生时间

烟叶税的纳税义务发生时间为纳税人收购烟叶的当天,具体指纳税人向烟叶销售者付讫收购烟叶款项或者开具收购烟叶凭证的当天。烟叶税在烟叶收购环节征收。纳税人收购烟叶即发生纳税义务。

2. 纳税期限

纳税人应当自纳税义务发生月终了之日起15日内申报纳税。具体纳税期限由主管税务机关核定。

3. 纳税地点

对依照《中华人民共和国烟草专卖法》查处没收的违法收购的烟叶,由收购罚没烟叶的单位按照购买金额计算缴纳烟叶税。纳税人收购烟叶,应当向烟叶收购地的主管税务机关(指县级税务局或者其所指定的税务分局、所)申报纳税。

【提示】 购进农产品,按照农产品收购发票或者销售发票上注明的农产品买价(包括按规定缴纳的烟叶税)和13%的扣除率计算抵扣增值税进项税额。

二、船舶吨税法律制度

船舶吨税法是调整船舶吨税征收与缴纳关系的法律规范的总称。现行船舶吨税的基本规范是2017年12月27日第十二届全国人民代表大会常务委员会第三十一次会议通过的《中华人民共和国船舶吨税法》(以下简称《船舶吨税法》),自2018年7月1日起施行。

(一) 船舶吨税的纳税人

船舶吨税是对从境外港口进入我国境内港口的应税船舶征收的一种税。自境外港口进入境内港口的应税船舶,应当缴纳船舶吨税。

(二) 船舶吨税的税目税率

按船舶净吨位的大小分等级设置为4个税目。税率采用定额税率,分为30日、90日和1年三种不同的税率,具体分为两类:普通税率和优惠税率。

【提示】 中国国籍的应税船舶,船籍国(地区)与中国签订含有互相给予船舶税费最惠国待遇条款的条约或者协定的应税船舶,适用优惠税率。其他应税船舶,适用普通税率。

船舶吨税的税目、税率依照《船舶吨税法》所附的船舶吨税税目税率表执行,如表6-8所示。

表6-8 船舶吨税税目税率表

税目(按船舶净吨位划分)	税率(元/净吨)						备注
	普通税率(按执照期限划分)			优惠税率(按执照期限划分)			
	1年	90日	30日	1年	90日	30日	
不超过2 000净吨	12.6	4.2	2.1	9.0	3.0	1.5	1. 拖船按照发动机功率每1千瓦折合净吨位0.67吨 2. 无法提供净吨位证明文件的游艇,按照发动机功率每千瓦折合净吨位0.05吨 3. 拖船和非机动驳船分别按相同净吨位船舶税率的50%计征税款
超过2 000净吨,但不超过10 000净吨	24.0	8.0	4.0	17.4	5.8	2.9	
超过10 000净吨,但不超过50 000净吨	27.6	9.2	4.6	19.8	6.6	3.3	
超过50 000净吨	31.8	10.6	5.3	22.8	7.6	3.8	

(三) 船舶吨税的计税依据及应纳税额的计算

船舶吨税按照船舶净吨位和船舶吨税执照期限征收。应纳税额按照船舶净吨位乘以适用税率计算。其计算公式为:

$$\text{应纳税额} = \text{船舶净吨位} \times \text{适用税率(元)}$$

净吨位,是指由船籍国(地区)政府授权签发的船舶吨位证明书上标明的净吨位。

应税船舶负责人在每次申报纳税时,可以按照船舶吨税税目税率表选择申领一种期限的船舶吨税执照。

应税船舶在进入港口办理入境手续时,应当向海关申报纳税领取船舶吨税执照,或者交验船舶吨税执照。应税船舶在离开港口办理出境手续时,应当交验船舶吨税执照。

应税船舶负责人申领船舶吨税执照时,应当向海关提供下列文件:①船舶国籍证书或者海事部门签发的船舶国籍证书收存证明;②船舶吨位证明。

做中学6-7

2023年9月20日,B国某运输公司一艘货轮驶入我国某港口,该货轮净吨位30 000吨,货轮负责人已向我国当地海关领取了船舶吨税执照,在港口停留期为30天。B国与我国签订了相互给予船舶吨税最惠国待遇条款。

要求:计算应缴纳的船舶吨税。

解析:(1) 根据船舶吨税的相关规定,该货轮应享受优惠税率,每净吨位为3.3元。

(2) 应缴纳的船舶吨税=30 000×3.3=99 000(元)。

(四) 船舶吨税的税收优惠

1. 直接优惠

下列船舶免征船舶吨税:①应纳税额在人民币50元以下的船舶;②自境外以购买、受赠、继承等方式取得船舶所有权的初次进口到港的空载船舶;③船舶吨税执照期满后24小时内不上下客货的船舶;④非机动船舶(不包括非机动驳船);⑤捕捞、养殖渔船;⑥避难、防疫隔离、修理、终止运营或者拆解,并不上下客货的船舶;⑦军队、武装警察部队专用或者征用的船舶;⑧依照法律规定应当予以免税的外国驻华使领馆、国际组织驻华代表机构及其有关人员的船舶;⑨国务院规定的其他船舶。

上述⑤～⑧项优惠,应当提供海事部门、渔业船舶管理部门或者卫生检疫部门等部门、机构出具的具有法律效力的证明文件或者使用关系证明文件,申明免税理由。

2. 延期优惠

应税船舶在进入港口办理入境手续时,应当向海关申报纳税领取船舶吨税执照,或者交验船舶吨税执照。在船舶吨税执照期限内,应税船舶发生下列情形之一的,海关按照实际发生的天数批注延长船舶吨税执照期限:①避难、防疫隔离、修理,并不上下客货;②军队、武装警察部队征用;③应税船舶因不可抗力在未设立海关地点停泊的,船舶负责人应当立即向附近海关报告,并在不可抗力原因消除后,向海关申报纳税。

上述船舶应当提供海事部门、渔业船舶管理部门或者卫生检疫部门等部门、机构出具的具有法律效力的证明文件或者使用关系证明文件,申明延长船舶吨税执照期限的依据和理由。

(五) 船舶吨税的征收管理

船舶吨税的征收管理,如表6-9所示。

表6-9　　船舶吨税的征收管理

征收管理	(1) 纳税义务发生时间:应税船舶进入境内港口的当日,应税船舶在吨税执照期满后尚未离开港口的,应当申领新的吨税执照,自上一执照期满的次日起续缴吨税 (2) 纳税期限:应税船舶负责人应当自海关填发吨税缴款凭证之日起15日内缴清税款。未按期缴清税款的,自滞纳税款之日起至缴清税款之日止,按日加收滞纳税款万分之五的税款滞纳金 【提示】 应税船舶到达港口前,经海关核准先行申报并办结出入境手续的,应税船舶负责人应当向海关提供与其依法履行吨税缴纳义务相适应的担保;应税船舶到达港口后,按规定向海关申报纳税。人民币、可自由兑换货币;汇票、本票、支票、债券、存单;银行、非银行金融机构的保函和海关依法认可的其他财产、权利,可以用于担保
	(3) 其他相关规定 a. 船舶吨税由海关负责征收。海关征收吨税应当制发缴款凭证 b. 海关发现少征或者漏征税款的,应当自应税船舶应当缴纳税款之日起1年内,补征税款。但因应税船舶违反规定造成少征或者漏征税款的,海关可以自应当缴纳税款之日起3年内追征税款,并自应当缴纳税款之日起按日加征少征或者漏征税款万分之五的税款滞纳金 c. 海关发现多征税款的,应当在24小时内通知应税船舶办理退还手续,并加算银行同期活期存款利息 d. 应税船舶发现多缴税款的,可以自缴纳税款之日起3年内以书面形式要求海关退还多缴的税款并加算银行同期活期存款利息;海关应当自受理退税申请之日起30日内查实并通知应税船舶办理退还手续

任务十　印花税法律制度

印花税是对经济活动和经济交往中书立、领受、使用的应税经济凭证征收的一种税。因纳税人主要是通过在应税凭证上粘贴印花税票来完成纳税义务，故名印花税。印花税的征收以凭证为依据，实行“一征一税，一票一用”。凡已足额贴花的凭证不再缴纳印花税，凡已使用过的印花税票不得重复使用，多粘贴税票不得退还。

一、印花税的征税范围

《中华人民共和国印花税法》于 2021 年 6 月 10 日第十三届全国人民代表大会常务委员会第二十九次会议通过，自 2022 年 7 月 1 日起施行。列举的凭证征税，没有列举的凭证不征税。列举的凭证分为五类，即合同类、产权转移书据类、营业账簿类、权利、许可证照类和证券交易类。具体征税范围如下：

（一）合同

印花税税目中的合同比照我国原《经济合同法》对经济合同的分类，在税目税率表中列举了 11 大类合同。其分别是：借款合同、融资租赁合同、买卖合同、承揽合同、建设工程合同、运输合同、技术合同、租赁合同、保管合同、仓储合同、财产保险合同。

（二）产权转移书据

产权转移即财产权利关系的变更行为，表现为产权主体发生变更。产权转移书据是在产权的买卖、交换、继承、赠与、分割等产权主体变更过程中，由产权出让人与受让人之间所订立的民事法律文书。

我国印花税税目中的产权转移书据包括：①土地使用权出让书据；②土地使用权、房屋等建筑物和构筑物所有权转让书据（不包括土地承包经营权和土地经营权转移）；③股权转让书据（不包括应缴纳证券交易印花税的）；④商标专用权、著作权、专利权、专有技术使用权转让书据。

（三）营业账簿

印花税税目中的营业账簿归属于财务会计账簿，是按照财务会计制度的要求设置的，反映生产经营活动的账册。按照营业账簿反映的内容不同，在税目中可分为记载资金的账簿（简称资金账簿）和其他营业账簿两类，以便于分别采用按金额计税和按件计税两种计税方法。

（1）资金账簿是反映生产经营单位“实收资本”和“资本公积”金额增减变化的账簿。

（2）其他营业账簿是反映除资金资产以外的其他生产经营活动内容的账簿，即除资金账簿以外的，归属于财务会计体系的其他生产经营用账册。

从 2018 年 5 月 1 日起，将对纳税人设立的资金账簿按实收资本和资本公积合计金额征收的印花税减半，对按件征收的其他账簿免征印花税。

（四）证券交易

证券交易，是指在依法设立的证券交易所上市交易或者在国务院批准的其他证券交易场所转让公司股票和以股票为基础发行的存托凭证。

二、印花税的纳税人

印花税的纳税人包括在中华人民共和国境内书立应税凭证、进行证券交易的单位和个人，以及在中华人民共和国境外书立在境内使用的应税凭证的单位和个人。

【提示】 在中华人民共和国境内书立应税凭证、进行证券交易的单位和个人，为印花税的纳税人，应当依照规定缴纳印花税。在中华人民共和国境外书立在境内使用的应税凭证的单位和个人，应当依照规定缴纳印花税。

【注意】 应税凭证，是指《印花税税目税率表》列明的合同、产权转移书据和营业账簿。

【提示】 证券交易，是指转让在依法设立的证券交易所、国务院批准的其他全国性证券交易场所交易的股票和以股票为基础的存托凭证。证券交易印花税对证券交易的出让方征收，不对受让方征收。

三、印花税的税率

根据应纳税凭证性质的不同，印花税分别采用比例税率和定额税率。此外，根据国务院的专门规定，股份制企业向社会公开发行的股票，因买卖、继承、赠与所书立的股权转让书据，应当按照书据书立的时候证券市场当日实际成交价格计算的金额，由出让方按照1‰的税率缴纳印花税。

1. 比例税率

（1）借款合同，适用税率为0.05‰。

（2）购销合同、建筑安装工程承包合同、技术合同等，适用税率为0.3‰。

（3）加工承揽合同、建设工程勘察设计合同、货物运输合同、产权转移书据合同、记载资金数额的营业账簿等，适用税率为0.5‰。

（4）财产租赁合同、仓储保管合同、财产保险合同等，适用税率为1‰。

（5）因股票买卖、继承、赠与而书立“股权转让书据”（包括A股和B股），适用税率为1‰。

2. 定额税率

对无法计算金额的凭证，或虽载有金额，但作为计税依据不合理的凭证，采用定额税率，以件为单位缴纳一定数额的税款。权利、许可证照、营业账簿中的其他账簿，均为按件贴花，单位税额为每件5元。

具体税目、税额标准详见《印花税税目、税率（税额标准）表》如表6-10所示。

表6-10　印花税税目、税率表（税额标准）

2022年7月1日起执行

<table>
<tr><th colspan="2">税　目</th><th>税　率</th><th>备　注</th></tr>
<tr><td rowspan="11">合同（指书面合同）</td><td>借款合同</td><td>借款金额的0.05‰</td><td>指银行业金融机构、经国务院银行业监督管理机构批准设立的其他金融机构与借款人（不包括同业拆借）的借款合同</td></tr>
<tr><td>融资租赁合同</td><td>租金的0.05‰</td><td></td></tr>
<tr><td>买卖合同</td><td>价款的0.3‰</td><td>指动产买卖合同（不包括个人书立的动产买卖合同）</td></tr>
<tr><td>承揽合同</td><td>报酬的0.3‰</td><td></td></tr>
<tr><td>建设工程合同</td><td>价款的0.3‰</td><td></td></tr>
<tr><td>运输合同</td><td>运输费用的0.3‰</td><td>指货运合同和多式联运合同（不包括管道运输合同）</td></tr>
<tr><td>技术合同</td><td>价款、报酬或者使用费的0.3‰</td><td>不包括专利权、专有技术使用权转让书据</td></tr>
<tr><td>租赁合同</td><td>租金的1‰</td><td></td></tr>
<tr><td>保管合同</td><td>保管费的1‰</td><td></td></tr>
<tr><td>仓储合同</td><td>仓储费的1‰</td><td></td></tr>
<tr><td>财产保险合同</td><td>保险费的1‰</td><td>不包括再保险合同</td></tr>
<tr><td rowspan="4">产权转移书据</td><td>土地使用权出让书据</td><td>价款的0.5‰</td><td rowspan="4">转让包括买卖（出售）、继承、赠与、互换、分割</td></tr>
<tr><td>土地使用权、房屋等建筑物和构筑物所有权转让书据（不包括土地承包经营权和土地经营权转移）</td><td>价款的0.5‰</td></tr>
<tr><td>股权转让书据（不包括应缴纳证券交易印花税的）</td><td>价款的0.5‰</td></tr>
<tr><td>商标专用权、著作权、专利权、专有技术使用权转让书据</td><td>价款的0.3‰</td></tr>
</table>

（续表）

税 目	税 率	备 注
营业账簿	实收资本（股本）、资本公积合计金额的0.25‰	
证券交易	成交金额的1‰	2023年8月28日起，证券交易印花税实施减半征收。

四、印花税的税收优惠

临时性减免税优惠

下列凭证免征印花税：

（1）应税凭证的副本或者抄本。

（2）依照法律规定应当予以免税的外国驻华使馆、领事馆和国际组织驻华代表机构为获得馆舍书立的应税凭证。

（3）中国人民解放军、中国人民武装警察部队书立的应税凭证。

（4）农民、家庭农场、农民专业合作社、农村集体经济组织、村民委员会购买农业生产资料或者销售农产品书立的买卖合同和农业保险合同。

（5）无息或者贴息借款合同、国际金融组织向中国提供优惠贷款书立的借款合同。

（6）财产所有权人将财产赠与政府、学校、社会福利机构、慈善组织书立的产权转移书据。

（7）非营利性医疗卫生机构采购药品或者卫生材料书立的买卖合同。

（8）个人与电子商务经营者订立的电子订单。

五、印花税的计税依据

（1）应税合同的计税依据，为合同所列的金额，不包括列明的增值税税款。

（2）应税产权转移书据的计税依据，为产权转移书据所列的金额，不包括列明的增值税税款。

（3）应税营业账簿的计税依据，为账簿记载的实收资本（股本）、资本公积合计金额。

（4）证券交易的计税依据，为成交金额。

【注意】 应税合同、产权转移书据未列明金额的，印花税的计税依据按照实际结算的金额确定。计税依据按照规定不能确定的，按照书立合同、产权转移书据时的市场价格确定；依法应当执行政府定价或者政府指导价的，按照国家有关规定确定。

【提示】 证券交易无转让价格的，按照办理过户登记手续时该证券前一个交易日收盘价计算确定计税依据；无收盘价的，按照证券面值计算确定计税依据。

六、印花税应纳税额的计算

（1）实行比例税率的凭证，印花税应纳税额的计算公式为：

应纳税额 = 应税凭证计税金额 × 比例税率

（2）实行定额税率的凭证，印花税应纳税额的计算公式为：

应纳税额 = 应税凭证件数 × 定额税率

（3）营业账簿应纳税额的计算。印花税应纳税额的计算公式为：

应纳税额 =（实收资本 + 资本公积）× 0.5‰ × 50%

营业账簿中记载资金的账簿，以“实收资本”与“资本公积”两项的合计金额作为其计税依据。

【提示】 印花税计算时的注意事项有：

（1）同一应税凭证载有两个以上税目事项并分别列明金额的，按照各自适用的税目税率分别计算应纳税额；未分别列明金额的，从高适用税率。

(2) 同一应税凭证由两方以上当事人书立的，按照各自涉及的金额分别计算应纳税额。

(3) 已缴纳印花税的营业账簿，以后年度记载的实收资本(股本)、资本公积合计金额比已缴纳印花税的实收资本(股本)、资本公积合计金额增加的，按照增加部分计算应纳税额。

做中学 6-8

山东长江有限责任公司 2022 年 11 月发生如下交易或事项：山东长江有限责任公司 2022 年 11 月 1 日与乙公司签订购买价值为 3 000 万元设备的合同。山东长江有限责任公司为购买此设备准备向丙商业银行借款，并于 2022 年 11 月 10 日与丙商业银行签订借款金额为 2 000 万元的借款合同。但因故购销合同作废，2022 年 11 月 20 日与乙公司改签融资租赁合同，租赁费 3 000 万元。

要求：计算山东长江有限责任公司应纳的印花税。

解析：购销合同应纳印花税＝3 000×0.3‰＝0.9(万元)

产生纳税义务后合同作废不能免税。

借款合同应纳印花税＝2 000×0.05‰＝0.1(万元)

融资租赁合同应纳印花税＝3 000×0.05‰＝0.15(万元)

山东长江公司应纳印花税合计＝0.9＋0.1＋0.15＝1.15(万元)

七、印花税的征收管理

(一) 印花税纳税人申报

纳税人为单位的，应当向其机构所在地的主管税务机关申报缴纳印花税；纳税人为个人的，应当向应税凭证书立地或者纳税人居住地的主管税务机关申报缴纳印花税。

不动产产权发生转移的，纳税人应当向不动产所在地的主管税务机关申报缴纳印花税。

纳税人为境外单位或者个人，在境内有代理人的，以其境内代理人为扣缴义务人；在境内没有代理人的，由纳税人自行申报缴纳印花税，具体办法由国务院税务主管部门规定。

证券登记结算机构为证券交易印花税的扣缴义务人，应当向其机构所在地的主管税务机关申报解缴税款以及银行结算的利息。

(二) 印花税的纳税义务发生时间

印花税的纳税义务发生时间为纳税人书立应税凭证或者完成证券交易的当日。证券交易印花税扣缴义务发生时间为证券交易完成的当日。

(三) 印花税的纳税期限

印花税按季、按年或者按次计征。实行按季、按年计征的，纳税人应当自季度、年度终了之日起十五日内申报缴纳税款；实行按次计征的，纳税人应当自纳税义务发生之日起十五日内申报缴纳税款。

证券交易印花税按周解缴。证券交易印花税扣缴义务人应当自每周终了之日起五日内申报解缴税款以及银行结算的利息。

【注意】 印花税可以采用粘贴印花税票或者由税务机关依法开具其他完税凭证的方式缴纳。印花税票粘贴在应税凭证上的，由纳税人在每枚税票的骑缝处盖戳注销或者画销。

应知考核

一、单项选择题

1. 赵某于 2017 年 5 月购入奔驰 250 一辆，2018 年 4 月被盗，已按照规定办理退税。通过公安机关的侦查，2018 年 9 月份被盗车辆失而复得，并取得公安机关的相关证明。已知当地小轿车车船税年税额为 500 元/辆，赵某 2018 年实际应缴纳的车船税的下列计算中，正确的是(　　)。(2021 年)

A. 0　　B. 500×3÷12=125(元)
C. 500×7÷12=292(元)　　D. 500元

2. 2021年甲公司购入乙公司原值2 000万元的办公楼，不含增值税成交价为2 600万元。甲公司以银行存款支付价款1 800万元，同时抵减乙公司债务700万元和利息100万元。已知契税适用税率为4%，计算甲公司购买该办公楼应缴纳契税税额的下列算式中，正确的是(　　)。(2022年)
A. (1 800+700)×4%=100(万元)　　B. 2 000×4%=80(万元)
C. 2 600×4%=104(万元)　　D. 1 800×4%=72(万元)

3. 下列建筑物中，属于房产税征税范围的是(　　)。(2022年)
A. 围墙　　B. 室内游泳池　　C. 烟囱　　D. 菜窖

4. 根据房产税法律制度的规定，下列房产中，不属于房产税征税范围的是(　　)。(2023年)
A. 坐落于建制镇的生产厂家　　B. 坐落于农村的仓储用房
C. 坐落于市区的商业办公楼　　D. 坐落于县城的酒店大楼

5. 根据房产税法律制度的规定，下列各项中不属于房产税征税范围的是(　　)。(2021年)
A. 建制镇工业企业的厂房　　B. 县城工业企业的厂房
C. 农村村民的住宅　　D. 市区商场的地下停车场

6. 根据印花税法律制度的规定，下列合同中不征收印花税的是(　　)。(2021年)
A. 物流公司与客户之间签订的仓储合同　　B. 作者与出版社之间签订的出版合同
C. 个人出租商铺签订的房屋租赁合同　　D. 发电厂与电网之间签订的购售电合同

7. 根据房产税法律制度的规定，以下需要征收房产税的是(　　)。(2021年)
A. 名胜古迹自用的房产　　B. 非营利性养老机构自用的房屋
C. 高校学生公寓　　D. 个人出租自有住房

8. 根据车船税法律制度的规定，下列各项中，属于机动船舶计税依据的是(　　)。(2021年)
A. 净吨位数　　B. 整备质量吨位数
C. 辆数　　D. 购置价格

9. 根据环境保护税法律制度的规定，不属于环境保护税征税范围的是(　　)。(2021年)
A. 电磁辐射　　B. 工业噪声　　C. 尾矿　　D. 冶金矿渣

10. 2022年11月甲公司购买一处公用房，取得增值税专用发票注明金额200万元。已知当地规定的契税税率为4%，甲公司购买该办公用房应缴纳的契税税额为(　　)。(2023年)
A. 8.72万元　　B. 7.2万元　　C. 10万元　　D. 8万元

二、多项选择题

1. 根据车船税法律制度的规定，下列车船中，以“辆数”为计税依据的有(　　)。(2017年)
A. 摩托车　　B. 机动车辆　　C. 商用货车　　D. 商用客车

2. 根据城镇土地使用税法律制度的规定，下列各项中，可以作为城镇土地使用税计税依据的有(　　)。(2018年)
A. 省政府确认的单位测定的面积
B. 土地使用证书确认的面积
C. 由纳税人申报的面积为准，核发土地使用证后做调整
D. 税务部门规定的面积

3. 根据城镇土地使用税法律制度的规定，下列各项中，免征城镇土地使用税的有(　　)。(2018年)
A. 直接用于农、林、牧、渔业的生产用地　　B. 市政街道、广场、绿化地带等公共用地
C. 名胜古迹自用的土地　　D. 国家机关、人民团体、军队自用的土地

4. 根据耕地占用税法律制度的规定，下列情形中，应缴纳耕地占用税的有(　　)。(2022年)
A. 占用园地建设休闲度假村　　B. 占用养殖水面建设水上乐园
C. 占用林地建设木材检疫设施　　D. 占用草地建设野生动植物保护设施

5. 下列各项中免予缴纳资源税的有(　　)。(2018年)
A. 进口的原油　　B. 出口的原油
C. 开采原油过程中用于加热的原油　　D. 开采原油过程中用于修井的原油

6. 根据烟叶税法律制度规定，下列各项中，属于烟叶税征收范围的有（　　）。（2018 年）

A. 晾晒烟叶　　B. 烟丝　　C. 卷烟　　D. 烤烟叶

7. 根据《房产税暂行条例》的规定，下列各项中，不符合房产税纳税义务发生时间规定的有（　　）。（2018 年）

A. 纳税人将原有房产用于生产经营，从生产经营之次月起，缴纳房产税

B. 纳税人自行新建房屋用于生产经营，从建成之次月起，缴纳房产税

C. 纳税人委托施工企业建设的房屋，从办理验收手续之月起，缴纳房产税

D. 纳税人购置新建商品房，自房屋交付使用之次月起，缴纳房产税

8. 下列要交车船税的有（　　）。（2022 年）

A. 拖船　　B. 非机动驳船　　C. 燃料电池车　　D. 摩托车

9. 根据地方增值税法律制度的规定，下列各项中，在计算土地增值税依据时，应列入房地产开发成本的有（　　）。（2019 年）

A. 土地出让金　　B. 前期工程费　　C. 耕地占用税　　D. 公共配套设施费

10. 根据耕地占用税法律制度的规定，下列各项中，可以免征耕地占用税的有（　　）（2015 年）

A. 军用机场占用的耕地

B. 养老院为老人提供生活照顾场所占用的耕地

C. 幼儿园用于幼儿保育、教育场所占用的耕地

D. 学校内教职工住房占用的耕地

三、判断题

1. 重新评估的房产需要缴纳土地增值税。（2021 年）（　　）

2. 占用基本农田的，应当按照法定的当地适用税额，加按 150%征收。（2022 年）（　　）

3. 烟叶税的纳税义务人是中国境内销售烟叶的单位。（2022 年）（　　）

4. 根据契税法律制度的规定，夫妻关系存续期间，房产转让需要交契税。（2021 年）（　　）

5. 商用客车以整备质量吨位数为计税依据。（2021 年）（　　）

6. 纳税人以外购重晶石原矿与自采重晶石原矿混合为原矿销售的，在计算资源税应税产品销售额时，不得扣减外购重晶石原矿的购进金额。（2023 年）（　　）

7. 甲公司进口汽车自用，应在进口环节向海关申报缴纳车辆购置税。（2021 年）（　　）

8. 以房产出典的，房产税由出典人缴纳。（2021 年）（　　）

9. 机动车辆排放的污染物暂免征环境保护税。（2021 年）（　　）

10. 纳税人开采或者生产应税产品，自用于“连续生产应税产品”的，移送使用时不缴纳资源税。（2021 年）（　　）

应会考核

不定项选择题

（一）甲公司为增值税小规模纳税人，从事商业咨询服务。其 2019 年 5 月发生的经济业务如下：

（1）5 日，向某一般纳税人企业提供资讯信息服务，取得含增值税销售额 5 万元。

（2）10 日，向某小规模纳税人提供注册信息服务，取得含增值税销售额 1 万元。

（3）15 日，购进办公用品，支付价款 2 万元，并取得增值税普通发票。

（4）20 日，销售公司淘汰的旧固定资产 5 台，每台收到含增值税价款 1 000 元。

（5）25 日，由于业务需要，业务员支出餐饮住宿费用共计 0.8 万元，取得增值税普通发票。

（6）28 日，将一处闲置办公区对外出租，一次性预收全年含增值税租金 30 万元。

已知，小规模纳税人采用 3%的征收率，小规模纳税人出租其取得的不动产按照 5%的征收率征收增值税，房产税从租计征的税率为 12%。

要求：根据上述资料，不考虑其他因素，分析回答下列小题。（2021 年）

1. 计算甲公司 5 月份可以抵扣的进项税额的下列算式中，正确的是（　　）。

A. 0

B. （2＋0.8）×13%＝0.364（万元）

C. （2＋0.8）×3%＝0.084（万元）

D. 2×3%=0.06(万元)

2. 计算甲公司5月份因提供服务而确认的增值税的下列算式中,正确的是(　　)。

A. (5+1)×3%=0.18(万元)

B. (5+1)÷(1+3%)×3%=0.1748(万元)

C. 5÷(1+3%)×3%=0.1456(万元)

D. (5+1)÷(1+3%)×2%=0.1165(万元)

3. 计算20日销售旧固定资产应确认增值税税额的下列算式中,正确的是(　　)。

A. 1 000÷(1+3%)×2%=19.42(元)

B. 1 000÷(1+3%)×3%=29.13(元)

C. (1 000×5)÷(1+3%)×2%=97.09(元)

D. (1 000×5)÷(1+3%)×3%=145.63(元)

4. 出租闲置办公区涉及增值税及房产税的下列计算中正确的是(　　)。

A. 当月确认增值税=30÷(1+5%)×5%=1.43(万元)

B. 当月确认增值税=30÷12÷(1+5%)×5%=0.12(万元)

C. 房产税=30÷(1+5%)×12%=3.43(万元)

D. 房产税=30÷(1+5%)×(1−30%)×12%=2.4(万元)

(二) 甲公司为增值税一般纳税人,2021年5月有关生产经营情况如下:

(1) 以还本销售方式向乙办公设备租赁公司销售一批办公桌,取得含增值税销售额169 500元,合同约定甲公司5年向乙退还全部货款的80%。

(2) 销售员工乘坐飞机出差,取得注明员工身份信息的航空运输电子客票行程单,票价合计87 200元、民航发展基金2 000元。

(3) 外购300台空调发放职工福利。

(4) 委托加工实木书柜奖励员工。

(5) 自产会议桌交给丙家具城代销。

(6) 购进的机床投资给丁家具工厂。

(7) 出租一处经营用房

已知:销售增值税税率为13%,购进航空旅客运输服务进项税额9%,取得扣税凭证均符合规定,并于当月扣除。(2022年)

要求:根据上述资料,不考虑其他因素,分析回答下列小题。

1. 销售办公桌增值税销项税额的计算公式是(　　)。

A. 1 695 000×(1−80%)÷(1+13%)×13%

B. 1 695 000×80%×13%

C. 1 695 000×13%

D. 1 695 000÷(1+13%)×13%

2. 甲公司当月取得航空运输电子客票行程单,准予抵扣进项税额的计算公式是(　　)。

A. 87 200÷(1+9%)×9%

B. [87 200÷(1+9%)+2 000]×9%

C. 87 200×9%

D. (87 200+2 000)×9%

3. 应当视同销售增值税的是(　　)。

A. 委托加工实木书柜奖给员工

B. 将购进的机床作为投资给丁家具工厂

C. 资产会议桌交给丙家具城代销

D. 外购300台空调发放职工福利

4. 甲公司出租经营用房缴纳的税费是(　　)。

A. 房产税　　B. 契税　　C. 增值税　　D. 土地增值税

项目七 税收征管法律制度

知识目标

了解：税收征收管理法的概念、适用范围和适用对象；税务管理的概念；税款征收法定原则；无欠税证明的开具；税务行政复议的概念。

熟悉：税收征纳主体的权利和义务；税款征收方式；税收减免和税款退还；补缴税款和税款追缴；被检查人的义务；纳税信用管理；税收违法行为检举管理；重大税收违法失信案件信息公布；税务行政复议的申请、受理、审查和决定；税务管理相对人税收违法行为的法律责任；税务行政主体税收违法行为的法律责任。

掌握：税务登记管理的规定；账簿和凭证管理的规定；发票管理的规定；纳税申报管理的规定；应纳税额的核定、调整和缴纳；税款征收的保障措施；税务机关在税务检查中的职权和职责；税务行政复议范围；税务行政复议管辖。

技能目标

能够办理税务登记和纳税申报工作；能够办理发票领购和开具工作。

素质目标

运用所学的税收征收管理法律制度知识研究相关案例，培养和提高学生在特定业务情境中分析问题与决策设计的能力；结合行业规范或标准，运用税收征收管理法律知识分析行为的善恶，强化学生的职业道德素质。

思政引例

偷税想逃跑，追踪到你家

思政元素

李某是河南省嵩县九店乡里沟村的一个烧炭户。他于2023年2月份开始正式加工焦炭，既不办理税务登记证，也不到税务所申报纳税。饭坡税务所税务人员了解到这一情况后，多次上门催缴，可民工总是谎称李老板不在。

4月初，饭坡税务所经报县局领导批准向李某下达了《税务稽查通知书》，李某见势不妙，弃窑逃离。过了几天，李某派其弟带车转移窑内焦炭，被该所稽查人员发现，采取了税收保全措施。不得已，李某从汝阳赶到税务所，拿出3 000元钱打算贿赂税务人员，被税务人员严词拒绝。为了防止李某出逃，使这笔税款尽快入库，最后该所决定，派出3名税务人员跟随李某到汝阳追缴税款。最终，李某看这笔税款非缴不可，无奈之下，只好缴纳了税款6 000元。

思考：税收保全的措施有哪些？

知识精讲

动漫视频

税收征收管理法

任务一 税收征收管理法概述

一、税收征收管理法的概念

税收征收管理法，是指调整税收征收与管理过程中所发生的社会关系的法律规范的总称，包括税收征收管理法律、税收征收管理行政法规和有关税收征收管理的规章制度等。税收征收管理法属于税收程序法，它是以规定税收实体法中所确定的权利义务的履行程序为主要内容的法律规范，是税法的有机组成部分。我国现行的税收征收管理法律制度的核心是1992年9月4日第七届全国人大常委会第二十七次会议通过，现已历经一次修订、三次修正的《中华人民共和国税收征收管理法》(以下简称《征管法》)。它是中华人民共和国成立后的第一部税收程序法,也是我国税收征收管理的基本法。此外,还有国务院发布的《中华人民共和国税收征收管理法实施细则》,财政部发布的《中华人民共和国发票管理办法》,国家税务总局发布的《税务登记管理办法》《中华人民共和国发票管理办法实施细则》《税务行政复议规则》等。这些法律规范构成了我国税收征收管理法律制度的主要内容。

二、税收征收管理法的适用范围

凡依法由税务机关征收的各种税收的征收管理,均适用《征管法》。就现行有效税种而言,增值税、消费税、企业所得税、个人所得税、资源税、城镇土地使用税、土地增值税、车船税、车辆购置税、房产税、印花税、城市维护建设税、环境保护税等税种的征收管理适用《征管法》。

由海关负责征收的关税以及海关代征的进口环节的增值税、消费税,依照法律、行政法规的有关规定执行。

我国同外国缔结的有关税收的条约、协定同《征管法》有不同规定的,依照条约、协定的规定办理。

三、征纳双方的权利和义务

征纳双方在税收征收管理中既享有各自的权利,也须承担各自的义务,它们共同构成了税收法律关系的内容。

(一) 征税主体的权利与义务

征税主体的权利与义务直接体现为征税机关和税务人员的职权和职责。

1. 征税主体的职权

征税主体作为国家税收征收管理的职能部门,享有税务行政管理权。征税机关和税务人员的职权主要如下:

(1) 税收立法权。税收立法权包括参与起草税收法律法规草案,提出税收政策建议,在职权范围内制定、发布关于税收征收管理的部门规章等。

(2) 税务管理权。税务管理权包括对纳税人进行税务登记管理、账簿和凭证管理、发票管理、纳税申报管理等。

(3) 税款征收权。税款征收权是征税主体享有的最基本、最主要的职权。税款征收权包括依法计征权、核定税款权、税收保全和强制执行权、追征税款权等。

(4) 税务检查权。税务检查权包括查账权、场地检查权、询问权、责成提供资料权、存款账户核查权等。

(5) 税务行政处罚权。税务行政处罚权是对税收违法行为依照法定标准予以行政制裁的职权,如罚款等。

(6) 其他职权。如在法律、行政法规规定的权限内,对纳税人的减、免、退、延期缴纳的申请予以审批的权利;阻止欠税纳税人离境的权利;委托代征权;估税权;代位权与撤销权;定期对纳税人欠缴税款情况予以公告的权利;上诉权等。

2. 征税主体的义务

(1) 宣传税收法律、行政法规,普及纳税知识,无偿为纳税人提供纳税咨询服务。

(2) 依法为纳税人、扣缴义务人的情况保守秘密,为检举违反税法行为者保密。纳税人、扣缴义务人的税收违法行为不属于保密范围。

(3) 加强队伍建设,提高税务人员的政治业务素质。

(4) 秉公执法,忠于职守,清正廉洁,礼貌待人,文明服务,尊重和保护纳税人、扣缴义务人的权利，依法接受监督。

(5) 税务人员不得索贿受贿、徇私舞弊、玩忽职守、不征或者少征应征税款；不得滥用职权多征税款或者故意刁难纳税人和扣缴义务人。

(6) 税务人员在核定应纳税额、调整税收定额、进行税务检查、实施税务行政处罚、办理税务行政复议时，与纳税人、扣缴义务人或者其法定代表人、直接责任人有利害关系，包括夫妻关系、直系血亲关系、三代以内旁系血亲关系、近姻亲关系、可能影响公正执法的其他利害关系的，应当回避。

(7) 建立、健全内部制约和监督管理制度。上级税务机关应当对下级税务机关的执法活动依法进行监督。各级税务机关应当对其工作人员执行法律、行政法规和廉洁自律准则的情况进行监督检查。

(二) 纳税主体的权利和义务

在税收法律关系中，纳税主体处于行政管理相对人的地位，须承担纳税义务，也享有相应的法定权利。

(1) 纳税主体的权利：①知情权；②要求保密权；③依法享受税收优惠权；④申请退还多缴税款权；⑤申请延期申报权；⑥纳税申报方式选择权；⑦申请延期缴纳税款权；⑧索取有关税收凭证的权利；⑨委托税务代理权；⑩陈述权、申辩权；⑪对未出示税务检查证和税务检查通知书的拒绝检查权；⑫依法要求听证的权利；⑬税收法律救济权；⑭税收监督权。

(2) 纳税主体的义务：①按期办理税务登记，及时核定应纳税种、税目；②依法设置账簿、保管账簿和有关资料以及依法开具，使用、取得和保管发票的义务；③财务会计制度和会计核算软件备案的义务；④按照规定安装、使用税控装置的义务；⑤按期、如实办理纳税申报的义务；⑥按期缴纳或解缴税款的义务；⑦接受税务检查的义务；⑧代扣、代收税款的义务；⑨及时提供信息的义务，如纳税人有歇业、经营情况变化、遭受各种灾害等特殊情况的，应及时向征税机关说明等；⑩报告其他涉税信息的义务，如企业合并、分立的报告义务等。

任务二 税务管理

一、税务管理的概念

税务管理，是指税收征收管理机关为了贯彻执行国家税收法律制度，加强税收工作，协调征税关系而对纳税人和扣缴义务人实施的基础性的管理制度和管理行为。

【提示1】 税务管理主要包括税务登记管理、账簿和凭证管理、发票管理、纳税申报管理和涉税专业服务管理等。

【提示2】 税务管理是税收征收管理的重要内容，是税款征收的前提和基础。

二、税务登记

税务登记是税务机关对纳税人的基本情况及生产经营项目进行登记管理的一项基本制度，是税务机关对纳税人实施管理、了解掌握税源情况的基础，也是纳税人为履行纳税义务就有关纳税事宜依法向税务机关办理登记的一种法定手续。

税务登记是整个税收征收管理的起点。税务登记的作用在于掌握纳税人的基本情况和税源分布情况。从税务登记开始，纳税人的身份及征纳双方的法律关系即得到确认。

(一) 税务登记申请人

企业，企业在外地设立的分支机构和从事生产、经营的场所，个体工商户和从事生产、经营的事业单位(统称从事生产、经营的纳税人),都应当办理税务登记。

从事生产、经营的纳税人以外的纳税人,除国家机关、个人和无固定生产经营场所的流动性农村小商贩外(统称非从事生产经营但依照规定负有纳税义务的单位和个人),也应当办理税务登记。

根据税收法律、行政法规的规定,负有扣缴税款义务的扣缴义务人(国家机关除外),应当办理扣缴税款登记。

(二) 税务登记主管机关

县以上(含本级,下同)税务局(分局)是税务登记的主管机关,负责税务登记的设立登记、变更登记、注销登记以及非正常户处理、报验登记等有关事项。

县以上税务局(分局)按照国务院规定的税收征收管理范围,实施属地管理,采取联合登记或者分别登记的方式办理税务登记。在有条件的城市,可以按照"各区分散受理、全市集中处理"的原则办理税务登记。

(三) 税务登记的内容

根据我国法律和行政法规的规定,我国现行税务登记包括设立(开业)税务登记、变更税务登记、注销税务登记、外出经营报验登记以及停业、复业登记等。

1. 设立(开业)税务登记

设立(开业)税务登记,是指纳税人依法成立并经工商行政管理登记后,为确认其纳税人的身份,纳入国家税务管理体系而到税务机关进行的登记。

1) 办理税务登记的地点

从事生产、经营的纳税人、向生产、经营所在地税务机关办理税务登记。非从事生产经营但依照规定负有纳税义务的其他纳税人,向纳税义务发生地税务机关办理税务登记。

税务机关对纳税人税务登记地点发生争议的,由其共同的上级税务机关指定管辖。

2) 申报办理税务登记的时限

(1) 从事生产、经营的纳税人领取工商营业执照的,应当自领取工商营业执照之日起 30 日内申报办理税务登记,税务机关发放税务登记证及副本。

(2) 从事生产、经营的纳税人未办理工商营业执照但经有关部门批准设立的,应当自有关部门批准设立之日起 30 日内申报办理税务登记,税务机关发放税务登记证及副本。

(3) 从事生产、经营的纳税人未办理工商营业执照也未经有关部门批准设立的,应当自纳税义务发生之日起 30 日内申报办理税务登记,税务机关发放临时税务登记证及副本。

(4) 有独立的生产经营权、在财务上独立核算并定期向发包人或者出租人上交承包费或租金的承包承租人,应当自承包承租合同签订之日起 30 日内,向其承包承租业务发生地税务机关申报办理税务登记,税务机关发放临时税务登记证及副本。

(5) 境外企业在中国境内承包建筑、安装、装配、勘探工程和提供劳务的,应当自项目合同或协议签订之日起 30 日内,向项目所在地税务机关申报办理税务登记,税务机关发放临时税务登记证及副本。

(6) 非从事生产经营但依照规定负有纳税义务的其他纳税人,除国家机关、个人和无固定生产、经营场所的流动性农村小商贩外,均应当自纳税义务发生之日起 30 日内,向纳税义务发生地税务机关申报办理税务登记,税务机关发放税务登记证及副本。

3) 办理税务登记的程序

(1) 申请税务登记。纳税人应当在规定的时限内,向主管税务机关申报办理税务登记,并根据不同情况向主管税务机关如实提供以下证件和资料:①工商营业执照或其他核准执业证件;②有关合同、章程、协议书;③组织机构统一代码证书;④法定代表人或负责人或业主的居民身份证、护照或者其他合法证件。其他需要提供的有关证件、资料，由省、自治区、直辖市税务机关确定。

(2) 填写税务登记表。纳税人在申报办理税务登记时，应当如实填写税务登记表。税务登记表的主要内容包括：①单位名称、法定代表人或者业主姓名及其居民身份证、护照或者其他合法证件的号码；②住所、经营地点、登记类型；③核算方式；④生产经营方式；⑤生产经营范围；⑥注册资金(资本)、投资总额；⑦生产经营期限；⑧财务负责人、联系电话；⑨国家税务总局确定的其他有关事项。

(3) 税务登记证件的核发和管理。纳税人提交的证件和资料齐全且税务登记表的填写内容符合规定的，税务机关应当日办理并发放税务登记证件。纳税人提交的证件和资料不齐全或税务登记表的填写内容不符合规定的，税务机关应当场通知其补正或重新填报。

为提升政府行政服务效率，降低市场主体创设的制度性交易成本，激发市场活力和社会创新力，自 2015 年 10 月 1 日起，登记制度改革在全国推行。随着国务院简政放权、放管结合、优化服务的“放管服”改革不断深化，登记制度改革从“三证合一”推进为“五证合一”，又进一步推进为“多证合一、一照一码”。即在全面实施企业、农民专业合作社工商营业执照、组织机构代码证、税务登记证、社会保险登记证、统计登记证“五证合一、一照一码”登记制度改革和个体工商户工商营业执照、税务登记证“两证整合”的基础上，将涉及企业、个体工商户和农民专业合作社(统称企业)登记、备案有关事项和各类证照进一步整合到营业执照上，实现“多证合一、一照一码”。使“一照一码”营业执照成为企业唯一的“身份证”，使统一社会信用代码成为企业唯一的身份代码，实现企业“一照一码”走天下。由此，纳税人以 18 位统一社会信用代码为其纳税人识别号，按照现行规定办理税务登记，发放税务登记证件。

纳税人应当将税务登记证件正本在其生产、经营场所或者办公场所公开悬挂，接受税务机关检查。

税务登记证件的主要内容包括：纳税人名称、税务登记代码、法定代表人或负责人、生产经营地址、登记类型、核算方式、生产经营范围(主营、兼营)、发证日期、证件有效期等。

纳税人办理开立银行账户和领购发票事项时，必须提供税务登记证件。纳税人办理其他税务事项时，应当出示税务登记证件，经税务机关核准相关信息后办理手续。

税务机关对税务登记证件实行定期验证和换证制度。纳税人应当在规定的期限内持有关证件到主管税务机关办理验证或者换证手续。

纳税人遗失税务登记证件的，应当在 15 日内书面报告主管税务机关，并登报声明作废。

2. 变更税务登记

变更税务登记，是指纳税人办理设立税务登记后，因登记内容发生变化，需要对原有登记内容进行更改，而向主管税务机关申报办理的税务登记。

纳税人已在市场监管部门办理变更登记的，应当自变更登记之日起 30 日内，向原税务登记机关申报办理变更税务登记。

纳税人按照规定不需要在市场监管部门办理变更登记，或者其变更登记的内容与工商登记内容无关的，应当自税务登记内容实际发生变化之日起 30 日内，或者自有关机关批准或者宣布变更之日起 30 日内，到原税务登记机关申报办理变更税务登记。

纳税人提交的有关变更登记的证件、资料齐全的，应如实填写税务登记变更表，符合规定的，税务机关应当日办理；不符合规定的，税务机关应通知其补正。

税务机关应当于受理当日办理变更税务登记。纳税人税务登记表和税务登记证中的内容都发生变更的，税务机关按变更后的内容重新发放税务登记证件；纳税人税务登记表的内容发生变更而税务登记证中的内容未发生变更的，税务机关不重新发放税务登记证。

3. 停业、复业登记

停业、复业登记，是指实行定期定额征收方式的纳税人，因自身经营的需要暂停经营或者恢复经营而向主管税务机关申请办理的税务登记手续。

1）停业登记

实行定期定额征收方式的个体工商户需要停业的，应当在停业前向税务机关申报办理停业登记。纳税人的停业期限不得超过1年。

纳税人在申报办理停业登记时，应如实填写停业复业报告书，说明停业理由、停业期限、停业前的纳税情况和发票的领、用、存情况，并结清应纳税款、滞纳金、罚款。税务机关应收存其税务登记证件及副本、发票领购簿、未使用完的发票和其他税务证件。纳税人在停业期间发生纳税义务的，应当按照税收法律、行政法规的规定申报缴纳税款。

2）复业登记

纳税人应当于恢复生产经营之前，向税务机关申报办理复业登记、如实填写停业复业报告书，领回并启用税务登记证件、发票领购簿及其停业前领购的发票。

【注意】 纳税人停业期满不能及时恢复生产经营的，应当在停业期满前到税务机关办理延长停业登记，并如实填写停业复业报告书。

4. 外出经营报验登记

外出经营报验登记是指从事生产经营的纳税人到外县（市）进行临时性的生产经营活动时，按规定申报办理的税务登记手续。

纳税人跨省税务机关管辖区域（以下简称跨省）经营的，应当在外出生产经营以前，持税务登记证到主管税务机关开具《外出经营活动税收管理证明》（以下简称《外管证》）。纳税人在省税务机关管辖区域内跨县（市）经营的，是否开具《外管证》由省税务机关自行确定。

税务机关按照“一地一证”的原则，发放《外管证》的有效期限一般为30日，最长不得超过180日，但建筑安装行业纳税人项目合同期限超过180日的，按照合同期限确定有效期限。

纳税人应当在《外管证》注明地进行生产经营前，向当地税务机关报验登记并提交税务登记证副本和《外管证》（实行实名办税的纳税人，可不提供）。从事建筑安装的纳税人另需提供外出经营合同或外出经营活动情况说明。纳税人在《外管证》注明地销售货物的，除提交以上证件、资料外，还应如实填写外出经营货物报验单，申报纳税人应当自《外管证》签发之日起30日内，持《外管证》向经营地税务机关报验登记，并接受经营地税务机关的管理。

【提示】 纳税人外出经营活动结束，应当向经营地税务机关填报《外出经营活动情况申报表》，并结清税款，缴销发票。

纳税人应当在《外管证》有效期届满后10日内，持《外管证》回原税务登记地税务机关办理《外管证》缴销手续。

5. 注销税务登记

注销税务登记，是指纳税人由于出现法定情形终止纳税义务时，向原税务机关申请办理的取消税务登记的手续。办理注销税务登记后，该当事人不再接受原税务机关的管理。

1）办理注销税务登记的原因

纳税人发生以下情形的，向主管税务机关申报办理注销税务登记：①纳税人发生解散、破产、撤销以及其他情形，依法终止纳税义务的；②纳税人被市场监管部门吊销营业执照或者被其他机关予以撤销登记的；③纳税人因住所、经营地点变动，涉及变更税务登记机关的；④境外企业在中国境内承包建筑、安装、装配、勘探工程和提供劳务的，项目完工、离开中国的。

2）申报办理注销税务登记的时限

（1）纳税人发生解散、破产、撤销以及其他情形，依法终止纳税义务的、应当在向市场监管部门或者其他机关办理注销登记前，持有关证件和资料向原税务登记机关申报办理注销税务登记；按规定不需要在市场监管部门或者其他机关办理注册登记的，应当自有关机关批准或者宣告终止之日起15日内，持有关证件和资料向原税务登记机关申报办理注销税务登记。

(2) 纳税人被市场监管部门吊销营业执照或者被其他机关予以撤销登记的，应当自营业执照被吊销或者被撤销登记之日起15日内，向原税务登记机关申报办理注销税务登记。

(3) 纳税人因住所、经营地点变动，涉及改变税务登记机关的，应当在向市场监管部门或者其他机关申请办理变更、注销登记前，或者住所、经营地点变动前，持有关证件和资料，向原税务登记机关申报办理注销税务登记，并自注销税务登记之日起30日内向迁达地税务机关申报办理税务登记。

(4) 境外企业在中国境内承包建筑、安装、装配、勘探工程和提供劳务的，应当在项目完工、离开中国前15日内，持有关证件和资料，向原税务登记机关申报办理注销税务登记。

3) 清税证明的出具

(1) 已实行"多证合一、一照一码"登记模式的企业办理注销登记，须先向主管税务机关申报清税，填写清税申报表。清税完毕后，受理税务机关根据清税结果向纳税人统一出具清税证明。

(2) 清税证明免办。向市场监管部门申请简易注销的纳税人，未办理过涉税事宜或办理过涉税事宜但未领用发票、无欠税(滞纳金)及罚款的，可免予到税务机关办理清税证明，直接向市场监管部门申请办理注销登记。

(3) 清税证明即办。向市场监管部门申请简易注销的纳税人，未办理过涉税事宜且主动到税务机关办理清税的，税务机关可根据纳税人提供的营业执照即时出具清税文书。办理过涉税事宜但未领用发票、无欠税(滞纳金)及罚款的纳税人，主动到税务机关办理清税，资料齐全的，税务机关即时出具清税文书；资料不齐的，可采取"承诺制"容缺办理，在其作出承诺后，即时出具清税文书。

经人民法院裁定宣告破产的纳税人，持人民法院终结破产程序裁定书向税务机关申请税务注销的，税务机关即时出具清税文书，按照有关规定核销"死欠"。

对向市场监管部门申请一般注销的纳税人，税务机关在为其办理税务注销时，进一步落实限时办结规定。对未处于税务检查状态、无欠税(滞纳金)及罚款、已缴销增值税专用发票及税控专用设备，且具备法定情形之一的纳税人，优化即时办结服务，采取"承诺制"容缺办理，即：纳税人在办理税务注销时，若资料不齐，可在其作出承诺后，税务机关即时出具清税文书。这里的法定情形是指纳税信用级别为A级和B级的纳税人；控股母公司纳税信用级别为A级的M级纳税人；省级人民政府引进人才或经省级以上行业协会等机构认定的行业领军人才等创办的企业；未纳入纳税信用级别评价的定期定额个体工商户；未达到增值税纳税起征点的纳税人。纳税人应按承诺的时限补齐资料并办结相关事项，未履行承诺的，税务机关将对其法定代表人、财务负责人纳入纳税信用D级管理。

4) 优化税务注销登记程序的其他规定

纳税人办理注销税务登记前，应当向税务机关提交相关证明文件和资料，结清应纳税款、多退(免)税款、滞纳金和罚款，缴销发票、税务登记证件和其他税务证件，经税务机关核准后，办理注销税务登记手续。

处于非正常状态纳税人在办理税务注销前，需先解除非正常状态，补办纳税申报手续。纳税人符合非正常状态期间增值税，消费税和相关附加需补办的申报均为零申报的，或者非正常状态期间企业所得税月(季)度预缴需补办的申报均为零申报，且不存在弥补前期亏损情况的，税务机关可打印相应税种和相关附加的《批量零申报确认表》，经纳税人确认后，进行批量处理。

纳税人办理税务注销前，无须向税务机关提出终止委托扣款协议书申请。税务机关办结税务注销后，委托扣款协议自动终止。

对已实行实名办税的纳税人，免予提供以下证件、资料：①税务登记证正（副）本、临时税务登记证正（副）本和发票领购簿；②市场监督管理部门吊销营业执照决定原件（复印件）；③上级主管部门批复文件或董事会决议原件（复印件）；④项目完工证明、验收证明等相关文件原件（复印件）。

6. 临时税务登记

从事生产、经营的个人应办而未办营业执照，但发生纳税义务的，可以按规定申请办理临时税务登记。

7. 非正常户的认定与解除

已办理税务登记的纳税人未按照规定的期限进行纳税申报，税务机关依法责令其限期改正；纳税人逾期不改正的，税务机关可以收缴其发票或者停止向其发售发票。

【注意】 纳税人负有纳税申报义务，但连续3个月所有税种均未进行纳税申报的，税收征管系统自动将其认定为非正常户，并停止其发票领购簿和发票的使用。

对欠税的非正常户，税务机关依照《征管法》的规定追征税款及滞纳金。

已认定为非正常户的纳税人，就其逾期未申报行为接受处罚、缴纳罚款，并补办纳税申报的，税收征管系统自动解除非正常状态，无须纳税人专门申请解除。

8. 扣缴税款登记

根据税收法律、行政法规的规定，负有扣缴税款义务的扣缴义务人（国家机关除外），应当办理扣缴税款登记。

已办理税务登记的扣缴义务人应当自扣缴义务发生之日起30日内，向税务登记地税务机关申报办理扣缴税款登记。税务机关在其税务登记证件上登记扣缴税款事项，税务机关不再发放扣缴税款登记证件。

根据税收法律、行政法规的规定可不办理税务登记的扣缴义务人，应当自扣缴义务发生之日起30日内，向机构所在地税务机关申报办理扣缴税款登记，并由税务机关发放扣缴税款登记证件。

三、账簿和凭证管理

账簿和凭证是纳税人进行生产经营活动和核算财务收支的重要资料，也是税务机关对纳税人进行征税、管理、核查的重要依据。纳税人所使用的凭证、登记的账簿、编制的报表及其所反映的内容是否真实可靠，直接关系到计证税款依据的真实性，从而影响应纳税款及时足额入库。账簿、凭证管理是税收管理的基础性工作。

（一）账簿的设置

纳税人、扣缴义务人应按照有关法律、行政法规和国务院财政、税务主管部门的规定设置账簿，根据合法、有效凭证记账，进行核算。具体要求如下：

(1) 从事生产、经营的纳税人应当自领取营业执照或者发生纳税义务之日起15日内，按照国家有关规定设置账簿。

(2) 生产、经营规模小又确无建账能力的纳税人，可以聘请经批准从事会计代理记账业务的专业机构或者经税务机关认可的财会人员代为建账和办理账务。聘请上述机构或者人员有实际困难的，经县以上税务机关批准，可以按照税务机关的规定，建立收支凭证粘贴簿、进货销货登记簿或者使用税控装置。

(3) 扣缴义务人应当自税收法律、行政法规规定的扣缴义务发生之日起10日内，按照所代扣、代收的税种，分别设置代扣代缴、代收代缴税款账簿。

(二) 纳税人财务会计制度及其处理办法

纳税人的财务会计制度及其处理办法,是其进行会计核算的依据,直接关系到计税依据是否真实合理。

(1) 纳税人使用计算机记账的,应当在使用前将会计电算化系统的会计核算软件、使用说明书以及有关资料报送主管税务机关备案。纳税人建立的会计电算化系统应当符合国家有关规定,并能正确、完整核算其收入或者所得。

(2) 纳税人、扣缴义务人的财务、会计制度或者财务、会计处理办法与国务院或者国务院财政、税务主管部门有关税收的规定抵触的,依照国务院或者国务院财政、税务主管部门有关税收的规定计算应纳税款、代扣代缴和代收代缴税款。

(3) 账簿、会计凭证和报表,应当使用中文。民族自治地方可以同时使用当地通用的一种民族文字。外商投资企业和外国企业可以同时使用一种外国文字。

(三) 账簿、凭证等涉税资料的保存

从事生产、经营的纳税人、扣缴义务人必须按照国务院财政、税务主管部门规定的保管期限保管账簿、记账凭证、完税凭证及其他有关资料。账簿、记账凭证、报表、完税凭证、发票、出口凭证以及其他有关涉税资料应当保存10年,但是法律、行政法规另有规定的除外。账簿、记账凭证、完税凭证及其他有关资料不得伪造、变造或者擅自损毁。

四、发票管理

发票,是指在购销商品、提供或者接受服务以及从事其他经营活动中,开具、收取的收付款凭证。它是确定经营收支行为发生的法定凭证,是会计核算的原始依据,也是税务稽查的重要依据。

(一) 发票的类型和适用范围

1. 发票的类型

(1) 增值税专用发票:增值税专用发票和机动车销售统一发票。

(2) 增值税普通发票:增值税普通发票(折叠票)、增值税电子普通发票和增值税普通发票(卷票)。

(3) 其他发票:农产品收购发票、农产品销售发票、门票、过路(过桥)费发票、定额发票、客运发票和二手车销售统一发票等。

(4) 网络发票:网络发票是指符合国家税务总局统一标准并通过国家税务总局及省、自治区、直辖市税务局公布的网络发票管理系统开具的发票。开具发票的单位和个人在网络出现故障,无法在线开具发票时,可离线开具发票。开具发票后,不得改动开票信息,并于48小时内上传开票信息。

2. 发票适用的范围

(1) 增值税一般纳税人:①增值税一般纳税人销售货物、提供加工修理修配劳务和发生应税行为,使用新系统开具增值税专用发票、增值税普通发票、机动车销售统一发票、增值税电子普通发票;②自2018年4月1日起,二手车交易市场、二手车经销企业、经纪机构和拍卖企业应当通过新系统开具二手车销售统一发票。通过新系统开具的二手车销售统一发票与现行二手车销售统一发票票样保持一致;③单位和个人可以登录全国增值税发票查验平台对新系统开具的发票信息进行查验。

(2) 增值税小规模纳税人:①增值税小规模纳税人销售货物、提供加工修理修配劳务月销售额超过3万元(按季纳税9万元),或者销售服务、无形资产月销售额超过3万元(按季纳税9万元),使用新系统开具增值税普通发票、机动车销售统一发票、增值税电子普通发票;②自2018年

2月1日起,月销售额超过3万元(或季销售额超过9万元)的工业以及信息传输、软件和信息技术服务业增值税小规模纳税人发生增值税应税行为,需要开具增值税专用发票的,可以通过新系统自行开具。上述纳税人销售其取得的不动产,需要开具增值税专用发票的,应当按照有关规定向税务机关申请代开。

(3) 纳税人可依法书面向税务机关要求使用印有本单位名称的增值税普通发票(折叠票)或增值税普通发票(卷票),税务机关按规定确认印有该单位名称发票的种类和数量。

纳税人通过新系统开具印有本单位名称的增值税普通发票(折叠票)或增值税普通发票(卷票)。

(4) 门票、过路(过桥)费发票、定额发票、客运发票和二手车销售统一发票继续使用。

(5) 税务机关使用新系统代开增值税专用发票和增值税普通发票。代开增值税专用发票使用六联票,代开增值税普通发票使用五联票。

(二) 发票的开具和使用

1. 发票的开具

(1) 销售商品、提供服务以及从事其他经营活动的单位和个人,对外发生经营业务收取款项,收款方应当向付款方开具发票;但下列情况,由付款方向收款方开具发票:①收购单位和扣缴义务人支付个人款项时;②国家税务总局认为其他需要由付款方向收款方开具发票的。

(2) 所有单位和从事生产、经营活动的个人在购买商品、接受服务以及从事其他经营活动支付款项,应当向收款方取得发票。取得发票时,不得要求变更品名和金额。

开具发票应当按照规定的时限、顺序、栏目,全部联次一次性如实开具,并加盖发票专用章。不符合规定的发票,不得作为财务报销凭证,任何单位和个人有权拒收。

任何单位和个人不得有下列虚开发票行为:①为他人、为自己开具与实际经营业务情况不符的发票;②让他人为自己开具与实际经营业务情况不符的发票;③介绍他人开具与实际经营业务情况不符的发票。

2. 发票的使用和保管

任何单位和个人应当按照发票管理规定使用发票,不得有下列行为:①转借、转让、介绍他人转让发票、发票监制章和发票防伪专用品;②知道或者应当知道是私自印制、伪造、变造、非法取得或者废止的发票而受让、开具、存放、携带、邮寄、运输;③拆本使用发票;④扩大发票使用范围;⑤以其他凭证代替发票使用。

开具发票的单位和个人应当建立发票使用登记制度,设置发票登记簿,并定期向主管税务机关报告发票使用情况。开具发票的单位和个人应当在办理变更或者注销税务登记的同时,办理发票和发票领购簿的变更、缴销手续。开具发票的单位和个人应当按照税务机关的规定存放和保管发票,不得擅自损毁。已经开具的发票存根联和发票登记簿,应当保存5年。保存期满,报经税务机关查验后销毁。

(三) 发票的检查

税务机关在发票管理中有权进行下列检查:①检查印制、领购、开具、取得、保管和缴销发票的情况;②调出发票查验;③查阅、复制与发票有关的凭证、资料;④向当事各方询问与发票有关的问题和情况;⑤在查处发票案件时,对与案件有关的情况和资料,可以记录、录音、录像、照相和复制。

印制、使用发票的单位和个人,必须接受税务机关依法检查,如实反映情况,提供有关资料,不得拒绝、隐瞒。税务人员进行检查时,应当出示税务检查证。

税务机关需要将已开具的发票调出查验时,应当向被查验的单位和个人开具发票换票证。发票换票证与所调出查验的发票有同等的效力。被调出查验发票的单位和个人不得拒绝接受。税务机关需要将空白发票调出查验时,应当开具收据。经查无问题的,应当及时返还。

五、纳税申报

纳税申报，是指纳税人、扣缴义务人按照法律、行政法规的规定，在申报期内就纳税事项向税务机关书面申报的一种法定手续。纳税申报是纳税人履行纳税义务、界定法律责任的主要依据。

（一）纳税申报的内容

纳税人、扣缴义务人的纳税申报或者代扣代缴、代收代缴税款报告表的主要内容包括税种、税目；应纳税项目或者应代扣代缴、代收代缴税款项目；计税依据；扣除项目及标准；适用税率或者单位税额；应退税项目及税额、应减免税项目及税额；应纳税额或者应代扣代缴、代收代缴税额；税款所属期限、延期缴纳税款、欠税、滞纳金等。

（二）纳税申报的方式

纳税申报方式，是指纳税人和扣缴义务人在纳税申报期限内，依照规定到指定税务机关进行申报纳税的形式。纳税申报的方式主要有以下几种：

(1) 自行申报。自行申报也称直接申报，是指纳税人、扣缴义务人按照规定的期限自行直接到主管税务机关（报税大厅）办理纳税申报手续。这是一种传统的申报方式。

(2) 邮寄申报。邮寄申报，是指经税务机关批准的纳税人使用统一规定的纳税申报专用信封，通过邮政部门办理交寄手续，并向邮政部门索取收据作为申报凭据的方式。邮寄申报以寄出地的邮政局邮戳日期为实际申报日期。

(3) 数据电文申报。数据电文申报，是指以税务机关确定的电话语音、电子数据交换和网络传输等电子方式进行纳税申报。例如，目前纳税人的网上申报，就是数据电文申报方式的一种。纳税人、扣缴义务人采取数据电文方式办理纳税申报的，其申报日期以税务机关计算机网络系统收到该数据电文的时间为准，与数据电文相对应的纸质申报资料的报送期限由税务机关确定。

(4) 其他方式。实行定期定额缴纳税款的纳税人，可以实行简易申报、简并征期等方式申报纳税。简易申报，是指实行定期定额缴纳税款的纳税人，经税务机关批准，通过以缴纳税款凭证代替申报或简并征期的一种申报方式。简并征期，是指实行定期定额缴纳税款的纳税人，经税务机关批准，可以采取将纳税期限合并为按季、半年、年的方式缴纳税款。

（三）纳税申报的其他要求

纳税人在纳税申报时，还应注意以下几点：

(1) 纳税人在纳税期内没有应纳税款的，也应当按照规定办理纳税申报。

(2) 纳税人享受减税、免税待遇的，在减税、免税期间应当按照规定办理纳税申报。

(3) 纳税人、扣缴义务人按照规定的期限办理纳税申报或者报送代扣代缴、代收代缴税款报告表确有困难，需要延期的，应当在规定期限内向税务机关提出书面延期申请，经税务机关核准，在核准的期限内办理。

纳税人、扣缴义务人因不可抗力，不能按期办理纳税申报或者报送代扣代缴、代收代缴税款报告表的，可以延期办理。但是，应当在不可抗力情形消除后立即向税务机关报告。税务机关应当查明事实，予以核准。

经核准延期办理纳税申报、报送事项的，应当在纳税期内按照上期实际缴纳的税额或者税务机关核定的税额预缴税款，并在核准的延期内办理税款结算。

任务三　税 款 征 收

税款征收是税务机关依照税收法律、法规的规定将纳税人依法应当缴纳的税款组织入库的一系列活动的总称。它是税收征收管理工作的中心环节，在整个税收征收管理工作中占有极其重要的地位。

一、税款征收的方式

税款征收方式，是指税务机关根据各税种的不同特点和纳税人的具体情况而确定的计算、征收税款的形式和方法，包括确定征收方式和缴纳方式。目前，税款征收的方式主要有以下几种：

（一）查账征收

查账征收，是指针对财务会计制度健全的纳税人，税务机关依据其报送的纳税申报表、财务会计报表和其他有关纳税资料，依照适用税率，计算其应缴纳税款的税款征收方式。这种征收方式较为规范，符合税收法定的基本原则，适用于财务会计制度健全，能够如实核算和提供生产经营情况，并能正确计算应纳税款和如实履行纳税义务的纳税人。

（二）查定征收

查定征收，是指针对账务不全，但能控制其材料、产量或进销货物的纳税单位或个人，税务机关依据正常条件下的生产能力对其生产的应税产品查定产量、销售额并据以确定其应缴纳税款的税款征收方式。这种征收方式适用于生产经营规模较小、产品零星、税源分散、会计账册不健全，但能控制原材料或进销货物的小型厂矿和作坊。

（三）查验征收

查验征收，是指税务机关对纳税人的应税商品、产品，通过查验数量，按市场一般销售单价计算其销售收入，并据以计算应缴纳税款的税款征收方式。这种征收方式适用于纳税人财务制度不健全，生产经营不固定，零星分散、流动性大的税源。

（四）定期定额征收

定期定额征收，是指税务机关对小型个体工商户在一定经营地点、一定经营时期、一定经营范围内的应纳税经营额（包括经营数量）或所得额进行核定，并以此为计税依据，确定其应缴纳税额的税款征收方式。这种征收方式适用于经主管税务机关认定和县以上税务机关（含县级）批准的生产、经营规模小，达不到《个体工商户建账管理暂行办法》规定的设置账簿标准，难以查账征收，不能准确计算纳税依据的个体工商户（包括个人独资企业，简称定期定额户）。

（五）扣缴征收

扣缴征收包括代扣代缴和代收代缴两种征收方式。扣缴义务人依照法律，行政法规的规定履行代扣、代收税款的义务。税务机关按照规定付给扣缴义务人代扣、代收手续费。对法律、行政法规没有规定负有代扣、代收税款义务的单位和个人，税务机关不得要求其履行代扣、代收税款义务。扣缴义务人依法履行代扣、代收税款义务时，纳税人不得拒绝；纳税人拒绝的，扣缴义务人应当及时报告税务机关处理。

（六）委托征收

委托征收税款，是指税务机关根据有利于税收控管和方便纳税的原则，按照国家有关规定，通过委托形式将税款委托给代征单位或个人以税务机关的名义代为征收，并将税款缴入国库的一种税款征收方式。税务机关向代征单位或个人发给委托代征证书，受托代征单位或个人按照代征证书的要求，以税务机关的名义依法征收税款，纳税人不得拒绝；纳税人拒绝的，受托代征单位或个人应当及时报告税务机关处理。这种征收方式适用于零星分散和异地缴纳的税收。

二、应纳税额的核定和调整

（一）应纳税额的核定

1. 核定应纳税额的情形

纳税人有下列情形之一的，税务机关有权核定其应纳税额：①依照法律、行政法规的规定可以不设置账簿的；②依照法律、行政法规的规定应当设置但未设置账簿的；③擅自销毁账簿或者拒不提供纳税资料的；④虽设置账簿，但账目混乱或者成本资料、收入凭证、费用凭证残缺不全，难以查账的；⑤发生纳税义务，未按照规定的期限办理纳税申报，经税务机关责令限期申报，逾期仍不申报的；⑥纳税人申报的计税依据明显偏低，又无正当理由的。

2. 核定应纳税额的方法

为了减少核定应纳税额的随意性，使核定的税额更接近纳税人实际情况和法定负担水平，税务机关有权采用下列任何一种方法核定应纳税额：①参照当地同类行业或者类似行业中经营规模和收入水平相近的纳税人的税负水平核定；②按照营业收入或者成本加合理的费用和利润的方法核定；③按照耗用的原材料、燃料、动力等推算或者测算核定；④按照其他合理方法核定。

当其中一种方法不足以正确核定应纳税额时，可以同时采用两种以上的方法核定。纳税人对税务机关采取上述方法核定的应纳税额有异议的，应当提供相关证据，经税务机关认定后，调整应纳税额。

（二）应纳税款的调整

1. 应纳税款调整的含义

企业或者外国企业在中国境内设立的从事生产、经营的机构、场所与其关联企业之间的业务往来，应当按照独立企业之间的业务往来收取或者支付价款、费用。关联企业，是指有下列关系之一的公司、企业和其他经济组织：在资金、经营、购销等方面，存在直接或者间接的拥有或者控制关系；直接或者间接地同为第三者所拥有或者控制；在利益上具有相关联的其他关系。独立企业之间的业务往来，是指没有关联关系的企业之间按照公平成交价格和营业常规所进行的业务往来。

纳税人可以向主管税务机关提出与其关联企业之间业务往来的定价原则和计算方法，主管税务机关审核、批准后，与纳税人预先约定有关定价事项，监督纳税人执行。

不按照独立企业之间的业务往来收取或者支付价款、费用，而减少其应纳税的收入或者所得额的，税务机关有权进行合理调整。

2. 应纳税额调整的情形

纳税人与其关联企业之间的业务往来有下列情形之一的，税务机关可以调整其应纳税额：①购销业务未按照独立企业之间的业务往来作价；②融通资金所支付或者收取的利息超过或者低于没有关联关系的企业之间所能同意的数额，或者利率超过或者低于同类业务的正常利率；③提供劳务，未按照独立企业之间业务往来收取或者支付劳务费用；④转让财产、提供财产使用权等业务往来，未按照独立企业之间业务往来作价或者收取、支付费用；⑤未按照独立企业之间业务往来作价的其他情形。

3. 应纳税额调整的方法

纳税人发生上述情形的，税务机关可以按照下列方法调整计税收入额或者所得额：①按照独立企业之间进行的相同或者类似业务活动的价格；②按照再销售给无关联关系的第三者的价格所应取得的收入和利润水平；③按照成本加合理的费用和利润；④按照其他合理的方法。

4. 应纳税额调整的期限

纳税人与其关联企业未按照独立企业之间的业务往来支付价款、费用的，税务机关自该业务往来发生的纳税年度起3年内进行调整；有特殊情况的，可以自该业务往来发生的纳税年度起10年内进行调整。

三、应纳税款的缴纳

（一）应纳税款的当期缴纳

应纳税款的当期缴纳是指纳税人、扣缴义务人按照法律、行政法规规定或者税务机关依照法律、行政法规的规定确定的期限，缴纳或者解缴税款。

税务机关收到税款后，应当向纳税人开具完税凭证。扣缴义务人代扣、代收税款时，纳税人要求扣缴义务人开具代扣、代收税款凭证的，扣缴义务人应当开具。纳税人通过银行缴纳税款的，税务机关可以委托银行开具完税凭证。完税凭证，是指各种完税证、缴款书、印花税票、扣（收）税凭证以及其他完税证明。完税凭证不得转借、倒卖、变造或者伪造。

（二）应纳税款的延期缴纳

纳税人因有特殊困难，不能按期缴纳税款的，经省、自治区、直辖市税务局批准，可以延期缴纳税款，但是最长不得超过3个月。

【提示】 特殊困难是指因不可抗力，导致纳税人发生较大损失，正常生产经营活动受到较大影响的；当期货币资金在扣除应付职工工资、社会保险费后，不足以缴纳税款的。

纳税人需要延期缴纳税款的，应当在缴纳税款期限届满前提出申请，并报送下列材料：申请延期缴纳税款报告，当期货币资金余额情况及所有银行存款账户的对账单，资产负债表，应付职工工资和社会保险费等税务机关要求提供的支出预算。

税务机关应当自收到申请延期缴纳税款报告之日起20日内作出批准或者不予批准的决定；不予批准的，从缴纳税款期限届满之日起加收滞纳金。

四、税款征收措施

为了保证税款征收的顺利进行，《税收征收管理法》及其实施细则赋予了税务机关在税款征收过程中针对不同情况可以采取相应征收措施的职权。

（一）责令缴纳

（1）纳税人未按照规定期限缴纳税款的，扣缴义务人未按照规定期限解缴税款的，税务机关可责令限期缴纳，并从滞纳税款之日起，按日加收滞纳税款万分之五的滞纳金。逾期仍未缴纳的，税务机关可以采取税收强制执行措施。加收滞纳金的起止时间，为税款法定缴纳期限届满次日起至纳税人、扣缴义务人实际缴纳或者解缴税款之日止。

（2）对未按照规定办理税务登记的从事生产、经营的纳税人，以及临时从事经营的纳税人，税务机关核定其应纳税额，责令其缴纳应纳税款。纳税人不缴纳的，税务机关可以扣押其价值相当于应纳税款的商品、货物。扣押后缴纳应纳税款的，税务机关必须立即解除扣押，并归还所扣押的商品、货物；扣押后仍不缴纳应纳税款的，经县以上税务局（分局）局长批准，依法拍卖或者变卖所扣押的商品、货物，以拍卖或者变卖所得抵缴税款。

学中做

（3）税务机关有根据认为从事生产、经营的纳税人有逃避纳税义务行为，可在规定的纳税期之前责令其限期缴纳应纳税款。逾期仍未缴纳的，税务机关有权采取其他税款征收措施。

（4）纳税担保人未按照规定的期限缴纳所担保的税款，税务机关可责令其限期缴纳应纳税款。逾期仍未缴纳的，税务机关有权采取其他税款征收措施。

（二）责令提供纳税担保

纳税担保，是指经税务机关同意或确认，纳税人或其他自然人、法人、经济组织以保证、抵押、质押的方式，为纳税人应当缴纳的税款及滞纳金提供担保的行为。包括经税务机关认可的有纳税担保能力的保证人为纳税人提供的纳税保证，以及纳税人或者第三人以其未设置或者未全部设置担保物权的财产提供的担保。

1. 适用纳税担保的情形

①税务机关有根据认为从事生产、经营的纳税人有逃避纳税义务行为，在规定的纳税期之前经责令其限期缴纳应纳税款，在限期内发现纳税人有明显的转移、隐匿其应纳税的商品、货物，以

及其他财产或者应纳税收入的迹象，责成纳税人提供纳税担保的；②欠缴税款、滞纳金的纳税人或者其法定代表人需要出境的；③纳税人同税务机关在纳税上发生争议而未缴清税款，需要申请行政复议的；④税收法律、行政法规规定可以提供纳税担保的其他情形。

2. 纳税担保范围

纳税担保范围包括税款、滞纳金和实现税款、滞纳金的费用。费用包括抵押、质押登记费用，质押保管费用，以及保管、拍卖、变卖担保财产等相关费用支出。

用于纳税担保的财产、权利的价值不得低于应当缴纳的税款、滞纳金，并考虑相关的费用。纳税担保的财产价值不足以抵缴税款、滞纳金的，税务机关应当向提供担保的纳税人或纳税担保人继续追缴。用于纳税担保的财产、权利的价格估算，除法律、行政法规另有规定外，参照同类商品的市场价、出厂价或者评估价估算。

3. 纳税担保的方式

纳税担保的方式主要有纳税保证、纳税抵押和纳税质押。

(1) 纳税保证。纳税保证是指纳税保证人向税务机关保证，当纳税人未按照税收法律、行政法规规定或者税务机关确定的期限缴清税款、滞纳金时，由纳税保证人按照约定履行缴纳税款及滞纳金的行为。纳税保证须经税务机关认可，税务机关不认可的，保证不成立。

【提示】 纳税保证人，是指在中国境内具有纳税担保能力的自然人、法人或者其他经济组织。

纳税保证人同意为纳税人提供纳税担保的，应当填写纳税担保书。纳税担保书须经纳税人、纳税保证人签字盖章并经税务机关签字盖章同意方为有效。纳税担保从税务机关在纳税担保书签字盖章之日起生效。纳税保证为连带责任保证，纳税人和纳税保证人对所担保的税款及滞纳金承担连带责任。

保证期间为纳税人应缴纳税款期限届满之日起60日，即税务机关自纳税人应缴纳税款的期限届满之日起60日内有权要求纳税保证人承担保证责任，缴纳税款、滞纳金。纳税保证期间内税务机关未通知纳税保证人缴纳税款及滞纳金以承担担保责任的，纳税保证人免除担保责任。

履行保证责任的期限为15日，即纳税保证人应当自收到税务机关的纳税通知书之日起15日内履行保证责任，缴纳税款及滞纳金。纳税保证人未按照规定的履行保证责任的期限缴纳税款及滞纳金的，由税务机关发出责令限期缴纳通知书，责令纳税保证人限期缴纳；逾期仍未缴纳的，经县以上税务局(分局)局长批准，对纳税保证人采取强制执行措施。

(2) 纳税抵押。纳税抵押是指纳税人或纳税担保人不转移对可抵押财产的占有，将该财产作为税款及滞纳金的担保。纳税人逾期未缴清税款及滞纳金的，税务机关有权依法处置该财产以抵缴税款及滞纳金。

纳税人提供抵押担保的，应当填写纳税担保书和纳税担保财产清单。纳税担保财产清单应当写明财产价值以及相关事项。纳税担保书和纳税担保财产清单须经纳税人签字盖章并经税务机关确认。纳税抵押财产应当办理抵押物登记。纳税抵押自抵押物登记之日起生效。

纳税人在规定的期限内未缴清税款、滞纳金的，税务机关应当依法拍卖、变卖抵押物，变价抵缴税款、滞纳金。

(3) 纳税质押。纳税质押是指经税务机关同意，纳税人或纳税担保人将其动产或权利凭证移交税务机关占有，将该动产或权利凭证作为税款及滞纳金的担保。纳税人逾期未缴清税款及滞纳金的，税务机关有权依法处置该动产或权利凭证以抵缴税款及滞纳金。纳税质押分为动产质押和权利质押。

纳税人提供质押担保的，应当填写纳税担保书和纳税担保财产清单并签字盖章。纳税担保财产清单应当写明财产价值及相关事项。纳税质押自纳税担保书和纳税担保财产清单经税务机关确认和质物移交之日起生效。

纳税人在规定的期限内缴清税款及滞纳金的，税务机关应当自纳税人缴清税款及滞纳金之日起3个工作日内返还质物，解除质押关系。纳税人在规定的期限内未缴清税款、滞纳金的，税务机关应当依法拍卖、变卖质物，抵扣税款、滞纳金。

（三）采取税收保全措施

税收保全措施，是指税务机关在规定的纳税期之前，对有逃避纳税义务的纳税人，限制其处理可用作缴纳税款的存款、商品、货物等财产的一种行政措施。其目的是预防纳税人逃避税款缴纳义务，防止以后税款的征收不能保证或难以保证，以保证国家税款的及时、足额入库。

1. 适用税收保全的前提条件

①税务机关有根据认为从事生产、经营的纳税人有逃避纳税义务行为；②纳税人逃避纳税义务的行为发生在规定的纳税期之前，以及在责令限期缴纳应纳税款的限期内；③税务机关责成纳税人提供纳税担保后，纳税人不能提供纳税担保；④经县以上税务局（分局）局长批准。

2. 适用税收保全的情形及措施

经县以上税务局（分局）局长批准，税务机关可以采取的税收保全措施包括：①书面通知纳税人开户银行或者其他金融机构冻结纳税人的金额相当于应纳税款的存款；②扣押、查封纳税人的价值相当于应纳税款的商品、货物或者其他财产。

3. 不适用税收保全的财产

个人及其所扶养家属维持生活必需的住房和用品，不在税收保全措施的范围之内。个人所扶养家属，是指与纳税人共同居住生活的配偶、直系亲属以及无生活来源并由纳税人扶养的其他亲属。个人及其所扶养家属维持生活必需的住房和用品不包括机动车辆、金银饰品、古玩字画、豪华住宅或者一处以外的住房。另外，税务机关对单价5 000元以下的其他生活用品，不采取税收保全措施。

4. 税收保全措施的期限

税务机关采取税收保全措施的期限一般不得超过6个月；重大案件需要延长的，应当报国家税务总局批准。

5. 税收保全措施的解除

①纳税人在规定期限内缴纳了应纳税款的，税务机关必须立即解除税收保全措施；②纳税人在规定的限期期满仍未缴纳税款的，经县以上税务局（分局）局长批准，终止保全措施，转入强制执行措施。

（四）采取强制执行措施

从事生产、经营的纳税人、扣缴义务人未按照规定的期限缴纳或者解缴税款，纳税担保人未按照规定的期限缴纳所担保的税款，由税务机关责令限期缴纳，逾期仍未缴纳的，经县以上税务局（分局）局长批准，税务机关可以采取强制执行措施。

1. 采取强制执行措施的对象

①未按照规定的期限缴纳或者解缴税款，经税务机关责令限期缴纳，逾期仍未缴纳税款的从事生产、经营的纳税人、扣缴义务人；②未按照规定的期限缴纳所担保的税款，经税务机关责令限期缴纳，逾期仍未缴纳税款的纳税担保人。

2. 强制执行的措施

经县以上税务局（分局）局长批准，税务机关可以采取下列强制执行措施：①强制扣款，即书面通知其开户银行或者其他金融机构从其存款中扣缴税款；②拍卖变卖，即扣押、查封、依法拍卖或者变卖其价值相当于应纳税款的商品、货物或者其他财产，以拍卖或者变卖所得抵缴税款。

【注意】 个人及其所扶养家属维持生活必需的住房和用品，不在强制执行措施的范围之内。税务机关对单价 5 000 元以下的其他生活用品，不采取强制执行措施。

3. 滞纳金的执行

税务机关采取强制执行措施时，对纳税人、扣缴义务人、纳税担保人未缴纳的滞纳金同时强制执行。对纳税人已缴纳税款，但拒不缴纳滞纳金的，税务机关可以单独对纳税人应缴未缴的滞纳金采取强制措施。

4. 抵税财物的拍卖与变卖

抵税财物，是指被税务机关依法实施税收强制执行而扣押、查封或者按照规定应强制执行的已设置纳税担保物权的商品、货物、其他财产或者财产权利。拍卖，是指税务机关将抵税财物依法委托拍卖机构，以公开竞价的形式，将特定财物转让给最高应价者的买卖方式。变卖，是指税务机关将抵税财物委托商业企业代为销售、责令纳税人限期处理或由税务机关变价处理的买卖方式。国家税务总局发布的《抵税财物拍卖、变卖试行办法》对抵税财物的拍卖与变卖行为进行规范，以保障国家税收收入并保护纳税人的合法权益。税务机关将扣押，在封的商品、货物或者其他财产变价抵缴税款时，应当交由依法成立的拍卖机构拍卖；无法委托拍卖或者不适于拍卖的，可以交由当地商业企业代为销售，也可以责令纳税人限期处理；无法委托商业企业销售，纳税人也无法处理的，可以由税务机关变价处理，具体办法由国家税务总局规定。国家禁止自由买卖的商品，应当交由有关单位按照国家规定的价格收购。

【提示】 拍卖或者变卖所得抵缴税款、滞纳金、罚款以及拍卖、变卖等费用后，剩余部分应当在 3 日内退还被执行人。

(五) 欠税清缴

1. 离境清缴

欠缴税款的纳税人或者其法定代表人需要出境的，应当在出境前向税务机关结清应纳税款、滞纳金或者提供担保。

2. 税收代位权和撤销权

欠缴税款的纳税人因怠于行使到期债权，或者放弃到期债权，或者无偿转让财产，或者以明显不合理的低价转让财产而受让人知道该情形，对国家税收造成损害的，税务机关可以依法行使代位权、撤销权；税务机关依法行使代位权、撤销权的，不免除欠缴税款的纳税人尚未履行的纳税义务和应承担的法律责任。

3. 欠税报告

纳税人有欠税情形而以其财产设定抵押、质押的，应当向抵押权人、质权人说明其欠税情况。抵押权人、质权人可以请求税务机关提供有关的欠税情况：①纳税人有解散、撤销、破产情形的，在清算前应当向其主管税务机关报告；未结清税款的，由其主管税务机关参加清算；②纳税人有合并、分立情形的，应当向税务机关报告，并依法缴清税款。纳税人合并时未缴清税款的，应当由合并后的纳税人继续履行未履行的纳税义务；纳税人分立时未缴清税款的，分立后的纳税人对未履行的纳税义务应当承担连带责任。

【注意】 欠缴税款 5 万元以上的纳税人在处分其不动产或者大额资产之前，应当向税务机关报告。

4. 欠税公告

县级以上各级税务机关应当将纳税人的欠税情况，在办税场所或者广播、电视、报纸、期刊、网络等新闻媒体上定期公告。对纳税人欠缴税款的情况实行定期公告的办法，由国家税务总局制定。

(六) 税收优先权

税务机关征收税款，税款发生在纳税人以其财产设定抵押、质押或者纳税人的财产被留置之前的，税收应当先于抵押权、质权、留置权执行。

纳税人欠缴税款，同时又被行政机关决定处以罚款、没收违法所得的，税收优先于罚款、没收违法所得。

（七）阻止出境

欠缴税款的纳税人或者其法定代表人在出境前未按规定结清应纳税款、滞纳金或者提供纳税担保的，税务机关可以通知出境管理机关阻止其出境。

五、税款征收的其他规定

（一）税收减免

纳税人依照法律、行政法规的规定办理减税、免税。地方各级人民政府、各级人民政府主管部门、单位和个人违反法律、行政法规规定，擅自作出的减税、免税决定无效，税务机关不得执行，并向上级税务机关报告。

享受减税、免税优惠的纳税人，减税、免税期满，应当自期满次日起恢复纳税；减税、免税条件发生变化的，应当在纳税申报时向税务机关报告；不再符合减税、免税条件的，应当依法履行纳税义务；未依法纳税的，税务机关应当予以追缴。

（二）税款的退还

纳税人超过应纳税额缴纳的税款，税务机关发现后，应当自发现之日起 10 日内办理退还手续。

纳税人自结算缴纳税款之日起 3 年内发现多缴税款的，可以向税务机关要求退还多缴的税款并加算银行同期存款利息，税务机关应当自接到纳税人退还申请之日起 30 日内查实并办理退还手续。加算银行同期存款利息的多缴税款退税，不包括依法预缴税款形成的结算退税、出口退税和各种减免退税。退税利息按照税务机关办理退税手续当天中国人民银行规定的活期存款利率计算。

涉及从国库中退库的，依照法律、行政法规有关国库管理的规定退还。当纳税人既有应退税款又有欠缴税款的，税务机关可以将应退税款和利息先抵扣欠缴税款；抵扣后有余额的，退还纳税人。

（三）税款的补缴和追征

因税务机关的责任，致使纳税人、扣缴义务人未缴或者少缴税款的，税务机关在 3 年内可以要求纳税人、扣缴义务人补缴税款，但是不得加收滞纳金。税务机关的责任，是指税务机关适用税收法律、行政法规不当或者执法行为违法。

因纳税人、扣缴义务人计算错误等失误，未缴或者少缴税款的，税务机关在 3 年内可以追征税款、滞纳金；有特殊情况的，追征期可以延长到 5 年。纳税人、扣缴义务人计算错误等失误，是指非主观故意的计算公式运用错误以及明显的笔误。特殊情况，是指纳税人或者扣缴义务人因计算错误等失误，未缴或者少缴、未扣或者少扣、未收或者少收税款，累计数额在 10 万元以上的。

【提示】 补缴和追征税款、滞纳金的期限，自纳税人、扣缴义务人应缴未缴或者少缴税款之日起计算。

对偷税（逃税）、抗税、骗税的，税务机关追征其未缴或者少缴的税款、滞纳金或者所骗取的税款，不受前述规定期限的限制。

（四）无欠税证明的开具

为积极回应市场主体需求，切实服务和便利纳税人，国家税务总局决定自 2020 年 3 月 1 日起向纳税人提供无欠税证明开具服务。

1. 无欠税证明的含义

无欠税证明是指税务机关依纳税人申请，根据税收征管信息系统所记载的信息，为纳税人开具的表明其不存在欠税情形的证明。

2. 不存在欠税情形

不存在欠税情形，是指纳税人在税收征管信息系统中，不存在应申报未申报记录且无下列应缴未缴的税款：①办理纳税申报后，纳税人未在税款缴纳期限内缴纳的税款；②经批准延期缴纳的税款期限已满，纳税人未在税款缴纳期限内缴纳的税款；③税务机关检查已查定纳税人的应补税额，纳税人未缴纳的税款；④税务机关根据《征管法》第二十七条、第三十五条核定纳税人的应纳税额、纳税人未在税款缴纳期限内缴纳的税款；⑤纳税人的其他未在税款缴纳期限内缴纳的税款。

3. 无欠税证明的申请

纳税人因境外投标、企业上市等需要，确需开具无欠税证明的，可以向主管税务机关申请办理。

已实行实名办税的纳税人到主管税务机关申请开具无欠税证明的，办税人员持有效身份证件直接申请开具，无须提供登记证照副本或税务登记证副本。

未办理实名办税的纳税人到主管税务机关申请开具无欠税证明的，区分以下情况提供相关有效证件：①单位纳税人和个体工商户，提供市场监管部门或其他登记机关发放的登记证照副本或税务登记证副本，以及经办人有效身份证件。②自然人纳税人，提供本人有效身份证件；委托他人代为申请开具的，还需一并提供委托书、委托人及受托人有效身份证件。

4. 开具无欠税证明

对申请开具无欠税证明的纳税人，证件齐全的，主管税务机关应当受理其申请。经查询税收征管信息系统，符合开具条件的，主管税务机关应当即时开具无欠税证明；不符合开具条件的，不予开具并向纳税人告知未办结涉税事宜。纳税人办结相关涉税事宜后，符合开具条件的，主管税务机关应当即时开具无欠税证明。

任务四 税务检查

税务检查又称纳税检查，是指税务机关根据税收法律、行政法规的规定，对纳税人履行纳税义务、扣缴义务人履行扣缴义务，及其他有关税务事项进行监督、审查的活动。税务检查是税收征收管理的重要内容，也是税务监督的重要组成部分。做好税务检查，对于加强依法治税，保证国家财政收入，有着十分重要的意义。

一、税务机关在税务检查中的职权和职责

(1) 税务机关有权进行下列税务检查：①检查纳税人的账簿、记账凭证、报表和有关资料，检查扣缴义务人代扣代缴、代收代缴税款账簿、记账凭证和有关资料；②到纳税人的生产、经营场所和货物存放地检查纳税人应纳税的商品、货物或者其他财产，检查扣缴义务人与代扣代缴、代收代缴税款有关的经营情况；③责成纳税人、扣缴义务人提供与纳税或者代扣代缴、代收代缴税款有关的文件、证明材料和有关资料；④询问纳税人、扣缴义务人与纳税或者代扣代缴、代收代缴税款有关的问题和情况；⑤到车站、码头、机场、邮政企业及其分支机构检查纳税人托运、邮寄应纳税商品、货物或者其他财产的有关单据、凭证和有关资料；⑥经县以上税务局（分局）局长批准，指定专人负责，凭全国统一格式的检查存款账户许可证明，查询从事生产、经营的纳税人、扣缴义务人在银行或者其他金融机构的存款账户，并有责任为被检查人保守秘密。税务机关在调查税收违法案件时，经设区的市、自治州以上税务局（分局）局长批准，可以查询案件涉嫌人员的储蓄存款。税务机关查询所获得的资料，不得用于税收以外的用途。

(2) 税务机关对从事生产、经营的纳税人以前纳税期的纳税情况依法进行税务检查时，发现纳税人有逃避纳税义务行为，并有明显的转移、隐匿其应纳税的商品、货物以及其他财产或者应纳税的收入的迹象的，可以按照《税收征收管理法》规定的批准权限采取税收保全措施或者强制执行措施。

税务机关采取税收保全措施的期限一般不得超过6个月；重大案件需要延长的，应当报国家税务总局批准。

(3) 税务机关调查税务违法案件时，对与案件有关的情况和资料，可以记录、录音、录像、照相和复制。

(4) 税务机关依法进行税务检查时，有权向有关单位和个人调查纳税人、扣缴义务人和其他当事人与纳税或者代扣代缴、代收代缴税款有关的情况。

(5) 税务机关派出的人员进行税务检查时，应当出示税务检查证和税务检查通知书，并有责任为被检查人保守秘密；未出示税务检查证和税务检查通知书的，被检查人有权拒绝检查。

二、被检查人的义务

(1) 纳税人、扣缴义务人必须接受税务机关依法进行的税务检查，如实反映情况，提供有关资料，不得拒绝、隐瞒。

(2) 税务机关依法进行税务检查，向有关单位和个人调查纳税人、扣缴义务人和其他当事人与纳税或者代扣代缴、代收代缴税款有关的情况时，有关单位和个人有义务向税务机关如实提供有关资料及证明材料。

三、纳税信用管理

纳税信用管理，是指税务机关对纳税人的纳税信用信息开展的采集、评价、确定、发布和应用等活动。

(一) 纳税信用管理的主体

国家税务总局主管全国纳税信用管理工作。省以下税务机关负责所辖地区纳税信用管理工作的组织和实施。

下列企业参与纳税信用评价：①已办理税务登记，从事生产、经营并适用查账征收的独立核算企业纳税人(以下简称纳税人)。②从首次在税务机关办理涉税事宜之日起时间不满一个评价年度的企业(以下简称新设立企业)。评价年度是指公历年度，即1月1日至12月31日。③评价年度内无生产经营业务收入的企业。④适用企业所得税核定征收办法的企业。

非独立核算分支机构可自愿参与纳税信用评价。非独立核算分支机构是指由企业纳税人设立，已在税务机关完成登记信息确认且核算方式为非独立核算的分支机构。非独立核算分支机构参评后，2019年度之前的纳税信用级别不再评价，在机构存续期间适用国家税务总局纳税信用管理相关规定。

(二) 纳税信用信息采集

纳税信用信息采集是指税务机关对纳税人纳税信用信息的记录和收集。

1. 纳税信用信息的范围

纳税信用信息包括纳税人信用历史信息、税务内部信息、外部信息。

纳税人信用历史信息包括基本信息和评价年度之前的纳税信用记录，以及相关部门评定的优良信用记录和不良信用记录。

税务内部信息包括经常性指标信息和非经常性指标信息。经常性指标信息是指涉税申报信息、税(费)款缴纳信息、发票与税控器具信息、登记与账簿信息等纳税人在评价年度内经常产生的指标信息；非经常性指标信息是指税务检查信息等纳税人在评价年度内不经常产生的指标信息。

外部信息包括外部参考信息和外部评价信息。外部参考信息包括评价年度相关部门评定的优良信用记录和不良信用记录；外部评价信息是指从相关部门取得的影响纳税人纳税信用评价的指标信息。

2. 纳税信用信息采集的实施

纳税信用信息采集工作由国家税务总局和省税务机关组织实施，按月采集。

纳税人信用历史信息中的基本信息由税务机关从税务管理系统中采集，税务管理系统中暂缺的信息由税务机关通过纳税人申报采集；评价年度之前的纳税信用记录，以及相关部门评定的优良信用记录和不良信用记录，从税收管理记录、国家统一信用信息平台等渠道中采集。税务内部信息从税务管理系统中采集，采集的信息记录截止时间为评价年度12月31日(含本日)。

【注意】 外部信息主要通过税务管理系统、国家统一信用信息平台、相关部门官方网站、新闻媒体或者媒介等渠道采集。通过新闻媒体或者媒介采集的信息应核实后使用。

(三) 纳税信用评价

1. 纳税信用评价的方式

纳税信用评价采取年度评价指标得分和直接判级方式。评价指标包括税务内部信息和外部评价信息。

年度评价指标得分采取扣分方式。近三个评价年度内存在非经常性指标信息的，从100分起评；近三个评价年度内没有非经常性指标信息的，从90分起评。

直接判级适用于有严重失信行为的纳税人。外部参考信息在年度纳税信用评价结果中记录，与纳税信用评价信息形成联动机制。

2. 纳税信用评价周期

纳税信用评价周期为一个纳税年度，有下列情形之一的纳税人，不参加本期的评价：①纳入纳税信用管理时间不满一个评价年度的；②因涉嫌税收违法被立案查处尚未结案的；③被审计、财政部门依法查出税收违法行为，税务机关正在依法处理，尚未办结的；④已申请税务行政复议、提起行政诉讼尚未结案的；⑤其他不应参加本期评价的情形。

3. 纳税信用级别

动漫视频

纳税信用

纳税信用级别设A、B、M、C、D五级。

(1) A级纳税信用为年度评价指标得分90分以上的。有下列情形之一的纳税人，本评价年度不能评为A级：①实际生产经营期不满3年的；②上一评价年度纳税信用评价结果为D级的。③非正常原因一个评价年度内增值税连续3个月或者累计6个月零申报、负申报的；④不能按照国家统一的会计制度规定设置账簿，并根据合法、有效凭证核算，向税务机关提供准确税务资料的。

(2) B级纳税信用为年度评价指标得分70分以上不满90分的。

(3) M级纳税信用为评价年度未被直接判为D级的新设立企业和评价年度内无生产经营业务收入且年度评价指标得分70分以上的企业。

(4) C级纳税信用为年度评价指标得分40分以上不满70分的。

(5) D级纳税信用为年度评价指标得分不满40分或者直接判级确定的。有下列情形之一的纳税人，本评价年度直接判为D级：①存在偷税(逃税)、逃避追缴欠税、骗取出口退税、虚开增值税专用发票等行为；②存在前项所列行为，未构成犯罪，但偷税(逃税)金额10万元以上且占各税种应纳税总额10%以上，或者存在逃避追缴欠税、骗取出口退税、虚开增值税专用发票等税收违法行为，已缴纳税款、滞纳金、罚款的；③在规定期限内未按税务机关处理结论缴纳或者足额缴纳税款、滞纳金和罚款的;④以暴力、威胁方法拒不缴纳税款或者拒绝、阻挠税务机关依法实施税务稽查执法行为的;⑤存在违反增值税发票管理规定或者违反其他发票管理规定的行为,导致其他单位或者个人未缴、少缴或者骗取税款的;⑥提供虚假申报材料享受税收优惠政策的;⑦骗取国家出口退税款,被停止出口退(免)税资格未到期的;⑧有非正常户记录或者由非正常户直接责任人员注册登记或者负责经营的;⑨由D级纳税人的直接责任人员注册登记或者负责经营的;⑩存在税务机关依法认定的其他严重失信情形的。

(6) 纳税人有下列情形的,不影响其纳税信用评价:①由于税务机关原因或者不可抗力,造成纳税人未能及时履行纳税义务的;②非主观故意的计算公式运用错误以及明显的笔误造成未缴或者少缴税款的;③国家税务总局认定的其他不影响纳税信用评价的情形。

4. 纳税信用评价结果

1) 纳税信用评价结果的确定和发布

纳税信用评价结果的确定和发布遵循谁评价、谁确定、谁发布的原则。税务机关每年4月确定上一年度纳税信用评价结果,并为纳税人提供自我查询服务。纳税人对纳税信用评价结果有异议的,可以书面向作出评价的税务机关申请复评。作出评价的税务机关应按规定进行复核。

税务机关对纳税人的纳税信用级别实行动态调整。纳税人信用评价状态变化时,税务机关可采取适当方式通知、提醒纳税人。

税务机关对纳税信用评价结果,按分级分类原则,依法有序开放;主动公开A级纳税人名单及相关信息;根据社会信用体系建设需要,以及与相关部门信用信息共建共享合作备忘录、协议等规定,逐步开放B、M、C、D级纳税人名单及相关信息;定期或者不定期公布重大税收违法案件信息。

2) 纳税信用评价结果的应用

税务机关按照守信激励、失信惩戒的原则,对不同信用级别的纳税人实施分类服务和管理。

对纳税信用评价为A级的纳税人,税务机关予以下列激励措施:①主动向社会公告年度A级纳税人名单;②一般纳税人可单次领取3个月的增值税发票用量,需要调整增值税发票用量时即时办理;③普通发票按需领用;④连续3年被评为A级信用级别(简称3连A)的纳税人,除享受以上措施外,还可以由税务机关提供绿色通道或专门人员帮助办理涉税事项;⑤税务机关与相关部门实施的联合激励措施,以及结合当地实际情况采取的其他激励措施。

对纳税信用评价为B级的纳税人,税务机关实施正常管理,适时进行税收政策和管理规定的辅导,并视信用评价状态变化趋势选择性地提供上述激励措施。

对纳税信用评价为M级的企业,税务机关适时进行税收政策和管理规定的辅导。

对纳税信用评价为C级的纳税人,税务机关应依法从严管理,并视信用评价状态变化趋势选择性地采取上述管理措施。

对纳税信用评价为D级的纳税人,税务机关应采取以下措施:①公开D级纳税人及其直接责任人员名单,对直接责任人员注册登记或者负责经营的其他纳税人纳税信用直接判为D级。②增值税专用发票领用按辅导期一般纳税人政策办理。普通发票的领用实行交(验)旧供新、严格限量供应。③加强出口退税审核。④加强纳税评估,严格审核其报送的各种资料。⑤列入重点监控对象,提高监督检查频次,发现税收违法违规行为的,不得适用规定处罚幅度内的最低标准。⑥将纳税信用评价结果通报相关部门,建议在经营、投融资、取得政府供应土地、进出口、出入境、注册新公司、工程招投标、政府采购、获得荣誉、安全许可、生产许可、从业任职资格、资质审核等方面予以限制或禁止。⑦对于因评价指标得分评为D级的纳税人,次年由直接保留D级评价调整为评价时加扣11分;对于因直接判级评为D级的纳税人,维持D级评价保留两年,第三年纳税信用不得评价为A级。⑧税务机关与相关部门实施的联合惩戒措施,以及结合实际情况依法采取的其他严格管理措施。

（四）纳税信用修复

1. 纳税信用修复申请人

纳入纳税信用管理的企业纳税人，符合下列条件之一的，可在规定期限内向主管税务机关申请纳税信用修复：①纳税人发生未按法定期限办理纳税申报、税款缴纳、资料备案等事项且已补办的；②未按税务机关处理结论缴纳或者足额缴纳税款、滞纳金和罚款，未构成犯罪，纳税信用级别被直接判为D级的纳税人，在税务机关处理结论明确的期限期满后60日内足额缴纳、补缴的；③纳税人履行相应法律义务并由税务机关依法解除非正常户状态的。

2. 纳税信用修复程序

符合前述第①项所列条件的，如失信行为已纳入纳税信用评价，纳税人可在失信行为被税务机关列入失信记录的次年年底前向主管税务机关提出信用修复申请，税务机关按照《纳税信用修复范围及标准》调整该项纳税信用评价指标分值，重新评价纳税人的纳税信用级别；如失信行为尚未纳入纳税信用评价，纳税人无须提出申请，税务机关按照《纳税信用修复范围及标准》调整纳税人该项纳税信用评价指标分值并进行纳税信用评价。

【注意】 符合前述第②和第③项所列条件的，纳税人可在纳税信用被直接判为D级的次年年底前向主管税务机关提出申请，税务机关根据纳税人失信行为纠正情况调整该项纳税信用评价指标的状态，重新评价纳税人的纳税信用级别，但不得评价为A级。

【提示】 非正常户失信行为纳税信用修复在纳税年度内只能申请一次。纳税年度自公历1月1日起至12月31日止。

纳税信用修复后纳税信用级别不再为D级的纳税人，其直接责任人注册登记或者负责经营的其他纳税人之前被关联为D级的，可向主管税务机关申请解除纳税信用D级关联。

需向主管税务机关提出纳税信用修复申请的纳税人应填报纳税信用修复申请表，并对纠正失信行为的真实性作出承诺。税务机关发现纳税人虚假承诺的，撤销相应的纳税信用修复，并按照《纳税信用评价指标和评价方式（试行）调整表》予以扣分。

主管税务机关自受理纳税信用修复申请之日起15个工作日内完成审核，并向纳税人反馈信用修复结果。

纳税信用修复完成后，纳税人按照修复后的纳税信用级别适用相应的税收政策和管理服务措施，之前已适用的税收政策和管理服务措施不作追溯调整。

四、税收违法行为检举管理

为了保障单位、个人依法检举纳税人、扣缴义务人违反税收法律、行政法规行为的权利，规范检举秩序，根据《中华人民共和国税收征收管理法》及其实施细则的有关规定，制定本办法。

【提示】 检举，是指单位、个人采用书信、电话、传真、网络、来访等形式，向税务机关提供纳税人、扣缴义务人税收违法行为线索的行为。

（一）税收违法行为检举管理原则

检举管理工作坚持依法依规、分级分类、属地管理、严格保密的原则。

市（地、州、盟）以上税务局稽查局设立税收违法案件举报中心。国家税务总局稽查局税收违法案件举报中心负责接收税收违法行为检举，督促、指导、协调处理重要检举事项；省、自治区、直辖市、计划单列市和市（地、州、盟）税务局稽查局税收违法案件举报中心负责税收违法行为检举的接收、受理、处理和管理；各级跨区域稽查局和县税务局应当指定行使税收违法案件举报中心职能的部门，负责税收违法行为检举的接收，并按规定职责处理。

【提示】 举报中心是指前款所称的税收违法案件举报中心和指定行使税收违法案件举报中心职能的部门。举报中心应当对外挂标识牌。

税务机关应当向社会公布举报中心的电话(传真)号码、通信地址、邮政编码、网络检举途径,设立检举接待场所和检举箱。税务机关同时通过12366纳税服务热线接收税收违法行为检举。税务机关应当与公安、司法、纪检监察和信访等单位加强联系和合作,做好检举管理工作。

【提示】 税收违法行为,是指涉嫌偷税(逃避缴纳税款),逃避追缴欠税,骗税,虚开、伪造、变造发票,以及其他与逃避缴纳税款相关的税收违法行为。

检举税收违法行为是检举人的自愿行为,检举人因检举而产生的支出应当由其自行承担。检举人在检举过程中应当遵守法律、行政法规等规定;应当对其所提供检举材料的真实性负责,不得捏造、歪曲事实,不得诬告、陷害他人;不得损害国家、社会、集体的利益和其他公民的合法权益。

(二)检举事项的接收与受理

1. 检举的提出

举报中心接收实名检举,应当准确登记实名检举人信息。

检举人以个人名义实名检举应当由其本人提出;以单位名义实名检举应当委托本单位工作人员提出。

多人联名进行实名检举的,应当确定第一联系人;未确定的,以检举材料的第一署名人为第一联系人。

以来访形式实名检举的,检举人应当提供营业执照、居民身份证等有效身份证件的原件和复印件。

以来信、网络、传真形式实名检举的,检举人应当提供营业执照、居民身份证等有效身份证件的复印件。

以电话形式要求实名检举的,税务机关应当告知检举人采取前述形式进行检举。

检举人未采取前述的形式进行检举的,视同匿名检举。

来访检举应当到税务机关设立的检举接待场所;多人来访提出相同检举事项的,应当推选代表,代表人数应当在3人以内。

2. 税务机关应当合理设置检举接待场所

检举接待场所应当与办公区域适当分开,配备使用必要的录音、录像等监控设施,保证监控设施对接待场所全覆盖并正常运行。

3. 举报中心对接收的检举事项进行审查

举报中心对接收的检举事项,应当及时审查,有下列情形之一的,不予受理:①无法确定被检举对象,或者不能提供税收违法行为线索的;②检举事项已经或者依法应当通过诉讼、仲裁、行政复议以及其他法定途径解决的;③对已经查结的同一检举事项再次检举,没有提供新的有效线索的。

除前述规定外,举报中心自接收检举事项之日起即为受理。

举报中心可以应实名检举人要求,视情况采取口头或者书面方式解释不予受理原因。

(三)检举事项的处理

1. 分级分类处理

检举事项受理后,应当分级分类,按照以下方式处理:①检举内容详细、税收违法行为线索清楚、证明资料充分的,由稽查局立案检查。②检举内容与线索较明确但缺少必要证明资料,有可能存在税收违法行为的,由稽查局调查核实。发现存在税收违法行为的,立案检查;未发现的,作查结处理。③检举对象明确,但其他检举事项不完整或者内容不清、线索不明的,可以暂存待查,待检举人将情况补充完整以后,再进行处理。④已经受理尚未查结的检举事项,再次检举的,可以合并处理。⑤《办法》规定以外的检举事项,转交有处理权的单位或者部门。

2. 处理的时限

举报中心可以税务机关或者以自己的名义向下级税务机关督办、交办检举事项。

【注意】 举报中心应当在检举事项受理之日起十五个工作日内完成分级分类处理，特殊情况除外。

查处部门应当在收到举报中心转来的检举材料之日起三个月内办理完毕；案情复杂无法在期限内办理完毕的，可以延期。

税务局稽查局对督办案件的处理结果应当认真审查。对于事实不清、处理不当的，应当通知承办机关补充调查或者重新调查，依法处理。

(四) 检举人的答复和奖励

1. 检举人的答复

实名检举人可以要求答复检举事项的处理情况与查处结果。实名检举人要求答复处理情况时，应当配合核对身份；要求答复查处结果时，应当出示检举时所提供的有效身份证件。

举报中心可以视具体情况采取口头或者书面方式答复实名检举人。实名检举事项的处理情由作出处理行为的税务机关的举报中心答复。将检举事项督办、交办、提交或者转交的，应当告知去向；暂存待查的，应当建议检举人补充资料。

实名检举事项的查处结果，由负责查处的税务机关的举报中心答复。实名检举人要求答复检举事项查处结果的，检举事项查结以后，举报中心可以将与检举线索有关的查处结果简要告知检举人，但不得告知其检举线索以外的税收违法行为的查处情况，不得提供执法文书及有关案情资料。

12366 纳税服务热线接收检举事项并转交举报中心或者相关业务部门后，可以应检举人要求将举报中心或者相关业务部门反馈的受理情况告知检举人。

2. 检举人的奖励

检举事项经查证属实，为国家挽回或者减少损失的，按照财政部和国家税务总局的有关规定对实名检举人给予相应奖励。

五、重大税收违法失信案件信息公布

税务机关依照本办法的规定，向社会公布重大税收违法失信案件信息，并将信息通报相关部门，共同实施严格监管和联合惩戒。

(一) 案件标准

“重大税收违法失信案件”是指符合下列标准的案件：①纳税人伪造、变造、隐匿、擅自销毁账簿、记账凭证，或者在账簿上多列支出或者不列、少列收入，或者经税务机关通知申报而拒不申报或者进行虚假的纳税申报，不缴或者少缴应纳税款 100 万元以上，且任一年度不缴或者少缴应纳税款占当年各税种应纳税总额 10%以上的；②纳税人欠缴应纳税款，采取转移或者隐匿财产的手段，妨碍税务机关追缴欠缴的税款，欠缴税款金额 10 万元以上的；③骗取国家出口退税款的；④以暴力、威胁方法拒不缴纳税款的；⑤虚开增值税专用发票或者虚开用于骗取出口退税、抵扣税款的其他发票的；⑥虚开普通发票 100 份或者金额 40 万元以上的；⑦私自印制、伪造、变造发票，非法制造发票防伪专用品，伪造发票监制章的；⑧具有偷税、逃避追缴欠税、骗取出口退税、抗税、虚开发票等行为，经税务机关检查确认走逃(失联)的；⑨其他违法情节严重、有较大社会影响的。

(二) 信息公布

公布重大税收违法失信案件信息，应当主要包括以下内容：①对法人或者其他组织，公布其名称，统一社会信用代码或者纳税人识别号，注册地址，法定代表人、负责人或者经法院裁判确定的实际责任人的姓名、性别及身份证号码(隐去出生年、月、日号码段，下同)，经法院裁判确定的负有直接责任的财务人员、团伙成员的姓名、性别及身份证号码；②对自然人，公布其姓名、性别、身份证号码;③主要违法事实;④走逃(失联)情况;⑤适用的相关法律依据;⑥税务处理、税务行政处罚等情况;⑦实施检查的单位;⑧对公布的重大税收违法失信案件负有直接责任的涉税专业服务机构及从业人员,税务机关可以依法一并公布其名称、统一社会信用代码或者纳税人识别号、注册地址,以及直接责任人的姓名、性别、身份证号码、职业资格证书编号等。

【注意】 法人或者其他组织的法定代表人、负责人与违法事实发生时的法定代表人、负责人不一致的,应一并公布,并对违法事实发生时的法定代表人、负责人进行标注。经法院裁判确定的实际责任人,与法定代表人或者负责人不一致的,除有证据证明法定代表人或者负责人有涉案行为外,只公布实际责任人信息。

(三) 公布程序

认定为重大税收违法失信案件,税务局稽查局依法作出《税务处理决定书》或者《税务行政处罚决定书》的,当事人在法定期间内没有申请行政复议或者提起行政诉讼,或者经行政复议或者法院裁判对此案件最终确定效力后,依法向社会公布;未作出《税务处理决定书》《税务行政处罚决定书》的走逃(失联)案件,经税务机关查证处理,进行公告 30 日后,依法向社会公布。

符合前述标准 1 和标准 2 的重大税收违法失信案件当事人,在公布前能按照《税务处理决定书》《税务行政处罚决定书》缴清税款、滞纳金和罚款的,经实施检查的税务机关确认,只将案件信息录入相关税务信息管理系统,不向社会公布该案件信息;在公布后能按照《税务处理决定书》《税务行政处罚决定书》缴清税款、滞纳金和罚款的,经实施检查的税务机关确认,停止公布并从公告栏中撤出,并将缴清税款、滞纳金和罚款的情况通知实施联合惩戒和管理的部门。

(四) 公布管理

省以下税务机关应及时将符合公布标准的案件信息录入相关税务信息管理系统,通过省税务机关门户网站向社会公布,同时可以根据本地区实际情况,通过本级税务机关公告栏、报纸、广播、电视、网络媒体等途径以及新闻发布会等形式向社会公布。国家税务总局门户网站设立专栏链接省税务机关门户网站的公布内容。

案件信息一经录入相关税务信息管理系统,作为当事人的税收信用记录永久保存。重大税收违法失信案件信息自公布之日起满 3 年的,停止公布并从公告栏中撤出。重大税收违法失信案件信息实行动态管理,案件信息撤出或者发生变化的,税务机关应当及时向同级参与联合惩戒和管理的部门提供更新信息。

任务五　税务行政复议

一、税务行政复议的概念

税务行政复议,是指当事人(纳税人、扣缴义务人、纳税担保人及其他税务当事人)不服税务机关及其工作人员作出的税务具体行政行为,依法向上一级税务机关(复议机关)提出申请,复议机关依法对原行政行为的合理性、合法性作出裁决的行政司法活动。实行税务行政复议制度的目的是维护和监督税务机关依法行使税收执法权,防止和纠正违法或者不当的税务具体行政行为,保护纳税人和其他当事人的合法权益。

二、税务行政复议的范围

纳税人及其他当事人(简称申请人)认为税务机关(简称被申请人)的具体行政行为侵犯其合法权益,可依法向税务行政复议机关申请行政复议。税务行政复议机关(简称复议机关),是指依法受理税务行政复议申请,对具体行政行为进行审查并作出行政复议决定的税务机关。

申请人对税务机关下列具体行政行为不服的，可以提出行政复议申请：

(1) 税务机关作出的征税行为，包括确认纳税主体、征税对象、征税范围、减税、免税、退税、抵扣税款、适用税率、计税依据、纳税环节、纳税期限、纳税地点和税款征收方式等具体行政行为，征收税款、加收滞纳金，扣缴义务人、受税务机关委托的单位和个人作出的代扣代缴、代收代缴、代征行为等。

(2) 行政许可、行政审批行为。

(3) 发票管理行为，包括发售、收缴、代开发票等。

(4) 税收保全措施、强制执行措施。

(5) 税务机关作出的行政处罚行为，包括：①罚款；②没收财物和违法所得；③停止出口退税权。

(6) 税务机关不依法履行下列职责的行为，包括：①颁发税务登记证；②开具、出具完税凭证、外出经营活动税收管理证明；③行政赔偿；④行政奖励；⑤其他不依法履行职责的行为。

(7) 资格认定行为。

(8) 不依法确认纳税担保行为。

(9) 政府公开信息工作中的具体行政行为。

(10) 纳税信用等级评定行为。

(11) 税务机关通知出入境管理机关阻止出境行为。

(12) 税务机关作出的其他具体行政行为。

申请人认为税务机关的具体行政行为所依据的下列规定不合法，对具体行政行为申请行政复议时，可以一并向复议机关提出对有关规定(不包括规章)的审查申请：①国家税务总局和国务院其他部门的规定；②其他各级税务机关的规定；③地方各级人民政府的规定；④地方人民政府工作部门的规定。

申请人对具体行政行为提出行政复议申请时不知道具体行政行为所依据的规定的，可以在复议机关作出行政复议决定以前提出对该规定的审查申请。

三、税务行政复议管辖

(一) 复议管辖的一般规定

(1) 对各级税务局的具体行政行为不服的，向其上一级税务局申请行政复议。

(2) 对计划单列市税务局的具体行政行为不服的，向国家税务总局申请行政复议。

(3) 对税务所(分局)、各级税务局的稽查局的具体行政行为不服的，向其所属税务局申请行政复议。

(4) 对国家税务总局的具体行政行为不服的，向国家税务总局申请行政复议。对行政复议决定不服，申请人可以向人民法院提起行政诉讼，也可以向国务院申请裁决。国务院的裁决为最终裁决。

(二) 复议管辖的特殊规定

(1) 对两个以上税务机关共同作出的具体行政行为不服的，向共同上一级税务机关申请行政复议；对税务机关与其他行政机关共同作出的具体行政行为不服的，向其共同上一级行政机关申请行政复议。

(2) 对被撤销的税务机关在撤销以前所作出的具体行政行为不服的，向继续行使其职权的税务机关的上一级税务机关申请行政复议。

(3) 对税务机关作出逾期不缴纳罚款加处罚款的决定不服的，向作出行政处罚决定的税务机关申请行政复议。但是对已处罚款和加处罚款都不服的，一并向作出行政处罚决定的税务机关的上一级税务机关申请行政复议。

申请人向具体行政行为发生地的县级地方人民政府提交行政复议申请的，由接受申请的县级地方人民政府依法予以转送。

四、税务行政复议申请与受理

（一）税务行政复议申请

申请人可以在知道税务机关作出具体行政行为之日起 60 日内提出行政复议申请。因不可抗力或者被申请人设置障碍等原因耽误法定申请期限的，申请期限的计算应当扣除被耽误时间。

申请人对复议范围中第(1)项规定(即税务机关作出的征税行为)的行为不服的，应当先向复议机关申请行政复议；对行政复议决定不服的，可以再向人民法院提起行政诉讼。

申请人按照前述规定申请行政复议的，必须依照税务机关根据法律、法规确定的税额、期限，先行缴纳或者解缴税款和滞纳金，或者提供相应的担保，方可在实际缴清税款和滞纳金以后或者所提供的担保得到作出具体行政行为的税务机关确认之日起 60 日内提出行政复议申请。

申请人对复议范围中第(1)项规定(即税务机关作出的征税行为)以外的其他具体行政行为不服的，可以申请行政复议，也可以直接向人民法院提起行政诉讼。

申请人对税务机关作出逾期不缴纳罚款加处罚款的决定不服的，应当先缴纳罚款和加处罚款，再申请行政复议。

申请人申请行政复议，可以书面申请，也可以口头申请。书面申请的，可以采取当面递交、邮寄、传真或者电子邮件等方式提出行政复议申请。口头申请的，复议机关应当当场制作行政复议申请笔录，交申请人核对或者向申请人宣读，并由申请人确认。

（二）税务行政复议受理

复议机关收到行政复议申请以后，应当在 5 个工作日内进行审查，决定是否受理。对不符合规定的行政复议申请，决定不予受理，并书面告知申请人。对不属于本机关受理的行政复议申请，应当告知申请人向有关复议机关提出。复议机关收到行政复议申请以后未按照规定期限审查并作出不予受理决定的，视为受理。

对符合规定的行政复议申请，自复议机关收到之日起即为受理。受理行政复议申请，应当书面告知申请人。

对应当先向复议机关申请行政复议，对行政复议决定不服再向人民法院提起行政诉讼的具体行政行为，复议机关决定不予受理或者受理以后超过行政复议期限不做答复的，申请人可以自收到不予受理决定书之日起或者行政复议期满之日起 15 日内，依法向人民法院提起行政诉讼。

行政复议期间具体行政行为不停止执行。但是有下列情形之一的，可以停止执行：①被申请人认为需要停止执行的；②复议机关认为需要停止执行的；③申请人申请停止执行，复议机关认为其要求合理，决定停止执行的；④法律规定停止执行的。

五、税务行政复议审查和决定

（一）税务行政复议审查

复议机关应当自受理行政复议申请之日起 7 日内，将行政复议申请书副本或者行政复议申请笔录复印件发送被申请人。被申请人应当自收到申请书副本或者申请笔录复印件之日起 10 日内提出书面答复，并提交当初作出具体行政行为的证据、依据和其他有关材料。

对国家税务总局的具体行政行为不服申请行政复议的案件，由原承办具体行政行为的相关机构向复议机关提出书面答复，并提交当初作出具体行政行为的证据、依据和其他有关材料。

复议机关审理行政复议案件，应当由2名以上行政复议工作人员参加。

行政复议原则上采用书面审查的办法，但是申请人提出要求或者复议机关认为有必要时，应当听取申请人、被申请人和第三人的意见，并可以向有关组织和人员调查了解情况。

对重大、复杂的案件，申请人提出要求或者复议机关认为必要时，可以采取听证的方式审理。复议机关决定举行听证的，应当将举行听证的时间、地点和具体要求等事项通知申请人、被申请人和第三人。第三人不参加听证的，不影响听证的举行。

复议机关应当全面审查被申请人的具体行政行为所依据的事实证据、法律程序、法律依据和设定的权利义务内容的合法性、适当性。

申请人在申请行政复议时，依据《税务行政复议规则》第十五条规定一并提出对有关规定的审查申请的，复议机关对该规定有权处理的，应当在30日内依法处理；无权处理的，应当在7个工作日内按照法定程序逐级转送有权处理的行政机关依法处理，有权处理的行政机关应当在60日内依法处理。处理期间，中止对具体行政行为的审查。

复议机关审查被申请人的具体行政行为时，认为其依据不合法，本机关有权处理的，应当在30日内依法处理；无权处理的，应当在7个工作日内按照法定程序逐级转送有权处理的国家机关依法处理。处理期间，中止对具体行政行为的审查。

（二）税务行政复议决定

复议机关应当对被申请人的具体行政行为提出审查意见，经复议机关负责人批准，按照下列规定做出行政复议决定：

(1) 具体行政行为认定事实清楚，证据确凿，适用依据正确，程序合法，内容适当的，决定维持。

(2) 被申请人不履行法定职责的，决定其在一定期限内履行。

(3) 具体行政行为有下列情形之一的，决定撤销、变更或者确认该具体行政行为违法：①主要事实不清、证据不足的；②适用依据错误的；③违反法定程序的；④超越或者滥用职权的；⑤具体行政行为明显不当的。

决定撤销或者确认该具体行政行为违法的，可以责令被申请人在一定期限内重新作出具体行政行为。复议机关责令被申请人重新做出具体行政行为的，被申请人不得以同一事实和理由作出与原具体行政行为相同或者基本相同的具体行政行为；但复议机关以原具体行政行为违反法定程序而决定撤销的，被申请人重新作出具体行政行为的除外。

(4) 被申请人不按照规定提出书面答复，提交当初作出具体行政行为的证据、依据和其他有关材料的，视为该具体行政行为没有证据、依据，决定撤销该具体行政行为。

申请人在申请行政复议时可以一并提出行政赔偿请求，复议机关对符合国家赔偿法的规定应当赔偿的，在决定撤销、变更具体行政行为或者确认具体行政行为违法时，应当同时决定被申请人依法赔偿。申请人在申请行政复议时没有提出行政赔偿请求的，复议机关在依法决定撤销、变更原具体行政行为确定的税款、滞纳金、罚款和对财产的扣押、查封等强制措施时，应当同时责令被申请人退还税款、滞纳金和罚款，解除对财产的扣押、查封等强制措施，或者赔偿相应的价款。

复议机关应当自受理申请之日起60日内作出行政复议决定。情况复杂，不能在规定期限内作出行政复议决定的，经行政复议机关负责人批准，可以适当延期，并告知申请人和被申请人；但是延期不得超过30日。

复议机关做出行政复议决定，应当制作行政复议决定书，并加盖复议机关印章。行政复议决定书一经送达，即发生法律效力。

任务六 税收法律责任

税收法律责任，是指税收法律关系主体违反税收法律制度的行为所引起的不利法律后果，分为行政责任和刑事责任。

一、纳税人及扣缴义务人违反税收法律制度的法律责任

(1) 纳税人有下列行为之一的，由税务机关责令限期改正，可以处 2 000 元以下的罚款；情节严重的，处 2 000 元以上 1 万元以下的罚款：①未按照规定设置、保管账簿或者保管记账凭证和有关资料的；②未按照规定将财务、会计制度或者财务、会计处理办法和会计核算软件报送税务机关备查的；③未按照规定将其全部银行账号向税务机关报告的；④未按照规定安装、使用税控装置，或者损毁或者擅自改动税控装置的。

(2) 扣缴义务人未按照规定设置、保管代扣代缴、代收代缴税款账簿或者保管代扣代缴、代收代缴税款记账凭证及有关资料的，由税务机关责令限期改正，可以处 2 000 元以下的罚款；情节严重的，处 2 000 元以上 5 000 元以下的罚款。

(3) 纳税人未按照规定的期限办理纳税申报和报送纳税资料的，或者扣缴义务人未按照规定的期限向税务机关报送代扣代缴、代收代缴税款报告表和有关资料的，由税务机关责令限期改正，可以处 2 000 元以下的罚款；情节严重的，可以处 2 000 元以上 1 万元以下的罚款。

(4) 纳税人、扣缴义务人编造虚假计税依据的，由税务机关责令限期改正，并处 5 万元以下的罚款。

二、税务行政主体实施税收违法行为的法律责任

(1) 税务机关违反规定擅自改变税收征收管理范围和税款入库预算级次的，责令限期改正，对直接负责的主管人员和其他直接责任人员依法给予降级或者撤职的行政处分。

(2) 税务人员徇私舞弊，对依法应当移交司法机关追究刑事责任的不移交，情节严重的，依法追究刑事责任。

(3) 税务机关、税务人员查封、扣押纳税人个人及其所扶养家属维持生活必需的住房和用品的，责令退还，依法给予行政处分；构成犯罪的，依法追究刑事责任。

(4) 税务人员与纳税人、扣缴义务人勾结，唆使或者协助纳税人、扣缴义务人有税收违法行为，构成犯罪的，依法追究刑事责任；尚不构成犯罪的，依法给予行政处分。

(5) 税务人员利用职务上的便利，收受或者索取纳税人、扣缴义务人财物或者牟取其他不正当利益，构成犯罪的，依法追究刑事责任；尚不构成犯罪的，依法给予行政处分。

(6) 税务人员徇私舞弊或者玩忽职守，不征或者少征应征税款，致使国家税收遭受重大损失，构成犯罪的，依法追究刑事责任；尚不构成犯罪的，依法给予行政处分。

(7) 税务人员滥用职权，故意刁难纳税人、扣缴义务人的，调离税收工作岗位，并依法给予行政处分。

(8) 税务人员对控告、检举税收违法违纪行为的纳税人、扣缴义务人以及其他检举人进行打击报复的，依法给予行政处分；构成犯罪的，依法追究刑事责任。

(9) 违反法律、行政法规的规定提前征收、延缓征收或者摊派税款的，由其上级机关或者行政监察机关责令改正，对直接负责的主管人员和其他直接责任人员依法给予行政处分。

(10) 违反法律、行政法规的规定，擅自作出税收的开征、停征或者减税、免税、退税、补税以及其他同税收法律、行政法规相抵触的决定的，除依照《税收征收管理法》规定撤销其擅自做出的

决定外，补征应征未征税款，退还不应征收而征收的税款，并由上级机关追究直接负责的主管人员和其他直接责任人员的行政责任；构成犯罪的，依法追究刑事责任。

（11）税务人员在征收税款或者查处税收违法案件时，未按照规定进行回避的，对直接负责的主管人员和其他直接责任人员，依法给予行政处分。未按照规定为纳税人、扣缴义务人、检举人保密的，对直接负责的主管人员和其他直接责任人员，由所在单位或者有关单位依法给予行政处分。

（12）税务人员私分扣押、查封的商品、货物或者其他财产，情节严重，构成犯罪的，依法追究刑事责任；尚不构成犯罪的，依法给予行政处分。

应知考核

一、单项选择题

1. 根据税收征收管理法律制度的规定，下列各项中，不属于重大税收违法失信案件范围的是（　　）。（2021 年）

A. 骗取国家出口退税款的

B. 虚开增值税专用发票的

C. 虚开普通发票 100 份或者金额 40 万元以上的

D. 不缴或者少缴应纳税款 100 万元以上的

2. 根据税收法律制度规定，下列属于逃税行为的是（　　）。（2021 年）

A. 纳税人采取欺骗、隐瞒手段进行虚假纳税申报或者不申报

B. 纳税人采取转移或者隐匿财产的手段，妨碍税务机关追缴欠缴的税款

C. 纳税人以暴力、威胁方法拒不缴纳税款

D. 纳税人以假报出口或者其他欺骗手段，骗取国家出口退税款

3. 税务代理业务档案保存至少为（　　）。（2018 年）

A. 2 年　　B. 5 年　　C. 1 年　　D. 3 年

4. 根据税收征收管理法律制度的规定，纳税人申请税务行政复议的法定期限是（　　）。（2019 年）

A. 在税收机关作出具体行政行为之日起 60 日内

B. 在税收机关作出具体行政行为之日起 3 个月内

C. 在知道税务机关作出具体行政行为之日起 3 个月内

D. 在知道税务机关作出具体行政行为之日起 60 日内

5. 甲公司未缴纳税款和滞纳金共计 50 万元，其法定代表人需要出境参加重要会议，但未提供纳税担保，则税务机关可以采取的税款征收措施是（　　）。（2021 年）

A. 书面通知甲公司开户银行冻结相当于应纳税款的存款

B. 书面通知甲公司开户银行从其存款中扣缴税款

C. 直接阻止甲公司法定代表人出境

D. 通知出境管理机关阻止甲公司法定代表人出境

6. 根据税收征收管理法律制度的规定，下列各项中，不适用税收保全的财产是（　　）。（2018 年）

A. 纳税人的古董　　B. 纳税人的别墅

C. 纳税人的豪华小汽车　　D. 纳税人的家庭唯一普通住房

7. 因为税务的原因导致纳税人少缴税款，税务机关可以补追税款的期限为（　　）。（2022 年）

A. 10 年　　B. 3 年　　C. 5 年　　D. 7 年

8. 根据税收征收管理法律制度的规定，下列情形中，税务机关可以责令纳税人提供纳税担保的是（　　）。（2019 年）

A. 纳税人按照规定应设置账簿而未设置

B. 纳税人同税务机关在纳税上发生争议而未缴清税款，需要申请行政复议的

C. 纳税人对税务机关作出逾期不缴纳罚款加处罚款的决定不服，需要申请行政复议的

D. 纳税人开具与实际经营业务情况不符的发票

9. 对国家税务总局的具体行政行为不服的，向(　　)申请行政复议。(2018年)

A. 国务院　　B. 国家税务总局

C. 人民法院　　D. 向上一级税务机关

10. 根据税收征收管理法律制度的规定，纳税人对税务机关作出的下列行政行为不服的，应当先向复议机关申请行政复议，对行政复议决定不服的，可以再向人民法院提起行政诉讼的是(　　)。(2023年)

A. 停止出口退税权　　B. 加收滞纳金

C. 税收强制执行措施　　D. 没收违法所得

二、多项选择题

1. 根据税收征收管理法律制度的规定，纳税人对税务机关的下列具体行政行为不服时应当先向复议机关申请行政复议的有(　　)。(2021年)

A. 发票管理行为　　B. 加收滞纳金　　C. 确认适用税率　　D. 停止出口退税权

2. 根据税收征收管理法律制度的规定，下列各项中，属于虚开发票行为的有(　　)。(2018年)

A. 为自己开具与实际经营业务情况不符的发票

B. 为他人开具与实际经营业务情况不符的发票

C. 介绍他人开具与实际经营业务情况不符的发票

D. 让他人为自己开具与实际经营业务情况不符的发票

3. 根据税收征收管理法律制度的规定，下列各项中，属于税务机关发票管理权限的有(　　)。(2018年)

A. 向当事各方询问与发票有关的问题和情况

B. 查阅、复制与发票有关的凭证、资料

C. 调出发票查验

D. 检查印制、领购、开具、取得、保管和缴销发票的情况

4. 根据税收征收管理法律制度的规定，下列各项中，属于税收保全措施的有(　　)。(2018年)

A. 拍卖纳税人的价值相当于应纳税款的财产

B. 扣押纳税人的价值相当于应纳税款的商品

C. 责令纳税人提供纳税担保

D. 书面通知纳税人开户银行冻结纳税人的金额相当于应纳税款的存款

5. 申请人认为税务机关的行政行为所依据的规范性文件不合法，对行政行为申请行政复议时，可以一并向复议机关提出对该规范性文件的审查申请。该规范性文件包括(　　)。(2022年)

A. 国务院其他部门的规章

B. 其他各级税务机关的规定

C. 地方各级人民政府的规定

D. 地方人民政府工作部门的规定

6. 根据税收征收管理法律制度的规定，下列各项中，属于纳税申报方式的有(　　)。(2019年)

A. 简易申报　　B. 数据电文申报　　C. 自行申报　　D. 邮寄申报

7. 根据税收征收管理法律制度的规定，纳税人对税务机关的下列行政行为不服时，可以申请行政复议的有(　　)。(2018年)

A. 罚款　　B. 确认适用税率

C. 加收滞纳金　　D. 依法制定税收优惠政策

8. 根据税收征收管理法律制度的规定，行政复议机关决定撤销、变更或者确认被申请人行政行为违法的情形有(　　)。(2022年)

A. 被申请人的行政行为明显不当的

B. 被申请人的行政行为证据不足的

C. 被申请人的行政行为超越职权的

D. 被申请人的行政行为适用依据错误的

9. 根据《行政复议法》规定，下列各项中，不属于行政复议范围的有（　　）。（2021 年）
   A. 陈某对某公安局作出的行政拘留决定不服而引起的纠纷
   B. 李某对某市场监督管理局作出的停产停业决定不服而引起的纠纷
   C. 谭某对税务局作出的给予其职工的撤职处分决定不服而引起的纠纷
   D. 黄某对公安局关于其与妻子的婚姻问题的调解不服而引起的纠纷
10. 根据税收征收管理法律制度的规定，下列情形中，税务机关有权核定纳税人应纳税额的有（　　）。（2020 年）
   A. 纳税人设置的账簿账目混乱难以查账的
   B. 纳税人按法律、行政法规规定应当设置但未设置账簿的
   C. 纳税人虽设置账簿，但成本资料、收入凭证、费用凭证残缺不全，难以查账的
   D. 纳税人未按照规定的期限缴纳税款，经税务机关责令限期缴纳，逾期仍不缴纳的

三、判断题

1. 纳税人在纳税期内没有应纳税款的，应当按照规定办理纳税申报。（2018 年）（　　）
2. 税收保全不经复议，可直接诉讼。（2021 年）（　　）
3. 有关不依法开具完税凭证的行为属于税务行政复议的范围。（2018 年）（　　）
4. 纳税人在纳税期内没有应纳税款，可以不办理纳税申报。（2018 年）（　　）
5. 税务代理执业人员可以以个人名义直接接受税务代理委托，签订税务代理委托协议。（2018 年）（　　）
6. 纳税人对税务检查人员未出示税务检查证和税务检查通知书的，有权拒绝检查。（2017 年）（　　）
7. 在行政复议的听证方式审理中，第三人不参加听证的，不影响听证的举行。（　　）
8. 复议机关以原具体行政行为违反法定程序而决定撤销的，责令被申请人重新作出具体行政行为的，被申请人不得以同一事实和理由作出与原具体行政行为相同或基本相同的具体行政行为。（　　）
9. 行政复议决定书从复议机关制作行政复议决定书并加盖印章之日起，发生法律效力。（　　）
10. 纳税人有骗税行为，由税务机关追缴其骗取的退税款，并处骗取税款 50%以上 3 倍以下的罚款，构成犯罪的，依法追究刑事责任。（　　）

应会考核

不定项选择题

2019 年 9 月 1 日，某旅游公司领取工商营业执照，主要经营范围为提供境内外旅游服务，开发经营荔园景区及射击、游戏机等游艺项目，公司有关经营情况如下：

(1) 2019 年 9 月，申报办理了开业税务登记。

(2) 10 月，持有关资料办理了发票领购手续。

(3) 12 月，荔园景区正式接待游客，取得的营业收入包括门票、索道、观光电车、景区环保客用车等旅游收入和游艺收入，各项收入实行分别核算。

(4) 2020 年 1 月，公司组织了一个境内夕阳红旅游团，该团共有游客 30 人，每人收取旅游费 3 500 元，公司为每位游客支付交通费 1 000 元、住宿费 500 元、餐费 350 元、景点门票费 600 元；当月支付员工工资 5 000元、汽油费 3 000 元、过路费 600 元。

已知：城市维护建设税税率为 7%，教育费附加征收率为 3%。

要求：根据上述资料，不考虑其他因素，分析回答下列小题。

1. 该公司申报办理开业税务登记的最后期限是（　　）。
   A. 2019 年 9 月 5 日　　B. 2019 年 9 月 10 日
   C. 2019 年 9 月 15 日　　D. 2019 年 9 月 30 日
2. 该公司办理发票领购时，应向税务机关提供的资料是（　　）。
   A. 税务登记证件　　B. 经办人员身份证明
   C. 法定代表人身份证明　　D. 财务印章或发票专用章印模
3. 该公司 2019 年 12 月各项收入申报缴纳增值税的下列表述中，不正确的是（　　）。

A. 门票收入和索道收入按照"服务业——旅游业"申报缴纳

B. 观光电车收入按照"服务业——租赁业"申报缴纳

C. 景区环保客用车收入按照"交通运输业"申报缴纳

D. 游艺收入按照"娱乐业"申报缴纳

4. 该公司2020年1月旅游收入应缴纳的税费金额是(　　)。

A. 增值税1 145元

B. 增值税1 575元

C. 城市维护建设税和教育费附加114.5元

D. 城市维护建设税和教育费附加157.5元

项目八 劳动合同与社会保险法律制度

知识目标

了解：劳动关系与劳动合同；劳动争议的解决；违反劳动合同法律制度的法律责任；社会保险概述；违反社会保险法律制度的法律责任。

熟悉：劳动合同履行和变更的规定；集体合同与劳务派遣的规定；社会保险费征缴与管理的规定。

掌握：劳动合同订立的规定；劳动合同的主要内容；劳动合同解除和终止的规定；基本养老保险法律制度；基本医疗保险法律制度；工伤保险法律制度；失业保险法律制度。

技能目标

能够具备订立劳动合同的能力，并能够结合劳动合同，为员工办理保险事宜。

素质目标

运用所学的劳动合同和社会保险法律制度知识研究相关案例，培养和提高学生在特定业务情境中分析问题与决策设计的能力；结合行业规范或标准，运用法律知识分析行为的善恶，强化学生的职业道德素质。

思政引例

钱某的加班工资

思政元素

钱某的工作为标准工时制，日工资为 160 元。由于工作需要，单位安排她在 2023 年“五一”长假期间加班 3 天，其中占用法定劳动节假期 1 天，占用周末休息日 2 天，没有安排补休。

思考：计算钱某 2023 年 5 月可得到多少加班工资。如果公司拒绝支付加班工资，钱某可以得到什么救济？

知识精讲

任务一　劳动合同法律制度

一、劳动关系与劳动合同

（一）劳动关系与劳动合同的概念与特征

1. 劳动关系与劳动合同的概念

劳动关系，是指劳动者与用人单位依法签订劳动合同而在劳动者与用人单位之间产生的法律关系。劳动者接受用人单位的管理，从事用人单位安排的工作，成为用人单位的成员，从用人单位领取劳动报酬和受劳动保护。

劳动合同是劳动者和用人单位之间依法确立劳动关系，明确双方权利义务的协议。为规范劳动关系，国家陆续颁布了一系列相关法律、法规和规章，如 1994 年 7 月 5 日第八届全国人民代表大会常务委员会第八次会议通过、2009 年 8 月 27 日第十一届全国人民代表大会常务委员会第十次会议修正的《中华人民共和国劳动法》（简称《劳动法》），2007 年 6 月 29 日第十届全国人民代表大会常务委员会第二十八次会议通过、2012 年 12 月 28 日第十一届全国人民代表大会常务委员会第三十次会议修正的《中华人民共和国劳动合同法》（简称《劳动合同法》），2007 年 12 月 29 日第十届全国人民代表大会常务委员会第三十一次会议通过的《中华人民共和国劳动争议调解仲裁法》(简称《调解仲裁法》),以及 2008 年 9 月 18 日国务院令第 535 号发布的《中华人民共和国劳动合同法实施条例》(简称《劳动合同法实施条例》),2007 年 12 月 7 日国务院令第 514 号发布的《职工带薪年休假条例》等。这些法律法规构成了我国劳动法或称劳动合同法律制度的主要内容。

2. 劳动关系的特征

与一般的民事关系不同,劳动关系有其自身独有的特征:

(1) 劳动关系的主体具有特定性。劳动关系主体的一方是劳动者,另一方是用人单位。

(2) 劳动关系的内容具有较强的法定性。劳动合同涉及财产和人身关系,劳动者在签订劳动合同后,就会隶属于用人单位,受到用人单位的管理。为保护处于弱势的劳动者的权益,法律规定了较多的强制性规范,当事人签订劳动合同不得违反强制性规定,否则无效。

(3) 劳动者在签订和履行劳动合同时的地位是不同的。劳动者与用人单位在签订劳动合同时,遵循平等、自愿、协商一致的原则,双方法律地位是平等的;一旦双方签订了劳动合同,在履行劳动合同的过程中,用人单位和劳动者就具有了支配与被支配、管理与服从的从属关系。

(二)《劳动合同法》的适用范围

中华人民共和国境内的企业、个体经济组织、民办非企业单位等组织(以下称用人单位)与劳动者建立劳动关系,订立、履行、变更、解除或者终止劳动合同,适用《劳动合同法》。依法成立的会计师事务所、律师事务所等合伙组织和基金会,也属于《劳动合同法》规定的用人单位。

国家机关、事业单位、社会团体和与其建立劳动关系的劳动者,订立、履行、变更、解除或者终止劳动合同,依照《劳动合同法》执行。

地方各级人民政府及县级以上人民政府有关部门为安置就业困难人员提供的给予岗位补贴和社会保险补贴的公益性岗位,其劳动合同不适用《劳动合同法》有关无固定期限劳动合同的规定以及支付经济补偿的规定。

二、劳动合同的订立

(一) 劳动合同订立的概念和原则

劳动合同的订立,是指劳动者和用人单位经过相互选择与平等协商,就劳动合同的各项条款达成一致意见,并以书面形式明确规定双方权利、义务的内容,从而确立劳动关系的法律行为。

订立劳动合同,应当遵循合法、公平、平等自愿、协商一致、诚实信用的原则。

(二) 劳动合同订立的主体

1. 劳动合同订立主体的资格要求

(1) 劳动者有劳动权利能力和行为能力。

关于民事主体的权利能力和行为能力,《劳动法》规定,禁止用人单位招用未满 16 周岁的未成年人。文艺、体育和特种工艺单位招用未满 16 周岁的未成年人,必须依照国家有关规定,履行审批手续,并保障其接受义务教育的权利。

劳动者就业,不因民族、种族、性别、宗教信仰不同而受歧视。妇女享有与男子平等的就业权利。在录用职工时,除国家规定的不适合妇女的工种或者岗位外,不得以性别为由拒绝录用妇女或者提高对妇女的录用标准。残疾人、少数民族人员、退出现役的军人的就业,法律、法规有特别规定的,从其规定。

(2) 用人单位有用人权利能力和行为能力。

用人单位,是指具有用人权利能力和用人行为能力,运用劳动力组织生产劳动,且向劳动者支付工资等劳动报酬的单位。

用人单位设立的分支机构,依法取得营业执照或者登记证书的,可以作为用人单位与劳动者订立劳动合同；未依法取得营业执照或者登记证书的，受用人单位委托可以与劳动者订立劳动合同。

2. 劳动合同订立主体的义务

（1）用人单位的义务和责任。

用人单位招用劳动者时，应当如实告知劳动者工作内容、工作条件、工作地点、职业危害、安全生产状况、劳动报酬，以及劳动者要求了解的其他情况。

用人单位招用劳动者，不得扣押劳动者的居民身份证和其他证件。用人单位扣押劳动者居民身份证等证件的，由劳动行政部门责令限期退还劳动者本人，并依照有关法律规定给予处罚。

用人单位招用劳动者，不得要求劳动者提供担保或者以其他名义向劳动者收取财物。用人单位以担保或者其他名义向劳动者收取财物的，由劳动行政部门责令限期退还劳动者本人，并以每人500元以上2 000元以下的标准对用人单位处以罚款；给劳动者造成损害的，应当承担赔偿责任。

（2）劳动者的义务。

用人单位有权了解劳动者与劳动合同直接相关的基本情况，劳动者应当如实说明。

（三）劳动关系建立的时间

（1）用人单位自用工之日起即与劳动者建立劳动关系。用人单位与劳动者在用工前订立劳动合同的，劳动关系自用工之日起建立。

（2）用人单位应该建立职工名册备查。违反《劳动合同法》有关建立职工名册规定的，由劳动行政部门责令限期改正；逾期不改正的，由劳动行政部门处2 000元以上2万元以下的罚款。

（四）劳动合同订立的形式

1. 书面形式

劳动合同的书面形式如表8-1所示。

表8-1　　劳动合同的书面形式

<table>
<tr><th colspan="2">情形</th><th>用人单位的处理</th></tr>
<tr><td rowspan="2">自用工之日起1个月内</td><td>订立书面劳动合同</td><td>合法，双方依法依约继续履行劳动合同即可</td></tr>
<tr><td>经用人单位书面通知，劳动者不与用人单位订立书面劳动合同</td><td>用人单位：
（1）应当书面通知劳动者终止劳动关系
（2）无须向劳动者支付经济补偿金
（3）应当依法向劳动者支付其实际工作时间的劳动报酬</td></tr>
<tr><td rowspan="2">用工之日起超过1个月不满1年</td><td>用人单位与劳动者补订了书面劳动合同</td><td>应当依法向劳动者每月支付2倍的工资（1倍正常工资＋1倍工资补偿）；起算时间为用工之日起满1个月的次日，截止时间为补订书面劳动合同的前1日</td></tr>
<tr><td>劳动者不与用人单位订立书面劳动合同</td><td>用人单位：
（1）应当书面通知劳动者终止劳动关系
（2）应向劳动者支付经济补偿金</td></tr>
<tr><td>用工之日起满1年</td><td>用人单位仍未与劳动者订立书面劳动合同</td><td>（1）视为自用工之日起满1年的当日已经与劳动者订立无固定期限劳动合同，应立即与劳动者补订书面劳动合同
（2）应当依法向劳动者每月支付2倍的工资；支付时限为自用工之日起满1个月的次日至满1年的前1日（共计11个月）</td></tr>
</table>

2. 口头形式

劳动合同的口头形式如表8-2所示。

表 8-2　　劳动合同的口头形式

口头形式	(1) 非全日制用工可以订立口头协议。(非全日用工,以小时计酬为主,每天小于 4 小时,每周不超过 24 小时) (2) 劳动者可以与一个或一个以上用人单位订立劳动合同 (3) 双方当事人不得约定试用期 (4) 双方当事人任何一方都可以随时通知对方终止用工,用人单位不支付经济补偿金 (5) 不得低于规定的最低小时工资标准。劳动报酬结算支付周期最长不得超过 15 日(小时、日或周等)

(五) 劳动合同的效力

1. 劳动合同的生效

劳动合同由用人单位与劳动者协商一致,并经用人单位与劳动者在劳动合同文本上签字或者盖章生效。劳动合同文本由用人单位和劳动者各执一份。

【提示】 劳动合同生效时间与劳动关系建立时间不同:

(1) 可以双方先在劳动合同文本上签字或者盖章,劳动合同相应生效,而后再实际用工,劳动关系于实际用工之日起建立。

(2) 也可以先实际用工(先建立劳动关系),而后双方再在合同文本上签字或盖章(劳动合同生效)。

2. 无效劳动合同及其法律后果

无效劳动合同,是指由用人单位和劳动者签订成立,而国家不予承认其法律效力的劳动合同。无效劳动合同的情形及其法律后果,如表 8-3 所示。

表 8-3　　无效劳动合同的情形及其法律后果

属于无效或者部分无效的劳动合同	(1) 以欺诈、胁迫的手段或者乘人之危,使对方在违背真实意思的情况下订立或者变更劳动合同的
	(2) 用人单位免除自己的法定责任、排除劳动者权利的
	(3) 违反法律、行政法规强制性规定的
无效劳动合同的法律后果	(1) 无效劳动合同,从订立时起就没有法律约束力。劳动合同部分无效,不影响其他部分效力的,其他部分仍然有效
	(2) 劳动合同被确认无效,劳动者已付出劳动的,用人单位应当向劳动者支付劳动报酬
	(3) 劳动合同被确认无效,给对方造成损害的,有过错的一方应当承担赔偿责任

【提示】 对劳动合同的无效或者部分无效有争议的,由“劳动争议仲裁机构或者人民法院”确认。

三、劳动合同的内容

(一) 劳动合同必备条款

1. 必备条款和可备条款的区分

必备条款和可备条款的区分,如表 8-4 所示。

表 8-4　　必备条款和可备条款的区分

必备条款	约定条款
用人单位名称、住所和法定代表人或主要负责人 (用人单位有两个以上办事机构的,以主要办事机构所在地为住所)	试用期

（续表）

必备条款	约定条款
劳动者的姓名、住址和居民身份证或其他有效身份证件号码 （劳动者的住址，以其户籍所在的居住地为住址，其经常居住地与户籍所在地不一致的，以经常居住地为住址）	服务期
★劳动合同期限	保守商业秘密和竞业限制
工作内容和工作地点	
★工作时间和休息休假	
★劳动报酬	
★社会保险：社会保险包括基本养老保险、基本医疗保险、失业保险、工伤保险等	
劳动保护、劳动条件和职业危害防护	
法律、法规规定的其他事项	

2. 劳动合同期限

（1）固定期限劳动合同：用人单位与劳动者明确约定合同终止时间的劳动合同。

【提示】 劳动合同期限届满，劳动关系即告终止，如果双方协商一致，可以续订劳动合同。

（2）以完成一定工作任务为期限的劳动合同：用人单位与劳动者约定以某项工作的完成为合同期限的劳动合同。一般在以下几种情况下，用人单位与劳动者可以签订完成一定工作任务为期限的劳动合同：①以完成单项工作任务为期限的劳动合同；②以项目承包方式完成承包任务的劳动合同；③因季节原因用工的劳动合同；④其他情形。

（3）无固定期限劳动合同：用人单位与劳动者约定无确定终止时间的劳动合同。

【提示】 该合同只是“无确切终止时间”，而非“无终止时间”，一旦出现了法定情形或者双方协商一致解除的，无固定期限劳动合同同样也能够解除。

订立无固定期限劳动合同的情形：①双方自由协商、一致同意订立；②依照法律规定，直接视为订立了无固定期限劳动合同；③出现法定情形时，法律强制用人单位与劳动者订立无固定期限劳动合同（除非劳动者有相反意愿），如表 8-5 所示。

表 8-5　　订立固定期限劳动合同的情形

<table>
<tr><td>视为订立了无固定期限劳动合同</td><td colspan="2">用人单位自用工之日起满 1 年不与劳动者订立书面劳动合同的，视为用人单位自用工之日起满 1 年的当日已经与劳动者订立无固定期限劳动合同</td></tr>
<tr><td rowspan="6">应当订立无固定期限劳动合同</td><td rowspan="2">10 年</td><td>劳动者在该用人单位连续工作满 10 年的</td></tr>
<tr><td>用人单位初次实行劳动合同制度或者国有企业改制重新订立劳动合同时，劳动者在该用人单位连续工作满 10 年且距法定退休年龄不足 10 年的</td></tr>
<tr><td rowspan="4">劳动者和用人单位已经连续订立 2 次固定期限劳动合同，且劳动者没有下述情形，续订劳动合同的：</td><td>（1）严重违反用人单位的规章制度的</td></tr>
<tr><td>（2）严重失职，营私舞弊，给用人单位造成重大损害的</td></tr>
<tr><td>（3）劳动者同时与其他用人单位建立劳动关系，对完成本单位的工作任务造成严重影响，或者经用人单位提出，拒不改正的</td></tr>
<tr><td>（4）劳动者以欺诈、胁迫的手段或者乘人之危，使用人单位在违背真实意思的情况下订立或者变更劳动合同，致使劳动合同无效的</td></tr>
</table>

（续表）

应当订立无固定期限劳动合同		(5) 被依法追究刑事责任的
		(6) 劳动者患病或者非因工负伤，在规定的医疗期满后不能从事原工作，也不能从事由用人单位另行安排的工作的
		(7) 劳动者不能胜任工作，经过培训或者调整工作岗位，仍不能胜任工作的

3. 工作内容和工作地点

工作内容包括劳动者从事劳动的工种、岗位和劳动定额、工作的任务等。工作地点，是指劳动者可能从事工作的具体位置。

4. 工作时间和休息、休假

1) 工作时间

工作时间又称劳动时间，是指劳动者在一昼夜和一周内从事劳动的时间。目前我国实行的工时制度主要包括：标准工时制、不定时工作制和综合计算工时制。

(1) 标准工时制：每日工作8小时、每周40小时。不能实行标准工时制的应保证每天工作不超过8小时，每周不超过40小时，每周至少休息1天。需要延长的每日不超1小时，最多不超3小时，全月不超36小时(需要紧急处理、影响生产和公众利益必须及时抢修等情形的延长时间不受上述限制)。

(2) 不定时工作制：没有固定工作时间限制，主要适用于一些因工作性质或工作条件不受标准工作时间限制的工作岗位。(无加班费)

(3) 综合计算工时制：用人单位根据生产和工作的特点，以周、月、季、年等为周期，综合计算工作时间，但其平均日或周工作时间仍与法定标准工作时间基本相同。

2) 休息、休假

休息休假是指劳动者在国家规定的法定工作时间外自行支配的时间，包括劳动者每天休息的时数、每周休息的天数、节假日、年休假、探亲假等。休息包括工作日内的间歇时间、工作日之间的休息时间和公休假日。休假包括法定假日、年休假。

年休假的基本规定：①机关、团体、企业、事业单位、民办非企业单位、有雇工的个体工商户等单位的职工连续工作1年以上的，享受带薪年休假；②职工在年休假期间享受与正常工作期间相同的工资收入；③职工累计工作已满1年不满10年的，年休假5天；已满10年不满20年的，年休假10天；已满20年的，年休假15天。

不能享受当年的带薪年休假的情形：①职工依法享受寒暑假，其休假天数多于年休假天数的；②职工请事假累计20天以上且单位按照规定不扣工资的；③累计工作满1年不满10年的职工，请病假累计2个月以上的；④累计工作满10年不满20年的职工，请病假累计3个月以上的；⑤累计工作满20年以上的职工，请病假累计4个月以上的。

【提示1】 国家法定休假日、休息日不计入年休假的假期。

【提示2】 累计工作时间包含以前任职单位年限。

【提示3】 年休假在1个年度内可以集中安排，也可以分段安排，一般不跨年度安排；单位因生产、工作特点确有必要跨年度安排职工年休假的，可以跨1个年度安排。职工新进用人单位且符合享受带薪年休假条件的，当年度年休假天数按照在本单位剩余日历天数折算确定，折算后不足1整天的部分不享受年休假。

5. 劳动报酬

1) 劳动报酬与支付

(1) 工资应当以法定货币支付，不得以实物及有价证券替代货币支付。

（2）工资必须在用人单位与劳动者约定的日期支付，如遇节假日或休息日，则应提前在最近的工作日支付。

（3）工资至少每月支付一次，实行周、日、小时工资制的可按周、日、小时支付工资。

（4）对完成一次性临时劳动或某项具体工作的劳动者，用人单位应按有关协议或合同规定在其完成劳动任务后即支付工资。

（5）劳动者在法定休假日和婚丧假期间以及依法参加社会活动期间，用人单位应当依法支付工资。在“部分公民放假”的节日期间（如三八妇女节、五四青年节），对参加社会活动或者单位组织庆祝活动和照常工作的职工，单位应支付工资报酬，但不支付加班工资。

如果该节日恰逢周六、周日，单位安排职工加班工作，则应当支付休息日的加班工资。加班工资支付标准，如表 8-6 所示。

表 8-6　　加班工资的支付标准

加班时间	是否可以补休作补偿	加班工资支付标准
日标准工作时间以外延长工作时间（晚上加班）	×	小时/日工资的 150%
休息日工作（周末加班）	√	小时/日工资的 200%
法定休假日工作（春节加班）	×	小时/日工资的 300%

【提示】 用人单位未按照劳动合同的约定或者国家规定及时足额支付劳动者加班费用的，由劳动行政部门责令限期支付；逾期不支付的，责令用人单位按应付金额 50%以上 100%以下的标准向劳动者加付赔偿金。

（6）用人单位拖欠或者未足额支付劳动报酬的，劳动者可以依法向当地人民法院申请支付令，人民法院应当依法发出支付令。

2）最低工资制度

最低工资不包括：①延长工作时间的工资报酬；②以货币形式支付的住房和用人单位支付的伙食补贴；③中班、夜班、高温、低温、井下、有毒、有害等特殊工作环境和劳动条件下的津贴；④国家法律、法规、规章规定的社会保险福利待遇。

最低工资的具体标准由省、自治区、直辖市人民政府规定，报国务院备案。劳动合同履行地与用人单位注册地不一致的，最低工资标准、劳动保护、劳动条件、职业危害防护和本地区上年度职工月平均工资标准等事项，按照劳动合同“履行地”的有关规定执行；用人单位注册地的标准“高于”劳动合同履行地的标准，“且”用人单位与劳动者“约定”按照用人单位注册地的有关规定执行的，从其约定。相关情形如表 8-7 所示。

表 8-7　　最低工资制度

<table>
<tr><td rowspan="3">劳动合同履行地与用人单位注册地不一致的</td><td colspan="3">劳动者的最低工资标准，按照劳动合同履行地的有关规定执行</td></tr>
<tr><td rowspan="2">注册地的标准＞履行地的标准</td><td>有约定</td><td>从其约定</td></tr>
<tr><td>无约定</td><td>按照劳动合同履行地的有关规定执行</td></tr>
</table>

因劳动者本人原因给用人单位造成经济损失的，用人单位可以按照劳动合同的约定要求其赔偿经济损失。经济损失的赔偿，可从劳动者本人的工资中扣除，但每月扣除的部分不得超过劳动者当月工资的 20%。若扣除后的剩余工资部分低于当地月最低工资标准，则按最低工资标准支付。

【提示】“每月”扣除的部分≤20%;剩余部分≥当地月最低工资标准。

(二)劳动合同可备条款

1. 试用期

(1)试用期期限,如表8-8所示。

表8-8 试用期期限

劳动合同期限	试用期
3个月≤期限<1年	≤1个月
1年≤期限<3年	≤2个月
3年以上或者无固定期限	≤6个月

【提示1】 试用期包含在劳动合同期限内
【提示2】 劳动合同仅约定试用期的,试用期不成立,该期限为劳动合同期限

(2)试用期工资,如表8-9所示。

表8-9 试用期工资

有约定	劳动合同约定工资的80%	不得低于用人单位所在地的最低工资标准
无约定	本单位相同岗位最低档工资的80%	

【提示】 劳动合同约定工资,是指该劳动者与用人单位订立的劳动合同中约定的劳动者试用期满后的工资

(3)用人单位违反试用期规定的法律后果,如表8-10所示。

表8-10 违反试用期规定的法律后果

规定	用人单位违反规定与劳动者约定试用期,由劳动行政部门责令改正	
具体情形	违法约定试用期已经履行的,用人单位应向劳动者支付赔偿金	
赔偿金计算	工资标准	用人单位以劳动者试用期满月工资
	期限	已经履行的超过法定试用期的期间

2. 服务期

(1)服务期的适用范围,如表8-11所示。

表8-11 服务期的适用范围

适用范围	用人单位为劳动者“提供专项培训费用”,对其进行专业技术培训的,可以与该劳动者订立协议,约定服务期 【提示】 服务期≠劳动合同期限 劳动合同期满,但用人单位与劳动者约定的服务期尚未到期的,劳动合同应当延期至服务期满;双方另有约定的,从其约定
服务期待遇	用人单位与劳动者约定服务期的,不影响按照正常的工资调整机制提高劳动者在服务期期间的劳动报酬

(2) 劳动者违反服务期约定的违约责任,如表 8-12 所示。

表 8-12　　违反服务期约定的违约责任

规定	劳动者违反服务期约定的,应当按照约定向用人单位支付违约金 **【提示】** 违约金支付主体一定是劳动者,非用人单位
违约金数额	违约金数额不得超过用人单位提供的培训费用
违约金支付	用人单位要求劳动者支付的违约金不得超过服务期尚未履行部分所应当分摊的"培训费用"

3. 竞业限制

(1) 竞业限制的适用范围,如表 8-13 所示。

表 8-13　　竞业限制的适用范围

针对人群	竞业限制的人员限于用人单位的高级管理人员、高级技术人员和其他负有保密义务的人员
竞业限制期限	不得超过 2 年
竞业限制开始期限	解除或者终止劳动合同后
竞业限制内容	在解除或者终止劳动合同后,竞业限制人员到与本单位生产或者经营同类产品、从事同类业务的有竞争关系的其他用人单位工作,或者自己开业生产或者经营同类产品、从事同类业务

(2) 竞业限制的补偿金,如表 8-14 所示。

表 8-14　　竞业限制的补偿金

<table>
<tr><td>支付方</td><td colspan="2">用人单位</td></tr>
<tr><td>原因</td><td colspan="2">劳动者履行竞业限制义务</td></tr>
<tr><td rowspan="4">具体规定</td><td>劳动合同或保密协议中约定了竞业限制和经济补偿(竞业限制补偿金),当事人解除劳动合同时</td><td>用人单位要求劳动者履行竞业限制义务,或者劳动者履行了竞业限制义务后要求用人单位支付经济补偿金</td></tr>
<tr><td>企业未约定经济补偿金额,但劳动者履行了竞业限制义务</td><td>用人单位按照劳动者在劳动合同解除或者终止前 12 个月平均工资的 30%按月支付经济补偿金
【提示】 低于劳动合同履行地最低工资标准的,按照劳动合同履行地最低工资标准</td></tr>
<tr><td rowspan="2">当事人在劳动合同或者保密协议中约定了竞业限制和经济补偿,劳动合同解除或者终止后,因用人单位的原因导致 3 个月未支付经济补偿</td><td>劳动者可请求解除竞业限制约定</td></tr>
<tr><td>在解除竞业限制协议时,劳动者可请求用人单位额外支付劳动者 3 个月的竞业限制经济补偿金</td></tr>
</table>

(3) 竞业限制金违约金。①劳动者违反竞业限制约定,向用人单位支付违约金后,用人单位要求劳动者按照约定继续履行竞业限制义务的,人民法院应予支持;②禁止用人单位对劳动合同服务期和竞业限制之外的其他事项与劳动者约定由劳动者承担违约金。

【提示】 注意区分“补偿金”和“违约金”：①竞业限制补偿金是劳动者“遵守”竞业限制义务时，用人单位给予劳动者的经济补偿；②竞业限制违约金是劳动者“违反”竞业限制义务时，按照约定由劳动者向用人单位支付的赔偿金。

四、劳动合同的履行和变更

（一）劳动合同的履行

1. 用人单位与劳动者应当按照劳动合同的约定，全面履行各自的义务

（1）用人单位应当按规定向劳动者及时足额支付劳动报酬。

【提示1】 用人单位拖欠或者未足额支付劳动报酬的，劳动者可以依法向当地法院申请支付令，法院应当依法发出支付令。

【提示2】 用人单位未按规定及时足额支付劳动报酬的，由劳动行政部门责令限期支付，逾期不支付的，责令用人单位按应付金额50%以上100%以下的标准向劳动者加付赔偿金。

（2）用人单位应当严格执行劳动定额标准，不得强迫或者变相强迫劳动者加班。用人单位安排加班的，应当按照国家有关规定向劳动者支付加班费。

（3）劳动者拒绝用人单位管理人员违章指挥、强令冒险作业的，不视为违反劳动合同。劳动者对危害生命安全和身体健康的劳动条件，有权对用人单位提出批评、检举和控告。

（4）用人单位变更名称、法定代表人、主要负责人或者投资人等事项，不影响劳动合同的履行。

（5）用人单位发生合并或者分立等情况，原劳动合同继续有效，劳动合同由承继其权利和义务的用人单位继续履行。

2. 用人单位应当依法建立和完善劳动规章制度，保障劳动者享有劳动权利、履行劳动义务

（1）合法有效的劳动规章制度是劳动合同的组成部分，对用人单位和劳动者均具有法律约束力。

（2）用人单位在制定、修改或者决定有关劳动报酬、工作时间、休息休假等直接涉及劳动者切身利益的规章制度和重大事项时，应当经职工代表大会或者全体职工讨论，提出方案和意见，与工会或者职工代表平等协商确定。在规章制度和重大事项决定实施过程中，工会或者职工认为不适当的，有权向用人单位提出，通过协商予以修改完善。

（3）用人单位应当将直接涉及劳动者切身利益的规章制度和重大事项决定公示，或告知劳动者。如果用人单位的规章制度未经公示或者未对劳动者告知，该规章制度对劳动者不生效。公示或告知可以采用张贴通告、员工手册送达、会议精神传达等方式。

（二）劳动合同的变更

（1）用人单位与劳动者协商一致，可以变更劳动合同约定的内容。变更劳动合同，应当采用书面形式。变更后的劳动合同文本由用人单位和劳动者各执一份。

（2）变更劳动合同未采用书面形式，但已经实际履行了口头变更的劳动合同超过1个月且变更后的劳动合同内容不违反法律、行政法规、国家政策以及公序良俗，当事人以未采用书面形式为由主张劳动合同变更无效的，人民法院不予支持。

五、劳动合同的解除和终止

（一）劳动合同的解除

1. 劳动合同的解除类型

劳动合同的解除类型，如表8-15所示。

表 8-15　　劳动合同的解除类型

<table>
<tr><td>协商解除</td><td colspan="2">双方自愿协商一致</td></tr>
<tr><td rowspan="6">法定解除</td><td rowspan="3">劳动者</td><td>提前通知解除</td></tr>
<tr><td>随时通知解除</td></tr>
<tr><td>不需要事先告知解除</td></tr>
<tr><td rowspan="3">用人单位</td><td>因劳动者过错解除</td></tr>
<tr><td>无过失性辞退</td></tr>
<tr><td>经济性裁员</td></tr>
</table>

2. 协商解除

协商解除劳动合同的相关情形，如表 8-16 所示。

表 8-16　　协商解除劳动合同的情形

<table>
<tr><th>类型</th><th>适用情形</th><th>是否支付经济补偿金</th></tr>
<tr><td>用人单位提出解除劳动合同</td><td rowspan="2">双方自愿协商一致</td><td>√</td></tr>
<tr><td>劳动者主动辞职</td><td>×</td></tr>
</table>

3. 法定解除(单方解除)

(1) 劳动者单方解除劳动合同的情形，如表 8-17 所示。

表 8-17　　劳动者单方解除劳动合同的情形

类型	适用情形	是否支付经济补偿金
提前通知解除	(1) 劳动者提前 30 日以书面形式通知用人单位 (2) 劳动者在试用期内提前 3 日通知用人单位	×
随时通知解除	(1) 用人单位未按照劳动合同约定提供劳动保护或者劳动条件的 (2) 用人单位未及时足额支付劳动报酬的 (3) 用人单位未依法为劳动者缴纳社会保险费的 (4) 用人单位的规章制度违反法律、法规的规定，损害劳动者权益的 (5) 用人单位以欺诈、胁迫的手段或者乘人之危，使劳动者在违背真实意思的情况下订立或者变更劳动合同的 (6) 用人单位在劳动合同中免除自己的法定责任、排除劳动者权利的 (7) 用人单位违反法律、行政法规强制性规定的 **【提示】** 劳动者无须提前通知用人单位解除劳动合同	√
不需事先告知解除	(1) 用人单位以暴力、威胁或者非法限制人身自由的手段强迫劳动者劳动的 (2) 用人单位违章指挥、强令冒险作业危及劳动者人身安全的	√

(2) 用人单位单方解除劳动合同的情形，如表 8-18 所示。

表 8-18　　用人单位单方解除合同的情形

类型	适用情形	是否支付经济补偿金
因劳动者过错解除	(1) 劳动者在试用期间被证明不符合录用条件的 (2) 劳动者严重违反用人单位的规章制度的 (3) 劳动者严重失职，营私舞弊，给用人单位造成重大损害的 (4) 劳动者同时与其他用人单位建立劳动关系，对完成本单位的工作任务造成严重影响，或者经用人单位提出，拒不改正的 (5) 劳动者以欺诈、胁迫的手段或者乘人之危，使用人单位在违背真实意思的情况下，订立或者变更劳动合同的 (6) 劳动者被依法追究刑事责任的	×
无过失性辞退	有下列情形之一的，用人单位提前 30 日以书面形式通知劳动者本人或者额外支付劳动者 1 个月工资后，可以解除劳动合同： (1) 劳动者患病或者非因工负伤，在规定的医疗期满后不能从事原工作，也不能从事由用人单位另行安排的工作的 (2) 劳动者不能胜任工作，经过培训或者调整工作岗位，仍不能胜任工作的 (3) 劳动合同订立时所依据的客观情况发生重大变化，致使劳动合同无法履行，经用人单位与劳动者协商，未能就变更劳动合同内容达成协议的	√
经济性裁员	(1) 经济性裁员的适用情形： a. 依照《企业破产法》规定进行重整的 b. 生产经营发生严重困难的 c. 企业转产、重大技术革新或者经营方式调整，经变更劳动合同后，仍需裁减人员的 d. 其他因劳动合同订立时所依据的客观经济情况发生重大变化，致使劳动合同无法履行的 (2) 特别程序： a. 需要裁减人员 20 人以上或者裁减不足 20 人但占企业职工总数 10%以上的，用人单位提前 30 日向工会或者全体职工说明情况，听取工会或者职工的意见后，裁减人员方案经向劳动行政部门报告，可以裁减人员 b. 裁减人员不足 20 人且占企业职工总数不足 10%的，无需执行上述程序 (3) 裁减人员时，应当优先留用下列人员： a. 与本单位订立较长期限的固定期限劳动合同的 b. 与本单位订立无固定期限劳动合同的 c. 家庭无其他就业人员，有需要扶养的老人或者未成年人的 (4) 用人单位裁减人员后，在 6 个月内重新招用人员的，应当通知被裁减的人员，并在同等条件下优先招用被裁减的人员	√

(二) 劳动合同的终止

1. 劳动合同终止的情形

劳动合同终止的情形，如表 8-19 所示。

表 8-19 劳动合同终止的情形

<table>
<tr><th colspan="4">劳动合同终止的情形</th><th>是否支付经济补偿</th></tr>
<tr><td rowspan="3">到期</td><td rowspan="3">劳动合同期满</td><td colspan="2">用人单位不续签</td><td>√</td></tr>
<tr><td rowspan="2">用人单位续签</td><td>降低标准，劳动者不同意续签</td><td>√</td></tr>
<tr><td>维持或提高劳动合同约定条件，劳动者不同意续签</td><td>×</td></tr>
<tr><td rowspan="2">退休</td><td colspan="3">劳动者开始依法享受基本养老保险待遇的</td><td>×</td></tr>
<tr><td colspan="3">劳动者达到法定退休年龄的</td><td>×</td></tr>
<tr><td rowspan="2">死亡、破产</td><td colspan="3">劳动者死亡，或者被人民法院宣告死亡或者宣告失踪的</td><td>×</td></tr>
<tr><td colspan="3">用人单位被依法宣告破产的、被吊销营业执照、责令关闭、撤销或者用人单位决定提前解散的</td><td>√</td></tr>
<tr><td>完成工作任务</td><td colspan="3">以完成一定工作任务为期限的劳动合同因任务完成而终止的</td><td>√</td></tr>
</table>

【提示】 解除和终止劳动合同时用人单位向劳动者支付“经济补偿金”，是用人单位的一项社会义务，其目的是保障劳动者在开始从事新的工作前能够生存。因此“以完成一定工作任务为期限的劳动合同因任务完成而终止劳动关系”“固定期限劳动合同到期在用人单位‘降低报酬’的前提下终止劳动关系”都是劳动者“被动”终止劳动关系，在法律上要求由企业支付经济补偿金，承担相应的社会义务。

2. 劳动合同解除和终止的限制性规定

劳动者有下列情形之一的，用人单位既不得解除劳动合同，也不得终止劳动合同，劳动合同应当延续至相应的情形消失时终止：①从事接触职业病危害作业的劳动者未进行离岗前职业健康检查，或者疑似职业病病人在诊断或者医学观察期间的；②在本单位患职业病或者因工负伤并被确认丧失或者部分丧失劳动能力的；③患病或者非因工负伤，在规定的医疗期内的；④女职工在孕期、产期、哺乳期的；⑤在本单位连续工作满 15 年，且距法定退休年龄不足 5 年的；⑥法律、行政法规规定的其他情形。

(三) 劳动合同解除和终止的经济补偿

1. 经济补偿金的概念

经济补偿金，是按照《劳动合同法》的规定，在劳动者无过错(单位可能有过错，也可能无过错)的情况下，用人单位与劳动者解除或终止劳动合同时，应给予劳动者的经济上的补助。

经济补偿金、违约金、赔偿金的区别如表 8-20 所示。

表 8-20 经济补偿金、违约金、赔偿金的区别

“三金”	适用条件	性质	支付主体
经济补偿金	(1) 劳动关系的解除和终止 (2) 劳动者无过错	法定 (无过错，无惩罚性)	用人单位
违约金	劳动者违反了服务期和竞业限制的规定(单位不得约定其他承担违约金的情形)	约定(有过错，具有惩罚性和赔偿性)	劳动者
赔偿金	用人单位和劳动者由于自己的过错给对方造成损害	法定(有过错，具有惩罚性和赔偿性)	过错方，可能是用人单位，也可能是劳动者

2. 经济补偿金的计算

经济补偿金按劳动者在本单位工作的年限，每满1年支付1个月工资的标准向劳动者支付。其计算公式为：

$$\text{经济补偿金}=\text{劳动合同解除或终止前劳动者在本单位的工作年限}\times\text{每工作1年应得的经济补偿金}=\text{工作年限}\times\text{月工资}$$

（四）经济补偿的支付

1. 关于补偿年限的计算标准

（1）经济补偿按劳动者在本单位工作的年限，每满1年支付1个月工资的标准向劳动者支付。6个月以上不满1年的，按1年计算；不满6个月的，向劳动者支付半个月工资的经济补偿。

（2）劳动者非因本人原因从原用人单位被安排到新用人单位工作的，劳动者在原用人单位的工作年限合并计入新用人单位的工作年限。原用人单位已经向劳动者支付经济补偿的，新用人单位在依法解除、终止劳动合同计算支付经济补偿的工作年限时，不再计算劳动者在原用人单位的工作年限。

2. 关于补偿基数的计算标准

（1）月工资是指劳动者在劳动合同解除或者终止前12个月的平均工资。月工资按照劳动者应得工资计算，包括计时工资或者计件工资以及奖金、津贴和补贴等货币性收入。劳动者工作不满12个月的，按照实际工作的月数计算平均工资。

（2）劳动者在劳动合同解除或者终止前12个月的平均工资低于当地最低工资标准的，按照当地最低工资标准计算。其计算公式为：

$$\text{经济补偿金}=\text{工作年限}\times\text{月最低工资标准}$$

（3）劳动者月工资高于用人单位所在直辖市、设区的市级人民政府公布的本地区上年度职工月平均工资3倍的，向其支付经济补偿的标准按职工月平均工资3倍的数额支付，向其支付经济补偿的年限最高不超过12年。

其计算公式为：

$$\text{经济补偿金}=\text{工作年限（最高不超过12年）}\times\text{当地上年度职工月平均工资3倍}$$

【提示】 当地最低工资标准≤月平均工资≤所在地区上年度职工月平均工资3倍（3倍支付补偿金的情形下年限最高不超过12年）

（五）劳动合同解除和终止的法律后果及双方义务

（1）劳动合同解除和终止后，用人单位和劳动者双方不再履行劳动合同，劳动关系消灭。劳动者应当按照双方约定，办理工作交接。

（2）劳动合同解除或终止的，用人单位应当在解除或终止劳动合同时出具解除或终止合同证明，并在15日内为劳动者办理档案和社会保险关系转移手续。

（3）用人单位对已经解除或终止的劳动合同的文本，至少保存2年备查。

（4）用人单位应当在解除或者终止劳动合同时向劳动者支付经济补偿的，在办结工作交接时支付。

（5）用人单位违反规定解除或者终止劳动合同，劳动者要求继续履行劳动合同的，用人单位应当继续履行；劳动者不要求继续履行劳动合同或者劳动合同已经不能继续履行的，用人单位应当依照《劳动合同法》规定的经济补偿标准的2倍向劳动者支付赔偿金。用人单位支付了赔偿金的，不再支付经济补偿。赔偿金的计算年限自用工之日起计算。

(6) 劳动者违反《劳动合同法》规定解除劳动合同,给用人单位造成损失的,应当承担赔偿责任。

六、集体合同和劳务派遣

(一) 集体合同

1. 集体合同的概念和种类

集体合同是工会代表企业职工一方与企业签订的以劳动报酬、工作时间、休息休假、劳动安全卫生、保险福利等为主要内容的书面协议。尚未建立工会的用人单位,可以由上级工会指导劳动者推举的代表与用人单位订立集体合同。

集体合同分为专项集体合同、行业性集体合同、区域性集体合同。

【提示1】 专项集体合同。企业职工一方与用人单位可以订立劳动安全卫生、女职工权益保护、工资调整机制等专项集体合同。

【提示2】 行业性集体合同、区域性集体合同。在县级以下区域内,建筑业、采矿业、餐饮服务业等行业可以由工会与企业方面代表订立行业性集体合同,或者订立区域性集体合同。

2. 集体合同的订立

(1) 集体合同内容由用人单位和职工各自派出集体协商代表通过集体协商(会议)的方式协商确定,集体协商双方的代表人数应当对等,每方至少3人,并各确定1名首席代表。

(2) 经双方协商代表协商一致的集体合同草案或专项集体合同草案应当提交职工代表大会或者全体职工讨论。职工代表大会或者全体职工讨论集体合同草案,应当有2/3以上职工代表或者职工出席,且须经全体职工代表半数以上或者全体职工半数以上同意方获通过。

(3) 集体合同订立后,应当报送劳动行政部门;劳动行政部门自收到集体合同文本之日起15日内未提出异议的,集体合同即行生效。

(4) 集体合同中劳动报酬和劳动条件等标准不得低于当地人民政府规定的最低标准;用人单位与劳动者订立的劳动合同中劳动报酬和劳动条件等标准不得低于集体合同规定的标准。

3. 集体合同纠纷和法律救济

用人单位违反集体合同,侵犯职工劳动权益的,工会可以依法要求用人单位承担责任;因履行集体合同发生争议,经协商解决不成的,工会可以依法申请仲裁、提起诉讼。

(二) 劳务派遣

1. 劳务派遣的概念和特征

劳务派遣,是指由劳务派遣单位与劳动者订立劳动合同,与用工单位订立劳务派遣协议,将被派遣劳动者派往用工单位给付劳务。

劳务派遣最显著的特征是劳动力的雇佣和使用分离。劳动合同关系存在于劳务派遣单位与被派遣劳动者之间,劳动力给付的事实则发生于被派遣员工与用工单位之间。

2. 劳务派遣的适用范围

(1) 劳动合同用工是我国的企业基本用工形式,劳务派遣用工是补充形式,只能在临时性(持续时间不超过6个月)、辅助性或替代性的工作岗位上实施。

(2) 用工单位使用的被派遣劳动者不得超过其用工总量的10%。

(3) 用人单位不得设立劳务派遣单位向本单位或者所属单位派遣劳动者。用工单位不得将被派遣劳动者再派遣到其他用人单位。劳务派遣单位不得以非全日制用工形式招用被派遣劳动者。

3. 劳动派遣单位、用工单位与劳动者的权利和义务

(1) 对劳务派遣单位的要求:①应当与被派遣劳动者订立2年以上的固定期限劳动合同,按月支付劳动报酬；②被派遣劳动者在无工作期间，劳务派遣单位应当按最低工资标准，向其按月支付报酬；③不得向被派遣劳动者收取费用。

（2）对用工单位的要求：①不得向被派遣劳动者收取费用；②用工单位应当根据工作岗位的实际需要与劳务派遣单位确定派遣期限，不得将连续用工期限分割订立数个短期劳务派遣协议。

（3）被派遣劳动者的权利：①享有与用工单位的劳动者同工同酬的权利；②有权在劳务派遣单位或者用工单位依法参加或者组织工会，维护自身的合法权益。

七、劳动争议的解决

（一）劳动争议及解决方法

1. 劳动争议的概念和范围

劳动争议，是指劳动关系当事人之间因实现劳动权利、履行劳动义务发生分歧而引起的争议，也称劳动纠纷、劳资争议。包括：①因确认劳动关系发生的争议；②因订立、履行、变更、解除和终止劳动合同发生的争议；③因除名、辞退和辞职、离职发生的争议；④因工作时间、休息休假、社会保险、福利、培训以及劳动保护发生的争议；⑤因劳动报酬、工伤医疗费、经济补偿或者赔偿金等发生的争议；⑥法律、法规规定的其他劳动争议。

2. 劳动争议的解决原则和方法

1）基本原则

解决劳动争议，应当根据事实，遵循合法、公正、及时、着重调解的原则，依法保护当事人的合法权益。

2）基本方法

劳动争议的解决方法有协商、调解、仲裁和诉讼。发生劳动争议，劳动者可以与用人单位协商，也可以请工会或者第三方共同与用人单位协商，达成和解协议；当事人不愿意协商、协商不成或者达成和解协议后不履行的，可以向调解组织申请调解；不愿调解、调解不成或者达成调解协议后不履行的，可以向劳动争议仲裁委员会申请仲裁；对仲裁裁决不服的，除《劳动争议调解仲裁法》另有规定的以外，可以向人民法院提起民事诉讼。劳动仲裁是劳动争议当事人向人民法院提起诉讼的必经程序。

劳动仲裁与一般经济仲裁的区别：①法律依据不同。劳动仲裁的法律依据是《劳动争议调解仲裁法》和《劳动人事争议仲裁办案规则》，经济仲裁的法律依据是《仲裁法》。②申请程序不同。申请经济仲裁，当事人必须在事先或者事后达成仲裁协议，才能据此向仲裁机构申请仲裁；而劳动争议的仲裁，则不要求当事人达成仲裁协议，只要当事人一方提出申请，仲裁机构即可受理。③裁决的效力不同。经济仲裁实行“一裁终局”制度，而劳动争议仲裁，当事人对裁决不服的，除几类特殊劳动争议外，可以向人民法院提起民事诉讼。

用人单位违反国家规定，拖欠或者未足额支付劳动报酬、拖欠工伤医疗费、经济补偿或者赔偿金的，劳动者可以向劳动行政部门投诉，劳动行政部门应当依法处理。

3）举证责任

发生劳动争议，当事人对自己提出的主张，有责任提供证据。与争议事项有关的证据属于用人单位掌握管理的，用人单位应当提供；用人单位不提供的，应当承担不利后果。在法律没有具体规定，按照上述原则也无法确定举证责任承担时，仲裁庭可以根据公平原则和诚实信用原则，综合当事人举证能力等因素确定举证责任的承担。

（二）劳动调解、仲裁、诉讼

劳动调解、仲裁、诉讼的内容如表 8-21 所示。

表 8-21　　劳动调解、仲裁、诉讼

劳动调解	(1) 书面或口头申请 (2) 调解协议书由双方当事人签名或盖章,经调解员签名并加盖调解组织印章后生效 (3) 达成调解协议后,一方当事人在协议约定期限内不履行调解协议的,另一方当事人可以依法申请仲裁。用人单位不履行支付拖欠劳动报酬、工伤医疗费、经济补偿或赔偿金事项调解协议,劳动者可以向法院申请支付令 (4) 自调解组织收到调解申请之日起 15 日内未达成调解协议的,当事人可以申请仲裁
劳动仲裁	参加人:当事人、当事人代表、第三人、代理人 **【提示 1】** 当事人:发生劳动争议的劳动者和用人单位 **【提示 2】** 劳务派遣单位或者用工单位与劳动者发生劳动争议的,劳务派遣单位和用工单位作为共同当事人 **【提示 3】** 劳动者与个人承包经营者发生争议,发包的组织和个人承包经营者作为共同当事人 **【提示 4】** 发生争议的用人单位未办理营业执照、被吊销营业执照、营业执照到期继续经营、被责令关闭、被撤销以及用人单位解散、歇业,不能承担相关责任的,应当将用人单位和其出资人、开办单位或者主管部门作为共同当事人 **【提示 5】** 当事人代表:发生争议的劳动者一方在 10 人以上,并有共同请求的,劳动者可以推举 3～5 名代表人参加仲裁活动 **【提示 6】** 因履行集体合同发生的劳动争议,经协商解决不成的,工会可以依法申请仲裁;尚未建立工会的,由上级工会指导劳动者推举产生的代表依法申请仲裁 **【提示 7】** 代表人参加仲裁的行为对其所代表的当事人发生效力,但代表人变更、放弃仲裁请求或者承认对方当事人的仲裁请求,进行和解,必须经被代表的当事人同意
	管辖地点: (1) 合同履行地或用人单位所在地 (2) 双方当事人分别申请的由合同履行地管辖 (3) 案件受理后,履行地和单位所在地发生变化的不改变争议仲裁的管辖 (4) 有多个劳动合同履行地的,由最先受理的仲裁委员会管理 (5) 劳动合同履行地不明确的,由用人单位所在地管辖
	申请与受理: (1) 申请仲裁的时效期间为 1 年(劳动关系存续期间因拖欠报酬争议,不受 1 年限制;劳动关系终止的,自终止之日起 1 年内提出) (2) 应提交书面仲裁申请,确有困难的可以口头申请 (3) 时效中断:因当事人一方主张权利或请求权利救济或对方当事人同意履行义务而中断。中断起时效期间重新计算 (4) 时效中止:因不可抗力或其他正当理由,当事人不能在仲裁时效期间申请仲裁,时效中止,原因消除后继续计算
	(5) 受理:仲裁委员会收到申请之日起 5 日内,决定受理与否。受理后 5 日内将仲裁申请书副本送达被申请人。被申请人收到副本后 10 日内提交答辩书。仲裁委员会收到答辩书 5 日内将副本送达申请人。被申请人未提交答辩书的,不影响仲裁程序的进行
	开庭和裁决: (1) 公开仲裁制度。劳动争议仲裁公开进行,但当事人协议不公开进行或者涉及商业秘密和个人隐私的,经相关当事人书面申请,仲裁委员会应当不公开审理 (2) 仲裁庭制度。仲裁庭由 3 名仲裁员组成,设首席仲裁员。简单劳动争议案件可以由 1 名仲裁员独任仲裁 (3) 回避制度。仲裁员有下列情形之一的,应当回避:①是本案当事人或者当事人、代理人的近亲属的;②与本案有利害关系的;③与本案当事人、代理人有其他关系,可能影响公正裁决的;④私自会见当事人、代理人,或者接受当事人、代理人请客送礼的

（续表）

劳动仲裁	(4) 仲裁庭裁决劳动争议案件，应当自仲裁委员会受理仲裁申请之日起45日内结束。案情复杂需要延期的，经仲裁委员会主任批准，可以延期并书面通知当事人，但是延长期限不得超过15日。逾期未作出仲裁裁决的，当事人可以就该劳动争议事项向人民法院提起诉讼 (5) 仲裁裁决为终局裁决的情形（裁决书自作出之日起发生效力）：①追索劳动报酬、工伤医疗费、经济补偿或赔偿金，不超过当地月最低工资标准12个月金额的争议；②因执行国家的劳动标准在工作时间、休息休假、社会保险等方面的争议。
	仲裁裁决的撤销： 用人单位有证据证明终局仲裁裁决有下列情形之一的，可以自收到仲裁裁决书之日起30日内向劳动争议仲裁委员会所在地的中级人民法院申请撤销仲裁裁决： (1) 适用法律、法规确有错误的 (2) 劳动争议仲裁委员会无管辖权的 (3) 违反法定程序的 (4) 裁决所根据的证据是伪造的 (5) 对方当事人隐瞒了足以影响公正裁决的证据的 (6) 仲裁员在仲裁该案件时有索贿受贿、徇私舞弊、枉法裁决行为的 **【解释】** 终局仲裁裁决被人民法院裁定撤销的，当事人可以自收到裁定书之日起15日内就该劳动争议事项向人民法院提起劳动诉讼
	执行： (1) 仲裁庭对追索劳动报酬、工伤医疗费、经济补偿金或者赔偿金的案件，根据当事人的申请，可以裁决“先予执行”，移送人民法院执行，劳动者申请先予执行的，可以不提供担保。 (2) 仲裁庭裁决先予执行的，应当符合以下条件：①当事人之间权利义务关系明确；②不先予执行将严重影响申请人的生活 (3) 当事人对发生法律效力的调解书、裁决书，应当依照规定的期限履行。一方当事人逾期不履行的，另一方当事人可以依照《民事诉讼法》的有关规定向人民法院申请执行
劳动诉讼	申请范围： (1) 对仲裁委员会不受理或逾期未作出规定的 (2) 劳动者对争议终局裁决不服的，可以自收到仲裁裁决书之日起15日内向人民法院提诉讼 (3) 当事人对终局裁决情形之外的其他劳动争议案件的仲裁裁决不服的，可以自收到仲裁裁决书之日起15日内向人民法院提起诉讼 (4) 终局仲裁裁决被法院裁定撤销的，当事人可以自收到裁定书之日起15日内向人民法院提起诉讼

八、违反劳动合同法律制度的法律责任

(一) 用人单位违反《劳动合同法》的法律责任

1. 用人单位规章制度违反法律规定的法律责任

(1) 用人单位直接涉及劳动者切身利益的规章制度违反法律、法规规定的，由劳动行政部门责令改正，给予警告；给劳动者造成损害的，应当承担赔偿责任。

(2) 用人单位违反《劳动合同法》有关建立职工名册规定的，由劳动行政部门责令限期改正；逾期不改正的，由劳动行政部门处2 000元以上2万元以下的罚款。

2. 用人单位订立劳动合同违反法律规定的法律责任

(1) 用人单位提供的劳动合同文本未载明劳动合同必备条款或者用人单位未将劳动合同文本交付劳动者的，由劳动行政部门责令改正；给劳动者造成损害的，应当承担赔偿责任。

(2) 用人单位自用工之日起超过1个月不满1年未与劳动者订立书面劳动合同的，应当向劳

动者每月支付2倍的工资。

(3) 用人单位违反《劳动合同法》规定不与劳动者订立无固定期限劳动合同的，自应当订立无固定期限劳动合同之日起向劳动者每月支付2倍的工资。

(4) 用人单位违反《劳动合同法》规定与劳动者约定试用期的，由劳动行政部门责令改正；违法约定的试用期已经履行的，由用人单位以劳动者试用期满月工资为标准，按已经履行的超过法定试用期的期间向劳动者支付赔偿金。

(5) 用人单位违反《劳动合同法》规定，扣押劳动者居民身份证等证件的，由劳动行政部门责令限期退还劳动者本人，并依照有关法律规定给予处罚。

(6) 用人单位违反《劳动合同法》规定，以担保或者其他名义向劳动者收取财物的，由劳动行政部门责令限期退还劳动者本人，并以每人500元以上2 000元以下的标准处以罚款；给劳动者造成损害的，应当承担赔偿责任。

(7) 劳动合同依照法律规定被确认无效，给劳动者造成损害的，用人单位应当承担赔偿责任。

3. 用人单位履行劳动合同违反法律规定的法律责任

(1) 用人单位有下列情形之一的，依法给予行政处罚；构成犯罪的，依法追究刑事责任；给劳动者造成损害的，应当承担赔偿责任：①以暴力、威胁或者非法限制人身自由的手段强迫劳动的；②违章指挥或者强令冒险作业危及劳动者人身安全的；③侮辱、体罚、殴打、非法搜查或者拘禁劳动者的；④劳动条件恶劣、环境污染严重，给劳动者身心健康造成严重损害的。

(2) 用人单位有下列情形之一的，由劳动行政部门责令限期支付劳动报酬、加班费；劳动报酬低于当地最低工资标准的，应当支付其差额部分；逾期不支付的，责令用人单位按应付金额50%以上100%以下的标准向劳动者加付赔偿金：①未按照劳动合同的约定或者国家规定及时足额支付劳动者劳动报酬的；②低于当地最低工资标准支付劳动者工资的；③安排加班不支付加班费的。

(3) 用人单位依照《劳动合同法》规定应当向劳动者每月支付2倍的工资或者应当向劳动者支付赔偿金而未支付的，劳动行政部门应当责令用人单位支付。

4. 用人单位违反法律规定解除和终止劳动合同的法律责任

(1) 用人单位违反《劳动合同法》规定解除或者终止劳动合同的，应当依照《劳动合同法》规定的经济补偿标准的2倍向劳动者支付赔偿金。

(2) 用人单位解除或者终止劳动合同，未依照《劳动合同法》规定向劳动者支付经济补偿的，由劳动行政部门责令限期支付经济补偿；逾期不支付的，责令用人单位按应付金额50%以上100%以下的标准向劳动者加付赔偿金。

(3) 用人单位违反《劳动合同法》规定未向劳动者出具解除或者终止劳动合同的书面证明，由劳动行政部门责令改正；给劳动者造成损害的，应当承担赔偿责任。

(4) 劳动者依法解除或者终止劳动合同，用人单位扣押劳动者档案或者其他物品的，由劳动行政部门责令限期退还劳动者本人，并以每人500元以上2 000元以下的标准处以罚款；给劳动者造成损害的，应当承担赔偿责任。

5. 其他法律责任

(1) 用人单位招用与其他用人单位尚未解除或者终止劳动合同的劳动者，给其他用人单位造成损失的，应当承担连带赔偿责任。

(2) 劳务派遣单位、用工单位违反《劳动合同法》有关劳务派遣规定的，由劳动行政部门责令限期改正；逾期不改正的，以每人5 000元以上1万元以下的标准处以罚款，对劳务派遣单位，吊销其劳务派遣业务经营许可证。用工单位给被派遣劳动者造成损害的，劳务派遣单位与用工单位承担连带赔偿责任。

(3) 对不具备合法经营资格的用人单位的违法犯罪行为,依法追究法律责任;劳动者已经付出劳动的,该单位或者其出资人应当依照《劳动合同法》的有关规定向劳动者支付劳动报酬、经济补偿金、赔偿金;给劳动者造成损害的,应当承担赔偿责任。

(4) 个人承包经营违反《劳动合同法》规定招用劳动者,给劳动者造成损害的,发包的组织与个人承包经营者承担连带赔偿责任。

(二) 劳动者违反劳动合同法律制度的法律责任

(1) 劳动合同被确认无效,给用人单位造成损失的,有过错的劳动者应当承担赔偿责任。

(2) 劳动者违反劳动合同中约定的保密义务或者竞业限制,劳动者应当按照劳动合同的约定,向用人单位支付违约金。给用人单位造成损失的,应当承担赔偿责任。

(3) 劳动者违反《劳动合同法》规定解除劳动合同,给用人单位造成损失的,应当承担赔偿责任。

(4) 劳动者违反培训协议,未满服务期解除或者终止劳动合同的,或者因劳动者严重违纪,用人单位与劳动者解除约定服务期的劳动合同的,劳动者应当按照劳动合同的约定,向用人单位支付违约金。

任务二　社会保险法律制度

一、社会保险概述

社会保险,是指国家依法建立的,由国家、用人单位和个人共同筹集资金、建立基金,使个人在年老(退休)、患病、工伤(因工伤残或者患职业病)、失业、生育等情况下获得物质帮助和补偿的一种社会保障制度。

社会保险包括基本养老保险、基本医疗保险、工伤保险、失业保险等。

【提示 1】 依靠国家立法强制实行的社会化保险。

【提示 2】 在 2017 年 6 月底前启动生育保险和职工基本医疗保险合并实施试点工作,试点在 12 个试点城市行政区域开展,期限为 1 年左右。

二、基本养老保险

(一) 基本养老保险的含义

基本养老保险制度,是指缴费达到法定期限并且个人达到法定退休年龄后,国家和社会提供物质帮助以保证因年老而退出劳动领域者稳定、可靠的生活来源的社会保险制度。

【提示】 基本养老保险是社会保险体系中最重要、实施最广泛的一项制度。

(二) 基本养老保险的覆盖范围

1. 基本养老保险制度组成

基本养老保险制度由三个部分组成:职工基本养老保险制度、新型农村社会养老保险制度(简称新农保)、城镇居民社会养老保险制度(简称城居保)。

【提示 1】 国务院决定将新农保和城居保两项制度合并实施,在全国范围内建立统一的城乡居民基本养老保险制度。

【提示 2】 年满 16 周岁(不含在校学生),非国家机关和事业单位工作人员及不属于职工基本养老保险制度覆盖范围的城乡居民,可以在户籍地参加城乡居民养老保险。

2. 职工基本养老保险

职工基本养老保险费的征缴范围:国有企业、城镇集体企业、外商投资企业、城镇私营企业和其他城镇企业及其职工，实行企业化管理的事业单位及其职工。这是基本养老保险的主体部分。

【提示1】基本养老保险费由用人单位和职工共同缴纳。

【提示2】无雇工的个体工商户、未在用人单位参加基本养老保险的非全日制从业人员以及其他灵活就业人员可以参加基本养老保险，由个人缴纳基本养老保险费。

【提示3】公务员和参照公务员管理的工作人员养老保险的办法由国务院规定。

（三）职工基本养老保险基金的组成和来源

基本养老保险实行社会统筹与个人账户相结合。基本养老保险基金由用人单位和个人缴费以及政府补贴等组成。基本养老金由统筹养老金和个人账户养老金组成。

【提示1】养老保险社会统筹，是指统收养老保险缴费和统支养老金，确保收支平衡的公共财务系统。

【提示2】用人单位应当按照国家规定的本单位职工工资总额的比例缴纳基本养老保险费，计入基本养老保险统筹基金。职工按照国家规定的本人工资的比例缴纳基本养老保险费，计入个人账户。

【提示3】基本养老保险基金出现支付不足时，政府给予补贴。

【提示4】无雇工的个体工商户、未在用人单位参加基本养老保险的非全日制从业人员以及其他灵活就业人员参加基本养老保险的，应当按照国家规定缴纳基本养老保险费，分别计入基本养老保险统筹基金和个人账户。（注意：由个人缴纳，但不都计入个人账户）

【提示5】个人账户不得提前支取，记账利率不得低于银行定期存款利率，免征利息税。

【提示6】参加职工基本养老保险的个人死亡后，其个人账户中的余额可以全部依法继承。

【提示7】个人跨统筹地区就业的，其基本养老保险关系随本人转移，缴费年限累计计算。个人达到法定退休年龄时，基本养老金分段计算、统一支付。

（四）职工基本养老保险费的缴纳

1. 单位缴费

自2019年5月1日起，城镇职工基本养老保险，包括企业和相关事业单位，它的单位缴费比例高于16%的省份，可降至16%。

2. 个人缴费

个人养老账户月存储额的计算公式为：

个人养老账户月存储额（即记入个人账户）= 本人月缴费工资×8%

【提示1】缴费工资（缴费工资基数）一般为职工本人上一年度月平均工资（有条件的地区也可以本人上月工资收入为个人缴费工资基数）。

【提示2】月平均工资按照国家统计局规定列入工资总额统计的项目计算，包括工资、奖金、津贴、补贴等收入，不包括用人单位承担或者支付给员工的社会保险费、劳动保护费、福利费、用人单位与员工解除劳动关系时支付的一次性补偿以及计划生育费用等其他不属于工资的费用。

【提示3】新招职工（包括研究生、大学生、大中专毕业生等）以起薪当月工资收入作为缴费工资基数；从第二年起，按上一年实发工资的月平均工资作为缴费工资基数。

【提示4】本人月平均工资低于当地职工月平均工资60%的，按当地职工月平均工资的60%作为缴费基数。本人月平均工资高于当地职工月平均工资300%的，按当地职工月平均工资的300%作为缴费基数，超过部分不计入缴费工资基数，也不计入计发养老金的基数。

【提示5】个人缴费不计征个人所得税，在计算个人所得税的应税收入时，应当扣除个人缴纳的养老保险费。

【提示6】 城镇个体工商户和灵活就业人员的缴费基数为当地上年度在岗职工月平均工资，缴费比例为20%，其中8%计入个人账户。

(五) 职工基本养老保险享受条件与待遇

1. 职工基本养老保险享受条件：年龄条件(达到法定退休年龄)＋缴费条件(累计缴费满15年)

参加职工基本养老保险的个人，达到法定退休年龄时累计缴费满15年的，按月领取基本养老金。

法定退休年龄条件，如表8-22所示。

表8-22　　法定退休年龄条件

<table>
<tr><td rowspan="3">正常</td><td>男</td><td colspan="2">年满60周岁</td></tr>
<tr><td rowspan="2">女</td><td>干部</td><td>年满55周岁</td></tr>
<tr><td>工人</td><td>年满50周岁</td></tr>
<tr><td rowspan="4">特殊</td><td rowspan="2">从事井下、高温、高空、特别繁重体力劳动或其他有害身体健康工作(高危重)</td><td>男</td><td>年满55周岁</td></tr>
<tr><td>女</td><td>年满45周岁</td></tr>
<tr><td rowspan="2">因病或非因工致残，鉴定确认完全丧失劳动能力</td><td>男</td><td>年满50周岁</td></tr>
<tr><td>女</td><td>年满45周岁</td></tr>
</table>

2. 职工基本养老保险待遇

(1) 职工基本养老金。对符合基本养老保险享受条件的人员，国家按月支付基本养老金。

(2) 丧葬补助金和遗属抚恤金。参加基本养老保险的个人，因病或者非因工死亡的，其遗属可以领取丧葬补助金和抚恤金，所需资金从基本养老保险基金中支付。

【提示】 如果个人死亡同时符合领取基本养老保险丧葬补助金、工伤保险丧葬补助金和失业保险丧葬补助金条件的，其遗属只能选择领取其中的一项。

(3) 病残津贴。参加基本养老保险的个人，在未达到法定退休年龄时因病或者非因工致残完全丧失劳动能力的，可以领取病残津贴，所需资金从基本养老保险基金中支付。

三、基本医疗保险

(一) 基本医疗保险的含义

基本医疗保险制度，是指按照国家规定缴纳一定比例的医疗保险费，参保人因患病和意外伤害而就医诊疗，由医疗保险基金支付其一定医疗费用的社会保险制度。

(二) 基本医疗保险的覆盖范围

1. 职工基本医疗保险

职工基本医疗保险的征缴范围：国有企业、城镇集体企业、外商投资企业、城镇私营企业和其他城镇企业及其职工，国家机关及其工作人员，事业单位及其职工，民办非企业单位及其职工，社会团体及其专职人员。

【提示】 无雇工的个体工商户、未在用人单位参加基本医疗保险的非全日制从业人员以及其他灵活就业人员可以参加职工基本医疗保险，由个人按照国家规定缴纳基本医疗保险费。

2. 城乡居民基本医疗保险

城乡居民基本医疗保险制度覆盖范围包括现有城镇居民基本医疗保险制度和新型农村合作

医疗所有应参保(合)人员，即覆盖除职工基本医疗保险应参保人员以外的其他所有城乡居民，统一保障待遇。

(三) 职工基本医疗保险的缴纳

基本医疗保险与基本养老保险一样采用"统账结合"模式，即分别设立社会统筹基金和个人账户基金，基本医疗保险基金由统筹基金和个人账户构成。

1. 单位缴费

一般为职工工资总额的6%左右，用人单位缴纳的保险费，一部分建立统筹基金，另一部分划入个人账户。

2. 个人账户资金来源

(1) 个人缴费：一般为本人工资收入的2%。

(2) 用人单位缴费的划入部分：一般为30%左右。

【提示1】 个人跨统筹地区就业的，其基本医疗保险关系随本人转移，缴费年限累计计算(同养老保险)。

【提示2】 参加职工基本医疗保险的个人，达到法定退休年龄时累计缴费达到国家规定年限的，退休后不再缴费，享受基本医疗保险待遇；未达到国家规定缴费年限的，可以缴费至国家规定年限。目前对最低缴费年限没有全国统一的规定，由各统筹地区根据本地情况确定。

(四) 职工基本医疗费用的结算

参保人员符合基本医疗保险药品目录、诊疗项目、医疗服务设施标准以及急诊、抢救的医疗费用，按照国家规定从基本医疗保险基金中支付。

参保人员医疗费用中应当由基本医疗保险基金支付的部分，由社会保险经办机构与医疗机构、药品经营单位直接结算。

1. 享受基本医疗保险待遇的条件

享受基本医疗保险待遇一般要符合以下条件：①参保人员必须到基本医疗保险的定点医疗机构就医、购药或定点零售药店购买药品；②参保人员在看病就医过程中所发生的医疗费用必须符合基本医疗保险药品目录、诊疗项目、医疗服务设施标准的范围和给付标准。

2. 结算标准

参保人员符合基本医疗保险支付范围的医疗费用中，在社会医疗统筹基金起付标准以上与最高支付限额以下的费用部分，由社会医疗统筹基金按一定比例支付。

【注意】 统筹基金起付线以上至封顶线以下的费用部分，个人也要承担一定比例的费用，一般为10%，可由个人账户支付也可自付。

(1) 起付标准(起付线)：一般为当地职工年平均工资的10%左右。

【提示】 参保人员符合基本医疗保险支付范围的医疗费用中，在社会医疗统筹基金起付标准以下的费用部分，由个人账户资金支付或个人自付。

(2) 最高支付限额(封顶线)：一般为当地职工年平均工资的6倍左右。支付比例一般为90%。

【提示】 参保人员在封顶线以上的医疗费用部分，可以通过单位补充医疗保险或参加商业保险等途径解决。

(五) 基本医疗保险基金不支付的医疗费用

不纳入基本医疗保险基金支付的范围：①应当从工伤保险基金中支付的；②应当由第三人负担的(第三人不支付或者无法确定第三人的，由基本医疗保险基金先行支付，然后向第三人追偿)；③应当由公共卫生负担的；④在境外就医的。

做中学 8-1

吴某在定点医院做外科手术，共发生医疗费用 18 万元，其中在规定医疗目录内的费用为 15 万元，目录以外费用 3 万元。已知：当地职工平均工资水平为 2 000 元/月，起付标准为当地职工年平均工资的 10%，最高支付限额为当地职工年平均工资的 6 倍，报销比例为 90%。分析计算哪些费用可以从统筹账户中报销，哪些费用需由吴某自理。

解析：第一步：确定医疗报销起付标准(起付线)：

$$2\ 000\times12\times10\%=2\ 400(\text{元})$$

第二步：确定最高支付限额(封顶线)：

$$2\ 000\times12\times6=144\ 000(\text{元})$$

第三步：确定可以从统筹账户予以报销的金额：(第二步－第一步)×90%＝(144 000－2 400)×90%＝127 440(元)。

第四步：本人负担 180 000－127 440＝52 560(元)

验算：本人负担金额构成：

目录外部分：30 000 元；

起付线以下部分：2 400 元；

起付线以上封顶线以下自费部分：(144 000－2 400)×10%＝14 160(元)；

目录内封顶线以上部分：150 000－144 000＝6 000(元)。

(六) 医疗期

医疗期，是指企业职工因患病或非因工负伤停止工作，治病休息，但不得解除劳动合同的期限。

1. 医疗期期间

企业职工因患病或非因工负伤，需要停止工作，进行医疗时，根据本人实际参加工作年限和在本单位工作年限，给予 3 个月到 24 个月的医疗期。

2. 医疗期期间的计算

医疗期期间的计算，如表 8-23 所示。

表 8-23　医疗期期间的计算

实际工作年限	在本单位工作年限	医疗期期间	计算方法
＜10 年	＜5 年	3 个月	6 个月
	≥5 年	6 个月	12 个月
≥10 年	＜5 年		
≥10 年	5 年≤Y＜10 年	9 个月	15 个月
	10 年≤Y＜15 年	12 个月	18 个月
	15 年≤Y＜20 年	18 个月	24 个月
	≥20 年	24 个月	30 个月

注：病休期间，公休、假日和法定节日包括在内。

3. 医疗期内的待遇

医疗期内的待遇，如表 8-24 所示。

学中做

表 8-24 医疗期内的待遇

患病期间	病假工资或疾病救济费可以低于当地最低工资标准支付，但最低不能低于最低工资标准的 80%
	医疗期内不得解除劳动合同。如医疗期内遇合同期满，则合同必须续延至医疗期满，职工在此期间仍然享受医疗期内待遇
病愈回来两不能	对医疗期满尚未痊愈者，或者医疗期满后，不能从事原工作，也不能从事用人单位另行安排的工作，被解除劳动合同的，用人单位需按经济补偿金规定给予其经济补偿

四、工伤保险

（一）工伤保险的含义

工伤保险，是指劳动者在职业工作中或规定的特殊情况下遭遇意外伤害或职业病，导致暂时或永久丧失劳动能力以及死亡时，劳动者或其遗属能够从国家和社会获得物质帮助的社会保险制度。

中国境内的企业、事业单位、社会团体、民办非企业单位、基金会、律师事务所、会计师事务所等组织和有雇工的个体工商户（以下简称用人单位）应当依照《工伤保险条例》的规定参加工伤保险，为本单位全部职工或者雇工缴纳工伤保险费。

（二）工伤保险费的缴纳和工伤保险基金

工伤保险费的缴纳和工伤保险基金的内容，如表 8-25 所示。

表 8-25 工伤保险费的缴纳和工伤保险基金

工伤保险费的缴纳	（1）由用人单位缴纳工伤保险费，职工不缴纳工伤保险费 （2）工伤保险费＝本单位职工工资总额×单位缴费费率 （难以按工资总额缴费的，其缴纳工伤保险费的具体方式，由国务院社会保险行政部门规定）
工商保险基金	（1）构成：用人单位缴纳的工伤保险费＋工伤保险基金利息＋依法纳入工伤保险基金的其他资金 （2）用途：存入社会保障基金财政专户，用于规定的工伤保险待遇，劳动能力鉴定，工伤预防的宣传、培训等费用等 **【提示】** 不得将工伤保险基金用于投资运营、兴建或者改建办公场所、发放奖金，或者挪作其他用途

（三）工伤认定和劳动能力鉴定

（1）应当认定工伤的情形：①在工作时间和工作场所内，因工作原因受到事故伤害的；②工作时间前后在工作场所内，从事与工作有关的预备性或收尾性工作受到事故伤害的；③在工作时间和工作场所内，因履行工作职责受到暴力等意外伤害的；④患职业病的；⑤因工外出期间，由于工作原因受到伤害或者发生事故下落不明的；⑥在上下班途中，受到非本人主要责任的交通事故或者城市轨道交通、客运轮渡、火车事故伤害的；⑦法律、行政法规规定应当认定为工伤的其他情形。

（2）视同工伤的情形：①在工作时间和工作岗位，突发疾病死亡或者在 48 小时内经抢救无效死亡的；②在抢险救灾等维护国家利益、公共利益活动中受到伤害的；③原在军队服役，因战、因公负伤致残，已取得革命伤残军人证，到用人单位后旧伤复发的。

（3）不认定为工伤的情形。职工因下列情形之一导致本人在工作中伤亡的，不认定为工伤：①故意犯罪；②醉酒或者吸毒；③自残或者自杀；④法律、行政法规规定的其他情形。

（4）劳动能力鉴定：①职工发生工伤，经治疗伤情相对稳定后存在残疾、影响劳动能力的，应当进行劳动能力鉴定。②劳动能力鉴定,是指劳动功能障碍程度和生活自理障碍程度的等级鉴定。③劳动功能障碍分为十个伤残等级,最重的为一级,最轻的为十级。生活自理障碍分为三个等级:生活完全不能自理、生活大部分不能自理和生活部分不能自理。④自劳动能力鉴定结论作出之日起1年后,工伤职工或者其近亲属、所在单位或者经办机构认为伤残情况发生变化的,可以申请劳动能力复查鉴定。

(四) 工伤保险待遇

职工因工作原因受到事故伤害或者患职业病,且经工伤认定的,享受工伤保险待遇;其中,经劳动能力鉴定丧失劳动能力的,享受伤残待遇。

1. 工伤医疗待遇

工伤医疗待遇,如表8-26所示。

表8-26　工伤医疗待遇

条件	职工因工作原因受到事故伤害或者患职业病,且经工伤认定的,享受工伤医疗待遇
内容范围	(1) 治疗工伤的医疗费用(诊疗费、药费、住院费) **【提示】** 职工治疗工伤应当在签订服务协议的医疗机构就医,情况紧急时可以先到就近的医疗机构急救。治疗工伤所需费用符合工伤保险诊疗项目目录、工伤保险药品目录、工伤保险住院服务标准的,从工伤保险基金支付 (2) 住院伙食补助费、交通食宿费 **【提示】** 经医疗机构出具证明,报经办机构同意,工伤职工到统筹地区以外就医所需的交通、食宿费用按标准从工伤保险基金支付 (3) 康复性治疗费 (4) 停工留薪期工资福利待遇 **【提示1】** 停工留薪期内,原工资福利待遇不变,由所在单位按月支付 **【提示2】** 停工留薪期一般不超过12个月。伤情严重或者情况特殊,经设区的市级劳动能力鉴定委员会确认,可以适当延长,但延长不得超过12个月 **【提示3】** 工伤职工评定伤残等级后,停止享受停工留薪期待遇,按照规定享受伤残待遇 **【提示4】** 工伤职工在停工留薪期满后仍需治疗的,继续享受工伤医疗待遇 **【提示5】** 生活不能自理的工伤职工在停工留薪期需要护理的,由所在单位负责 **【提示6】** 工伤职工治疗非因工伤引发的疾病,不享受工伤医疗待遇,按照基本医疗保险办法处理

2. 辅助器具装配

工伤职工因日常生活或者就业需要,经劳动能力鉴定委员会确认,可以安装假肢、矫形器、假眼、假牙和配置轮椅等辅助器具,所需费用按照国家规定的标准从工伤保险基金支付。

3. 伤残待遇

(1) 范围:经劳动能力鉴定委员会鉴定,评定伤残等级的工伤职工,享受伤残待遇,其包括生活护理费、一次性伤残补助金、伤残津贴、一次性工伤医疗补助金和一次性伤残就业补助金等。

(2) 伤残待遇享受的条件,如表8-27所示。

表8-27　伤残待遇享受的条件

一次性伤残补助金	经鉴定为1～10级伤残的,从工伤保险基金(简称基金)支付		
	1～4级伤残	5～6级伤残	7～10级伤残
伤残津贴(伤残津贴实际金额低于当地最低工资标准支付的谁支付谁补足)	保留劳动关系,退出工作岗位,从工伤保险基金中按月支付伤残津贴	保留劳动关系,安排适当工作;难以安排工作由用人单位发伤残津贴	无

（续表）

<table>
<tr><td>一次性伤残补助金</td><td colspan="3">经鉴定为1～10级伤残的，从工伤保险基金（简称基金）支付</td></tr>
<tr><td>一次性工伤医疗补助金（基金支付）</td><td rowspan="2">保留劳动关系，所以不涉及这两项费用支付的问题</td><td rowspan="2">经工伤职工本人提出，可与用人单位解除或终止劳动关系</td><td rowspan="2">劳动、聘用合同期满终止，或者职工本人提出解除劳动、聘用合同</td></tr>
<tr><td>一次性伤残就业补助金（用人单位支付）</td></tr>
</table>

4. 工亡待遇

职工因工死亡，或者伤残职工在停工留薪期内因工伤导致死亡的，其近亲属按照规定从工伤保险基金领取丧葬补助金、供养亲属抚恤金和一次性工亡补助金。

【提示1】 丧葬补助金，为6个月的统筹地区上年度职工月平均工资。

【提示2】 供养亲属抚恤金，按照职工本人工资的一定比例发给由因工死亡职工生前提供主要生活来源、无劳动能力的亲属。供养亲属的具体范围由国务院社会保险行政部门规定。

【提示3】 一次性工亡补助金，标准为上一年度全国城镇居民人均可支配收入的20倍。

【提示4】 一至四级伤残职工在停工留薪期满后死亡的，其近亲属可以享受丧葬补助金、供养亲属抚恤金待遇，不享受一次性工亡补助金待遇。

5. 特别规定

（1）本人工资，是指工伤职工因工作遭受事故伤害或者患职业病前12个月平均月缴费工资。不低于当地职工月平均工资的60%，不高于当地职工月工资300%。

（2）停止享受工伤保险待遇的情形：①丧失享受待遇条件的；②拒不接受劳动能力鉴定的；③拒绝治疗的。

（3）工伤职工符合领取基本养老金条件的，停发伤残津贴，享受基本养老保险待遇。基本养老保险待遇低于伤残津贴的，由工伤保险基金补足差额。

（4）职工所在用人单位未依法缴纳工伤保险费，发生工伤事故的，由用人单位支付工伤保险待遇。用人单位不支付的，从工伤保险基金中先行支付，由用人单位偿还。用人单位不偿还的，社会保险经办机构可以追偿。

（5）由于第三人的原因造成工伤，第三人不支付工伤医疗费用或者无法确定第三人的，由工伤保险基金先行支付。工伤保险基金先行支付后，有权向第三人追偿。

（6）职工（包括非全日制从业人员）在两个或者两个以上用人单位同时就业的，各用人单位应当分别为职工缴纳工伤保险费。职工发生工伤，由职工受到伤害时工作的单位依法承担工伤保险责任。

五、失业保险

（一）失业保险的含义

失业保险，是指国家通过立法强制实行的，由社会集中建立基金，保障因失业而暂时中断生活来源的劳动者的基本生活，并通过职业培训、职业介绍等措施促进其再就业的社会保险制度。

（二）失业保险费的缴纳

（1）职工应当参加失业保险，由用人单位和职工按照国家规定共同缴纳失业保险费。

（2）失业保险费的征缴范围：国有企业、城镇集体企业、外商投资企业、城镇私营企业和其他城镇企业（统称城镇企业）及其职工，事业单位及其职工。

（3）缴纳：①城镇企业事业单位按照本单位工资总额的2%缴纳；②职工按照本人工资的1%缴纳。

【提示】 为减轻企业负担,促进扩大就业,人力资源和社会保障部、财政部数次发文降低失业保险费率,将用人单位和职工失业保险缴费比例总和从3%阶段性降至1%,个人费率不得超过单位费率。

(4) 职工跨统筹地区就业的,其失业保险关系随本人转移,缴费年限累计计算。

(三) 失业保险待遇

1. 失业保险待遇的享受条件

(1) 失业前用人单位和本人已经缴纳失业保险费满1年的。

(2) 非因本人意愿中断就业的,包括劳动合同终止;用人单位解除劳动合同;被用人单位开除、除名和辞退;因用人单位过错由劳动者解除劳动合同;法律、法规、规章规定的其他情形。

(3) 已经进行失业登记,并有求职要求的。

2. 失业保险金的领取期限

(1) 用人单位应当及时为失业人员出具终止或者解除劳动关系的证明,并将失业人员的名单自终止或者解除劳动关系之日起15日内告知社会保险经办机构。

(2) 失业人员应当持本单位为其出具的终止或者解除劳动关系的证明,及时到指定的公共就业服务机构办理失业登记。失业人员凭失业登记证明和个人身份证明,到社会保险经办机构办理领取失业保险金的手续。失业保险金领取期限自办理失业登记之日起计算。

(3) 失业人员失业前用人单位和本人累计缴费满1年不足5年的,领取失业保险金的期限最长为12个月;累计缴费满5年不足10年的,领取失业保险金的期限最长为18个月;累计缴费10年以上的,领取失业保险金的期限最长为24个月。

【提示1】 重新就业后,再次失业的,缴费时间重新计算,领取失业保险金的期限与前次失业应当领取而尚未领取的失业保险金的期限合并计算,最长不超过24个月。

【提示2】 失业人员因当期不符合失业保险金领取条件的,原有缴费时间予以保留,重新就业并参保的,缴费时间累计计算。

失业保险金的领取期限具体如表8-28所示。

表8-28 失业保险金的领取期限

用人单位和本人的累计缴费年限	领取失业保险金的最长期限
满1年不足5年(1年≤Y<5年)	自办理失业登记之日起12个月
满5年不足10年(5年≤Y<10年)	自办理失业登记之日起18个月
10年以上(Y≥10年)	自办理失业登记之日起24个月

3. 失业保险金的发放标准

失业保险金的标准,不得低于城市居民最低生活保障标准。一般也不高于当地最低工资标准,具体数额由省、自治区、直辖市人民政府确定。

4. 失业保险待遇

(1) 失业保险金。

(2) 领取失业保险金期间享受基本医疗保险待遇。

【提示】 失业人员在领取失业保险金期间,参加职工基本医疗保险,享受基本医疗保险待遇。失业人员应当缴纳的基本医疗保险费从失业保险基金中支付,个人不缴纳基本医疗保险费。

(3) 领取失业保险金期间的死亡补助。

【提示1】 失业人员在领取失业保险金期间死亡的,参照当地对在职职工死亡的规定,向其遗属发给一次性丧葬补助金和抚恤金。所需资金从失业保险基金中支付。

【提示2】 个人死亡同时符合领取基本养老保险丧葬补助金、工伤保险丧葬补助金和失业保险丧葬补助金条件的，其遗属只能选择领取其中的一项。

(4) 职业介绍与职业培训补贴。

(5) 国务院规定或者批准的与失业保险有关的其他费用。

(四) 停止享受失业保险待遇的情形

失业人员在领取失业保险金期间有下列情形之一的，停止领取失业保险金，并同时停止享受其他失业保险待遇：①重新就业的；②应征服兵役的；③移居境外的；④享受基本养老保险待遇的；⑤无正当理由，拒不接受当地人民政府指定部门或者机构介绍的适当工作或者提供的培训的。

六、社会保险费征缴与管理

(一) 社会保险登记

1. 用人单位的社会保险登记

(1) "五证合一、一照一码"登记制度改革和个体工商户工商营业执照、税务登记证"两证整合"进一步整合到营业执照上，被整合证照不再发放，实现"多证合一、一照一码"。

(2) 申请人办理企业注册登记时，登记部门直接核发加载统一社会信用代码的营业执照。

(3) 在"五证合一"基础上，将19项涉企证照事项进一步整合到营业执照上，首批实行"二十四证合一"。

2. 个人的社会保险登记

(1) 用人单位应当自用工之日起30日内为其职工向社会保险经办机构申请办理社会保险登记。

(2) 自愿参加社会保险的无雇工的个体工商户、未在用人单位参加社会保险的非全日制从业人员以及其他灵活就业人员，应当向社会保险经办机构申请办理社会保险登记。

(二) 社会保险费缴纳

(1) 用人单位应当自行申报、按时足额缴纳社会保险费，非因不可抗力等法定事由不得缓缴、减免。

(2) 职工应当缴纳的社会保险费由用人单位代扣代缴，用人单位应当按月将缴纳社会保险费的明细情况告知本人。

(3) 无雇工的个体工商户、未在用人单位参加社会保险的非全日制从业人员以及其他灵活就业人员，可以直接向社会保险费征收机构缴纳社会保险费。

(4) 新增：为提高社会保险资金征管效率，将基本养老保险费、基本医疗保险费、失业保险费等各项社会保险费交由税务部门统一征收。

(三) 社会保险基金管理

(1) 社会保险基金按照社会保险险种分别建账，分账核算，执行国家统一的会计制度。

(2) 社会保险基金专款专用，任何组织和个人不得侵占或者挪用。

(3) 社会保险基金存入财政专户，按照统筹层次设立预算，通过预算实现收支平衡。

(4) 县级以上人民政府在社会保险基金出现支付不足时，给予补贴。

(5) 社会保险经办机构应当定期向社会公布参加社会保险情况以及社会保险基金的收入、支出、结余和收益情况。

(6) 社会保险基金在保证安全的前提下，按照国务院规定投资运营实现保值增值。不得违规投资运营，不得用于平衡其他政府预算，不得用于兴建、改建办公场所和支付人员经费、运行费用、管理费用，或者违反法律、行政法规规定挪作其他用途。

七、违反社会保险法律制度的法律责任

(一) 用人单位违反社会保险法的法律责任

(1) 用人单位不办理社会保险登记的,由社会保险行政部门责令限期改正;逾期不改正的,对用人单位处应缴社会保险费数额1倍以上3倍以下的罚款,对其直接负责的主管人员和其他直接责任人员处500元以上3 000元以下的罚款。

(2) 用人单位未按时足额缴纳社会保险费的,由社会保险费征收机构责令限期缴纳或者补足,并自欠缴之日起,按日加收0.05%的滞纳金;逾期仍不缴纳的,由有关行政部门处欠缴数额1倍以上3倍以下的罚款。

(3) 用人单位拒不出具终止或者解除劳动关系证明的,由劳动行政部门责令改正;给劳动者造成损害的,应当承担赔偿责任。

(二) 骗保行为的法律责任

(1) 以欺诈、伪造证明材料或者其他手段骗取社会保险待遇的,由社会保险行政部门责令退回骗取的社会保险金,处骗取金额2倍以上5倍以下的罚款。

(2) 社会保险经办机构以及医疗机构、药品经营单位等社会保险服务机构以欺诈、伪造证明材料或者其他手段骗取社会保险基金支出的,由社会保险行政部门责令退回骗取的社会保险金,处骗取金额2倍以上5倍以下的罚款;属于社会保险服务机构的,解除服务协议;直接负责的主管人员和其他直接责任人员有执业资格的,依法吊销其执业资格。

(三) 社会保险经办机构、社会保险费征收机构、社会保险服务机构等机构的法律责任

(1) 社会保险经办机构及其工作人员有下列行为之一的,由社会保险行政部门责令改正;给社会保险基金、用人单位或者个人造成损失的,依法承担赔偿责任;对直接负责的主管人员和其他直接责任人员依法给予处分:①未履行社会保险法定职责的;②未将社会保险基金存入财政专户的;③克扣或者拒不按时支付社会保险待遇的;④丢失或者篡改缴费记录、享受社会保险待遇记录等社会保险数据、个人权益记录的;⑤有违反社会保险法律、法规的其他行为的。

(2) 社会保险费征收机构擅自更改社会保险费缴费基数、费率,导致少收或者多收社会保险费的,由有关行政部门责令其追缴应当缴纳的社会保险费或者退还不应当缴纳的社会保险费;对直接负责的主管人员和其他直接责任人员依法给予处分。

(3) 违反《社会保险法》规定,隐匿、转移、侵占、挪用社会保险基金或者违规投资运营的,由社会保险行政部门、财政部门、审计机关责令追回;有违法所得的,没收违法所得;对直接负责的主管人员和其他直接责任人员依法给予处分。

(4) 社会保险行政部门和其他有关行政部门、社会保险经办机构、社会保险费征收机构及其工作人员泄露用人单位和个人信息的,对直接负责的主管人员和其他直接责任人员依法给予处分;给用人单位或者个人造成损失的,应当承担赔偿责任。

(5) 国家工作人员在社会保险管理、监督工作中滥用职权、玩忽职守、徇私舞弊的,依法给予处分。

(6) 违反《社会保险法》规定,构成犯罪的,依法追究刑事责任。

应知考核

一、单项选择题

1. 甲公司以非全日制用工形式聘用张某担任洗碗工,每日工作3小时,下列关于该劳动关系的表述中,不正确是的(　　)。(2023年)

A. 任何一方终止用工均需提前30日书面通知另一方

B. 甲公司可以按小时为单位结算张某劳动报酬

C. 双方不得约定试用期

D. 张某的小时计酬标准不得低于甲公司所在地的最低小时工资标准

2. 王某大专毕业后，自 2000 年起至 2018 年一直在甲公司从事维修工作，后因患上心脏病需要停止工作，进行治疗。其最长可以享受的医疗期为(　　)。(2020 年)

A. 6 个月　　B. 12 个月　　C. 18 个月　　D. 24 个月

3. 签订 3 年劳动合同，试用期不得超过(　　)。(2022 年)

A. 6 个月　　B. 3 个月　　C. 2 个月　　D. 1 个月

4. 根据劳动合同法律制度的规定，用人单位对已经解除或者终止的劳动合同文本，至少应该保存(　　)年。(2020 年)

A. 1　　B. 2　　C. 10　　D. 15

5. 甲某从 2008 年 2 月 1 日到 2020 年 3 月 1 日任职于 A 公司，甲某前 12 个月的平均工资为 20 000 元，当地职工上年度月平均工资为 5 000 元，甲某离职后的经济补偿金最高为(　　)。(2021 年)

A. 5 000×3×12　　B. 5 000×3×13.5　　C. 20 000×12　　D. 20 000×13.5

6. 根据劳动合同法律制度的规定，下列各项中，属于劳动合同可备条款的是(　　)。(2023 年)

A. 补充保险和福利待遇

B. 工作内容和工作地点

C. 劳动保护和劳动条件

D. 劳动合同期限

7. 甲公司职工王某因工作失误给甲公司造成了 8 000 元的经济损失。甲公司按照双方劳动合同约定要求王某赔偿，并每月从其工资中扣除。已知王某月工资 2 500 元，当地月最低工资标准 2 200 元，甲公司每月可从王某工资中扣除的最高限额为(　　)。(2022 年)

A. 2 500 元　　B. 2 200 元　　C. 300 元　　D. 500 元

8. 根据劳动合同法律制度的规定，劳动者存在的下列情形中，用人单位可随时通知劳动者而单方面解除劳动合同的有(　　)。(2021 年)

A. 在试用期间被证明不符合录用条件的

B. 不能胜任工作，经用人单位调整工作岗位后能够胜任的

C. 因患病处于医疗期的

D. 严重违反用人单位规章制度的

9. 2021 年 10 月甲公司安排职工李某于 10 月 1 日(国庆节)、10 月 16 日(星期六)分别加班 1 天，事后未安排其补休。已知甲公司实行标准工时制，李某的日工资为 400 元。计算甲公司应支付李某 10 月最低加班工资的下列算式中，正确的是(　　)。(2022 年)

A. 1×400×300%＋1×400×300%＝2 400(元)

B. 1×400×300%＋1×400×200%＝2 000(元)

C. 0

D. 1×400×100%＋1×400×200%＝1 200(元)

10. 企业招聘一名清洁工，每天工作 3 小时，每周工作 5 天，属于非全日制员工。下列关于非全日制员工表述正确的是(　　)。(2021 年)

A. 企业可以按月发工资　　B. 企业不可以再招别的员工

C. 解除劳动合同，需提前三天通知　　D. 签订口头协议

二、多项选择题

1. 2022 年 6 月 1 日，华某进入甲公司工作。2022 年 10 月 10 日，甲公司提出订立书面劳动合同遭华某拒绝。下列关于双方劳动关系的表述中，正确的有(　　)。(2023 年)

A. 2022 年 6 月 1 日至 2022 年 10 月 10 日双方不存在劳动关系

B. 该劳动关系终止后，甲公司应向华某支付经济补偿

C. 应视为自2022年7月1日起甲公司已与华某订立无固定期限劳动合同

D. 甲公司应书面通知华某终止劳动关系

2. 根据社会保险法律制度的规定，下列关于职工基本养老保险待遇的表述中，正确的有（　　）。(2021年)

A. 参保职工非因工死亡的，其遗属可以领取抚恤金

B. 对符合基本养老保险享受条件的人员，国家按月支付基本养老金

C. 参保职工在未达到法定退休年龄时因病致残而完全丧失劳动能力的，可以领取病残津贴

D. 参保职工因病死亡的，其遗属可以领取丧葬补助金

3. 根据劳动合同法律制度的规定，下列关于无效劳动合同法律后果的表述中，正确的有（　　）。(2018年)

A. 劳动合同部分无效，不影响其他部分效力的，其他部分仍然有效

B. 劳动合同被确认无效，给对方造成损害的，有过错的一方应当承担赔偿责任

C. 劳动合同被确认无效，劳动者已付出劳动的，用人单位应当向劳动者支付劳动报酬

D. 无效劳动合同，从合同订立时起就没有法律约束力

4. 甲公司与其职工对试用期期限的下列约定中，符合法律规定的有（　　）。(2018年)

A. 夏某的劳动合同期限4年，双方约定的试用期为4个月

B. 周某的劳动合同期限1年，双方约定的试用期为1个月

C. 刘某的劳动合同期限2年，双方约定的试用期为3个月

D. 林某的劳动合同期限5个月，双方约定的试用期为5日

5. 根据劳动合同法律制度的规定，下列关于企业职工医疗期期限及待遇的表述中，正确的有（　　）。(2018年)

A. 病假工资不得低于当地最低工资标准

B. 公休、假日和法定节日包括在病休期间内

C. 医疗期内遇劳动合同期满，则合同应延续至医疗期满

D. 实际工作年限10年以下，在本单位工作年限5年以下的，可享受3个月的医疗期

6. 甲公司职工钱某在上班期间因操作失误致使手臂损伤而住院治疗，下列关于钱某住院治疗期间享受工资福利待遇的表述中，正确的有（　　）。(2023年)

A. 钱某应享受医疗期待遇

B. 甲公司应当按照原工资福利待遇按月向其支付工资

C. 钱某应享受停工留薪期待遇

D. 甲公司可以根据当地最低工资标准的80%按月向其支付工资

7. 根据劳动合同法律制度的规定，下列关于无效劳动法合同的表述中，正确的有（　　）。(2019年)

A. 劳动合同部分无效，不影响其他部分效力的，其他部分仍然有效

B. 无效劳动合同，从订立时起就没有法律的约束力

C. 劳动合同被确认无效，劳动者已付出劳动的，用人单位应当向劳动者支付劳动报酬

D. 劳动合同被确认无效时，给对方造成损害的，有过错的一方应当承担赔偿责任

8. 因工伤发生的下列费用中，按照国家规定由用人单位支付的有（　　）。(2021年)

A. 住院伙食补助费

B. 安装配置伤残辅助器具所需费用

C. 五级、六级伤残职工按月领取的伤残津贴

D. 终止或者解除劳动合同时，应当享受的一次性伤残就业补助金

9. 下列人员中不可再继续领取失业保险金的有（　　）。(2018年)

A. 重新就业　　B. 依法享受基本养老保险

C. 服兵役　　D. 移民国外

10. 甲公司职工曾某因公司解散而失业。已知曾某系首次就业，失业前甲公司与其已累计缴纳失业保险费5年，则下列关于曾某享受失业保险待遇的表述中，正确的有（　　）。(2018年)

A. 曾某在领取失业保险金期间，参加职工基本医疗保险，享受基本医疗保险待遇

B. 曾某领取失业保险金的期限最长为 12 个月

C. 曾某领取失业保险金的标准可以低于城市居民最低生活保障标准

D. 曾某领取失业保险金期限自办理失业登记之日起计算

三、判断题

1. 用人单位应当自用工之日起 30 日内为其职工向社会保险经办机构申请办理社会保险登记。(2022 年)（ ）

2. 用人单位设立的分支机构，未依法取得营业执照或者登记证书的，不得与劳动者订立劳动合同。（ ）

3. 失业保险要缴满 5 年才能申请领取。(2021 年)（ ）

4. 用人单位应当在解除劳动合同时出具解除劳动合同的证明，并在 15 日内为劳动者办理档案和社会保险关系转移手续。(2023 年)（ ）

5. 如果个人死亡同时符合领取基本养老保险丧葬补助金、工伤保险丧葬补助金和失业保险丧葬补助金条件的，其遗属只能选择领取其中的一项。(2021 年)（ ）

6. 劳动者在签订和履行劳动合同时的地位是相同的。(2021 年)（ ）

7. 有多个劳动合同履行地的，由用人单位所在地的仲裁委员会管辖。（ ）

8. 书写仲裁申请确有困难的，可以口头申请，由劳动争议仲裁委员会记入笔录，经申请人签名、盖章或者按手印确认。（ ）

9. 集体合同中劳动报酬和劳动条件等标准不得低于当地人民政府规定的最低标准。(2023 年)（ ）

10. 只有企业劳动争议调解委员会可受理劳动争议的调解。（ ）

应会考核

不定项选择题

(一) 2019 年 8 月 10 日，15 周岁的张红和 24 周岁的周琳分别与大同出版社签订劳动合同，合同中约定两人于 10 月 1 日到出版社上班，由于人手不够用，出版社通知周琳 9 月 10 日到单位工作，2019 年 10 月 10 日周琳在工作中损坏 1 台印刷设备，出版社要求周琳赔偿 5 000 元损失，从其每月工资中扣除，周琳月工资为3 000元，当地月最低工资标准是 2 500 元，同年 12 月 30 日，大同出版社送周琳出国培训，支付培训费用 50 000元，约定服务期 5 年，1 年后周琳发现大同出版社未依法为其缴纳社会保险费，随即提出解除劳动合同，大同出版社要求周琳支付违约金。

要求：根据上述资料，不考虑其他因素，分析回答下列小题。

1. 周琳与大同出版社建立劳动关系的时间是（ ）。

A. 2019 年 8 月 10 日　　B. 2019 年 10 月 1 日

C. 2019 年 9 月 10 日　　D. 2019 年 12 月 30 日

2. 大同出版社所做的下列决定，符合法律规定的是（ ）。

A. 大同出版社与张红签订劳动合同

B. 大同出版社与周琳签订劳动合同

C. 大同出版社与周琳约定服务期 5 年

D. 大同出版社要求周琳赔偿 5 000 元损失

3. 大同出版社可从周琳每月工资中扣除的最高限额为（ ）元。

A. 600　　B. 500　　C. 3 000　　D. 2 500

4. 大同出版社要求周琳支付违约金，周琳应支付违约金为（ ）元。

A. 50 000　　B. 40 000　　C. 10 000　　D. 0

(二) 2015 年张某和郝某进入甲公司工作，主要从事室外装潢工作，郝某的工资为 2 000 元/月，张某的工资为 3 700 元/月，公司给缴纳五险一金，已知当地职工月平均工资为 3 500 元。11 月 2 日，在进行室外工作中，郝某和张某刷涂料时，因刮大风使脚手架发生严重倾斜，二人均从 20 米高空意外坠落。因郝某坠落时头部朝下，造成郝某脊柱骨破裂。张某较郝某而言伤情较轻。

要求：根据上述资料，不考虑其他因素，分析回答下列小题。

1. 入职时郝某个人需缴纳的基本养老保险金数额为(　　)元。

A. 160　　B. 168　　C. 240　　D. 280

2. 如郝某送医院经抢救无效后死亡,其近亲属可以依法领取(　　)。

A. 丧葬补助金　　B. 供养亲属抚恤金

C. 一次性工亡补助金　　D. 精神损害赔偿金

3. 张某经过抢救后成功度过危险期,但是医生要求其暂停工作,住院一个月。如张某尚在停工留薪期内,下列表述中,正确的是(　　)。

A. 张某在该期间的工资可以低于当地最低工资标准支付,但最低不能低于最低工资标准的80%

B. 张某在该期间的工资由甲公司支付

C. 张某在该期间的工资由工伤保险基金支付

D. 如张某生活不能自理,该期间需要护理的,由甲公司负责

4. 如张某被鉴定为4级伤残,则自劳动能力鉴定结论作出之日起(　　)后,张某认为伤残情况发生变化的,可以申请劳动能力复查鉴定。

A. 3个月　　B. 6个月　　C. 1年　　D. 2年